“十四五”时期国家重点出版物出版专项规划项目
现代土木工程精品系列图书

桥梁结构动力学

STRUCTURAL DYNAMICS OF BRIDGES

高庆飞　刘　洋　李忠龙　编著

哈爾濱工業大學出版社
HARBIN INSTITUTE OF TECHNOLOGY PRESS

内 容 简 介

本书以“结构动力学”经典理论为基础，聚焦桥梁工程特性，系统构建桥梁振动分析体系。全书共10章，涵盖单自由度、多自由度及无限自由度体系振动理论，重点解析车桥耦合振动机制、桥梁动力特性参数、冲击系数原理及行车舒适性评价方法。特色在于将基础理论与桥梁工程深度融合，既详解自由振动、强迫振动等核心原理，又突出有限元数值方法及频域、时域叠加技术，并通过工程实例强化实践应用。附录部分补充动力学普遍原理、特征值求解等关键数学工具，形成理论—方法—应用的完整知识链。全书注重引入学科前沿动态与工程难题，着力培养读者解决复杂振动问题的研究能力。

本书主要面向桥梁工程领域科研人员与专业技术人员，可作为解决车桥耦合振动、桥梁安全评估等实际问题的理论指南；同时适用于土木工程专业研究生深化结构动力学理论体系，其工程案例与数值方法内容也有助于本科生拓展专业视野，满足不同层次读者的学术研究与工程实践需求。

图书在版编目(CIP)数据

桥梁结构动力学/高庆飞，刘洋，李忠龙编著.
哈尔滨：哈尔滨工业大学出版社，2025.9.—(现代土木工程精品系列图书).—ISBN 978-7-5767-2170-6
Ⅰ.U443
中国国家版本馆CIP数据核字第2025T6Y009号

策划编辑　王桂芝
责任编辑　丁桂焱　林均豫
出版发行　哈尔滨工业大学出版社
社　　址　哈尔滨市南岗区复华四道街10号　邮编150006
传　　真　0451-86414749
网　　址　http://hitpress.hit.edu.cn
印　　刷　哈尔滨起源印务有限公司
开　　本　787 mm×1 092 mm　1/16　印张17.75　字数429千字
版　　次　2025年9月第1版　2025年9月第1次印刷
书　　号　ISBN 978-7-5767-2170-6
定　　价　68.00元

前　　言

桥梁作为现代交通网络中的重要组成部分，承载着巨大的运输压力和复杂的动态负荷。随着社会的不断发展和城市化进程的推进，桥梁的规模日益增大，结构形式和功能也越来越多样化。如何确保桥梁在复杂的使用环境中始终保持安全、稳定、耐久性高，成为土木工程领域的重要研究课题。

桥梁结构动力学是研究桥梁在动载荷作用下的响应及其振动特性的学科，主要涉及桥梁结构的动力特性、动力分析方法、振动控制与加固技术等方面。随着现代交通运输工具速度的提高，以及各种动态因素（如风、地震、车辆荷载等）对桥梁的影响日益显著，桥梁结构的动力学问题变得愈加复杂。因此，桥梁结构动力学的研究对于提高桥梁设计的可靠性、优化桥梁维护策略和延长桥梁使用寿命具有重要的实际意义。

本书旨在为桥梁工程领域的学生、工程师及研究人员提供一份系统、全面的桥梁结构动力学学习材料。内容覆盖了桥梁结构动力学的基本理论、分析方法、计算技术及最新的研究进展。本书内容不仅强调理论知识的讲解，也通过丰富的实例帮助读者理解和应用相关知识。

本书是作者在国家自然科学基金（52478308）的支持下，基于所取得的成果撰写而成的。哈尔滨工业大学的刘洋教授、李忠龙教授为本书的撰写及修订工作提供了大力支持，在此一并表示感谢。另外，本书在撰写过程中参阅了相关文献和书籍，同时也向相关学者致以诚挚的谢意！

由于作者水平有限，在理论和技术方面还有很多不足，还未能将更多的国内外最新成果涵盖其中，衷心希望广大读者批评指正！作者将努力在后续的工作中对本书做进一步完善。

高庆飞
2025 年 6 月

目　　录

第1章　绪　论

本章系统地阐述了结构动力学在桥梁设计和分析中的重要性,特别是桥梁结构在动态荷载作用下的响应分析。介绍了桥梁结构动力学的基本概念,并详细讨论了桥梁在动态荷载下的振动特性,为后续的桥梁结构动力分析和设计优化提供理论基础。

1.1　桥梁结构动力学概述

结构动力学是一门研究动荷载作用下结构动态行为的学科,其核心在于分析结构在风、地震、振动等动荷载作用下的响应特性及其对结构性能的影响。动荷载根据时间变化特性,可以分为周期性荷载、随机荷载及冲击荷载,例如风引起的周期性振动、地震产生的瞬时冲击及海浪导致的随机振动等。动荷载会引起结构的振动、变形甚至破坏,因此结构动力学在许多工程领域中得到了广泛应用,包括船舶、铁路、风力发电机、海上平台和隧道等。例如,风力发电机在运行过程中需要承受风、振动及自重等荷载;海上平台在极端气候条件下需抵抗风暴潮、海浪等动荷载;隧道则需同时考虑土压力、水压力及地下水流等复杂的环境荷载。

尽管结构动力学的基本理论适用于多种工程结构,但不同结构所受荷载的类型、作用方式及结构特性存在显著差异。例如,隧道结构主要受静荷载控制,而桥梁、风力发电机等动态结构在服役过程中则以动荷载为主。特别是桥梁结构,其动力学问题具有独特性。一方面,桥梁长期暴露于外部环境中,需承受种类繁多的动荷载,包括风荷载、地震荷载、车辆荷载和船舶碰撞力等;另一方面,桥梁需要为动态交通服务,承受荷载的时变性和复杂性显著高于其他结构。这些特点使桥梁的动力学问题较其他工程结构更为复杂,且具有重要的研究价值。

桥梁结构动力学作为结构动力学的一个重要分支,专注于研究桥梁在动荷载作用下的振动特性、动态响应及其对桥梁安全性、耐久性和使用性能的影响。例如,桥梁在车辆通过时,可能发生车桥耦合振动,这种相互作用可能引起桥梁共振,显著增大结构响应,甚至引发疲劳损伤;在大跨度桥梁中,风致颤振和涡激振动是常见的动力学问题,其空气动力学效应可能导致桥梁产生大振幅的破坏性振动。此外,地震作用引发的非线性动力响应是桥梁设计中的关键挑战,需要通过精确的动力学分析来提高抗震能力。因此,桥梁结构动力学不仅需要依托传统的结构动力学理论,还需结合桥梁的特殊工况和复杂荷载特性发展出更具针对性的方法与模型。

随着桥梁工程规模的不断扩大和设计要求的提高,桥梁结构动力学的研究日益重要。例如,现代桥梁往往需跨越深海峡谷或大江大河,受到风、地震、波浪等多种荷载的综合作用;同时,随着交通流量的增加和车辆载重的提高,车辆荷载引起的动态效应愈发显著。这些因素使得桥梁结构动力学成为桥梁设计、施工和运行维护中的核心环节,是确保桥梁安全性和耐久性的基础。本书将结合桥梁结构动力学的理论和实际应用,系统探讨桥梁在复杂动荷载作用下的车桥耦合振动、多荷载耦合及冲击系数修正等关键问题,为桥梁工程的动态设计和优化提供科学依据。

1.1.1 结构动力学分析的意义

结构动力学着重研究结构对于动荷载的响应(如位移、应力等的时间历程),以便确定结构的承载能力和动力学特性,或为改善结构的性能提供依据。桥梁结构动力学分析的意义在于研究和评估复杂动荷载作用下桥梁结构的动力响应,从而确保桥梁的安全性、耐久性和使用性能。不同于传统的静力学分析,桥梁动力学更关注动荷载的时变特性及其与桥梁结构间的耦合作用,尤其是在复杂的服役环境中,动荷载对桥梁结构的影响往往超出静荷载的范畴。因此,桥梁动力学分析已成为现代桥梁工程设计、施工及运行维护中不可或缺的关键内容。

1. 桥梁全寿命周期中的动力学分析

桥梁结构动力学贯穿桥梁设计、施工、运营等的全寿命周期。

(1) 在设计阶段,动力学分析为桥梁的参数优化提供理论依据。例如,通过计算桥梁的固有频率、阻尼特性和振动模态,能够有效避免车辆或风荷载引发的共振现象,确保桥梁具有足够的动态稳定性和抗疲劳能力。此外,对于不同类型的桥梁(如悬索桥、斜拉桥或连续梁桥),需要依据桥梁的跨度、构造形式和荷载特性,有针对性地开展动力学分析以满足设计需求。

(2) 在施工阶段,桥梁结构可能受到临时荷载(如吊装设备的动态振动)及外部环境荷载(如风荷载或水流冲击)的影响。动力学分析可用于监控施工过程中桥梁的动态响应,预测和预防可能的动力失稳现象。例如,针对高墩大跨连续桥梁的施工,风荷载作用可能引发较大的振动,通过动力学评估可以采取临时加固或阻尼措施来提高施工阶段的安全性。

(3) 在运营阶段,桥梁需要长期承受车辆荷载、风荷载及可能的地震荷载等动荷载作用,结构性能可能因长期疲劳损伤和性能退化而下降。动力学分析在这一阶段主要通过桥梁健康监测系统实现动态性能的实时评估。通过振动特性的监测(如固有频率变化、加速度响应),可以及时发现桥梁中潜在的疲劳裂纹、材料老化或连接件松动等问题,为桥梁的维护、加固和寿命预测提供科学依据。例如,某大跨度悬索桥在运行10年后通过动力健康监测发现主缆发生应力疲劳问题,通过分析其振动特性和应力分布,及时进行缆索更换,延长了桥梁的使用寿命。

2. 动荷载作用下的桥梁响应研究

桥梁结构动力学的核心任务是研究动荷载作用下的动力响应,包括结构变形、振动幅值和内力分布等。桥梁在服役过程中面临多种动荷载,其中常见的车辆荷载、风荷载、地震荷载及偶发荷载均可能对桥梁产生显著影响。

(1) 车辆荷载与车桥耦合振动。

车辆荷载是桥梁最主要的动荷载来源之一,其动力效应不仅取决于车辆速度、质量和轮胎刚度，还与桥梁结构的刚度、阻尼和跨度密切相关。当车辆通过桥梁时，会引发桥面的周期性振动，如果车辆激励频率接近桥梁的固有频率，则可能引发共振现象，导致桥梁动态响应显著放大。车桥耦合振动研究的重点在于揭示车辆与桥梁之间的相互作用，分析其对桥梁振动幅值及内力分布的影响。例如，某大跨度斜拉桥在车辆通行高峰期，因车桥耦合振动导致主梁振动加剧，动力学分析表明可通过在桥面设置动态减振装置有效降低振动幅值，提高桥梁的动态稳定性。

（2）风荷载及风致振动。

风荷载是大跨度桥梁必须应对的主要动荷载之一，尤其是悬索桥和斜拉桥，其柔性结构形式使其对风致振动较为敏感。风致振动通常表现为涡激振动、颤振和抖振等形式。例如，1940年塔科马海峡吊桥在风荷载作用下发生颤振，最终导致桥梁整体失稳垮塌，成为桥梁工程史上典型的失败案例。现代桥梁设计中，通过风洞试验、计算流体动力学、模拟及现场监测，可以有效预测风荷载引发的振动效应，设计合理的阻尼器或空气动力学优化构件（如导流板、孔板等），从而减小风致振动对桥梁的影响。

（3）地震荷载及非线性动力响应。

地震荷载是桥梁结构动力学研究中的重点领域之一。在强地震作用下，桥梁的动力响应可能表现出显著的非线性特性，包括大变形、大应力和局部构件损伤等。例如，1995年日本阪神大地震中，多座桥梁因地震引发的动力效应导致主梁坍塌、支座失效。通过非线性动力学分析，可以预测地震荷载作用下桥梁的动力特性及破坏模式，为桥梁抗震设计提供可靠依据。针对地震活跃区的桥梁设计中，通常通过设置隔震支座或减振器来降低地震动力响应，提高桥梁的抗震性能。

（4）偶发荷载的冲击效应。

桥梁在服役过程中还可能受到偶发荷载（如船舶碰撞、爆炸冲击等）的作用。这类荷载通常具有瞬时性和高强度的特点，可能引发桥梁的局部破坏甚至整体失稳。例如，某跨海大桥因船舶碰撞导致桥墩局部损伤，通过冲击动力学分析，优化了桥墩的抗冲击设计，确保了桥梁的安全性。

3. 桥梁结构动力学分析对设计优化的贡献

桥梁结构动力学不仅是一种分析工具，更是优化桥梁设计的重要手段。通过动力学分析，可以综合评估车辆荷载、风荷载及地震荷载等的联合作用效应，指导桥梁构造形式、截面尺寸和阻尼设计。例如，悬索桥和斜拉桥的主梁截面设计中，需要通过动力学分析确定合理的抗风性能参数；对于连续梁桥，则需通过车桥耦合分析优化主梁刚度及桥面铺装材料。此外，冲击系数的引入作为衡量动荷载放大效应的重要指标，通过动力学分析可精确修正其数值，从而提高设计精度和经济性。

桥梁结构动力学分析是现代桥梁工程设计和维护中的核心环节，其意义在于通过精确预测复杂动荷载作用下的桥梁响应，为桥梁的动态性能优化、抗震设计及耐久性评估提供科学支撑。未来，随着桥梁工程向更大跨度、更高性能和更复杂环境适应性方向发展，桥梁动力学将继续发挥不可或缺的作用。本书将重点讨论桥梁结构动力学中车辆荷载及多荷载耦合作用的分析方法，以及动力响应控制技术的实际应用，为现代桥梁工程设计提供系统支持。

1.1.2　结构振动的基本特征

结构动力学是一门研究结构在动荷载作用下的内力和变形,并通过动力分析确定结构的动力特性的学科,如位移、内力、速度、加速度的时间历程等。动力特性和动力响应构成了结构的动力性能。结构动力学存在着三个要素,分别是输入(激励)、系统(结构本身)和输出(响应)。

(1) 输入是动态的,即随时间变化的;变化规律可以是周期的、瞬态的和随机的;输入的形式是多样的,可以是力、位移、能量等;输入可以是单点输入,也可以是多点输入。

(2) 系统可以是线性的,也可以是非线性的。对于线性系统,叠加原理成立,系统自由振动的频率及模态是系统所固有的,其特性不随时间改变;而非线性系统没有相对应的固有特性。本书只讨论线性系统。同时,系统可分为保守系统和非保守系统。有阻尼的系统,存在能量耗散,是非保守系统。在振动控制理论中,修改结构系统动态品质的一个行之有效的方法就是增加阻尼系统的能量耗散。

(3) 输出即结构系统对输入的响应。输出从时间的概念出发可以分为周期振动、瞬态振动和随机振动等;从空间的概念出发可以分为纵向振动、弯曲振动、扭转振动及组合振动等。输出也可以是单输出或多输出,不论什么样的结构,也不论什么样的输入,响应都将以一定的形式表现出来。

在振动问题中,内容与形式是统一的。系统(结构)是引起振动的内因,结构的固有特性是结构动态品质的决定因素,输入是外因,外因通过内因而起作用,最后以输出的形式表现出来。

对于静力分析,也同样有着相同的三个要素。静荷载可认为其大小、方向和作用点均不随时间而变化或者变化得非常缓慢,作为激励输入到结构体系中,在系统的刚度、约束、杆件尺寸、截面特性等作用下,会产生唯一数值的位移、内力、应力等静力响应。而动荷载的大小、方向或作用点则随时间变化很快。当其变化很快时,结构将会产生不可忽视的加速度,从而在结构上产生必须考虑的惯性力。也就是说,当荷载在大小、方向、作用点方面随时间变化,使得运动加速度引起的惯性力与荷载相比大到不可忽略时,可认为该种荷载为动荷载。

1.1.3　动荷载分类

在结构工程中,动荷载按其变化规律可分为如下几种。

(1) 周期荷载。随时间按一定规律改变大小的荷载为周期荷载,例如船舶中螺旋桨产生的作用于船体的推力。其中按正弦(或余弦)规律改变大小的荷载称为简谐周期荷载,简称简谐荷载。简谐荷载作用下结构的动力响应分析是重要的,因为不仅实际工程中存在这类荷载,而且非简谐的周期荷载可以用一系列简谐荷载的和来表示。这样,一般周期荷载作用下结构的动力反应问题可以转化为一系列简谐荷载作用下的反应问题。而且结构对简谐荷载的反应规律可以反映出结构的动力特性。

(2) 冲击荷载。快速将全部量值施加于结构而作用时间很短即瞬时消失的荷载为冲击荷载。例如打桩机的桩锤对桩的冲击、车轮对轨道接头的撞击、爆炸产生的冲击波对结构的冲击等。

(3) 突加荷载。在一瞬间施加于结构上并继续留在结构上的荷载为突加荷载。例如采用吊装方式进行桥梁跨中合龙段施工就属于这种荷载。这种荷载包括对结构的突然加载和突然卸载。

(4) 移动荷载。例如快速通过桥梁的列车、汽车等。

(5) 随机荷载。这种荷载的变化极不规律,在任一时刻的数值无法预测,其变化规律不能用确定的函数表达,只能用概率的方法寻求其统计规律。例如风的脉动作用、波浪对码头和桥墩的拍击、地震对建筑结构的激振作用。

除移动荷载外的四种荷载可认为是定位荷载。同时,根据荷载是否已预先确定,动荷载可以分为两类:确定性(非随机)荷载和非确定性(随机)荷载。以上前四种荷载为确定性荷载,即荷载的变化是时间的确定性函数;最后一种荷载为非确定性荷载,即荷载随时间的变化具有不确定性或边界不清晰。结构在确定性荷载作用下的响应分析通常称为确定性分析或结构振动分析;结构在随机荷载作用下的响应分析,被称为结构的随机振动分析;本书主要介绍确定性荷载作用下的结构振动分析。

需要注意的是,预先的含义是指在进行结构动力分析之前。随机的含义是指非确定的,而不是指复杂的。简单的荷载可以是随机的,而复杂的荷载也可以是确定性的。

1.1.4　质点动力自由度

惯性力是使结构产生动力反应的本质因素,而惯性力的产生又是由结构的质量引起的。因此,对结构中质量位置及其运动的描述是结构动力分析中的关键,这也导致了结构动力学和结构静力学中对结构体系自由度定义的不同。动力自由度与静力自由度的区别便在于是否忽略对惯性影响不大的因素。在动荷载作用下,结构将发生变形而产生振动。在振动过程中,结构上凡有质量的地方都将产生惯性力,因此,必须确定每一质量的独立的位移参数,以便确定结构在动荷载作用下的位移和内力。结构在任意瞬时的一切可能的弹性变形中,决定全部质量位置所需的独立参数的数目,被称为结构振动的自由度。这些独立参数也称为体系的广义坐标,可以是位移、转角或其他广义量。

实际结构物的质量都是连续分布的,因此,结构都具有无限自由度。但是,当结构的质量与附加在结构上的集中质量相比很小可以忽略时,或者为了计算简便而把结构的质量集中成若干个集中质量时,则结构就成为有限自由度结构。对于具体的结构物来说,其自由度的数目并不是固定的,其随结构计算的假设而变化。在确定结构振动的自由度时,不能根据结构有几个集中质量就判定它有几个自由度,正确的方法应该是根据质点所在位置的独立位移参数的数目来判定,如向结构中加约束。

对于图 1.1(a) 所示结构,在绝对刚性的杆件上附有三个集中质量,如果作为平面问题处理,它们的位置只需杆件的转角 α 便能确定,因此,结构为一个自由度体系,或称为单自由度体系。又如图 1.1(b) 所示,简支梁上附加有三个集中质量,如果忽略梁本身的质量,又不考虑梁的轴向变形和质量的转动,则尽管梁的变形曲线可以有无限多种形式,但其三个质点的位置却只需由三个位置的挠度就可以确定,因而其自由度为 3。又如图 1.1(c) 所示刚架,虽然只有一个集中质点,但确定其位置需要水平位移和竖向位移,即两个独立参数才能确定,因此自由度为 2。自由度数目大于 1 的结构称为多自由度体系。

在确定刚架的自由度时,仍引用受弯直杆忽略轴向变形、任意两点间距离保持不变的假定。根据这个假定并加入最少数量的链杆以限制刚架上所有质点的位置,则该刚架的自由度数目等于所加入链杆的数目。例如图 1.1(d) 所示刚架上虽有四个集中质点,但只需加入三根链杆便可限制其全部质点的位置,如图 1.1(e) 所示,故其自由度为 3。

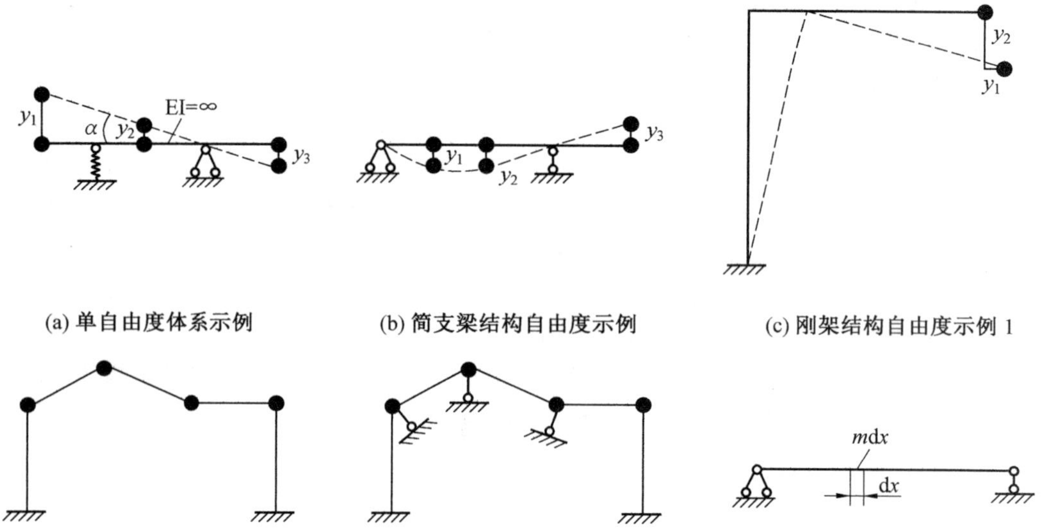

(a) 单自由度体系示例　(b) 简支梁结构自由度示例　(c) 刚架结构自由度示例 1

(d) 刚架结构自由度示例 2　(e) 刚架结构加链杆约束示例　(f) 无限自由度体系示例

图 1.1　结构自由度示例图

需要注意的是,描述自由度的参数不唯一,所以尽管同样的结构自由度的数目也不一定相同。而体系的自由度数并不取决于质点数,也与超静定次数无关,但与计算精度有关联,一般来说,结构的自由度越多,计算结果就越能反映结构的实际动力性能。以上是对于具有离散质点的情况而言的。但是,在实际结构中,质量的分布总是比较复杂的,除了有较大的集中质量外,一般还会有连续分布的质量。例如图 1.1(f) 所示的梁,其分布质量集度为 m。此时,可看作无穷多个 $m\mathrm{d}x$ 的集中质量,所以它是无限自由度体系,当然,完全按实际结构进行计算,情况会变得很复杂,同时计算工作量也很大。因此,我们常常针对某些具体问题,采用一定的简化措施,把实际结构简化为单个或多个自由度体系进行计算,一般称之为结构离散化方法。

1.2　结构离散化方法

结构离散化方法也就是把无限自由度问题转化为有限自由度的过程,动力分析中常用的体系离散化方法有集中质量法、广义坐标法和有限元法。

1.2.1　集中质量法

集中质量法假定结构的质量集中分布在结构的有限个节点上,而忽略结构本身的质量分布,认为节点之间由无质量的刚性或弹性构件连接,能够传递力或位移,并且结构的动力行为通过节点的有限自由度来描述。该种方法简单直观,避免偏微分方程的求解,计算量小,适用于规则结构或主要考虑低阶振动模态的分析,对于集中荷载作用下的结构或主要受到离散作用力的系统(如多自由度振动系统)具有较高的精度。

集中质量法首先将结构的质量集中到有限数量的节点上,形成离散质量点。然后通过弹簧或刚性杆连接各个节点,以表示结构的刚度特性。再建立系统的质量矩阵和刚度矩阵,构建动力方程(通常为二阶微分方程)。最后通过求解动力方程,分析系统的动态响应。该方法常用于分析多自由度系统的动态响应,如房屋建筑、框架桥墩、桥梁等的响应分析。对于一栋高层建筑,可以将每一楼层的质量集中在楼板中心,并通过楼层柱子的刚度建立楼层之间的弹性连接。

1.2.2　广义坐标法

广义坐标法认为结构的运动可以用一组独立的广义坐标表示,这些广义坐标与结构的主要振动模态相关联。假定连续分布体系的振动位形可用一系列形函数的组合(有限个模态的线性组合)来表示,从而将连续系统的无限自由度降为有限自由度。该方法能够直接反映系统的主要动力特性,尤其适用于主要考虑低阶振动模态的场景。可以直接用于模态分析,有效分离模态之间的耦合。同时,因模态叠加降低了系统的维度而便于求解。

采用广义坐标法进行系统离散,首先利用振型分解法,将连续系统的振动分解为多个模态的叠加,有

$$u(x,t)=\sum_n Z_n(t)\phi_n(x) \tag{1.1}$$

式中　$\phi_n(x)$—— 模态函数;

$Z_n(t)$—— 广义坐标。

将系统的响应用有限个模态函数(广义坐标)线性组合来近似,并根据系统的边界条件和模态特性,计算模态质量、模态刚度和模态振型。最后将原动力方程分解为各模态的单自由度方程,独立求解模态响应,再进行模态叠加得到整体响应。该方法适用于质量分布比较均匀、形状规则且边界条件易于处理的结构。以简单水平结构、竖直结构为例,则分别有

$$u(x,t)=\sum_{n=1}^{\infty} b_n\sin\left(\frac{n\pi x}{L}\right)=\sum_{n=1}^{\infty} b_n(t)\sin\left(\frac{n\pi x}{L}\right) \tag{1.2}$$

$$u(x,t)=b_0+b_1x+b_2x^2+\cdots=\sum_{n=0}^{\infty} b_n(t)x^n \tag{1.3}$$

式中　$b_n(t)$—— 广义坐标。

水平结构和竖直结构示意图分别如图 1.2、图 1.3 所示。

图 1.2　水平结构示意图

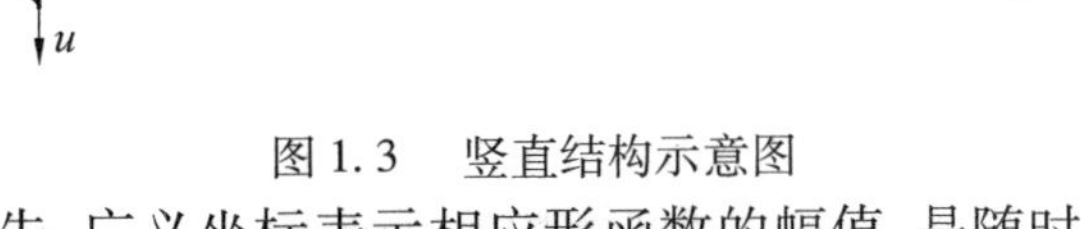

图 1.3　竖直结构示意图

针对该种方法,有几点需要予以说明。首先,广义坐标表示相应形函数的幅值,是随时间变化的函数。广义坐标确定后,可由给定的形函数确定结构振动的位移曲线。其次,以广

义坐标作为自由度,可以将无限自由度体系转化为有限个自由度,所采用的广义坐标的数目代表了所考虑的自由度的数目。最后,虽然广义坐标表示了形函数的大小,如果形函数是位移量,则广义坐标具有位移的量纲,但只有 n 项叠加后才是真实的位移物理量,因而广义坐标实际上并不是真实的物理量。

1.2.3　有限元法

有限元法假定结构质量可集中到质点自由度上,同时自由度位移可用广义坐标法表示。该方法将结构划分为适当数量的单元,可引入所需任意数目的广义坐标。同时,每一单元所选择的插值函数可以是相同的,所以计算得以简化,并且认为节点位移仅受相邻单元影响,非耦合方程计算过程得以简化。

将结构划分成适当(任意)数量的单元,对每个单元采用广义坐标法,通常取单元的节点位移作为广义坐标,对每个广义坐标取相对应的形函数(位移函数、插值函数)。以悬臂梁为例,有

$$u(x)=u_1\phi_1(x)+\theta_1\phi_2(x)+\cdots+u_n\phi_{2n-1}(x)+\theta_n\phi_{2n}(x) \tag{1.4}$$

式中　u_n—— 第 n 点处的位移;

θ_n—— 第 n 点处的转角;

$\phi_n(x)$—— 模态函数。

该方法提供了一种有效的、标准化的用一系列离散坐标表示无限自由度体系的方法。对于分布质量的实际结构,体系的自由度数为单元节点可发生的独立位移未知量的个数。此方法适用于电子计算机进行分析,是目前最为流行的方法之一。

1.3　结构动力学问题

在桥梁结构动力学研究中,根据研究目标、已知条件和求解对象的不同,动力学问题可划分为四大类:响应分析、参数识别、荷载识别和振动控制。这些问题涵盖了桥梁在外部动荷载(如车辆荷载、地震、风荷载等)作用下的动力响应、结构特性反演及振动控制优化,为桥梁设计、健康监测和服役安全评估提供了重要理论与实践依据。

1.3.1　响应分析类问题

响应分析的目标是在已知桥梁结构的动力学特性(如质量、刚度、阻尼等参数)和外部动荷载的情况下,求解桥梁的动力响应(如位移、加速度、应力等随时间的变化)。这是桥梁动力学研究的基础问题,为桥梁设计、服役状态评估及抗震抗风设计提供直接依据。桥梁结构的动力学行为通常由以下矩阵形式的运动方程描述:

$$\boldsymbol{M}\ddot{\boldsymbol{U}}(t)+\boldsymbol{C}\dot{\boldsymbol{U}}(t)+\boldsymbol{K}\boldsymbol{U}(t)=\boldsymbol{F}(t) \tag{1.5}$$

式中　$\boldsymbol{M}$—— 桥梁结构的质量矩阵;

$\boldsymbol{C}$—— 桥梁结构的阻尼矩阵;

$\boldsymbol{K}$—— 桥梁结构的刚度矩阵;

$\boldsymbol{U}(t)$—— 位移响应向量;

$\boldsymbol{F}(t)$—— 外部动荷载向量,包括车辆荷载、风荷载、地震等。

可用模态分析法、数值积分法、有限元分析等多种方法求解。模态分析法是指将桥梁动力学方程解耦为一系列单自由度系统,通过模态叠加求解整体响应,适用于线性系统。数值积分法通过纽马克 - β 法(Newmark - β 法)、威尔逊 - θ(Wilson - θ)法等数值积分方法求解多自由度非线性系统的动力响应。有限元分析主要针对复杂桥梁结构,通过有限元模型进行动力响应模拟。

桥梁响应分析在工程中具有重要意义,可以用于预测地震、风荷载及车辆荷载等动力作用下桥梁的位移、加速度和内力分布。例如,通过分析地震作用下桥墩和桥面的动态响应,可以为桥梁抗震设计和减震装置的布置提供依据;在车辆荷载作用分析中,可以通过计算桥梁的振动和挠度判断是否满足使用性能和舒适性要求;而在风荷载作用下的桥梁颤振与抖振响应分析,则能够为大跨度桥梁抗风设计提供数据支持。

1.3.2　参数识别类问题

参数识别的任务是通过已知的桥梁动力响应和外部动荷载,反求桥梁的动力学特性参数(如质量、刚度和阻尼)。该问题是桥梁结构健康监测的重要组成部分,用于评估桥梁性能退化情况及损伤位置。基于桥梁动力学方程(1.5),将桥梁动力学参数($\boldsymbol{M},\boldsymbol{C},\boldsymbol{K}$)视为待识别变量。在已知外部荷载和响应数据的条件下,参数识别问题可归结为以下优化目标:

$$\min_{\boldsymbol{M},\boldsymbol{C},\boldsymbol{K}} \| \boldsymbol{U}_{\text{exact}}(t) - \boldsymbol{U}_{\text{numerical}}(t,\boldsymbol{M},\boldsymbol{C},\boldsymbol{K}) \|^2 \tag{1.6}$$

参数识别类问题的求解方法主要包括时域方法、频域方法和统计方法。在时域方法中,通过分析桥梁的动力响应时间历程,利用最小二乘法或扩展卡尔曼滤波等算法来估计质量、刚度和阻尼等参数;频域方法则基于模态参数(如固有频率、模态振型和阻尼比),通过频谱分析或振动测试来识别桥梁的动力学特性;统计方法(如贝叶斯方法)可以在考虑测量误差和不确定性的条件下,对桥梁的动力学参数进行概率分布估计,适用于噪声较大的数据环境。

桥梁参数识别的工程意义主要体现在桥梁健康监测和性能评估中。通过识别桥梁的刚度、阻尼等动力学参数,可以判断桥梁是否发生刚度退化或局部损伤,从而实现结构健康的早期预警。此外,参数识别还可以用于评估桥梁加固或维修后的效果,验证抗震或抗风设计的准确性。例如,在长期服役的桥梁上,通过监测模态参数的变化,评估其是否存在疲劳或损伤现象,并为后续维护提供科学依据。

1.3.3　荷载识别类问题

荷载识别的任务是通过已知的桥梁动力学特性和动力响应数据,反求作用于桥梁的外部动荷载(如车辆荷载、风荷载、地震等)。其解决了许多荷载难以直接测量的情况,为桥梁的服役监测与安全评估提供了重要手段。该种模型将桥梁动力学方程中的外部荷载视为未知量,通过动力学方程(1.5)进行反演。

荷载识别的求解方法包括直接法、优化反演法和频域分析法。直接法通过动力学方程,利用桥梁的响应数据计算外部动荷载,适用于测量数据精度较高的情况;优化反演法则将荷载识别问题转化为目标优化问题,通过迭代求解荷载分布,通常结合正则化技术来处理病态问题或数据噪声；而频域分析法通过傅里叶（Fourier）变换，将桥梁响应和荷载的关系转化为频域问题，利用频率响应函数计算荷载分布，适用于周期性或频率相关的荷载问题。

荷载识别在桥梁服役过程中的作用十分重要，尤其在交通荷载监测、风荷载评估和地震荷载反推中具有广泛应用。例如，通过识别车辆荷载分布，可以了解交通流量对桥梁疲劳累积效应的影响，预测桥梁剩余寿命；在强风或台风作用下，通过反演风荷载分布，能够有效评估桥梁的风致振动特性；而在震后评估中，通过反推桥梁在地震作用下所受到的动荷载，可以为桥梁的结构状态评估与安全等级判定提供重要数据。

1.3.4　振动控制类问题

振动控制的目标是通过外部装置调节桥梁动力特性，减小动荷载作用下的桥梁振动响应，提升桥梁的安全性、耐久性或行车舒适性，是现代桥梁设计与运营管理中的关键技术。该问题数学模型在动力学方程（1.5）基础上引入了控制力 $\boldsymbol{F}_c(t)$，通过合理设计 $\boldsymbol{F}_c(t)$，实现对动力响应 $\boldsymbol{U}(t)$ 的有效控制，即

$$\boldsymbol{M}\ddot{\boldsymbol{U}}(t)+\boldsymbol{C}\dot{\boldsymbol{U}}(t)+\boldsymbol{K}\boldsymbol{U}(t)=\boldsymbol{F}(t)+\boldsymbol{F}_c(t) \tag{1.7}$$

振动控制的求解方法主要包括被动控制、主动控制和半主动控制三种类型。被动控制方法依靠桥梁结构本身或附加装置（如调谐质量阻尼器、黏滞阻尼器）来耗散能量或调节振动频率，简单且不需要外部能量；主动控制通过实时传感器监测桥梁响应，并通过反馈控制系统施加主动力抑制振动，具有较强的适应性；半主动控制结合了前两者的优点，通过动态调整阻尼或刚度参数，适应不同荷载和环境条件，从而实现高效振动控制。

振动控制技术在桥梁工程中的意义主要体现在桥梁抗震、抗风和疲劳寿命延长上。通过安装调谐质量阻尼器、黏滞阻尼器等装置，可以有效减小大跨度桥梁的风振响应，确保其抗风性能；在抗震设计中，通过对桥墩或支座进行振动控制，可以降低地震作用下的结构响应，减少损伤风险；此外，通过对车辆荷载引起的桥面振动进行控制，可以延缓桥梁疲劳损伤的积累，从而延长桥梁的使用寿命。

1.4　自由振动方程

结构动力学是研究结构或体系在外部动力作用下的响应与行为的科学。自由振动方程是描述体系自由振动行为的数学核心，是结构动力学研究的基础内容。在结构动力分析中，描述体系质点运动规律的数学方程称为运动微分方程，简称运动方程。运动方程用以揭示系统在外力作用下的动态行为，其核心目标是反映系统在时间维度上每个自由度的位移变化规律。运动方程的解体现了系统在所有自由度方向的动态特性，包括振动周期、振幅及受力的动态特性等。

一个完整的运动方程不仅需要考虑惯性力和弹性力的作用，还需要分析阻尼力、外部荷载等对系统动态行为的影响。因此，建立运动方程是解决结构动力问题的首要工作。建立运动方程常用方法包括直接平衡法（刚度法、柔度法）、虚功法、变分法。其中，变分法对表示能量关系的泛函的变分建立方程。根据理论力学中的哈密尔顿（Hamilton）原理或其等价形式的拉格朗日（Lagrange）方程导出以广义坐标表示的运动方程，具体推导过程将在第

2 章详述。

1.4.1 直接平衡法

直接平衡法又称动静法,是将动力学问题转化为任一时刻的静力学问题。根据达朗贝尔(D'Alembert)原理,把惯性力作为附加虚拟力,并考虑阻尼力、弹性力和作用在结构上的外荷载,按照静力学中建立平衡方程的思路,直接写出运动方程。直接平衡法是最直观、最常用的方法,适用于分析系统的受力平衡和位移协调关系,包括刚度法和柔度法,分别从力和位移的角度入手,反映了系统刚性和柔性之间的关系。

1. 刚度法

刚度法选取每一运动质量为隔离体,通过分析所受的全部外力,建立质量各自由度的瞬时力平衡方程,得到体系的运动方程。刚度法以力为分析对象,利用刚度系数 k 和平衡方程描述系统动态行为。刚度系数 k 定义为单位位移产生的恢复力的大小,即

$$k = \frac{F}{\Delta} \tag{1.8}$$

式中　k—— 刚度系数,N/m;

F—— 作用力,N;

Δ—— 因作用力产生的位移,m。

不难看出,系统的刚度越大,系统的变形越小,抵抗变形的能力越强。

刚度法通过分析质点受力情况,构建力平衡方程。惯性力由质点运动的加速度产生,表达式为

$$F_{\mathrm{I}} = - m\ddot{y} \tag{1.9}$$

弹性力由体系的刚度特性产生,表达式为

$$F_{\mathrm{S}} = ky \tag{1.10}$$

根据平衡条件,有

$$m\ddot{y} + ky = 0 \tag{1.11}$$

刚度法适用于需要明确研究系统内力(如弹性力)与外部力(如惯性力、外荷载)之间平衡关系的场合。它可以有效描述结构在弹性恢复力主导下的振动行为。刚度法反映了系统刚度特性对振动的影响。刚度越大,体系振动频率越高,体系越“刚”。

2. 柔度法

柔度法以结构整体为研究对象,从系统的几何特性出发,通过分析所受的全部外力,利用结构静力分析中计算位移的方法,根据位移协调条件建立体系的运动方程。柔度系数定义为单位力引起的位移大小,描述了系统的柔性特性,即

$$\delta = \frac{1}{k} = \frac{\Delta}{F} \tag{1.12}$$

式中　δ—— 柔度系数,m/N;

Δ—— 因作用力产生的位移,m;

F—— 作用力,N。

同样地,柔度越大,系统的变形越大,柔性越强。柔度法通过位移协调方程进行求解外

力可表示为

$$F_{\mathrm{I}} = - m\ddot{y} \tag{1.13}$$

根据柔度系数定义，位移可以表示为

$$y = F_{\mathrm{I}} \cdot \delta \tag{1.14}$$

则平衡方程

$$\delta m\ddot{y} + y = 0 \tag{1.15}$$

可以化简为

$$m\ddot{y} + ky = 0 \tag{1.16}$$

柔度法适用于需要分析系统几何协调关系或柔性特性对运动影响的场合。与刚度法相比，柔度法更强调体系在位移方面的行为。柔度法揭示了系统柔性特性对振动的影响。柔性越强，体系振动频率越低，体系越“软”。

1.4.2 虚功法

虚功法是根据虚功原理，即作用在体系上的全部力在虚位移上所做的虚功总和为零的条件，导出以广义坐标表示的运动方程。其核心是系统所有外力在其虚位移上所做的虚功和为零，则其运动方程的建立过程如下。

考虑系统自由度的虚位移变化 $\delta\varphi$，根据外力在虚位移上所做的虚功和为零，有

$$- 2mL\ddot{\varphi}\delta\varphi + kL\delta\varphi = 0 \tag{1.17}$$

简化得

$$m\ddot{\varphi} + k\varphi = 0 \tag{1.18}$$

虚功法通过能量平衡的视角分析体系动态行为，其本质是能量守恒定律的延伸。其适用于复杂体系的整体分析，尤其是在多自由度系统和连续体系中应用广泛。

第 2 章 单自由度体系振动分析

振动,作为自然界与工程界的普遍现象,既是桥梁在风荷载下轻盈舞动的韵律,也是地震时建筑与大地共振的警示。理解振动的本质,是人类驯服动态荷载、守护结构安全的核心课题。在结构动力学的浩瀚星空中,单自由度体系恰似一颗启明星 —— 它以极简的数学框架浓缩了振动分析的精华,为工程师搭建起从理论认知通向工程实践的桥梁。

单自由度体系的提出,体现了科学研究的根本方法论:通过理想化模型剥离复杂现象的非本质属性,捕捉核心规律。尽管实际结构往往具有无限自由度,但将质量、刚度与阻尼凝聚于单一质点的抽象模型,不仅完美诠释了自由振动、强迫振动与共振等关键概念,更揭示了能量耗散与系统稳定性间的深刻联系。达朗贝尔原理、瑞利(Rayleigh) 法等奠基性成果均在此模型中初现端倪,其简洁性恰是理论穿透力的源泉。

单自由度体系绝非理论的终点,而是探索多自由度与连续体振动的起跑线。本章建立的时域分析[如杜哈梅(Duhamel) 积分] 与频域分析(如傅里叶变换) 双重视角,将自然延伸至矩阵迭代法、模态叠加法等高阶方法。读者将逐步领悟多自由度系统的振型本质是单自由度振动的空间耦合,而连续体的波动方程亦可通过离散化回归单自由度思维 —— 这正是数学建模中"离散与连续" 辩证统一的生动体现。

本章以"问题驱动" 为主线:从自由振动的固有特性挖掘,到谐荷载与冲击荷载下的强迫响应解析,再到阻尼机制的量化影响,最终以数值算法收尾,形成"理论 — 解析 — 计算" 的完整闭环。正如莱昂哈德·欧拉所言:"真理往往在简单性中栖身。" 单自由度体系恰似一扇棱镜,透过它,我们得以窥见结构动力学最本真的色彩,并为后续章节中纷繁复杂的多尺度分析奠定坚实的思维基石。

2.1 基本动力方程

承受动荷载的任何线性结构体系的主要物理特性是体系的质量、弹性特性(柔度或刚度)、能量耗散机理或阻尼,以及外部扰力或荷载,在单自由度体系的最简单的模型中,每一个特性都假定集结于一个简单的物理单元内,此体系如图 2.1(a) 所示。

这个体系的总质量用图中的刚体表示,由于滚筒的约束,刚体仅能有简单的平移。因此,用一个位移坐标 v 就能完全确定它的位置,抵抗位移的抗力由刚度为 k 的无重弹簧来提供,而耗散的能量机理用阻尼系数 c 表示,随时间变化的荷载 $P(t)$ 代表产生此体系动力反应的外部加荷机理。

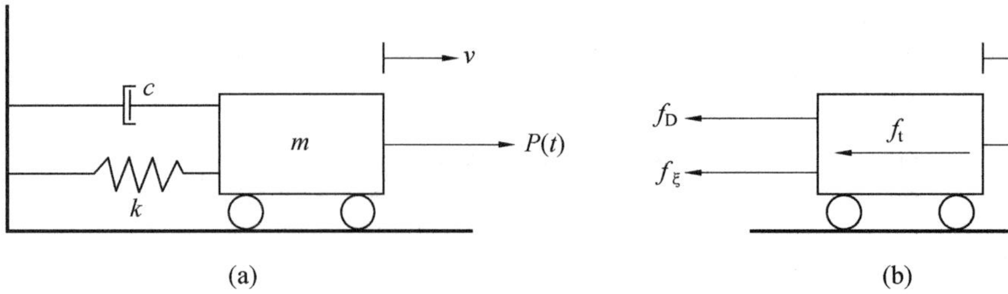

图 2.1　理想化单自由度体系

2.1.1　动力学基本概念

1687 年,牛顿出版了《自然哲学的数学原理》,标志着经典力学的创立。

18 世纪,分析力学出现的背景:约束越多,直观感觉问题越简单;但牛顿力学恰好相反,约束越多,问题越复杂;分析力学避免了约束力,只包括主动力。研究描述质点系位形变化过程的运动方程、初边值条件及其运动方程的求解是分析力学的主要内容。

分析力学的基本原理主要是虚功原理和达朗贝尔原理,而前者是分析静力学的基础;前后两者结合,便可得到动力学普遍方程,从而导出分析力学各种系统的动力方程。

分析力学又分为拉格朗日力学或哈密尔顿力学。前者以拉格朗日量刻画力学系统,运动方程称为拉格朗日方程;后者以哈密尔顿量刻画力学系统,运动方程称为哈密尔顿正则方程。

下面我们引入分析中所需的概念。

首先是广义坐标。广义坐标是能决定质点系几何位置的彼此独立的量,或用来描述体系运动的一组独立坐标,称为该质点系的广义坐标。广义坐标的选择原则是使解题更加方便。

其次是广义力。力或力系可以分解,力或力系向广义坐标分解(投影)后的量即为广义力,广义力是与广义坐标相对应的量。广义坐标系如图 2.2 所示。

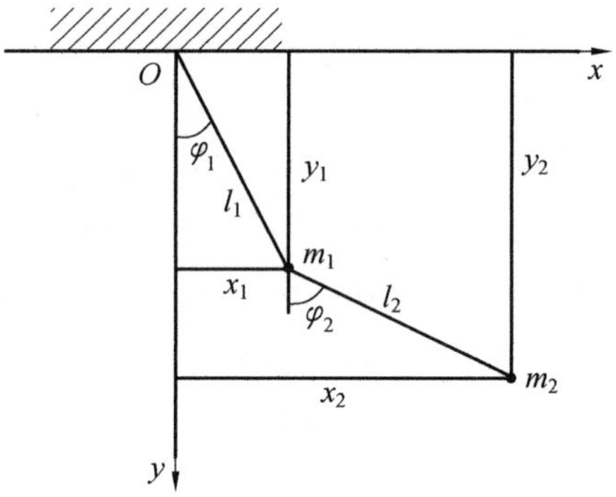

图 2.2　广义坐标系

设质点系的动力自由度为 n,有 N 个质点,任意质点的坐标可用 n 个广义坐标与时间 t 表示,即

$$u_i = u_i(q_1, q_2, \cdots, q_n; t), \quad i = 1, 2, \cdots, N \tag{2.1}$$

设质点所受力为 F_i,在虚位移 δu_i 上所做虚功为

$$\delta W_i = F_i \delta u_i \tag{2.2}$$

δu_i 可表示为广义坐标的虚位移 δq_i 的函数,即

$$\delta u_i = \sum_{j=1}^{n} \frac{\partial u_i}{\partial q_j} \delta q_j \tag{2.3}$$

则第 i 个质点的虚功为

$$\delta W_i = F_i \cdot \sum_{j=1}^{n} \frac{\partial u_i}{\partial q_j} \delta q_j = \sum_{j=1}^{n} F_i \cdot \frac{\partial u_i}{\partial q_j} \delta q_j \tag{2.4}$$

质点系的虚功为

$$\delta W = \sum_{i=1}^{N} \sum_{j=1}^{n} F_i \cdot \frac{\partial u_i}{\partial q_j} \delta q_j = \sum_{j=1}^{n} \sum_{i=1}^{N} F_i \cdot \frac{\partial u_i}{\partial q_j} \delta q_j = \sum_{j=1}^{n} Q_j \delta q_j \tag{2.5}$$

定义 $Q_j = \sum_{i=1}^{N} F_i \cdot \frac{\partial u_i}{\partial q_j}$ 为对应广义坐标 q_j 的广义力。即可以看出，广义力是标量而非矢量；广义力与广义坐标的乘积具有功的量纲。

将其写成坐标轴投影的形式为

$$Q_j = \sum_{i=1}^{N} \left(F_{ix} \frac{\partial x_i}{\partial q_j} + F_{iy} \frac{\partial y_i}{\partial q_j} + F_{iz} \frac{\partial z_i}{\partial q_j} \right) \tag{2.6}$$

由此即可明晰动力学基本概念。

2.1.2　建立动力方程方法

1. 达朗贝尔原理

原理表述：在质点系运动的任意瞬时，如果除了实际作用于每一质点的主动力（包括外荷载、阻尼力和弹性恢复力）和约束反力外，再加上假想的惯性力，则在该瞬时质点系将处于假想的平衡状态，称之为动力平衡状态。

需要指出，对质点来说惯性力是假想中施加的，而非实际作用于质点上的力。但对施力物体而言，则是为了克服质点的惯性所需的力，因此，惯性力是作用于施力物体之上的。

用达朗贝尔原理建立质点系运动方程的方法称为“动静法”或“惯性力法”。此方法建立运动方程的具体步骤如下。

（1）分析体系各质量所受的主动力、惯性力、约束反力。

（2）沿质量的各自由度方向列动平衡方程。

用公式形式表达为

$$F_i + F_{Ii} + S_i = 0, \quad i = 1, 2, \cdots, N \tag{2.7}$$

式中　F_i—— 主动力，包括外荷载、阻尼力、弹性力；

F_{Ii}—— 惯性力；

S_i—— 约束反力。

基于达朗贝尔原理，我们可以提出如下例题。

【例 2.1】　如图 2.3 所示，一小车质量为 m，受外力作用，试列出体系的运动方程。

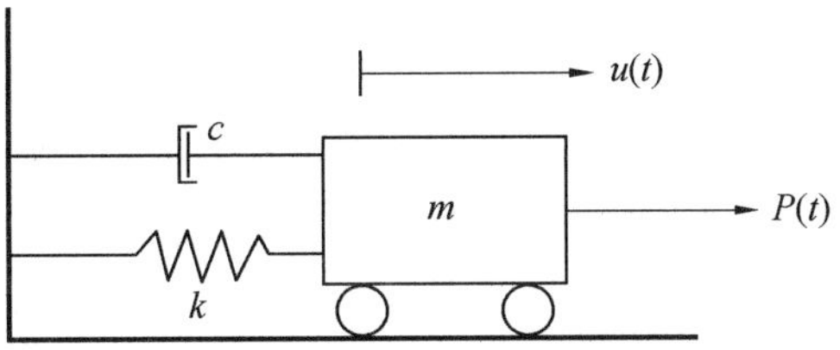

图 2.3

解　其只能做水平运动，因此该体系为单自由度体系。设 $u(t)$ 为质量块 m 的位移坐标，则质量块 m 所受的主动力为

$$F(t)=-ku(t)-c\dot{u}(t)+P(t)$$

惯性力为

$$F_{\mathrm{I}}(t)=-m\ddot{u}(t)$$

对于约束反力不做功的理想约束体系，由于约束限制了体系的运动，因此，在列运动方程时，仅考虑运动方向上的受力，此时约束反力自然是没有的。

将上面两式代入达朗贝尔原理公式，有

$$m\ddot{u}(t)+c\dot{u}(t)+ku(t)=P(t)$$

【例 2.2】 两质点动力体系如图 2.4 所示，求运动方程。

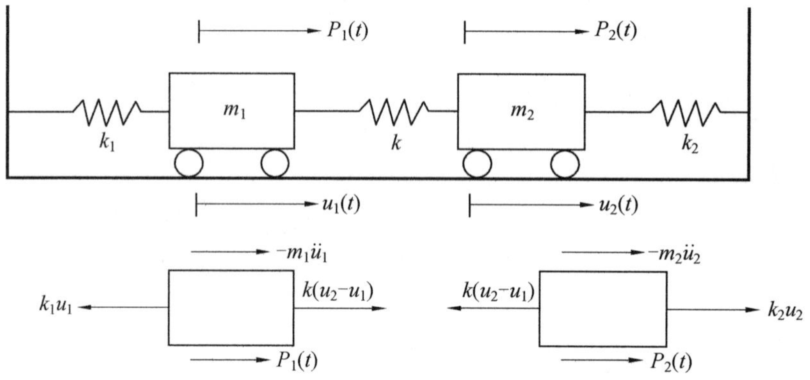

图 2.4

解　该体系为两自由度体系。

m_1 上所受的主动力和惯性力分别为

$$F_1(t)=P_1(t)+k[u_2(t)-u_1(t)]-k_1u_1(t)$$

$$F_{\mathrm{I1}}(t)=-m_1\ddot{u}_1(t)$$

m_2 上所受的主动力和惯性力分别为

$$F_2(t)=P_2(t)-k[u_2(t)-u_1(t)]-k_2u_2(t)$$

$$F_{\mathrm{I2}}(t)=-m_2\ddot{u}_2(t)$$

代入动力平衡方程，可得

$$P_1(t)+k[u_2(t)-u_1(t)]-k_1u_1(t)-m_1\ddot{u}_1(t)=0$$

$$P_2(t)-k[u_2(t)-u_1(t)]-k_2u_2(t)-m_2\ddot{u}_2(t)=0$$

整理后写成矩阵形式为

$$[M][\ddot{u}]+[K][u]=[P]$$

其中

$$[M]=\begin{bmatrix} m_1 & 0 \\ 0 & m_2 \end{bmatrix},\quad [K]=\begin{bmatrix} k_1+k & -k \\ -k & k_2+k \end{bmatrix}$$

$$[u]=[u_1u_2]^{\mathrm{T}},\quad [\ddot{u}]=[\ddot{u}_1\ddot{u}_2]^{\mathrm{T}},\quad [P]=[P_1P_2]^{\mathrm{T}}$$

【例 2.3】 具有 n 个集中质量的无重简支动力体系如图 2.5 所示，列出其运动方程（忽略阻尼力）。

解　设第 i 个质点的位移为 $u_i(t)$，若假定 k_{ij}（j 坐标单位位移所引起的对应于 i 坐标的力，可由结构力学方法求得）已知，那么质点 m_i 上所受主动力与惯性力分别为

$$F_i = P_i(t) - k_{i1}u_1 - k_{i2}u_2 - \cdots - k_{in}u_n$$

$$F_{\mathrm{I}i}(t) = -m_i\ddot{u}_i$$

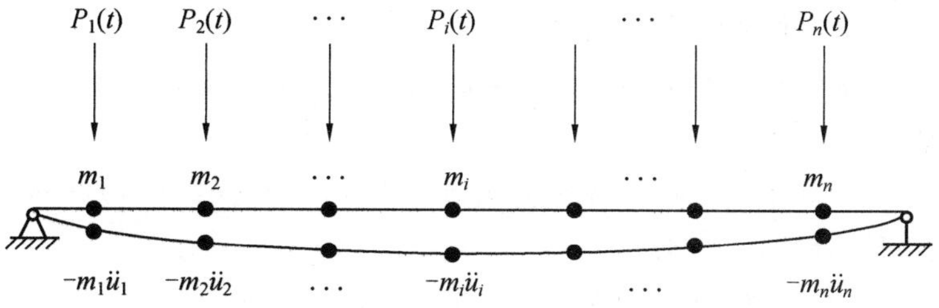

图 2.5

将上面两式代入动平衡方程，有

$$m_i\ddot{u}_i + k_{i1}u_1 + k_{i2}u_2 + \cdots + k_{in}u_n = P_i(t)$$

对于具有 n 个质点的体系来说，相应地可建立 n 个独立方程，写成矩阵形式为

$$[M][\ddot{u}] + [K][u] = [P]$$

$$[M] = \begin{bmatrix} m_1 & 0 & 0 & \cdots & 0 \\ 0 & m_2 & 0 & \cdots & 0 \\ 0 & 0 & m_3 & \cdots & 0 \\ \vdots & \vdots & \vdots & & \vdots \\ 0 & 0 & 0 & \cdots & m_n \end{bmatrix}, \quad [K] = \begin{bmatrix} k_{11} & k_{12} & k_{13} & \cdots & k_{1n} \\ k_{21} & k_{22} & k_{23} & \cdots & k_{2n} \\ k_{31} & k_{32} & k_{33} & \cdots & k_{3n} \\ \vdots & \vdots & \vdots & & \vdots \\ k_{n1} & k_{n2} & k_{n3} & \cdots & k_{nn} \end{bmatrix}$$

$$[P] = [P_1(t), P_2(t), \cdots, P_n(t)]^{\mathrm{T}}$$

2. 虚功原理

用虚功法建立这个运动方程也是有实用意义的，虚功原理表明具有理想约束的质点系运动时，在任意瞬时主动力和惯性力在任意虚位移上所做虚功之和等于零。

理想约束则是在任意虚位移下，约束反力所做虚功之和恒等于零：$\sum_{i=1}^{N} S_i\delta u_i = 0$，即约束反力不做功。

如果给质量一个虚位移，则每一个力都将做功。设体系第 i 质点所受的主动力合力为 F_i，惯性力为 $F_{\mathrm{I}i} = -m_i\ddot{u}_i$，虚位移为 δu_i，由虚功原理写出虚功方程为

$$\sum_{i=1}^{N}(F_i - m_i\ddot{u}_i)\delta u_i = 0 \tag{2.8}$$

由于虚位移 δu_i 的任意性，上式得以满足的充要条件是

$$F_i - m_i\ddot{u}_i = 0,\quad i = 1,2,\cdots,N$$

虚功原理具有以下特点。

(1) 虚功为标量，可以按照代数方式相加。

(2) 对于不便于直接列动平衡方程的复杂体系，采用虚功原理的方法比动静法方便。依据充要条件表明虚功原理和动静法是等价的。

【例 2.4】 用虚功原理建立如图 2.4 所示动力体系的运动方程。

解 两自由度体系，对应的虚位移分别为 δu_1 与 δu_2。

m_1 上所受的主动力和惯性力分别为

$$F_1(t)=P_1(t)+k_2(u_2-u_1)-k_1u_1,\quad F_{I1}(t)=-m_1\ddot{u}_1(t)$$

m_2 上所受的主动力和惯性力分别为

$$F_2(t)=P_2(t)-k_2(u_2-u_1),\quad F_{I2}(t)=-m_2\ddot{u}_2(t)$$

列虚功方程，有

$$[P_1(t)+k_2(u_2-u_1)-k_1u_1-m_1\ddot{u}_1]\delta u_1+[P_2(t)-k_2(u_2-u_1)-m_2\ddot{u}_2]\delta u_2=0$$

由于虚位移的任意性，于是有

$$\begin{cases}P_1(t)+k_2(u_2-u_1)-k_1u_1-m_1\ddot{u}_1=0\\P_2(t)-k_2(u_2-u_1)-m_2\ddot{u}_2=0\end{cases}$$

整理后写成矩阵形式，有

$$\begin{bmatrix}m_1&0\\0&m_2\end{bmatrix}\begin{bmatrix}\ddot{u}_1\\\ddot{u}_2\end{bmatrix}+\begin{bmatrix}k_1+k_2&-k_2\\-k_2&k_2\end{bmatrix}\begin{bmatrix}u_1\\u_2\end{bmatrix}=\begin{bmatrix}P_1\\P_2\end{bmatrix}$$

3. 拉格朗日运动方程

设质点系的动力自由度为 n，有 N 个质点，则对于完整约束的质点系，任意质点的坐标可用 n 个广义坐标表示为

$$u_i=u_i(q_1,q_2,\cdots,q_n;t),\quad i=1,2,\cdots,N \tag{2.9}$$

假定这些函数对于 $q_i(i=1,2,\cdots,n)$ 是二次可微函数，则有

$$\dot{u}_i=\frac{\mathrm{d}u_i}{\mathrm{d}t}=\sum_{j=1}^{n}\frac{\partial u_i}{\partial q_j}\dot{q}_j+\frac{\partial u_i}{\partial t} \tag{2.10}$$

式中，右侧为 $q_1,q_2,\cdots,q_n,\dot{q}_1,\dot{q}_2,\cdots,\dot{q}_n$ 的函数，其中 $\dot{q}_1,\dot{q}_2,\cdots,\dot{q}_n$ 是广义坐标的时间变化率，称为广义速度。

分析动力学中，把 q_j、$\dot{q}_j$ 各看作相互独立的变量，那么由式(2.10)可以得到

$$\frac{\partial\ddot{u}_i}{\partial\dot{q}_j}=\frac{\partial u_i}{\partial q_j} \tag{2.11}$$

$$\frac{\partial\dot{u}_i}{\partial q_j}=\sum_{k=1}^{n}\frac{\partial^2u_i}{\partial q_k\partial q_j}\dot{q}_k+\frac{\partial^2u_i}{\partial t\partial q_j} \tag{2.12}$$

另外，有

$$\frac{\mathrm{d}}{\mathrm{d}t}\left(\frac{\partial u_i}{\partial q_j}\right)=\sum_{k=1}^{n}\frac{\partial}{\partial q_k}\left(\frac{\partial u_i}{\partial q_j}\right)\dot{q}_k+\frac{\partial}{\partial t}\left(\frac{\partial u_i}{\partial q_j}\right) \tag{2.13}$$

比较式(2.12)和式(2.13)，有

$$\frac{\mathrm{d}}{\mathrm{d}t}\left(\frac{\partial u_i}{\partial q_j}\right)=\frac{\partial\dot{u}_i}{\partial q_j} \tag{2.14}$$

根据达朗贝尔原理，质点在广义坐标下的运动方程为

$$\tilde{Q}_j+R_j+F_{Ij}=0\quad(i=1,2,\cdots,N) \tag{2.15}$$

广义主动力为

$$\tilde{Q}_j = \sum_{i=1}^{N} F_i \frac{\partial u_i}{\partial q_j} \tag{2.16}$$

广义约束力为

$$R_j = \sum_{i=1}^{N} S_i \frac{\partial u_i}{\partial q_i} \tag{2.17}$$

广义惯性力为

$$F_{Ij} = \sum_{i=1}^{N} (-m_i \ddot{u}_i) \frac{\partial u_i}{\partial q_j} = -\sum_{i=1}^{N} m_i \frac{\mathrm{d}\dot{u}_i}{\mathrm{d}t} \frac{\partial u_i}{\partial q_j} = -\frac{\mathrm{d}}{\mathrm{d}t}\left(\sum_{i=1}^{N} m_i \dot{u}_i \frac{\partial u_i}{\partial q_j}\right) + \sum_{i=1}^{N} m_i \dot{u}_i \frac{\mathrm{d}}{\mathrm{d}t}\left(\frac{\partial u_i}{\partial q_j}\right) \tag{2.18}$$

式中　S_i—— 作用于 i 质量的约束反力；

$-m_i\ddot{u}_i$——i 质点惯性力。

将式(2.10) 和式(2.13) 代入式(2.17)，可以得到

$$F_{Ij} = -\frac{\mathrm{d}}{\mathrm{d}t}\left(\sum_{i=1}^{N} m_i \dot{u}_i \frac{\partial \dot{u}_i}{\partial \dot{q}_j}\right) + \sum_{i=1}^{N} m_i \dot{u}_i \frac{\partial \dot{u}_i}{\partial \dot{q}_j} \tag{2.19}$$

考虑到质点系的动能为

$$T = \frac{1}{2}\sum_{i=1}^{N} m_i \dot{u}_i^2 \tag{2.20}$$

广义惯性力可以表示为

$$F_{Ij} = -\frac{\mathrm{d}}{\mathrm{d}t}\left(\frac{\partial T}{\partial \dot{q}_j}\right) + \frac{\partial T}{\partial q_j} \tag{2.21}$$

代入式(2.15) 可以得到完整点系的拉格朗日广义坐标运动微分方程

$$\frac{\mathrm{d}}{\mathrm{d}t}\left(\frac{\partial T}{\partial \dot{q}_j}\right) - \frac{\partial T}{\partial q_j} - \tilde{Q}_j - R_j = 0 \tag{2.22}$$

如果是具有理想约束的质点系，则 $R_j = 0$。

如果系统的主动力分为两部分，一部分为有势力，另一部分为非有势力，即存在势函数 $V = V(q_1, q_2, \cdots, q_n)$ 使得

$$\tilde{Q}_j = -\frac{\partial V}{\partial q_j} + Q_j, \quad Q_j = \sum_{i=1}^{N}\left(F_{ix}\frac{\partial x_i}{\partial q_j} + F_{ij}\frac{\partial y_i}{\partial q_j} + F_t\frac{\partial z_i}{\partial q_j}\right) \tag{2.23}$$

考虑到 Q_j 为非有势力对应于广义坐标 q_j 的广义力函数，则上述拉格朗日运动方程可写为

$$\frac{\mathrm{d}}{\mathrm{d}t}\left(\frac{\partial T}{\partial \dot{q}_j}\right) - \frac{\partial T}{\partial q_j} + \frac{\partial V}{\partial q_j} = Q_j \quad (j = 1, 2, \cdots, n) \tag{2.24}$$

【例 2.5】　基于拉格朗日运动方程，针对图 2.6 所示的两自由度体系，建立关于广义坐标 φ_1、φ_2 的运动方程(假设 φ_1、φ_2 为微小量，即体系线性微振)。

解　(1) 准备工作。

物理坐标与广义坐标的关系：

$$x_1 = l_1 \sin\varphi_1, \quad y_1 = l_1 \cos\varphi_1$$

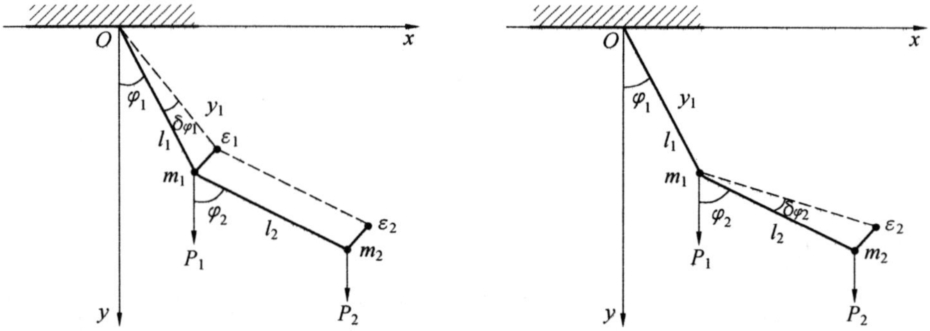

图 2.6

$$x_2 = l_1\sin\varphi_1 + l_2\sin\varphi_2,\quad y_2 = l_1\cos\varphi_1 + l_2\cos\varphi_2$$

(2) 广义力求解。

$$Q_j = \sum_{i=1}^{N}\left(F_{ix}\frac{\partial x_i}{\partial q_j} + F_{iy}\frac{\partial y_i}{\partial q_j} + F_{iz}\frac{\partial z_i}{\partial q_j}\right)$$

$$F_{1x} = 0,\quad F_{2x} = 0,\quad F_{1z} = 0,\quad F_{2z} = 0,\quad F_{1y} = P_1,\quad F_{2y} = P_2$$

$$\frac{\partial y_1}{\partial \varphi_1} = -l_1\sin\varphi_1,\quad \frac{\partial y_1}{\partial \varphi_2} = 0,\quad \frac{\partial y_2}{\partial \varphi_1} = -l_1\sin\varphi_1,\quad \frac{\partial y_2}{\partial \varphi_2} = -l_2\sin\varphi_2$$

$$Q_1 = F_{1y}\frac{\partial y_1}{\partial \varphi_1} + F_{2y}\frac{\partial y_2}{\partial \varphi_1} = -P_1 l_1\sin\varphi_1 - P_2 l_1\sin\varphi_1$$

$$Q_2 = F_{1y}\frac{\partial y_1}{\partial \varphi_2} + F_{2y}\frac{\partial y_2}{\partial \varphi_2} = -P_2 l_2\sin\varphi_2$$

(3) 动能与势能的求解。

质点 m_1 的动能为

$$T_1 = \frac{1}{2}m_1(\dot{x}_1^2 + \dot{y}_1^2) = \frac{1}{2}m_1 l_1^2\dot{\varphi}_1^2$$

质点 m_2 的动能为

$$\begin{aligned}T_2 &= \frac{1}{2}m_2(\dot{x}_2^2 + \dot{y}_2^2)\\ &= \frac{1}{2}m_2[(l_1\dot{\varphi}_1\cos\varphi_1 + l_2\dot{\varphi}_2\cos\varphi_2)^2 + (l_1\dot{\varphi}_1\sin\varphi_1 + l_2\dot{\varphi}_2\sin\varphi_2)^2]\\ &= \frac{1}{2}m_2[l_1^2\dot{\varphi}_1^2 + l_2^2\dot{\varphi}_2^2 + 2l_1 l_2\dot{\varphi}_1\dot{\varphi}_2\cos(\varphi_1 - \varphi_2)]\end{aligned}$$

假设 $\varphi_1 = 0$、$\varphi_2 = 0$ 时所在位置为零势能点，则质点 m_1 与质点 m_2 的势能分别为

$$V_1 = m_1 g(l_1 + l_2 - y_1) = m_1 g[l_1(1 - \cos\varphi_1) + l_2]$$

$$V_2 = m_2 g(l_1 + l_2 - l_1\cos\varphi_1 - l_2\cos\varphi_2)$$

可以得到

$$\frac{\partial T}{\partial \dot{\varphi}_1} = m_1 l_1^2\dot{\varphi}_1 + m_2 l_1^2\dot{\varphi}_1 + m_2 l_1 l_2\dot{\varphi}_2\cos(\varphi_1 - \varphi_2)$$

$$\frac{\mathrm{d}}{\mathrm{d}t}\left(\frac{\partial T}{\partial \dot{\varphi}_1}\right) = (m_1 + m_2)l_1^2\ddot{\varphi}_1 + m_2 l_1 l_2[\ddot{\varphi}_2\cos(\varphi_1 - \varphi_2) - \dot{\varphi}_2(\dot{\varphi}_1 - \dot{\varphi}_2)\sin(\varphi_1 - \varphi_2)]$$

$$\frac{\partial T}{\partial \varphi_1} = - m_2 l_1 l_2 \dot{\varphi}_1 \dot{\varphi}_2 \sin(\varphi_1 - \varphi_2)$$

$$\frac{\partial V}{\partial \varphi_1} = (m_1 + m_2) g l_1 \sin\varphi_1$$

$$\frac{\partial T}{\partial \dot{\varphi}_2} = m_2 l_2^2 \dot{\varphi}_2 + m_2 l_1 l_2 \dot{\varphi}_1 \cos(\varphi_1 - \varphi_2)$$

$$\frac{\mathrm{d}}{\mathrm{d}t}\left(\frac{\partial T}{\partial \dot{\varphi}_2}\right) = m_2 l_2^2 \ddot{\varphi}_2 + m_2 l_1 l_2 [\ddot{\varphi}_1 \cos(\varphi_1 - \varphi_2) - \dot{\varphi}_1(\dot{\varphi}_1 - \dot{\varphi}_2)\sin(\varphi_1 - \varphi_2)]$$

$$\frac{\partial T}{\partial \varphi_2} = m_2 l_1 l_2 \dot{\varphi}_1 \dot{\varphi}_2 \sin(\varphi_1 - \varphi_2)$$

$$\frac{\partial V}{\partial \varphi_2} = m_2 g l_2 \sin\varphi_2$$

将以上各式代入拉格朗日运动方程，再根据 $P = 30$ kN 为微小量，则

$$\sin\varphi_1 = \varphi_1, \quad \sin\varphi_2 = \varphi_2, \quad \cos\varphi_1 = \cos\varphi_2 = 1$$

略去二阶微小量，最后得到体系微幅运动方程为

$$(m_1 + m_2) l_1^2 \ddot{\varphi}_1 + m_2 l_1 l_2 \ddot{\varphi}_2 + (m_1 + m_2) g l_1 \varphi_1 = -(P_1 + P_2) l_1 \varphi_1$$

$$m_2 l_1 l_2 \ddot{\varphi}_1 + m_2 l_2^2 \ddot{\varphi}_2 + m_2 g l_2 \varphi_2 = - P_2 l_2 \varphi_2$$

写成矩阵形式为

$$\begin{bmatrix} (m_1 + m_2) l_1^2 & m_2 l_1 l_2 \\ m_2 l_1 l_2 & m_2 l_2^2 \end{bmatrix} \begin{bmatrix} \ddot{\varphi}_1 \\ \ddot{\varphi}_2 \end{bmatrix} + \begin{bmatrix} (P_1 + P_2 + m_1 g + m_2 g) l_1 & 0 \\ 0 & (P_2 + m_2 g) l_2 \end{bmatrix} \begin{bmatrix} \varphi_1 \\ \varphi_2 \end{bmatrix} = \begin{bmatrix} 0 \\ 0 \end{bmatrix}$$

4. 哈密尔顿原理

对于理想约束的质点系，系统的动能函数可以表示为广义坐标和广义速度的函数，即

$$T = T(q_1, q_2, \cdots, q_n, \dot{q}_1, \dot{q}_2, \cdots, \dot{q}_n, t) \tag{2.25}$$

于是动能函数的变分可写为

$$\delta T = \sum_{j=1}^{n} \left(\frac{\partial T}{\partial q_j} \delta q_j + \frac{\partial T}{\partial \dot{q}_j} \delta \dot{q}_j \right) \tag{2.26}$$

从 t_0 时刻到 t_1 时刻的区间上对式(2.26)积分，有

$$\int_{t_0}^{t_1} (\delta T)\mathrm{d}t = \int_{t_0}^{t_1} \sum_{j=1}^{n} \frac{\partial T}{\partial q_j} \delta q_j \mathrm{d}t + \int_{t_0}^{t_1} \sum_{j=1}^{n} \frac{\partial T}{\partial \dot{q}_j} \delta \dot{q}_j \mathrm{d}t \delta T = \int_{t_0}^{t_1} \sum_{j=1}^{n} \left(\frac{\partial T}{\partial q_j} \delta q_j + \frac{\partial T}{\partial \dot{q}_j} \delta \dot{q}_j \right) \mathrm{d}t \tag{2.27}$$

根据变分运算法则 $\delta \mathrm{d}y = \mathrm{d}\delta y$，有

$$\int_{t_0}^{t_1} \sum_{j=1}^{n} \frac{\partial T}{\partial \dot{q}_j} \delta \dot{q}_j \mathrm{d}t = \int_{t_0}^{t_1} \sum_{j=1}^{n} \frac{\partial T}{\partial \dot{q}_j} \left(\frac{\mathrm{d}}{\mathrm{d}t} \delta q_j \right) \mathrm{d}t = \sum_{j=1}^{n} \frac{\partial T}{\partial \dot{q}_j} \delta q_j \Bigg|_{t_0}^{t_1} - \int_{t_0}^{t_1} \sum_{j=1}^{n} \left(\frac{\mathrm{d}}{\mathrm{d}t} \frac{\partial T}{\partial \dot{q}_j} \right) \delta q_j \mathrm{d}t \tag{2.28}$$

将式(2.28)代入式(2.27)，并根据端点处 $\delta q_j = 0$，得到

$$\int_{t_0}^{t_1} (\delta T)\mathrm{d}t = \int_{t_0}^{t_1} \sum_{j=1}^{n} \left(\frac{\partial T}{\partial q_j} - \frac{\mathrm{d}}{\mathrm{d}t} \frac{\partial T}{\partial \dot{q}_j} \right) \delta q_j \mathrm{d}t \tag{2.29}$$

根据拉格朗日方程，可以得到

$$\int_{t_0}^{t_1} \left(\delta T - \sum_{j=1}^{n} \frac{\partial V}{\partial q_j} \delta q_j + \sum_{j=1}^{n} Q_j \delta q_j \right) \mathrm{d}t = 0$$

由于 $\sum_{j=1}^{n}\frac{\partial V}{\partial q_j}\delta q_j=\delta V$，同时记 $\sum_{j=1}^{n}Q_j\delta q_j=\delta W_{nc}$，将两式代入上式，得到

$$\int_{t_0}^{t_1}\delta(T-V)\mathrm{d}t+\int_{t_0}^{t_1}\delta W_{\mathrm{nc}}\mathrm{d}t=0$$

式中　T—— 体系的总动能；

V—— 保守力产生的体系的势能；

W_{nc}—— 作用于体系上的非保守力所做的功；

δ—— 指定时段内所取的变分。

【例 2.6】　用哈密尔顿原理建立如图 2.7 所示体系的运动方程。

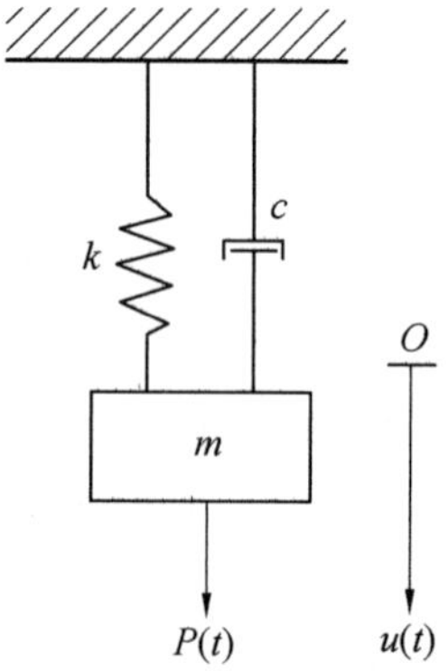

图 2.7

解　质量 m 的动能 $T=\frac{1}{2}m\dot{u}^2$，体系的势能（保守力）$V=\frac{1}{2}ku^2$。

非保守力做功的变分等于非保守力在位移变分 δu 上做的功，即

$$\delta W_{\mathrm{nc}}=P\delta u-c\dot{u}\delta u$$

将以上各式都代入哈密尔顿原理，得

$$\int_{t_1}^{t_2}(m\dot{u}\delta\dot{u}-ku\delta u+P\delta u-c\dot{u}\delta u)\mathrm{d}t=0$$

又因为

$$\int_{t_1}^{t_2}m\dot{u}\delta\dot{u}\mathrm{d}t=\int_{t_1}^{t_2}m\dot{u}\frac{\mathrm{d}(\delta u)}{\mathrm{d}t}\mathrm{d}t=m\dot{u}\delta u\Big|_{t_1}^{t_2}-\int_{t_1}^{t_2}m\ddot{u}\delta u\mathrm{d}t=-\int_{t_1}^{t_2}m\ddot{u}\delta u\mathrm{d}t$$

所以

$$\int_{t_1}^{t_2}(-m\ddot{u}-c\dot{u}-ku+P)\delta u\mathrm{d}t=0$$

由于 δu 的任意性，有

$$m\ddot{u}+c\dot{u}+ku=P$$

根据动力方程建立方法进行对比，见表 2.1。

表 2.1　几种动力方程建立方法对比

方法	特点	其他
达朗贝尔原理	矢量方法，直观，建立了动平衡概念	使得在结构静力分析中的一些建立控制方程的方法可以直接推广到动力问题
虚功原理	半矢量法，可处理复杂分布质量和弹性问题	获得体系虚功后，可采用标量运算建立体系的运动方程
哈密尔顿原理	标量方法，表达简洁	如果不考虑非保守力做的功（主要是阻尼力），则是完全的标量运算
拉格朗日方程	标量方法，运用面广	

讨论如图 2.1 所示的体系，即水平振动单自由度，构建动力方程

$$m\ddot{v}(t)+c\dot{v}(t)+kv(t)=P(t) \tag{2.30}$$

讨论如图 2.8 所示的体系，它是图 2.1 所示体系旋转 90° 的结果，这样力就沿着位移的方向作用了，此时，作用在质量上的力系如图 2.8(b) 所示，当引用方程表达式后，体系的平衡关系可以写作

$$m\ddot{v}(t)+c\dot{v}(t)+kv=P(t)+G \tag{2.31}$$

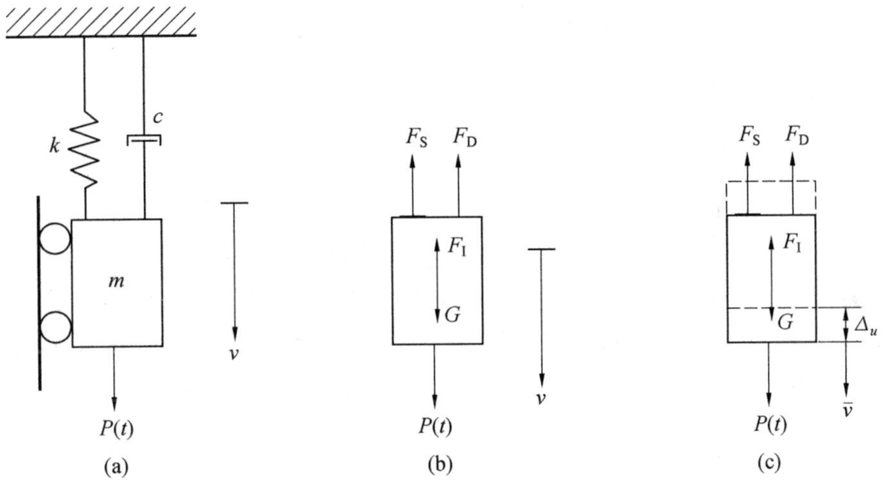

图 2.8　重力对单自由度体系平衡的影响

但是，如果总位移 v 用由重力 G 引起的静位移 Δ_{st} 及附加动力位移 $\bar{v}$ 的和来表示，如图 2.8(c) 所示，即

$$v(t)=\Delta_{st}+\bar{v}(t) \tag{2.32}$$

则弹簧力可写作

$$F_S(t)=kv(t)=k\Delta_{st}+k\bar{v}(t) \tag{2.33}$$

将方程(2.33) 代入方程(2.31)，得

$$m\ddot{v}(t)+c\dot{v}(t)+k\Delta_{st}+k\bar{v}(t)=P(t)+G \tag{2.34}$$

则导致

$$m\ddot{v}(t)+c\dot{v}(t)+k\bar{v}(t)=P(t) \tag{2.35}$$

对方程(2.32) 求导数，同时注意到 Δ_{st} 是不随时间变化的，所以方程(2.35) 可改写为

$$m\ddot{\bar{v}}(t)+c\dot{\bar{v}}(t)+k\bar{v}(t)=P(t) \tag{2.36}$$

可见，相对于动力体系的静力平衡位置所写出的运动方程是不受重力影响的，由于这个原因，在今后所有的讨论中，位移都以静力平衡位置作为基准，而这样确定的位移即为动力反应，因此，求总挠度、应力等时，只要把动力分析的结果与相应的静力量相加即可。

结构的动应力和动挠度不仅可以由随时间变化的荷载引起，如图2.1 和图2.8 所表示的那样，也可以由于结构支承点的运动而产生，由于地震引起的建筑物基础的运动，或由于建筑物的振动而引起放在建筑物内的设备基底的运动等，就是这类扰动的重要的例子，地震振动问题的一个简化模型如图 2.9 所示，图中由于地表引起的地面水平运动用相对于固定参

考轴的结构基底位移 v_g 来表示。

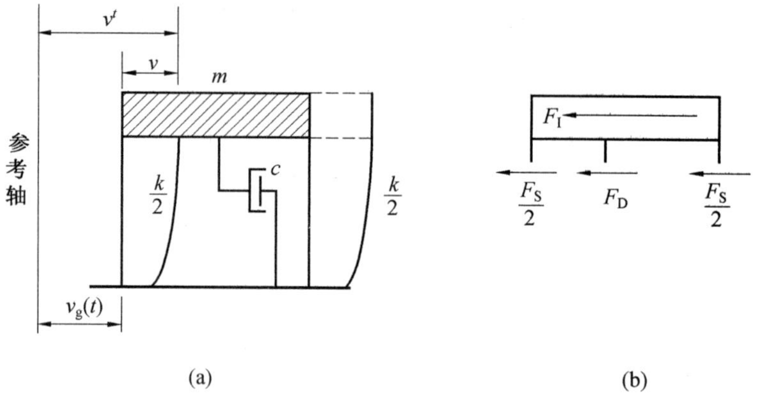

图 2.9　支座扰动对单自由度体系平衡的影响

在这个刚架里水平横梁假定是刚性的，而且它包含了结构所有的移动质量。立柱假定为无重且在竖直方向（轴向）不能伸长，抵抗梁位移的恢复力，由每一根弹簧常数为 $k/2$ 的立柱来提供，这样，这个质量具有一个自由度 v。它与柱的弯曲有关，而阻尼器则提供了对这个变形的抗力，这个抗力与速度成比例。

如图 2.9(b) 所示，对于这个体系的平衡可以写为

$$F_I(t)+F_D(t)+F_S(t)=0 \tag{2.37}$$

式(2.37) 中阻尼力和弹性力可以用方程表示，而在这种情况下，惯性力由下式给出：

$$F_I(t)=m\ddot{v}^t(t) \tag{2.38}$$

式中　$\ddot{v}^t$—— 质量对参考轴的总位移。

将惯性力、阻尼力和弹性力的表达式代入方程(2.37) 可得

$$m\ddot{v}^t(t)+c\dot{v}(t)+kv(t)=0 \tag{2.39}$$

在解这个方程之前，所有的力都必须用单一的变量来表达，为此，把质量的总位移表示为地面运动和柱子变形的和即可，即

$$v^t(t)=v(t)+v_g(t) \tag{2.40}$$

对方程(2.40) 求导，获得两个加速度分量，以它们表示惯性力，并代入方程(2.39)，可得

$$m\ddot{v}(t)+m\ddot{v}_g(t)+c\dot{v}(t)+kv(t)=0 \tag{2.41}$$

由于地面加速度代表对结构特定的动力输入，运动方程可以很方便地写成

$$m\ddot{v}(t)+c\dot{v}(t)+kv(t)=-m\ddot{v}_g(t)=P_{eff}(t) \tag{2.42}$$

在这个方程中，$P_{eff}(t)$ 表示等效支承扰动荷载。换句话说，在地面加速度 $\ddot{v}_g(t)$ 作用下，结构的反应就与在外荷载 $P(t)$ 下产生的反应一样，只是外荷载 $P(t)$ 等于质量和地面加速度的乘积而已，方程(2.42) 中的负号表示等效力的方向和地面加速度方向相反；因为一般必须假定基底输入的作用方向不定，因此这一符号实际上是不重要的。

2.2　自由振动分析

2.2.1　无阻尼自由振动

结构的自由振动是指结构受到扰动离开平衡位置以后,不再受任何外力影响的振动过程。通过对单自由度体系无阻尼和有阻尼自由振动的分析,可以学习和掌握结构的自振频率、阻尼比的概念,并了解它们的特点。

无阻尼自由振动基本方程表示为

$$m\ddot{v}(t)+kv(t)=0 \tag{2.43}$$

引起体系自由振动的扰动可以用初始条件表示,即由于初始扰动的影响而使体系产生一个非零的初始位移或速度,定义初始条件为

$$P(t)=0,\quad v|_{t=0}=v(0),\quad \dot{v}|_{t=0}=\dot{v}(0) \tag{2.44}$$

常微分方程的解具有如下形式:

$$v(t)=A\mathrm{e}^{st} \tag{2.45}$$

代入方程(2.43),可得

$$(ms^2+k)A\mathrm{e}^{st}=0 \tag{2.46}$$

可由如下特征方程求解:

$$ms^2+k=0 \tag{2.47}$$

解为

$$s_1=\mathrm{i}\omega,\quad s_2=-\mathrm{i}\omega$$

$$\mathrm{i}=\sqrt{-1},\quad \omega=\sqrt{\frac{k}{m}}$$

考虑微分方程

$$m\ddot{v}(t)+kv(t)=0,\quad v|_{t=0}=v(0),\quad \dot{v}|_{t=0}=\dot{v}(0)$$

则方程解的复数形式为

$$v(t)=G\mathrm{e}^{st}=G_1\mathrm{e}^{\mathrm{i}\omega t}+G_2\mathrm{e}^{-\mathrm{i}\omega t}$$

$$G=G_{\mathrm{R}}+\mathrm{i}G_{\mathrm{I}}$$

$$G_1=G_{1\mathrm{R}}+\mathrm{i}G_{1\mathrm{I}},\quad G_2=G_{2\mathrm{R}}+\mathrm{i}G_{2\mathrm{I}}$$

$$v(t)=(G_{\mathrm{R}}+\mathrm{i}G_{\mathrm{I}})\mathrm{e}^{\mathrm{i}\omega t}+(G_{\mathrm{R}}-\mathrm{i}G_{\mathrm{I}})\mathrm{e}^{-\mathrm{i}\omega t}$$

考虑如下关系:

$$\mathrm{e}^{\mathrm{i}x}=\cos x+\mathrm{i}\sin x,\quad \mathrm{e}^{-\mathrm{i}x}=\cos x-\mathrm{i}\sin x$$

方程解的三角函数形式为

$$v(t)=A\cos\omega t+B\sin\omega t \tag{2.48}$$

式中　A、B—— 常数,由初始条件确定。

体系的运动应满足初始条件式(2.44),即

$$\dot{v}|_{t=0}=\dot{v}(0)=\omega B$$

$$v|_{t=0}=v(0)=A$$

可解得

$$A = v(0),\quad B = \frac{\dot{v}(0)}{\omega}$$

代入式(2.48)得到体系无阻尼自由振动的解为

$$v(t) = v(0)\cos\omega t + \frac{\dot{v}(0)}{\omega}\sin\omega t \tag{2.49}$$

而

$$f = \frac{\omega}{2\pi} = \frac{1}{2\pi}\sqrt{\frac{k}{m}},\quad T = \frac{1}{f} = \frac{2\pi}{\omega}$$

式(2.49)表明,体系的无阻尼振动是一个简谐运动,即运动是时间的正弦函数或余弦函数。在物理学中,被称为圆频率或角速度。

在初始时刻 $t=0$,曲线值等于初始位移 $v(0)$,曲线的斜率等于初始速度 $\dot{v}(0)$,然后曲线沿斜率方向变化,经过一段时间,曲线达到其最大值 v_0,即

$$v_0 = \sqrt{[v(0)]^2 + \left[\frac{\dot{v}(0)}{\omega}\right]^2} \tag{2.50}$$

式中　v_0——体系自由振动的振幅。

此时,体系运动速度为零,弹性恢复力最大,然后结构向负方向,即向静平衡点运动,当到达静平衡点时,质点的速度达到最大(绝对值),此时弹性恢复力为零。在惯性作用下,质点越过静平衡点继续运动直到负向最大位移点,然后结构又向正向,即向静平衡点运动,这样往复循环。

分析式(2.49)可以发现,每经过一个时间段 T_n,有

$$T_n = \frac{2\pi}{\omega_n} \tag{2.51}$$

结构的运动就完成一个振动循环,而 T_n 是使结构运动完成一次循环所需要的时间,称为结构的自振周期。自振周期 T_n 是体系的固有特性。当体系为线弹性时,无论初始条件如何,例如振幅较大或很小(由初始条件决定),但体系完成一个振动循环所用的时间总是相等的,即等于 T_n。ω_n 为自振圆频率。

工程和理论研究中也常常用频率作为结构振动快慢的度量,其定义为

$$f_n = \frac{1}{T_n} \tag{2.52}$$

其中,f_n 称为结构的自振频率,为单位时间内循环振动的次数,单位是 Hz。根据 T_n 和 ω_n 的关系,可以给出 f_n 和 ω_n 的关系式,即

$$f_n = \frac{\omega_n}{2\pi} \tag{2.53}$$

有时为把自振频率 f_n 和自振圆频率 ω_n 区分开,称 f_n 为工程频率,而在不引起混淆的情况下,也将 ω_n 简称为自振频率。

结构自振频率 ω_n 仅与结构的刚度和质量有关,因而 ω_n、f_n 和自振周期 T_n 都是结构的固有特性,仅与结构本身有关。自振周期和自振频率有时也称为固有周期和固有频率。

结构的自振周期(频率)是反映结构动力特性的主要物理量,在描述一个结构的动力特

性或实际测量结构动力特性时必须给出。不同结构的自振周期可能相差很大,从一般单层房屋的 0.1 s,到 200 m 左右高度的超高层结构的 4 ~ 5 s,到大型悬索桥的 17 s。

对单自由度的弯曲(扭转)弹簧构成的弹簧 - 质量体系,自振频率的计算公式为

$$\omega_n = \sqrt{\frac{k_\theta}{j}} \tag{2.54}$$

【例 2.7】　求图 2.10 所示梁结构的自振周期和自振频率。

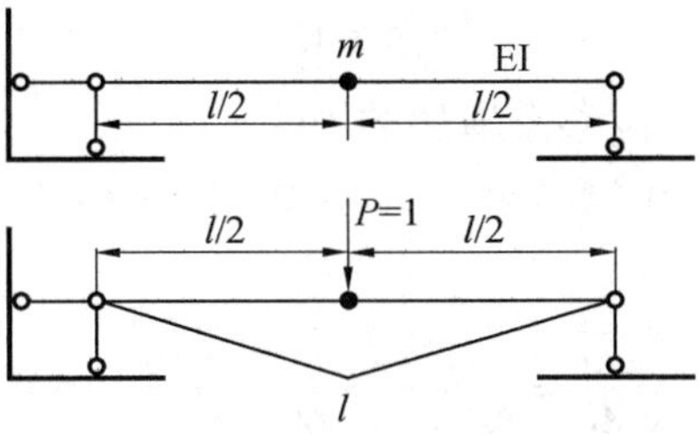

图 2.10

解　(1) 求柔度系数。

在质点上加单位力 1(图乘法),有

$$\delta = \frac{l^3}{48EI}$$

$$\omega_n = \sqrt{\frac{k}{m}} = \sqrt{\frac{1}{m\delta}} = \sqrt{\frac{48EI}{ml^3}}$$

$$T = 2\pi\sqrt{m\delta} = 2\pi\sqrt{\frac{ml^3}{48EI}}$$

(2) 拓展:比较图 2.11 所示三种简化单自由度梁的圆频率。

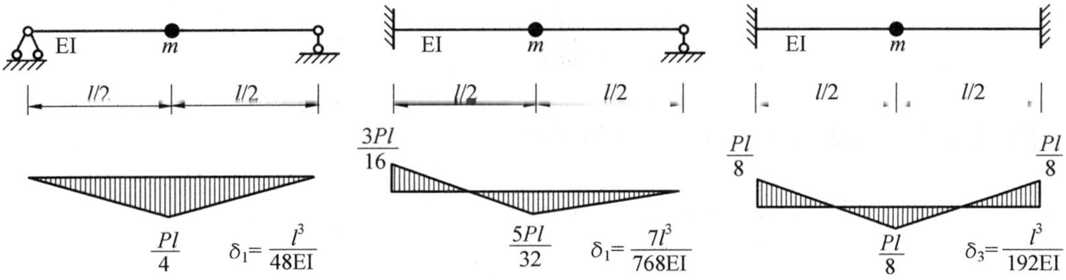

图 2.11

$$\omega = \sqrt{\frac{k}{m}} = \sqrt{\frac{1}{m\delta}}$$

$$\omega_1 : \omega_2 : \omega_3 = \sqrt{\frac{48EI}{ml^3}} : \sqrt{\frac{768EI}{7ml^3}} : \sqrt{\frac{192EI}{ml^3}} = 1 : 1.51 : 2$$

【例 2.8】　机器与基础总重力 $G = 60$ kN,基础下土壤的抗压刚度系数为 $C_z = 0.6$ N/cm^3,基础底面积 $A = 20$ cm^2。如图 2.12 所示。试求机器连同基础做竖向振动时的自振频率。

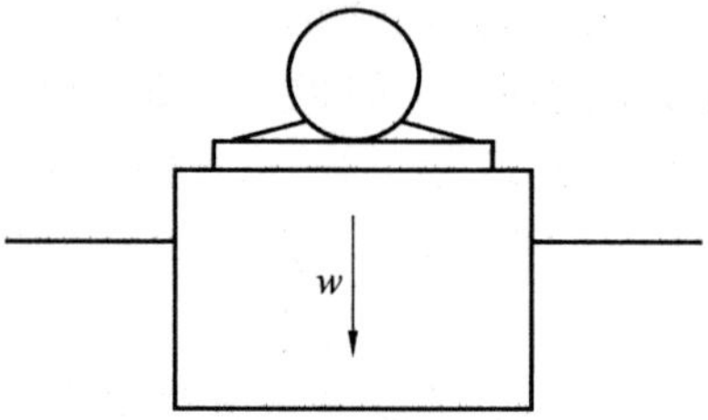

图 2.12

解　令振动质量向下单位位移需施加的力为

$$k = c_z A = 0.6 \times 10^6 \times 20 = 12 \times 10^6(\text{N/m}) = 12 \times 10^3(\text{kN/m})$$

自振频率为

$$\omega_n = \sqrt{\frac{k}{m}} = \sqrt{\frac{kg}{G}} = \sqrt{\frac{12 \times 10^3 \times 9.8}{60}} = 44.27\ (\text{rad/s})$$

【例 2.9】　求图 2.13 所示结构的自振频率。

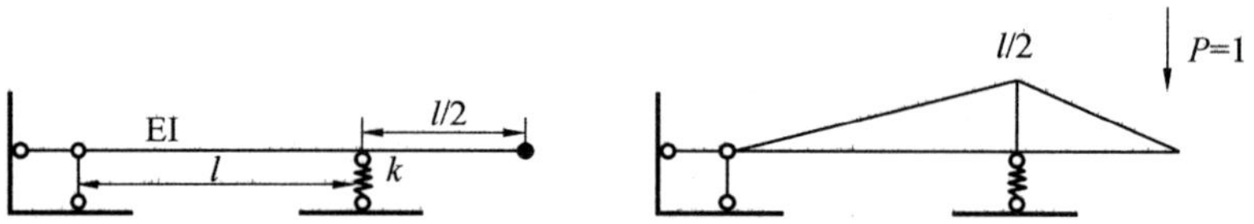

图 2.13

解　绘制单位力作用下的弯矩图 M_1。

$$\delta = \frac{1}{\text{EI}}\left(\frac{1}{2} \times l \times \frac{l}{2} \times \frac{2}{3} \times \frac{l}{2} + \frac{1}{2} \times \frac{l}{2} \times \frac{l}{2} \times \frac{2}{3} \times \frac{l}{2}\right) + \frac{3}{2} \times \frac{3}{2k} = \frac{l^3}{8\text{EI}} + \frac{9}{4k}$$

则其自振频率为

$$\omega_n = \sqrt{\frac{k}{m}} = \sqrt{\frac{1}{m\delta}} = \sqrt{\frac{1}{m\left(\frac{l^3}{8\text{EI}} + \frac{9}{4k}\right)}}$$

【例 2.10】　求图 2.14 所示结构的自振频率。

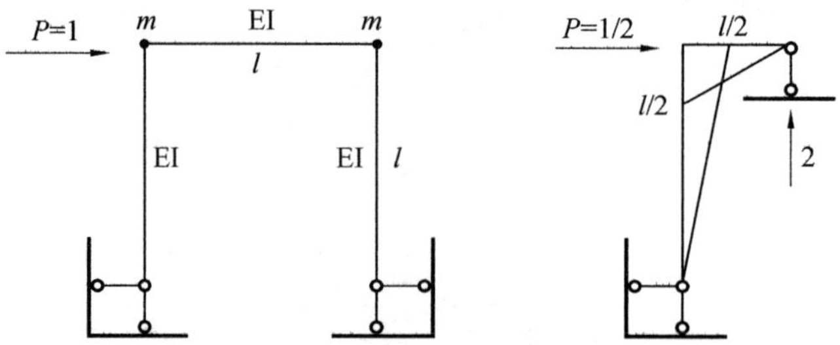

图 2.14

解　单自由度体系,做水平振动。求柔度系数时,由于结构对称,可取半刚架计算,则

$$\delta = \frac{1}{\text{EI}}\left(\frac{l}{2} \times \frac{l}{2} \times \frac{1}{2} \times \frac{2}{3} \times \frac{l}{2} + l \times \frac{l}{2} \times \frac{1}{2} \times \frac{2}{3} \times \frac{l}{2}\right) \times 2 = \frac{l^3}{4\text{EI}}$$

$$\omega_n = \sqrt{\frac{k}{m}} = \sqrt{\frac{1}{m\delta}} = \sqrt{\frac{4EI}{ml^3}}$$

【例 2.11】 求图 2.15 所示体系的自振频率与周期。

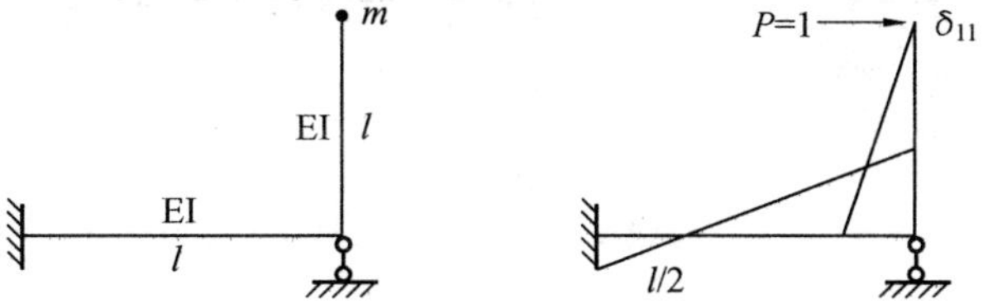

图 2.15

柔度为

$$\delta_{11} = \frac{1}{EI}\left(\frac{1}{2} \cdot l \cdot l \cdot \frac{2}{3}l + \frac{1}{2} \cdot \frac{l}{2} \cdot \frac{l}{3} \cdot \frac{2}{3} \cdot \frac{l}{2} + \frac{1}{2} \cdot l \cdot \frac{2l}{3} \cdot \frac{2}{3}l\right) = \frac{7l^3}{12EI}$$

则其自振频率为

$$\omega = \sqrt{\frac{1}{m\delta_{11}}} = \sqrt{\frac{12EI}{7ml^3}}$$

周期为

$$T = \frac{2\pi}{\omega} = 2\pi\sqrt{\frac{7ml^3}{12EI}}$$

【例 2.12】 求图 2.16 所示体系的自振频率与周期。

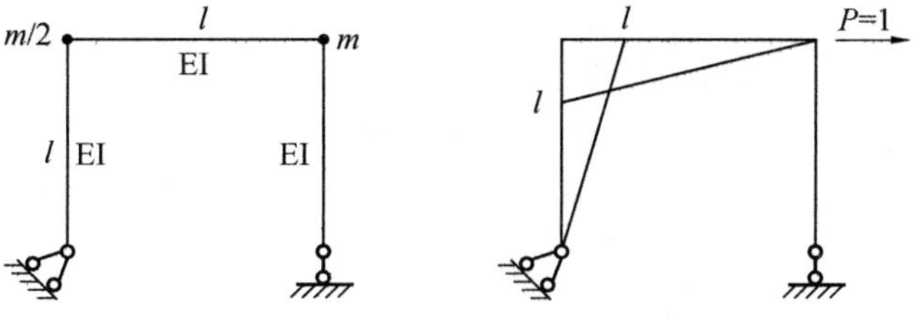

图 2.16

柔度为

$$\delta_{11} = \frac{2l^3}{3EI}$$

则其自振频率为

$$\omega = \sqrt{\frac{1}{\frac{3}{2}m \cdot \frac{2l^3}{3EI}}} = \sqrt{\frac{EI}{ml^3}}$$

周期为

$$T = 2\pi\sqrt{\frac{ml^3}{EI}}$$

【例 2.13】 求图 2.17 所示体系的自振频率与周期，质点重力为 G。

$$m = G/g$$

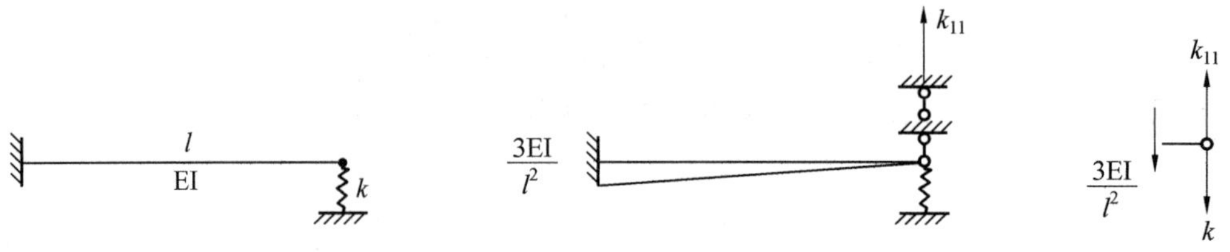

图 2. 17

刚度为

$$k_{11} = k + \frac{3EI}{l^3}$$

则其自振频率为

$$\omega = \sqrt{\frac{k + \frac{3EI}{l^3}}{G} g}$$

【例 2. 14】　求图 2. 18 所示体系的自振频率与周期。

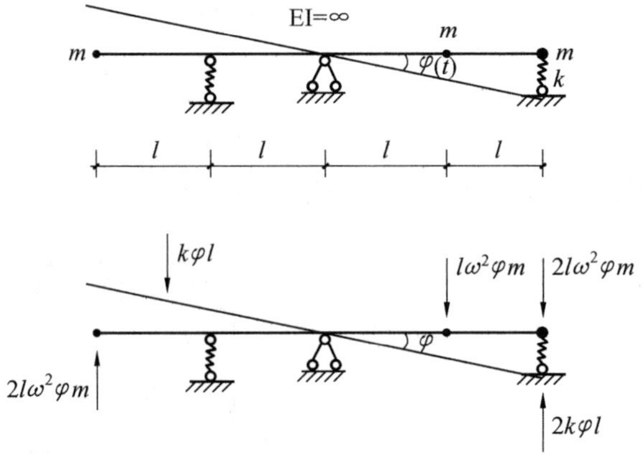

图 2. 18

（1）能量守恒。

$$T_{max} = \frac{1}{2}m\,(2l\varphi\omega)^2 + \frac{1}{2}m\,(l\varphi\omega)^2 + \frac{1}{2}m\,(2l\varphi\omega)^2 = \frac{9}{2}ml^2\varphi^2\omega^2$$

$$U_{max} = \frac{1}{2}k\,(l\varphi)^2 + \frac{1}{2}k\,(2l\varphi)^2 = \frac{5}{2}kl^2\varphi^2$$

$$T_{max} = U_{max}$$

$$\omega = \sqrt{\frac{5k}{9m}}$$

（2）列幅值方程。

$$\sum M_A = 0$$

$$2l\omega^2\varphi m \times 2l - kl\varphi \times l + ml\varphi\omega^2 \times l + 2lm\varphi\omega^2 \times 2l - 2l\varphi k \times 2l = 0$$

$$9l^2\omega^2\varphi m - 5kl^2\varphi = 0$$

$$\omega = \sqrt{\frac{5k}{9m}}$$

2.2.2 有阻尼自由振动

虽然在真实的结构中,阻尼是由几种不同能量耗散机制共同引起的,但为了便于数学上的分析,常常把这些阻尼理想化为等效的黏性阻尼,即阻尼力的大小与质点的速度成正比,方向与之相反。

令 $P(t)=0$,得到有阻尼单自由度体系自由振动的运动方程为

$$m\ddot{v}(t) + c\dot{v}(t) + kv(t) = 0 \tag{2.55}$$

同理,代入运动方程(2.55)求解得

$$s_{1,2} = -\frac{c}{2m} \pm \sqrt{\left(\frac{c}{2m}\right)^2 - \omega^2} \tag{2.56}$$

$\omega=\sqrt{k/m}$ 是前面所定义的无阻尼体系的自振频率。当结构体系的刚度和质量一定时,式中根号内式子的取值完全取决于阻尼系数 c,当阻尼系数较大时,根号内的数值可能大于零;而 c 较小时,则可能小于零,这对应于两种完全不同的运动状态。当根号内的值大于零时,s_1、s_2 是两个实数,体系的运动将不会发生往复的振动;而当根号内的值小于零时,s_1、s_2 是两个不同的复数,其解代表着振动;而使根号内数值为零时的阻尼值代表着这两种完全不同运动状态的分界线,这个阻尼值称为临界阻尼。

令$\left(\frac{c}{2m}\right)^2-\omega^2=0$,即系统处于发生振动的临界点。可见临界阻尼也是完全由结构的刚度和质量决定的常数,当结构的阻尼系数正好等于临界阻尼时,即

$$c = c_c = 2m\omega$$

解得两个特征根为

$$s_1 = s_2 = -\frac{c_c}{2m} = -\omega$$

微分方程的特征方程有两个相同的实根,则方程的解为

$$v(t) = (G_1 + G_2 t)\mathrm{e}^{-\omega t}$$

满足初始条件的临界阻尼体系运动的最终形式为

$$v(t) = [v(0)(1+\omega t) + \dot{v}(0)t]\mathrm{e}^{-\omega t} \tag{2.57}$$

式(2.57)表明,具有临界阻尼的体系自由反应不会出现在静平衡位置附近的往复振动,其典型的运动曲线如图 2.19 所示。

图 2.19 所示曲线表明,当结构的阻尼等于临界阻尼时,结构的运动是按指数衰减的运动,随时间的增加而逐步衰减到零,回复到静平衡位置,不会出现往复的振动。

当结构体系的阻尼大于临界阻尼时,s_1 和 s_2 是两个不等的负实根,对应的运动方程的解同样是按指数衰减的运动,而只有当体系的阻尼小于临界阻尼时,体系才会出现自由振荡运动。

临界阻尼可以是体系自由振动反应中不出现往复振动所需的最小阻尼值。

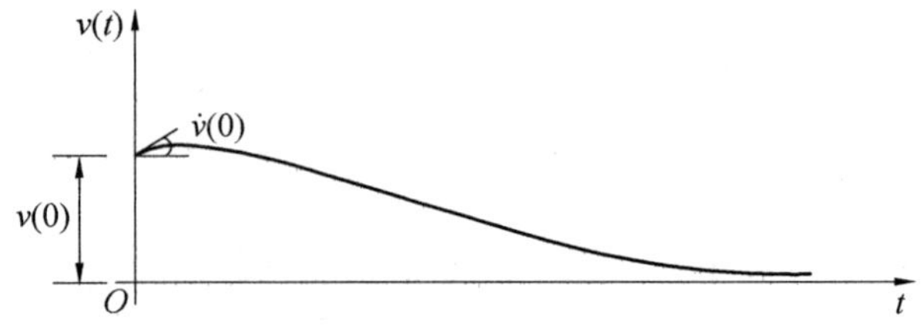

图 2.19 临界阻尼条件下的自由振动

结构的阻尼系数 c 是结构在每一振动循环中消耗能量大小的度量,其量值可能在很大范围内变化,由于结构的阻尼往往靠试验得到,采用阻尼系数不利于对结构阻尼进行合理性判断和对不同结构间阻尼大小的比较。因此,在有阻尼的结构动力反应分析中,均采用阻尼系数 c 和临界阻尼 c_c 的比值来表示结构的阻尼的大小,即

$$\xi = \frac{c}{c_c} = \frac{c}{2m\omega} \tag{2.58}$$

阻尼比是一个量纲为 1 的系数。

(1) 当 $\xi < 1$ 时,称为低阻尼,结构体系称为低阻尼体系。

(2) 当 $\xi = 1$ 时,称为临界阻尼。

(3) 当 $\xi > 1$ 时,称为过阻尼,结构体系称为过阻尼体系。

采用阻尼比来研究不同类型结构的阻尼性质(大小) 会发现其具有很好的规律性,例如,对于钢结构,阻尼比 $\xi = 1\%$ 左右;而对于钢筋混凝土结构,在脉动(微振) 情况下,阻尼比 $\xi = 3\%$ 左右,而在中、小强度的地震时,阻尼比 $\xi = 5\%$ 左右。

结构动力特性的现场测量得到的阻尼量值为阻尼比 ξ,由阻尼比就可以给出动力分析计算时的阻尼系数 $c = 2m\omega_n\xi$。

图 2.20 给出分别对应于低阻尼、临界阻尼和过阻尼三种不同阻尼比时结构的自由振动时程曲线。

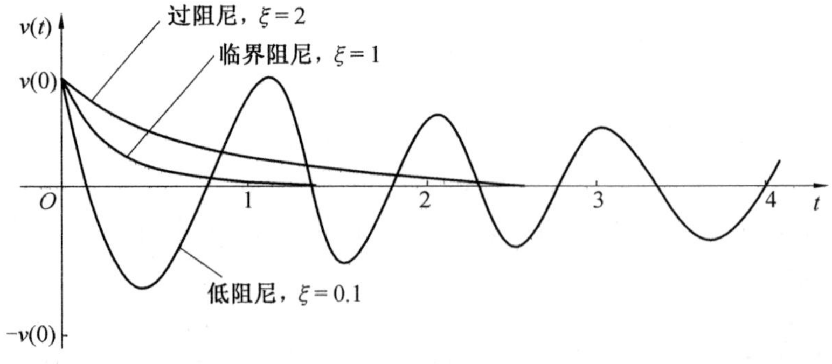

图 2.20 低阻尼、临界阻尼和过阻尼体系的自由振动时程曲线

采用与无阻尼自由振动相同的分析方法,可得到低阻尼体系满足初始条件的自由振动解,即

$$v(t) = e^{-\xi\omega t}\left[u(0)\cos\omega_D t + \left(\frac{\dot{u}(0) + \xi w_n u(0)}{w_D}\right)\sin w_D t\right] \tag{2.59}$$

其中

$$\omega_{\mathrm{D}}=\omega\sqrt{1-\xi^{2}} \tag{2.60}$$

式(2.59)表明,有阻尼体系的自由振动为一振幅衰减的振动过程。方括号内的项代表了一个简谐振动。其简谐振动的幅值为

$$\rho=\left\{v^{2}(0)+\left[\frac{\dot{v}(0)+v(0)\xi\omega}{\omega_{\mathrm{D}}}\right]^{2}\right\}^{1/2} \tag{2.61}$$

而振动的圆频率为 ω_{D},因此 ω_{D} 为阻尼体系的自振频率。可见,由于阻尼的存在,体系自由振动的自振频率变小。由关系式 $T_{\mathrm{D}}=2\pi/\omega_{\mathrm{D}}$,得到有阻尼体系的自振周期为

$$T_{\mathrm{D}}=\frac{2\pi}{\omega_{\mathrm{n}}\sqrt{1-\xi^{2}}} \tag{2.62}$$

可见阻尼的存在使体系的自振周期变长,当 $\xi=1$ 时,自振周期为无穷。

由图2.21可知,相邻振动峰值比(有时也称为相邻振幅比)仅与阻尼比有关而与其他取值无关。相邻振动峰值比的自然对数值称为对数衰减率,表示为

$$\delta=\ln\frac{v_{\mathrm{n}}}{v_{n+1}}=\frac{2\pi\xi}{\sqrt{1-\xi^{2}}} \tag{2.63}$$

利用对数衰减率可以测定系统的阻尼比。

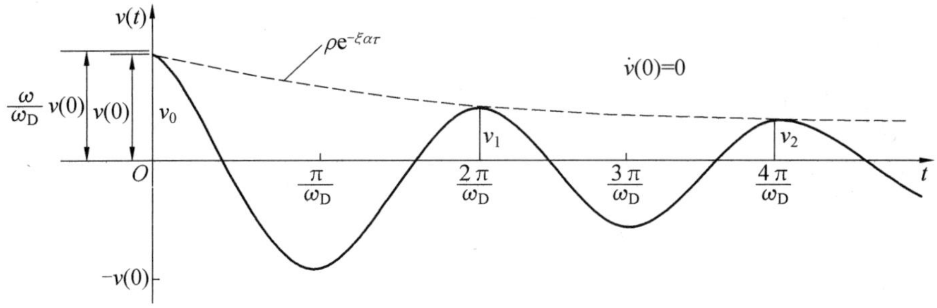

图2.21　阻尼衰减振动

虽然阻尼大于临界阻尼的结构在正常情况下是不会遇到的,但为了使讨论完整,进行超阻尼体系的反应分析是有意义的。

高阻尼条件为

$$\frac{c}{2m}>\omega\rightarrow c>c_{\mathrm{c}}=2m\omega=2\sqrt{mk}$$

特征方程的根为

$$s_{1,2}=-\xi\omega\pm\omega\sqrt{\xi^{2}-1}=-\xi\omega\pm\hat{\omega}$$

$$\hat{\omega}=\omega\sqrt{\xi^{2}-1}$$

基本方程通解为

$$v(t)=(A\sinh\hat{\omega}t+B\cosh\hat{\omega}t)\mathrm{e}^{-\xi\omega t}$$

其中,$A=v(0)$,$B=\dfrac{\dot{v}(0)+v(0)\xi\omega}{\hat{\omega}}$。

可清楚地看到,对于高阻尼体系,运动方程的解也是一种衰减的振动(与临界阻尼有相似之处),体系不发生往复的振动。

因为对于实际结构,阻尼比不能通过理论分析方法确定,而需要由试验确定,本书引入以下两种测量方法。

方法一:非相邻峰值求阻尼比。

结构阻尼比较小时,振幅衰减较慢,可以取相隔几周的振动峰值比来计算阻尼比,可获得更高精度:

$$\xi \approx \frac{v_n - v_{n+m}}{2m\pi v_{n+m}} \tag{2.64}$$

方法二:根据振动幅值衰减至50% 时所需要周数来确定阻尼比大小。

由于工程中结构的阻尼比通常为1% ~ 5%,一般不超过20%,因此有阻尼体系的自振频率与无阻尼体系的自振频率之间的差别一般不超过2%,因此可用有阻尼体系的结果代替无阻尼的结果。

【例2.15】 对图2.22所示体系做自由振动试验。用钢丝绳将上端拉离平衡位置2 cm,用力16.4 kN,将绳突然切断,使其开始做自由振动。经4个周期,用时2 s,振幅降为1 cm。求:

(1) 阻尼比。

(2) 刚度系数。

(3) 无阻尼周期。

(4) 重力。

(5) 阻尼系数。

(6) 若质量增加800 kg,求体系的周期和阻尼比。

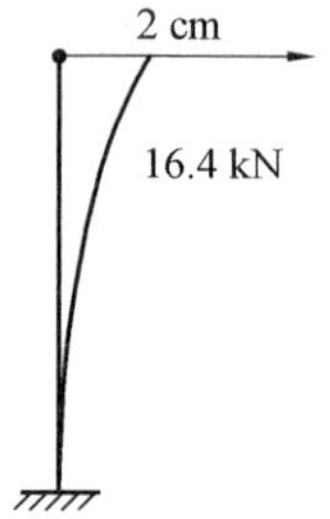

图2.22

解 (1) 阻尼比为

$$\xi = \frac{1}{2\pi \times 4}\ln\frac{2}{1} = 0.027\,6$$

(2) 刚度系数为

$$k_{11} = \frac{16.4 \times 10^3}{0.02} = 8.2 \times 10^5 (\text{N/m})$$

(3) 有阻尼周期为

$$T_D = 2/4 = 0.5\ (\text{s})$$

无阻尼周期为

$$T = T_D\sqrt{1 - \xi^2} = 0.499\,8\ (\text{s})$$

(4) 重力计算过程为

$$\omega = \frac{2\pi}{T} = 12.57\ (1/\text{s})$$

$$m = \frac{k_{11}}{\omega^2} = 5\,190\ (\text{kg})$$

$$G = mg = 50.86\ (\text{kN})$$

(5) 阻尼系数为

$$c = 2m\omega\xi = 3\ 601\ (\mathrm{N \cdot s/m})$$

(6) 体系的周期和阻尼比为

$$\omega^2 = \frac{8.2 \times 10^5}{5\ 190 + 800} = 136.89\ (1/\mathrm{s}^2)\omega = 11.70\ (1/\mathrm{s})$$

$$T = \frac{2\pi}{\omega} = 0.537(\mathrm{s}), \xi = \frac{c}{2m\omega} = 0.025\ 7$$

【例 2.16】 用单自由度法研究桥梁结构的性质，试验中用一钢索对结构施加 P = 73 kN 的竖向力，使结构产生 Δ_{st} = 5.0 cm 的竖向位移，突然切断钢索，让结构自由振动，经过 2.0 s，结构振动完成了 4 周循环，振幅变为 2.5 cm。根据以上数据计算：

(1) 阻尼比。

(2) 无阻尼周期。

(3) 等效刚度。

(4) 等效质量。

(5) 阻尼系数。

(6) 位移振幅衰减到 0.5 cm 时，所需的振动周数。

解　(1) 阻尼比为

$$\xi = \frac{1}{2\pi j}\ln\frac{u_i}{u_{i+j}} = \frac{1}{2\pi \times 4}\ln\frac{5}{2.5} = 0.027\ 6 = 2.76\%$$

(2) 有阻尼周期为

$$T_{\mathrm{D}} = \frac{2}{4} = 0.5\ (\mathrm{s})$$

无阻尼周期为

$$T = T_{\mathrm{D}}\sqrt{1 - \xi^2} = 0.499\ 8\ (\mathrm{s})$$

(3) 等效刚度为

$$k = \frac{P}{\Delta_{st}} = \frac{73}{0.05} = 1\ 460\ (\mathrm{kN/m})$$

(4) 等效质量计算过程为

$$\omega = \frac{2\pi}{T} = \frac{2\pi}{0.499\ 8} = 12.57\ (\mathrm{rad/s})$$

$$m = \frac{k}{\omega^2} = \frac{1\ 460}{12.57^2} = 9.24\ (\mathrm{t})$$

(5) 阻尼系数为

$$c = \xi(2\sqrt{km}) = 0.027\ 6 \times 2 \times \sqrt{1\ 460 \times 9.24} = 6.41\ (\mathrm{kN \cdot s/m})$$

(6) 振动周数为

$$j = \frac{1}{2\pi\xi}\ln\frac{u_i}{u_{i+j}} = \frac{1}{2\pi \times 0.027\ 6}\ln\frac{5}{0.5} \approx 13(\text{周})$$

【例 2.17】 如果例 2.16 中的结构再附加上一个质量为 37 t 的质量块，求有附加质量后结构的自振周期和阻尼比（不考虑质量块本身的阻尼及结构振动过程中质量块和结构之间的摩擦阻尼影响)。

解　此时结构的总质量为

$$m_1 = 9.24 + 37 = 46.24\ (\text{t})$$

结构的刚度不变,即

$$k_1 = k = 1\,460\ (\text{kN/m})$$

无附加质量时周期为 0.499 8 s,则结构的自振周期为

$$T_1 = 2\pi\sqrt{\frac{m_1}{k_1}} = 2\pi\sqrt{\frac{46.24}{1\,460}} = 1.12\ (\text{s})$$

不考虑附加质量块引起的附加阻尼影响,即结构的阻尼系数不变,则

$$c_1 = c = 6.41\ (\text{kN}\cdot\text{s/m})$$

因此,阻尼比为

$$\xi_1 = \frac{c_1}{2m_1\omega_1} = \frac{c_1 T_1}{2m_1\cdot 2\pi} = \frac{6.41\times 1.12}{4\pi\times 46.24} = 1.24\%\text{(无附加质量时为 2.76\%)}$$

几点说明:

(1) 当结构的质量增加时,自振周期变长。

(2) 附加质量对结构阻尼比的影响是一个比较复杂的问题,尤其是土木工程结构;深入讨论此问题,将会涉及结构阻尼的性质与机理。

(3) 对于实际工程结构,一般不考虑质量对阻尼比的影响。

(4) 例如在小震作用下结构地震反应分析中,钢筋混凝土结构的阻尼比取为 5%,钢结构的取为 3%,不会因为结构承受质量的不同而对阻尼比进行调整。

2.3　强迫振动分析

2.3.1　简谐荷载作用下强迫振动分析

单自由度体系在简谐荷载作用下的反应是结构动力学中的一个经典内容。不仅工程实际中存在这种形式的荷载,而且简谐荷载作用下单自由度体系的解(反应) 提供了了解结构动力特性和用于更复杂荷载作用下体系反应分析的手段和方法。

1. 无阻尼体系的简谐荷载作用下的强迫振动分析

当体系上作用的外荷载为简谐荷载,同时忽略体系的阻尼时,单自由度体系的运动方程为

$$m\ddot{u}(t) + ku(t) = P_0\sin\overline{\omega}t \tag{2.65}$$

式中　P_0—— 简谐荷载的幅值;

$\overline{\omega}$—— 简谐荷载的圆频率。

初始条件:$u|_{t=0} = u(0)$,$\dot{u}|_{t=0} = \dot{u}(0)$。

通解对应的方程是一个自由振动方程,其解为:$u_c(t) = A\cos\omega t + B\sin\omega t$,其中 $\omega = \sqrt{\dfrac{k}{m}}$。

待定系数则由初始条件确定。将其代入初始条件，化简可得

$$A = u(0)\,,\quad B = \frac{\dot{u}(0)}{\omega} - \frac{P_0}{k}\frac{\frac{\overline{\omega}}{\omega}}{1-\left(\frac{\overline{\omega}}{\omega}\right)^2}$$

特解是由动荷载直接引起的振动解，假设为

$$u_{\mathrm{p}}(t) = C\sin\overline{\omega}t + D\cos\overline{\omega}t$$

将其代入振动方程，化简可得

$$C = \frac{P_0}{k}\frac{1}{1-\left(\frac{\overline{\omega}}{\omega}\right)^2}$$

式中　$\beta = \frac{\overline{\omega}}{\omega}$ —— 外荷载的激振频率与结构自振频率之比。

运动方程的全解(complete solution) 为

$$u(t) = u_{\mathrm{c}}(t) + u_{\mathrm{p}}(t) = A\cos\omega t + B\sin\omega t + \frac{P_0}{k}\cdot\frac{1}{1-\left(\frac{\overline{\omega}}{\omega}\right)^2}\sin\overline{\omega}t \tag{2.66}$$

最后得到满足初始条件的运动方程全解为

$$u(t) = u(0)\cos\omega t + \frac{\dot{u}(0)}{\omega}\sin\omega t - \frac{P_0}{k}\cdot\frac{\frac{\overline{\omega}}{\omega}}{1-\left(\frac{\overline{\omega}}{\omega}\right)^2}\sin\omega t + \frac{P_0}{k}\cdot\frac{1}{1-\left(\frac{\overline{\omega}}{\omega}\right)^2}\sin\overline{\omega}t \tag{2.67}$$

式(2.67) 中等号右侧的第三项是直接由动荷载引起的，其振动频率与外荷载频率 ω 相同，称为稳态反应；第一项和第二项相当于自由振动，振动的频率等于体系的自振频率 ω_{n}，称为瞬态反应，因为实际问题中体系的阻尼一定存在，阻尼将使自由振动项很快衰减为零。由于在实际情况中瞬态反应会很快衰减，最后结构的反应仅有由外荷载直接引起的稳态反应，因此，一般情况下稳态反应是最重要的和最令人关心的。

静位移记为 $u_{\mathrm{st}} = \frac{P_0}{k}$，称为等效静位移或静位移，相当于 P_0 静止作用的结果，而 u_0 为稳态反应的振幅，即

$$u_0 = \frac{P_0}{k}\frac{1}{\left|1-\left(\frac{\overline{\omega}}{\omega}\right)^2\right|}$$

则位移放大系数(又称动力放大系数) 定义为

$$R_{\mathrm{d}} = \frac{u_0}{u_{\mathrm{st}}} = \frac{1}{\left|1-\left(\frac{\overline{\omega}}{\omega}\right)^2\right|}$$

图 2.23 给出无阻尼体系动力放大系数 R_{d} 随频率的变化曲线。

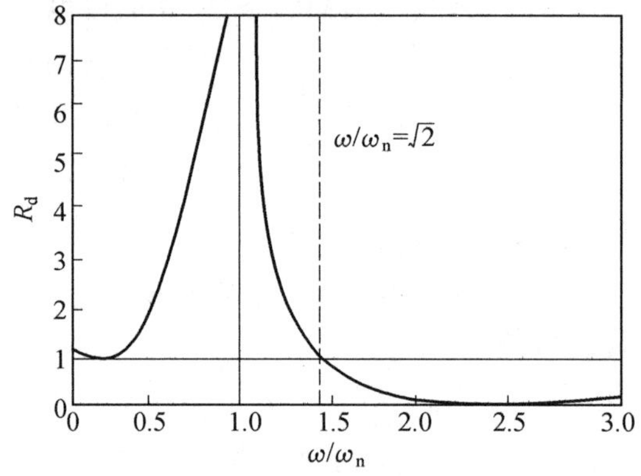

图 2.23　动力放大系数随频率比的变化曲线

通过动力放大系数随频率比的变化曲线，可以发现：

当 $\overline{\omega}=0$ 时，$R_d=1$，此时动力问题已转为静力问题。

当 $\overline{\omega}=\omega$ 时，$R_d\to\infty$，此时动力反应趋于无穷大，称为共振。

当$\dfrac{\overline{\omega}}{\omega}>\sqrt{2}$ 时，$R_d<1$，此时体系的动力反应小于静力反应。

图 2.24 给出了拍振现象的解释。拍是指两个频率相近的波叠加之后会形成忽大忽小的幅值。共振则是在共振频率下，很小的激励便可产生很大的振动。共振是振动频率与系统频率完全相同的振动，拍振是频率相似、幅值相同的两个振动叠加。

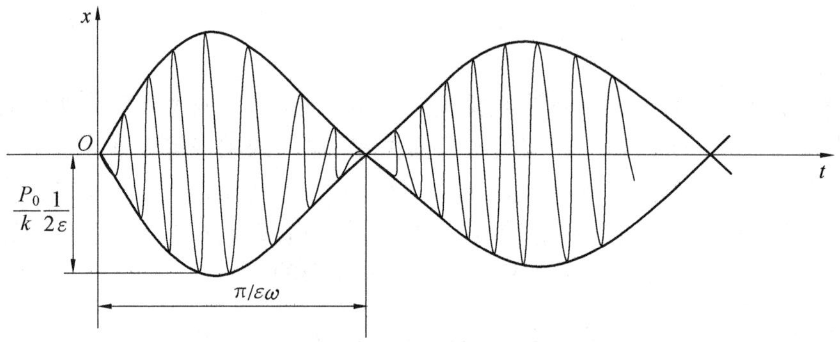

图 2.24　拍振现象

2. 有阻尼体系的简谐荷载下的强迫振动分析

将 c 用阻尼比代替，得到如下形式的运动方程：

$$\ddot{u}(t)+2\xi\omega\dot{u}(t)+\omega^2u(t)=\frac{P_0}{m}\sin\overline{\omega}t \tag{2.68}$$

考虑齐次解

$$u_c(t)=(A\cos\omega_D t+B\sin\omega_D t)\mathrm{e}^{-\xi\omega t} \tag{2.69}$$

特殊解有如下形式：

$$u_p(t)=G_1\cos\overline{\omega}t+G_2\sin\overline{\omega}t \tag{2.70}$$

将特殊解代入振动方程，化简可得

$$\left[(-2\xi\omega\bar{\omega})G_1+(\omega^2-\bar{\omega}^2)G_2-\frac{P_0}{m}\right]\sin\bar{\omega}t+\left[(\omega^2-\bar{\omega}^2)G_1+(2\xi\omega\bar{\omega})G_2\right]\cos\bar{\omega}t=0 \tag{2.71}$$

其中

$$G_1=\frac{P_0}{k}\left[\frac{-2\xi\beta}{(1-\beta^2)^2+(2\xi\beta)^2}\right],\quad G_2=\frac{P_0}{k}\left[\frac{1-\beta^2}{(1-\beta^2)^2+(2\xi\beta)^2}\right],\quad \beta=\frac{\bar{\omega}}{\omega}$$

可得全解

$$u(t)=(A\cos\omega_D t+B\sin\omega_D t)e^{-\xi\omega t}+\frac{P_0}{k}\left[\frac{1}{(1-\beta^2)^2+(2\xi\beta)^2}\right]\cdot$$
$$\left[(1-\beta^2)\sin\bar{\omega}t-2\xi\beta\cos\bar{\omega}t\right] \tag{2.72}$$

当阻尼比为 0 时，上式退化为无阻尼体系的解，即式(2.67)。

可以清楚看到，振动频率等于体系的自振频率的瞬态反应项，会由于阻尼的存在而很快衰减为零，最后结构的反应仅有由外荷载直接引起的稳态反应。虽然一般情况下，研究人员感兴趣的是分析稳态反应项，但也应当注意，在特殊情况下，在反应的初始阶段瞬态反应项可能远远大于稳态反应项，从而成为结构最大反应的控制量。对于这种情况，在结构的动力反应分析或结构设计时瞬态反应项的影响不能忽略。当然，如果采用的分析方法能自动包括全解，例如采用后面将介绍的时域逐步积分法进行分析，则不会出现忽略瞬态反应项的问题，因为这时所获得的解中既包含了稳态项也包括了瞬态项。

由于瞬态反应项以结构的自振频率振动，因此它可以反映结构的动力特性；而稳态反应项以外荷载的激振频率振动，因此可以反映输入荷载的性质。

当外激励频率远小于结构自振频率时，结构响应与外荷载之间的相位角趋近于 0°，结构振动很慢，惯性力和阻尼力都很小，动荷载主要与弹性力相平衡，由于弹性力与位移成正比，但方向相反，因此外荷载与位移基本上同相位。当外激励频率接近结构自振频率时，结构响应滞后于外荷载的相位角接近于 90°，当外荷载最大时，位移和加速度都接近于零，动荷载主要由阻尼力来平衡，因此，在共振情况下，阻尼力起重要作用。当外激励远大于结构自振频率时，结构响应滞后于外荷载的相位角趋近于 180°，这种情况下，结构振动很快，惯性力很大，弹性力和阻尼力相对较小，动荷载主要与惯性力平衡，由于惯性力与位移同相位，因此外荷载与位移方向相反，即相位角相差 180°。

考虑振动幅值，阻尼比越小，体系反应越大，即

$$\rho=\frac{P_0}{k}\left[(1-\beta^2)^2+(2\xi\beta)^2\right]^{-1/2}\rightarrow R_d=\left[(1-\beta^2)^2+(2\xi\beta)^2\right]^{-1/2} \tag{2.73}$$

由图 2.25 可知：

当 $\beta\rightarrow 0, R_d\rightarrow 1$ 时加载很慢，接近静力反应，刚度控制。

当 $\beta=1, R_d=\frac{1}{2\xi}$ 时共振响应，对阻尼敏感，阻尼控制。

当 $\beta\rightarrow\infty, R_d\rightarrow 0$ 时加载很快，系统相对静止，质量控制。

振动相位为

$$\theta=\arctan\frac{2\xi\beta}{1-\beta^2}$$

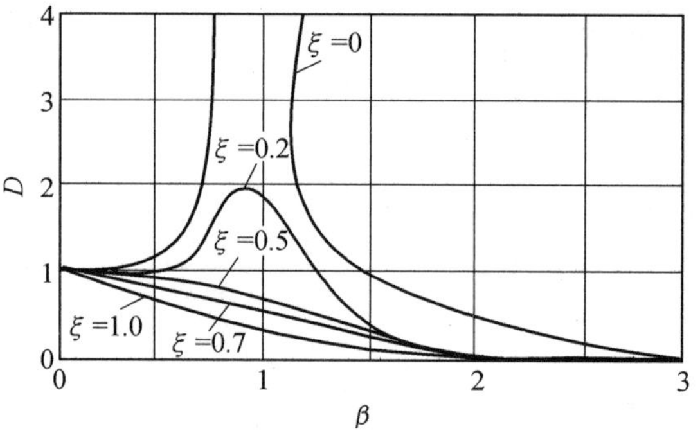

图 2. 25　振动幅值

由图 2. 26 可知：

当 $\beta\to 0,\theta\to 0$ 时结构变形与作用力同步。

当 $\beta=1$ 时，$\theta=90°$。

当 $\beta\to\infty,\theta\to 180°$ 时结构变形与作用力反向。

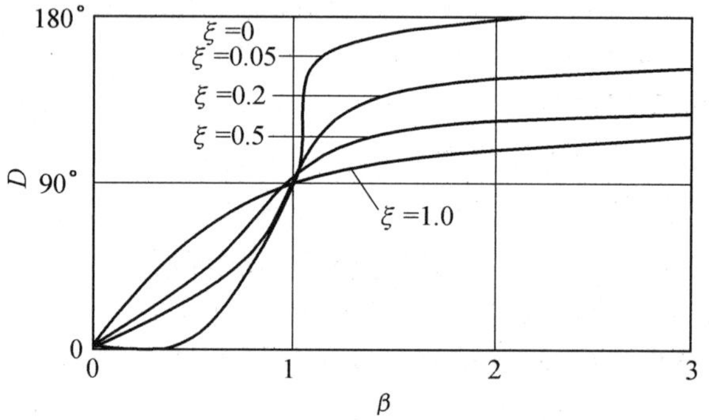

图 2. 26　振动相位

基于振动特性可以应用于识别单自由度体系的质量、刚度和阻尼。

振动幅值为

$$\rho=\frac{P_0}{k}[(1-\beta^2)^2+(2\xi\beta)^2]^{-1/2} \tag{2.74}$$

振动相位为

$$\theta=\arctan\frac{2\xi\beta}{1-\beta^2} \tag{2.75}$$

首先，相位差的正弦函数和余弦函数分别为

$$\sin\theta=\frac{2\xi\beta}{[(1-\beta^2)^2+(2\xi\beta)^2]^{1/2}} \tag{2.76}$$

$$\cos\theta=\frac{1-\beta^2}{[(1-\beta^2)^2+(2\xi\beta)^2]^{1/2}} \tag{2.77}$$

式(2. 74) 可变换为如下形式：

$$\rho=\frac{P_0}{k}\cdot\frac{1}{1-\beta^2}\cdot\frac{1-\beta^2}{[(1-\beta^2)^2+(2\xi\beta)^2]^{1/2}}=\frac{P_0\cos\theta}{k(1-\beta^2)} \tag{2.78}$$

进一步化简可得

$$k(1-\beta^2)=k-\overline{\omega}^2 m=\frac{P_0\cos\theta}{\rho} \tag{2.79}$$

采用谐振荷载激振器，在两个激励荷载 $P_{01}\sin\overline{\omega}_1 t$ 和 $P_{02}\sin\overline{\omega}_2 t$ 下分别测得结构位移的振幅和相位差，即$(\rho_1,\theta_1;\rho_2,\theta_2)$ 将其分别代入式(2.79)，可得

$$\begin{cases} k-\overline{\omega}_1^2 m=\dfrac{P_{01}\cos\theta_1}{\rho_1} \\ k-\overline{\omega}_2^2 m=\dfrac{P_{02}\cos\theta_2}{\rho_2} \end{cases} \tag{2.80}$$

求解此二元一次方程组，可得刚度 k 和质量 m。

则有结构的自振频率为

$$\omega=\sqrt{k/m} \tag{2.81}$$

由式(2.78)可得

$$\cos\theta=\frac{\rho k(1-\beta^2)}{P_0} \tag{2.82}$$

比较式(2.77)与式(2.82)，左边项相等，可得

$$\frac{\rho k}{P_0}=\frac{1}{[(1-\beta^2)^2+(2\xi\beta)^2]^{1/2}}=\frac{2\xi\beta}{[(1-\beta^2)^2+(2\xi\beta)^2]^{1/2}}\cdot\frac{1}{2\xi\beta}=\frac{\sin\theta}{2\xi\beta} \tag{2.83}$$

则阻尼比与阻尼系数为 $\xi=\dfrac{P_0\sin\theta}{2\beta k\rho}$，$c=2m\omega\xi$。

利用式(2.83)计算时，可采用任意一组激励的响应，或者取不同激励下阻尼测量值的平均值。

【例 2.18】　采用便携式谐振荷载激振器，在一个简支梁桥上进行两次测试，两次测试的激励荷载的幅值与圆频率分别为 $P_{01}=P_{02}=2\,500$ N，$\overline{\omega}_1=20$ rad/s，$\overline{\omega}_2=25$ rad/s。测得的位移响应值分别为 $\rho_1=2$ mm，$\rho_2=5$ mm，位移响应与激励的相位差分别为 $\theta_1=10°$ 和 $\theta_2=30°$。求该单自由度结构的刚度、质量和阻尼比。

解　相位差的正弦和余弦分别为

$$\sin\theta_1=0.174,\quad \cos\theta_1=0.985,\quad \sin\theta_2=0.500,\quad \cos\theta_2=0.866$$

将激励和响应的参数代入方程(2.80)，得

$$\begin{cases} k-20^2 m=\dfrac{2\,500\times 0.985}{2\times 10^{-3}}=1\,231\,250 \\ k-25^2 m=\dfrac{2\,500\times 0.866}{5\times 10^{-3}}=433\,000 \end{cases}$$

求解二元一次方程组可得质量与刚度，进而获得圆频率与阻尼比，即

$$m=3\,548\text{ kg},\quad k=2\,650\,361\text{ N/m},\quad \omega=27.33\text{ rad/s},\quad \beta_1=0.732,\quad \beta_2=0.915$$

将第一组激励的参数代入阻尼比公式，可得

$$\xi=\frac{2\,500\times 0.174}{2\times 0.732\times 2\,650\,361\times 0.002}=5.6\%$$

将第二组激励的参数代入阻尼比公式，可得

$$\xi = \frac{2\,500 \times 0.500}{2 \times 0.915 \times 2\,650\,361 \times 0.005} = 5.2\%$$

注:采用两组激励得到的结构阻尼比有一定的差别,但在工程精度范围内。

不计阻尼时的位移响应为

$$u(t) = u(0)\cos\omega t + \frac{\dot{u}(0)}{\omega}\sin\omega t - \frac{P_0}{k}\frac{\beta}{1-\beta^2}\sin\omega t + \frac{P_0}{k}\frac{1}{1-\beta^2}\sin\overline{\omega}t$$

考虑阻尼时的位移响应为

$$u(t) = [A\cos\omega_D t + B\sin\omega_D t]e^{-\xi\omega t} + \frac{P_0}{k}\left[\frac{1}{(1-\beta^2)^2+(2\xi\beta)^2}\right]\cdot$$
$$[(1-\beta^2)\sin\overline{\omega}t - 2\xi\beta\cos\overline{\omega}t]$$

$$A = u(0) + \frac{P_0}{k}\frac{2\xi\beta}{(1-\beta^2)^2+(2\xi\beta)^2}$$

$$B = \frac{\dot{u}(0)+\xi\omega u(0)}{\omega_D} - \frac{P_0}{k}\frac{(1-\beta^2)-2\xi^2}{(1-\beta^2)^2+(2\xi\beta)^2}\frac{\beta}{\sqrt{1-\xi^2}}$$

讨论一:位移放大系数最大值是否出现在 $\beta = 1$ 时?

位移放大系数为

$$R_d = \frac{1}{\sqrt{(1-\beta^2)^2+(2\xi\beta)^2}}$$

位移放大系数取最大值,其分母取最小值,有

$$f(\beta) = (1-\beta^2)^2 + (2\xi\beta)^2 = \beta^4 - 2\beta^2 + 4\xi^2\beta^2 + 1$$

将其对求一阶导数,可得

$$f'(\beta) = 4\beta^3 - (8\xi^2 - 4)\beta = 0$$

当阻尼比 $\xi \leqslant \frac{1}{\sqrt{2}}$ 时,方程有三个根,即

$$\beta = 0,\quad \beta = \sqrt{1-2\xi^2},\quad \beta = -\sqrt{1-2\xi^2}$$

对于 $\beta = 0$,激励为静荷载,而 $\beta = -\sqrt{1-2\xi^2}$ 则无实际意义。

稳态响应振幅最大值发生时,对应的频率比为

$$\beta = \sqrt{1-2\xi^2}$$

将其代入位移放大系数表达式,可得最大值

$$R_{d,\max} = \frac{1}{2\xi\sqrt{1-\xi^2}} = \frac{1}{2\xi}\cdot\frac{\omega}{\omega_D}$$

当 $\beta = 1$ 时,最大值为 $R_{d,\max} = \frac{1}{2\xi}$。

由于实际阻尼比很小,以上两式差别很小。因此,对于小阻尼结构,可以认为稳态响应振幅最大值就发生在频率比为 1 的位置处,即 $\beta = 1$。

总结:

(1) 当外荷载的激励频率等于结构固有频率,即频率比为 1 时,结构动力响应很大,发生共振。

(2) 对于无阻尼结构,共振时理论的位移放大系数为无穷大。

(3) 有阻尼体系的共振频率:

① 既不等于无阻尼体系的自振频率,也不等于有阻尼体系的自振频率。

② 进一步分析可发现,对于有阻尼体系,其位移、速度和加速度反应的共振频率也不尽相同,无法得到无阻尼体系那样清晰的定义。

③ 一般工程和科研中阻尼较小,共振频率、无阻尼自振频率、有阻尼自振频率相差不大,定义阻尼比等于 1 时为共振。

④ 阻尼较大时,本部分结论不成立,需重新推导假设条件的重要性。

讨论二:当 $\beta=1$ 时发生共振,其动力响应如何?(假设初始条件为零)

不计阻尼时的位移响应为

$$u(t)=-\frac{P_0}{k}\frac{\beta}{1-\beta^2}\sin\omega t+\frac{P_0}{k}\frac{1}{1-\beta^2}\sin\overline{\omega}t=\frac{P_0}{k}\frac{1}{1-\beta^2}(\sin\beta\omega t-\beta\sin\omega t)$$

若直接代入 $\beta=1$ 则分子分母均为零,无法计算;引入洛必达法则,同时对 β 求导,可得

$$u(t)=\frac{P_0}{k}\frac{\omega t\cos\beta\omega t-\sin\omega}{-2\beta}$$

代入 $\beta=1$,可得无阻尼体系发生共振时的动力响应为

$$u(t)=\frac{u_{\rm st}}{2}(\sin\omega t-\omega t\cos\omega t)$$

则对应的位移放大系数为

$$R_{\rm d}=\frac{1}{2}(\sin\omega t-\omega t\cos\omega t)$$

考虑阻尼时的位移响应为

$$u(t)=[A\cos\omega_{\rm D}t+B\sin\omega_{\rm D}t]{\rm e}^{-\xi\omega t}+\frac{P_0}{k}\left[\frac{1}{(1-\beta^2)^2+(2\xi\beta)^2}\right]\cdot$$
$$[(1-\beta^2)\sin\overline{\omega}t-2\xi\beta\cos\overline{\omega}t]$$

$$A=u(0)+\frac{P_0}{k}\frac{2\xi\beta}{(1-\beta^2)^2+(2\xi\beta)^2}$$

$$B=\frac{\dot{u}(0)+\xi\omega u(0)}{\omega_{\rm D}}-\frac{P_0}{k}\frac{(1-\beta^2)-2\xi^2}{(1-\beta^2)^2+(2\xi\beta)^2}\frac{\beta}{\sqrt{1-\xi^2}}$$

直接代入 $\beta=1$,可得

$$u(t)=\left[\left(\frac{P_0}{k}\frac{1}{2\xi}\right)\cos\omega_{\rm D}t+\left(\frac{P_0}{k}\frac{1}{2\sqrt{1-\xi^2}}\right)\sin\omega_{\rm D}t\right]{\rm e}^{-\xi\omega t}-\frac{P_0}{k}\frac{1}{2\xi}\cos\overline{\omega}t$$

则对应的位移放大系数为

$$R_{\rm d}=\frac{1}{2\xi}\left[\left(\cos\omega_{\rm D}t+\frac{\xi}{\sqrt{1-\xi^2}}\sin\omega_{\rm D}t\right){\rm e}^{-\xi\omega t}-\cos\overline{\omega}t\right]$$
$$=\frac{1}{2\xi}[({\rm e}^{-\xi\omega t}-1)\cos\omega t+\xi{\rm e}^{-\xi\omega t}\sin\omega t]$$

由图 2.27 可知,当 $t\to\infty$ 时,$R_{\rm d}$ 的变化范围为$\left(-\frac{1}{2\xi},\frac{1}{2\xi}\right)$。

当阻尼比很小时，sin 项很小可忽略，主要为 cos 项，即相位差趋近于 90°。

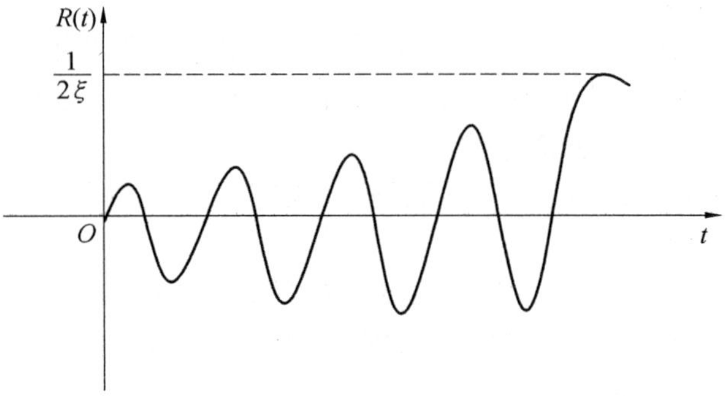

图 2.27　有阻尼体系共振反应时程

3. 用简谐振动试验确定体系的黏性阻尼比

求单自由度体系黏性阻尼比的方法：对数衰减率法，由自由振动振幅比的对数值 δ 可以得到体系的阻尼比。可以用自由振动方法求阻尼比 ξ 的原因是自由振动衰减的快慢由 ξ 控制，或说衰减规律可以明显反映出阻尼比 ξ 的影响。而动力放大系数同样受 ξ 控制，R_d 曲线形状可以反映出影响，其影响主要有两点：峰值大小与曲线的胖瘦。

利用体系对简谐荷载反应的结果可以得到体系的阻尼比，有两种主要方法：共振放大法和半功率带宽法，其原理均是基于对动力放大系数 R_d 的分析。

方法一：共振放大法($\beta = \sqrt{1-2\xi^2}$)。

动力放大系数表达式为

$$R_d = [(1-\beta^2)^2 + (2\xi\beta)^2]^{-1/2} \tag{2.84}$$

当发生共振时，即

$$R_{d,\max} = \frac{1}{2\xi\sqrt{1-\xi^2}} \tag{2.85}$$

进一步化简，可得

$$\xi^2 = \frac{1}{2}\left(1 \pm \sqrt{1-\frac{1}{R_{d,\max}^2}}\right) \tag{2.86}$$

根据条件，当 $\xi = 0$ 时，$R_{d,\max} = \infty$，可以判断

$$\xi^2 = \frac{1}{2}\left(1 - \sqrt{1-\frac{1}{R_{d,\max}^2}}\right)$$

因此，可以得到阻尼比的计算公式为

$$\xi = \sqrt{\frac{1}{2}\left(1 - \sqrt{1-\frac{1}{R_{d,\max}^2}}\right)}$$

一旦获得动力放大系数曲线，即可由此确定阻尼比。

当小阻尼时，可直接得到 $R_{d,\max} = \dfrac{1}{2\xi}$。

则有

$$\xi \approx \frac{1}{2R_{d,\max}} = \frac{u_{st}}{2u_{0,\max}}$$

其中,$u_{0,\max} = \max(u_0)$。且当阻尼比较小时(ξ 小于),计算误差很小。

用共振放大法确定体系的阻尼比,方法简单。但实际工程中测得动力放大系数曲线一般以 $u_0 - \bar{\omega}$ 图给出,阻尼比计算公式中需要用到零频时的静位移值,实际测量静载位移 u_{st} 无论从加载设备还是从记录(拾振)设备角度看都有一定的困难,即实现动荷载和测量动力信号的设备不能在零频率时工作。因此,工程中往往采用半功率带宽法从动力试验中得到阻尼比。

方法二:半功率带宽法(半功率点法)。

从动力放大系数 R_d 的图形(图2.28)可以看到,R_d 曲线形状完全由阻尼比控制,阻尼比大时,R_d 胖(曲线宽);阻尼比小时,R_d 瘦(曲线窄)。可以用半功率点的宽度确定体系的阻尼比。设 $\bar{\omega}_a$ 和 $\bar{\omega}_b$ 分别是 R_d 曲线上振幅值等于 $1/\sqrt{2}$ 倍最大振幅的点所对应的两个频率点,称为半功率点。

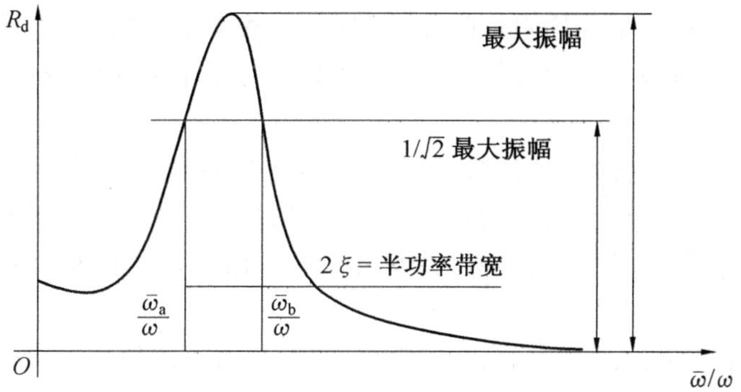

图2.28　半功率带宽示意图

当阻尼比较小时,半功率点与阻尼比的关系为 $\xi = \dfrac{\bar{\omega}_b - \bar{\omega}_a}{2\omega}$ 或 $\xi = \dfrac{\bar{\omega}_b - \bar{\omega}_a}{\bar{\omega}_b + \bar{\omega}_a}$。

有时也采用工程频率计算阻尼比,即 $\xi = \dfrac{\bar{f}_b - \bar{f}_a}{2f}$。其中,$f$ 为工程自振频率,$\bar{\omega}_b - \bar{\omega}_a$ 或 $\bar{f}_b - \bar{f}_a$ 称为半功率带宽。

半功率带宽法的证明过程如下:

由 R_d 的定义可知,R_d 的最大值为 $R_{d,\max} = \dfrac{1}{2\xi\sqrt{1-\xi^2}}$。

振幅等于 $1/\sqrt{2}$ 倍最大振幅的点对应的频率满足以下方程:

$$\frac{1}{\sqrt{\left[1-\left(\frac{\bar{\omega}}{\omega}\right)^2\right]^2+\left[2\xi\left(\frac{\bar{\omega}}{\omega}\right)\right]^2}} = \frac{1}{\sqrt{2}}\frac{1}{2\xi\sqrt{1-\xi^2}} \tag{2.87}$$

两边同时取倒数,并进行平方,整理后得

$$\left(\frac{\bar{\omega}}{\omega}\right)^4 - 2(1-2\xi^2)\left(\frac{\bar{\omega}}{\omega}\right)^2 + [1-8\xi^2(1-\xi^2)] = 0 \tag{2.88}$$

式(2. 88) 是关于$\left(\frac{\overline{\omega}}{\omega}\right)^2$的一元二次方程,可得两个根为

$$\left(\frac{\overline{\omega}}{\omega}\right)^2 = (1 - 2\xi^2) \pm 2\xi\sqrt{1 - \xi^2}$$

取正号时对应数值较大根 $\overline{\omega}_b$,负号对应较小根 $\overline{\omega}_a$。

对于一般的工程结构,阻尼比较小,式(2. 88) 中的阻尼比二次方项可忽略,因此

$$\frac{\overline{\omega}}{\omega} \approx \sqrt{1 \pm 2\xi} \approx 1 \pm \xi$$

则对应于半功点的两个根为$\frac{\overline{\omega}_b}{\omega} = 1 + \xi$ 和$\frac{\overline{\omega}_a}{\omega} = 1 - \xi$。

由此可得,半功点频率与阻尼比的关系为 $\xi = \frac{\overline{\omega}_b - \overline{\omega}_c}{2\omega}$。

此外,还有如下关系:$\frac{\overline{\omega}_b + \overline{\omega}_a}{\omega} = 2$,则可得 $\xi = \frac{\overline{\omega}_b - \overline{\omega}_a}{\overline{\omega}_b + \overline{\omega}_a}$。

以上共介绍了三种测量结构阻尼的方法:对数衰减率法、共振放大法和半功率带宽法,虽然是针对单自由度体系推导的,但这些方法对多自由度体系同样适用。下面对这三种方法进行简要的总结。

对数衰减率法:采用自由振动试验,测一阶振型的阻尼比较容易。测量高阶振型阻尼比的关键是能激发出按相应振型进行的自由振动。例如,对于大型悬索桥钢拉索的试验,用简谐强迫振动激发共振振型,完全去掉外力,使索按某一振型自由振动,由此测量得到相应于该振型的阻尼比。

共振放大法:采用强迫振动试验,由于静(零频) 荷载下的位移较难确定,应用上存在一定的技术困难,但通过一定数学上的处理还是可用的,例如,通过利用接近零频的非零频位移的插值外推得到零频时的位移值。

半功率带宽法:采用强迫振动试验,不但能用于单自由度体系也可用于多自由度体系,对多自由度体系要求共振频率稀疏,即多个自振频率应相隔较远,保证在确定相应于某一自振频率的半功率点时不受相邻频率的影响。

用简谐振动试验确定体系的黏性阻尼比的关键是得到体系的动力放大系数。虽然这里定义的是简谐振动试验,但其实并不必须要求动荷载本身一定是简谐形式的,例如利用结构的脉动反应结果也可以得到结构的动力放大系数,这可在相关的书籍中看到,当然从现有知识看,只有“扫频” 分析才能得到体系的动力放大系数 R_d。

4. 振动的测量

在结构工程中常常进行运动量(位移、速度或加速度) 的测量,例如地震动时程的测量;振动台试验中结构模型动力反应的测量;脉动作用下结构物的振动测量;大桥、超高层结构风振的测量;大型机器设备、动力基础的振动测量等。用于测量振动量的仪器(拾振仪) 主要有以下三种。

(1) 加速度计:测量加速度时程(强震仪)。

虽然现代振动测量仪器制造得更为精密,构造更为复杂,但其最基本原理是相同的。最

简单的测量仪器模型是单自由度的弹簧 - 质点 - 阻尼体系，其被封闭在一个刚性盒子里。振动测量仪器构造如图 2.29 所示。

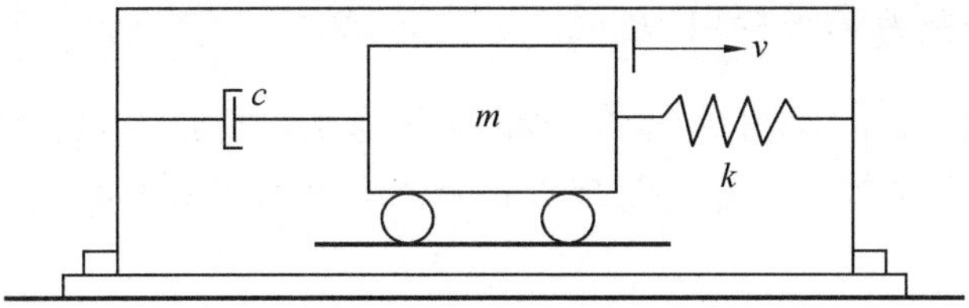

图 2.29　振动测量仪器构造示意图

加速度计测量的是加速度，在基底加速度运动作用下仪器质点的运动方程为

$$m\ddot{u} + c\dot{u} + ku = -m\ddot{u}_g(t) \tag{2.89}$$

实际要测的加速度运动时程是任意变化的，包含在一定频段分布的一系列简谐分量，可先分析单个简谐分量的测量。

仪器的基底加速度时程为简谐运动，记为 $\ddot{u}_g(t) = \ddot{u}_{g0}\sin \overline{\omega}t$，其中，$\ddot{u}_{g0}$ 为地面运动的加速度幅值。

将其代入运动方程，可得仪器质点的相对位移为

$$u(t) = -\frac{m\ddot{u}_{g0}}{k}\frac{1}{\sqrt{(1-\beta^2)^2 + (2\xi\beta)^2}}\sin(\omega t - \varphi) = -\frac{m}{k}R_d\ddot{u}_{g0}\sin(\omega t - \varphi) \tag{2.90}$$

为简单起见，仅讨论其振幅，即 $u_0 = \left(\frac{m}{k}R_d\right)\ddot{u}_{g0}$。

作为一把标尺，或说一种量测仪器，其测量物体时的长度单位可以不同（例如，采用 cm 或 m 等作为单位），但一定要成比例。

由式（2.90）可以看出，仪器记录值 u_0 和被量测的地面加速度值之间关系的变化由动力放大系数决定，而动力放大系数与频率比 $\frac{\overline{\omega}}{\omega}$ 有关。

观察不同阻尼比时位移放大系数曲线可以发现：当 $\xi = 0.7$ 时，在 $0 \leqslant \frac{\overline{\omega}}{\omega} \leqslant 0.5$ 频段范围内，$R_d \approx 1$ 为常数。

在此频段范围内，仪器反应的振幅量 u_0，或者说是仪器的记录与仪器要测量的加速度振幅呈线性关系，这时可用仪器质点的相对位移 u 来度量要测量的加速度。

为了保证加速度不同时简谐分量的频率 $\overline{\omega}$ 都能满足 $0 \leqslant \frac{\overline{\omega}}{\omega} \leqslant 0.5$，可采用提高 ω 的方法来实现：一般情况下，可以采用提高加速度计中弹簧的刚度 k 的方法或减小质量 m 的方法。

因此，加速度计或强震仪中的弹簧刚度比较大，仪器是比较刚性的，而体积相对较小。

（2）位移计：测量位移时程（地震仪）。

位移计是用来测量仪器基底位移量的仪器，设任一简谐位移为 $u_g(t) = u_{g0}\sin \overline{\omega}t$，其中，$u_{g0}$ 为地面运动的位移幅值。

将 $\ddot{u}_g = -\overline{\omega}^2\ddot{u}_{g0}\sin \overline{\omega}t$ 代入运动方程求得仪器的相对位移反应为

$$u(t) = \frac{m\overline{\omega}^2}{k} u_{g0} R_d \sin(\omega t - \varphi) = \left(\frac{\overline{\omega}}{\omega}\right)^2 R_d u_{g0} \sin(\omega t - \varphi) \tag{2.91}$$

则相对位移反应的振幅为 $u_0 = \left(\frac{\overline{\omega}}{\omega}\right)^2 R_d u_{g0}$。

与加速度计的原理相同,我们希望在所测量的振动频率范围内,对于不同的频率分量均有 u_0 和 u_{g0} 之间的比例系数 $(\omega/\omega_P)^2 R_d$ 接近常量图 2.30 给出的 $(\omega/\omega_P)^2 R_d$ 随频率 ω/ω_n 的变化曲线。

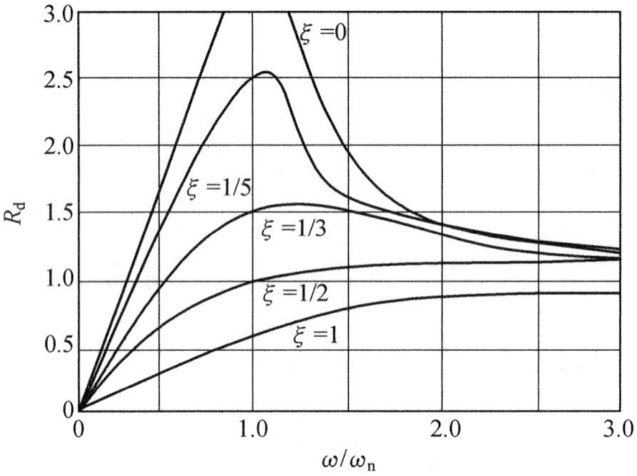

图 2.30　不同阻尼比时 u_0 和 u_{g0} 之间的比例系数

观察不同阻尼比时对应曲线可以发现:

当 $\xi = 0.7$ 且频率范围 $\frac{\overline{\omega}}{\omega} > 2$ 时,$(\omega/\omega_P)^2 R_d$ 接近于常数,因此可用位移计来测量 $\overline{\omega} > 2\omega$ 频段范围内的位移量。

为了保证被测位移的频率满足 $\overline{\omega} > 2\omega$,可通过降低仪器自振频率 ω 的方法来实现;实际中,采用降低弹簧刚度 k 或增大质量 m 的方法来实现。因此,位移计一般都是比较柔的,而体积相对较大。

从以上分析看到,无论是加速度计还是位移计都是在一定频段内工作的。

(3) 速度计:测量速度。

5. 隔振原理

工程中的隔振分为以下两种情况:

(1) 阻止振动的输出。例如,大型动力机器振动向地基中的传播;地铁车辆振动传播。

(2) 阻止振动的输入。例如,结构抗震问题中的隔震设计,在振动的结构或地基上安装的精密仪器设备的隔振问题。

第一种隔振途径的本质是力的隔离,即使动力机器产生的不平衡力或地铁车辆产生的冲击力降低,不传入或少传入到地基中,力学模型如图 2.31 所示。

图中,$P_0 \sin \overline{\omega} t$ 为机器产生的不平衡力,ω 为机器的转速,m 为机器的质量(假设为刚性质量块),k、c 为隔振元件的总刚度和阻尼系数,F_T 为从隔振元件传到基底上的力。

通过隔振元件传到地基的力为

$$F_T = F_S + F_D = ku + c\dot{u} \tag{2.92}$$

这是单质点体系的简谐振动问题,其解为

$$u(t) = u_{st} R_d \sin(\bar{\omega} t - \varphi) \tag{2.93}$$

将式(2.93)代入式(2.92),则可得传到地基上的力为

$$F_T(t) = u_{st} R_d [k\sin(\bar{\omega} t - \varphi) + c\bar{\omega}\cos(\bar{\omega} t - \varphi)] \tag{2.94}$$

作用力 F_T 的最大值为

$$F_{T,\max} = u_{st} R_d \sqrt{k^2 + c^2 \bar{\omega}^2} \tag{2.95}$$

将 $u_{st} = P_0/k, c = 2m\omega\xi$ 代入式(2.95),得

$$F_{T,\max} = P_0 R_d \sqrt{1 + \left(2\xi \frac{\bar{\omega}}{\omega}\right)^2} \tag{2.96}$$

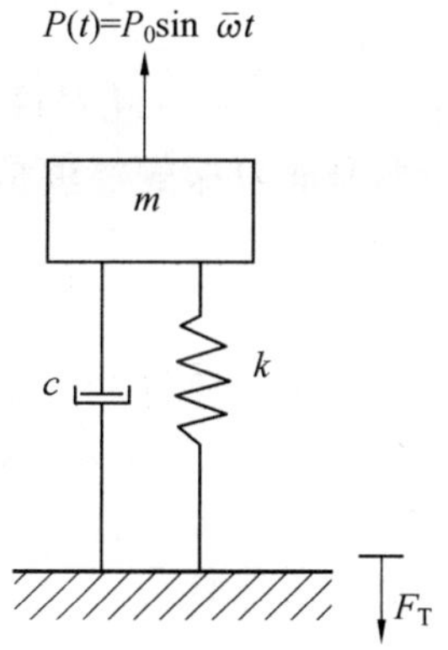

图 2.31　力学模型示意图

将作用于地基上的力的最大值 $F_{T,\max}$ 与体系上作用力的幅值 P_0 之比称为传递率,它是反映隔振效果的量,用 TR 表示,即

$$\mathrm{TR} = \frac{F_{T,\max}}{P_0} = \sqrt{\frac{1 + \left[2\xi\left(\frac{\bar{\omega}}{\omega}\right)\right]^2}{\left[1 - \left(\frac{\bar{\omega}}{\omega}\right)^2\right]^2 + \left[2\xi\left(\frac{\bar{\omega}}{\omega}\right)\right]^2}} \tag{2.97}$$

从图 2.32 中可以看到,当满足 $\frac{\bar{\omega}}{\omega} > \sqrt{2}$ 时,阻尼对隔振产生不利影响,是否选择无阻尼要考虑实际情况。机器工作时,运转的频率 ω 是由零逐渐增大,最后达到工作频率的。在某一时刻,其荷载的频率 ω 总要与体系自振频率重合,在这一瞬时,体系发生共振,虽然重合的时间一般不会太长,共振反应不会达到其稳态值,但也可能达到较大值,对机器的工作和隔振是不利的。因此,实际上隔振体系需要合适的阻尼。

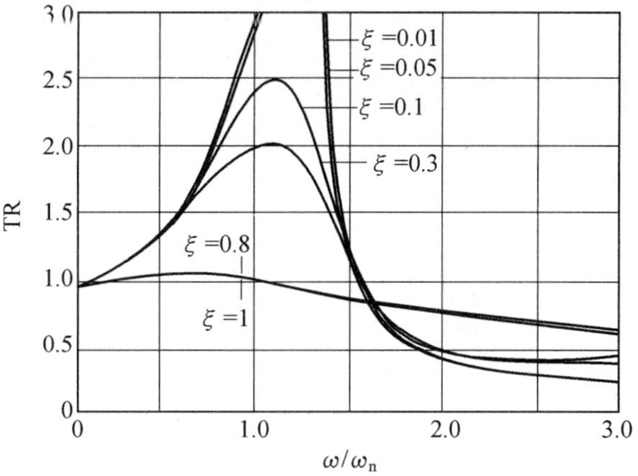

图 2.32　不同频率时力的传递率

第二种隔振情况本质上是基底振动的隔离,其力学模型与前者相似,仍参考图 2.31。外作用是基底(地面)的振动位移 $u_g(t)$,质点的绝对位移为

$$u^t(t) = u(t) + u_g(t) \tag{2.98}$$

式中　$u(t)$——相对位移。

对基底隔振的要求是 $u^t < u_g$,即设备或结构的振动小于基底的振动。基底输入的位移时程为

$$u_g(t) = u_{g0}\sin\overline{\omega}t \tag{2.99}$$

与前面位移计的推导完全相同,可得质点的相对位移解为

$$u(t) = \left(\frac{\overline{\omega}}{\omega}\right)^2 R_d u_{g0}\sin(\overline{\omega}t - \varphi) \tag{2.100}$$

则质点的总位移为

$$u^t(t) = u(t) + u_g(t) = u_{g0}R_d\sqrt{1 + \left(2\xi\frac{\overline{\omega}}{\omega}\right)^2}\sin(\overline{\omega}t - \varphi_1) \tag{2.101}$$

由此可以得到位移的传递率为

$$\mathrm{TR} = \frac{u_0^t}{u_{g0}} = \sqrt{\frac{1 + \left[2\xi\left(\frac{\overline{\omega}}{\omega}\right)\right]^2}{\left[1 - \left(\frac{\overline{\omega}}{\omega}\right)^2\right]^2 + \left[2\xi\left(\frac{\overline{\omega}}{\omega}\right)\right]^2}} \tag{2.102}$$

可以看出,位移的传递率关系与力的传递率完全相同,说明两种隔振问题是相同的,其隔振设计方法也基本相同。

对建筑结构的隔振问题与以上讨论的单质点体系有类似的地方,例如都是试图通过降低体系自振频率的方法来提高隔振效率;也有不同的地方,建筑结构体系是多自由度体系,其隔振效率的研究更复杂,而且地震动是宽频带的震动过程,总有与结构自振频率相同的频率成分存在,无法通过避开地震动频率的方法来实现隔振的目的,对此问题的研究已成为一项专门的课题。

在基底隔振研究中有时专门研究对加速度的隔振,此时给出加速度的传递率为

$$\mathrm{TR} = \frac{\ddot{u}_0^t}{\ddot{u}_{g0}} = \frac{\overline{\omega}^2 u_0^t}{\overline{\omega}^2 u_{g0}} = \frac{u_0^t}{u_{g0}} \tag{2.103}$$

可见加速度的传递率与位移的传递率完全相同。

【例 2.19】　求图 2.33 所示结构的最大动位移和最大动弯矩,已知 $\theta = 0.6\omega$,不计阻尼。

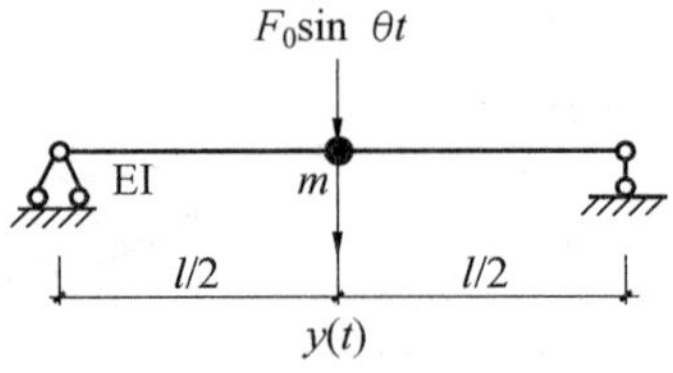

图 2.33

解　简化为单自由度体系。

(1) 计算最大动位移。

求出单位力作用下的挠度为

$$\delta = \frac{l^3}{48EI}$$

确定动力振幅作用下的静位移为

$$y_{st} = \frac{F_0 l^3}{48EI}$$

计算动力系数为

$$\mu = \frac{1}{1-\beta^2} = \frac{1}{1-0.6^2} = 1.562\ 5$$

最大动位移为

$$y_{max} = \mu y_{st} = 1.562\ 5 \times \frac{F_0 l^3}{48EI}$$

(2) 计算最大动弯矩。

体系位移为

$$y(t) = \frac{F_0}{k}\mu \sin \theta t$$

惯性力为

$$F_I(t) = m\ddot{y}(t) = -m\frac{F_0}{k}\mu\theta^2 \sin \theta t = -\frac{\theta^2}{\omega^2}F_0\mu \sin \theta t = -\beta^2 F_0 \mu \sin \theta t$$

作用在质量上的合力为

$$F = F_P(t) - F_I(t) = F_0 \sin \theta t + \beta^2 F_0 \mu \sin \theta t$$

$$1 + \beta^2\mu = 1 + \frac{\beta^2}{1-\beta^2} = \frac{1}{1-\beta^2} = \mu$$

$$F = \mu F_0 \sin \theta t$$

最大动弯矩为

$$M_{max} = \frac{F_{max} l}{4} = \frac{\mu F_0 l}{4} = \mu M_{st}$$

注：内力放大系数：$\mu_i = \frac{M_{max}}{M_{st}}$。

荷载作用在质点上时：$\mu_i = \mu$。

荷载不作用在质点上时：$\mu_i \neq \mu$。

且不同截面对应的动弯矩与静弯矩的比值也不同。

【例 2.20】　求图 2.34 所示体系振幅和动弯矩幅值图，已知 $\theta = 0.5\omega$。

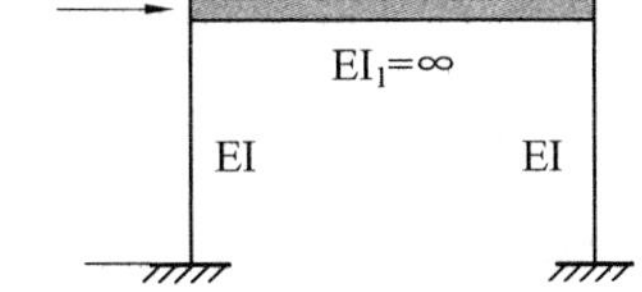

图 2.34

解　先求解动弯矩幅值图，如图 2.35 所示。

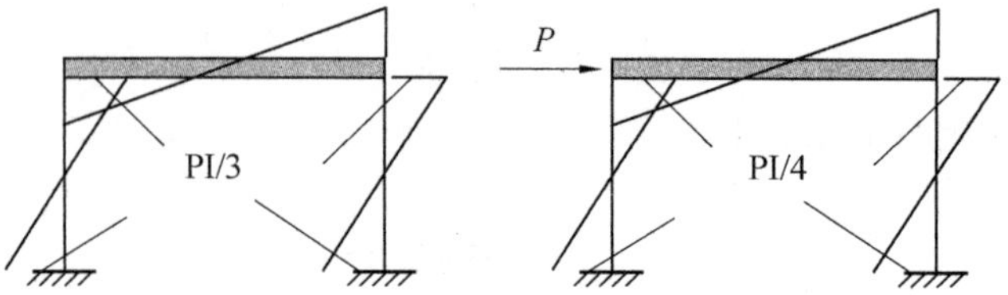

图 2. 35

可得

$$k_{11} = \frac{24EI}{l^3}, \quad y_{st} = \frac{P}{k_{11}} = \frac{Pl^3}{24EI}, \quad \mu = \frac{1}{1-\theta^2/\omega^2} = \frac{4}{3}, \quad A = y_{st}\mu = \frac{1}{18} \cdot \frac{Pl^3}{EI}$$

【例 2. 21】　求图 2. 36 所示简支梁跨中最大弯矩与跨中点最大位移。

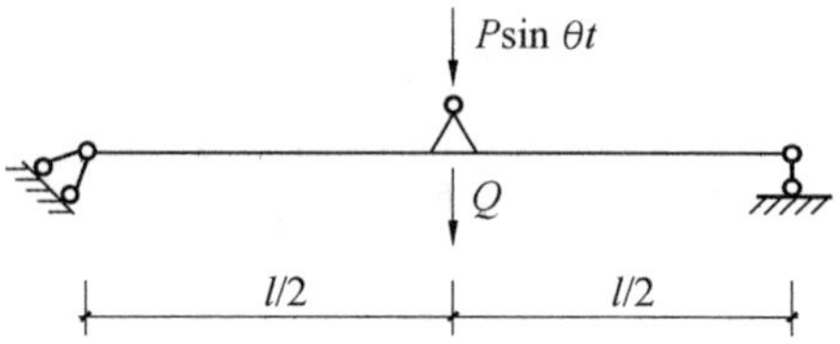

图 2. 36

注：$l = 4$ m，$I = 8.8 \times 10^{-5}$ m^4，$E = 210$ GPa，$G = 35$ kN，$P = 10$ kN，$n = 500$ rad/min。

解　当作用力为 1 时，有(图 2. 37)

$$\delta_{11} = \frac{l^3}{48EI} = 0.722 \times 10^{-7} (\text{m/N})$$

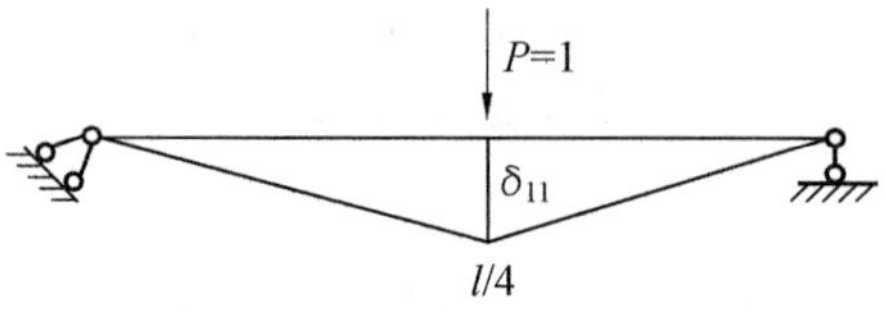

图 2. 37

则重力引起的弯矩为

$$M_G = \frac{1}{4}Gl = 35 \ (\text{kN})$$

重力引起的位移为

$$\Delta_G = G\delta_{11} = 2.53 \times 10^{-3} (\text{m})$$

可得

$$y_{st} = P\delta_{11} = 0.722 \times 10^{-3} (\text{m})$$

$$M_{st} = \frac{1}{4}Pl = 10 \ (\text{kN} \cdot \text{m})$$

$$\omega = \sqrt{1/m\delta_{11}} = \sqrt{g/\Delta_G} = 62.3 \ (\text{rad/s})$$

$$\theta = 2\pi n/60 = 52.3 \ (\text{rad/s})$$

$$\mu = \frac{1}{1-\theta^2/\omega^2} = 3.4$$

振幅：$A = y_{st}\mu = 2.45 \times 10^{-3}$(m)。

动弯矩幅值：$M_D = M_{st}\mu = 34$ (kN · m)。

跨中最大弯矩：$M_{max} = M_G + M_D = 69$ (kN · m)。

跨中最大位移：$f_{max} = \Delta_G + A = 4.98 \times 10^{-3}$(m)。

【**例 2.22**】　求图 2.38 所示体系振幅和动弯矩幅值图，已知 $\theta = 0.5\omega$。

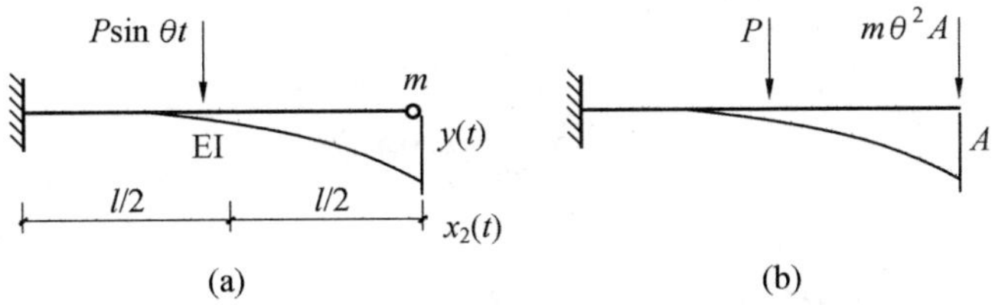

图 2.38

解　动弯矩幅值图如图 2.39 所示。

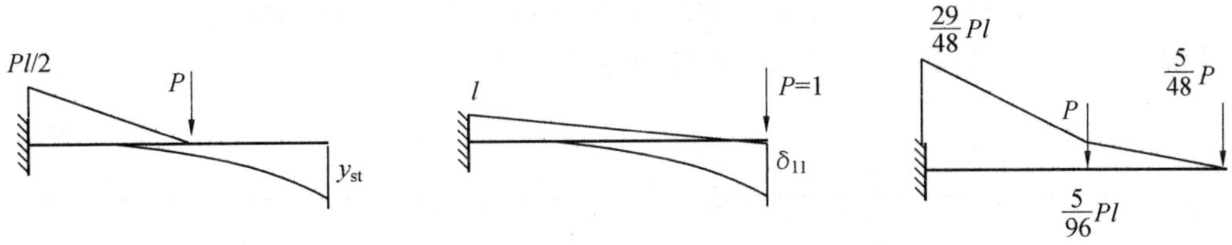

图 2.39

则

$$y_{st} = \frac{1}{EI}\frac{1}{2} \cdot \frac{Pl}{2} \cdot \frac{l}{2} \cdot \frac{5}{6}l = \frac{5}{48}\frac{Pl^3}{EI}$$

$$\mu = \frac{1}{1 - \theta^2/\omega^2} = \frac{4}{3}$$

$$A = y_{st}\mu = \frac{5}{36}\frac{Pl^3}{EI}$$

$$I = mA\theta^2 = mA\frac{1}{4}\omega^2 = \frac{A}{4\delta_{11}} = \frac{5}{48}P$$

此处引入知识点，针对动荷载不作用于质点的情况如图 2.40 所示。

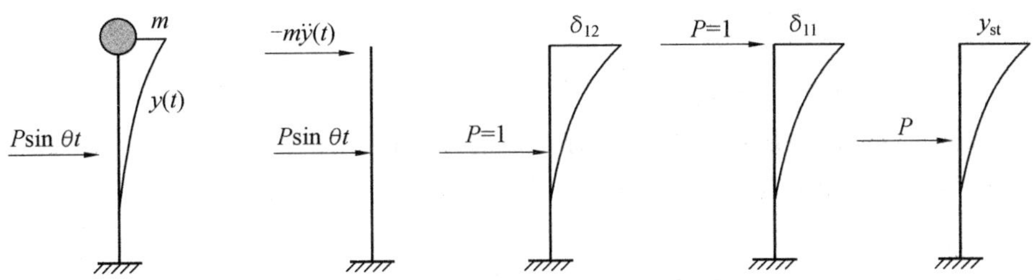

图 2.40

运动方程为

$$y(t) = \delta_{12}P\sin\theta t + \delta_{11}(-m\ddot{y})$$

$$m\ddot{y}(t) + \frac{1}{\delta_{11}}y(t) = \frac{\delta_{12}}{\delta_{11}}P\sin\theta t$$

令

$$P^* = \frac{\delta_{12}}{\delta_{11}}P,\quad n\ddot{y}(t) + \frac{1}{\delta_{11}}y(t) = P^*\sin\theta t$$

可得稳态解

$$y(t) = \frac{P^*}{m\omega^2}\mu\sin\theta t$$

振幅为

$$A = \frac{P^*}{m\omega^2}\mu = P^*\delta_{11}\mu = \frac{\delta_{12}}{\delta_{11}}P\delta_{11}\mu = \delta_{12}P\mu = y_{st}\mu$$

列幅值方程求内力幅值,有

$$\ddot{y}(t) = -A\theta^2\sin\theta t,\quad P(t) = P\sin\theta t,\quad I(t) = mA\theta^2\sin\theta t$$

【例 2.23】　求图 2.41 所示体系右端质点的振幅。

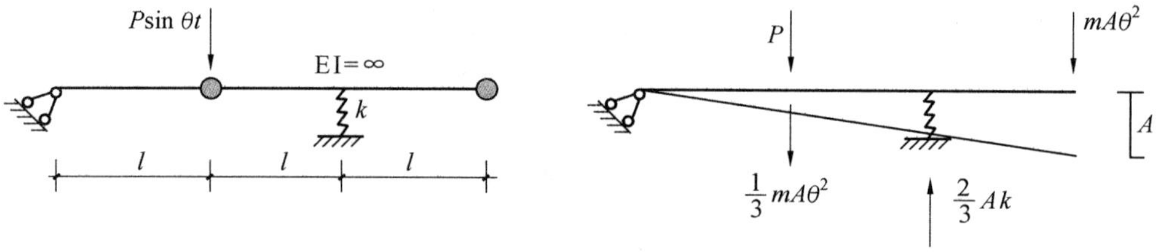

图 2.41

解

$$\sum M_o = 0,\quad A = \frac{3P}{10m\theta^2 - 4k}$$

【例 2.24】　简谐荷载的频率为 $\theta = \omega$ 时,体系的振幅为 5 cm,$\theta = 5\omega$ 时,体系的振幅为 0.02 cm,试确定体系的阻尼比。

解

$$A = y_{st}\frac{1}{2\xi} = 5$$

$$A \approx \frac{P_0}{m\theta^2} = \frac{P_0}{m\omega^2\beta^2} = y_{st}\frac{1}{25} = 0.02,\quad y_{st} = 0.5,\quad \xi \approx 0.05$$

【例 2.25】　图 2.42 所示为块式基础。机器与基础的质量为 $m = 156 \times 10^3$ kg;地基竖向刚度系数为 $k = 1\ 314.5 \times 10^3$ N/m;竖向振动时的阻尼比为 $\xi = 0.2$;机器转速为 $N = 800$ r/min,其偏心质量引起的离心力为 $P = 30$ kN。求竖向振动时的振幅。

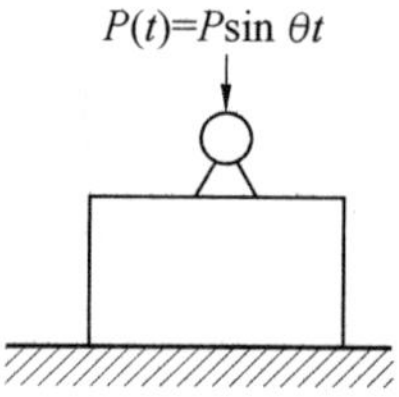

图 2.42

解

$$y_{st} = \frac{P}{k} = \frac{30}{1\ 314.5 \times 10^3} = 0.022\ 8 \times 10^{-3}(\text{m})$$

$$\omega=\sqrt{\frac{k}{m}}=\sqrt{\frac{1\ 314.5\times10^{6}}{156\times10^{3}}}=91.79\ (\mathrm{rad/s})$$

$$\theta=\frac{N}{60}\times2\pi=83.78\ (\mathrm{rad/s})$$

$$\mu=\frac{1}{\sqrt{\left(1-\frac{\theta^{2}}{\omega^{2}}\right)^{2}+\left(\frac{2\xi\theta}{\omega}\right)^{2}}}=2.49$$

$$A=\mu y_{\mathrm{st}}=2.49\times0.022\ 8\times10^{-3}=0.057\times10^{-3}(\mathrm{m})$$

【例2.26】 工程场地竖向加速度为$\ddot{u}_g=0.1g$，振动频率为$f=10$ Hz，安放一个质量$m=50$ kg的敏感仪器，仪器固定在刚度系数$k=14$ kN/m，阻尼系数$c=0.168$ kN·s/m的橡胶隔振垫上。

(1) 传递到仪器上的加速度是多少？

(2) 如果仪器只能承受0.005g的加速度，给出解决方案。

解　(1) 求传递率TR。

$$\mathrm{TR}=\frac{f_{\max}(t)}{P_0}=R_{\mathrm{d}}\sqrt{1+(2\xi\beta)^{2}}$$

$$\omega=\sqrt{\frac{k}{m}}=\sqrt{\frac{14}{50}\times1\ 000}\approx16.73\ (\mathrm{rad/s})$$

$$\beta=\frac{\overline{\omega}}{\omega}=\frac{2\pi\times10}{16.73}=3.75$$

体系的阻尼比为

$$\xi=\frac{c}{2\sqrt{mk}}=\frac{0.168}{2\times\sqrt{\frac{50}{1\ 000}\times14}}=0.1$$

代入传递率计算公式，有

$$\mathrm{TR}=R_{\mathrm{d}}\sqrt{1+(2\xi\beta)^{2}}=\sqrt{\frac{1+(2\xi\beta)^{2}}{(1-\beta^{2})^{2}+(2\xi\beta)^{2}}}=0.091$$

$$\ddot{u}_0^t=TR\times\ddot{u}_{g0}=0.091\times0.1g=0.009g$$

(2) 给出解决方案。

降低体系的自振频率，即增大频率比可提高隔振效率，由于隔振垫参数不易改变，可通过增加附加质量的方法降低自振频率，先假设附加质量为60 kg，则总质量为110 kg。

$$\omega'=\sqrt{\frac{14}{110}\times1\ 000}\approx11.28(\mathrm{rad/s})$$

$$\beta=\frac{\overline{\omega}}{\omega'}=\frac{2\pi\times10}{11.28}=5.57$$

增加附加质量后，体系阻尼不变，但阻尼比发生变化，即

$$\xi'=\frac{c}{2\sqrt{m'k}}=\frac{0.168}{2\times\sqrt{\frac{110}{1\ 000}\times14}}=0.068$$

$$TR' = \sqrt{\frac{1 + (2 \times 0.068 \times 5.57)^2}{(1 - 5.57^2)^2 + (2 \times 0.068 \times 5.57)^2}} = 0.04$$

$$\ddot{u}_0^t = TR' \times \ddot{u}_{g0} = 0.04 \times 0.1g = 0.004g < 0.005g$$

可见方案是成功的。

【例 2.27】 汽车在多跨连续桥梁上行驶，桥梁跨度均为 $l = 30$ m，桥面由于长时徐变效应而产生 15 cm 的挠度，如图 2.43 所示。桥面可以用振幅为 7.5 cm 的正弦曲线来近似，汽车可以用一个单质点体系模拟，如果车质量 $m = 1.8$ t，等效弹簧刚度系数 $k = 140$ kN/m，等效阻尼比 $\xi = 40\%$。求：

(1) 车速为 $v = 80$ km/h 时，汽车竖向运动的振幅。

(2) 共振时汽车的行驶速度。

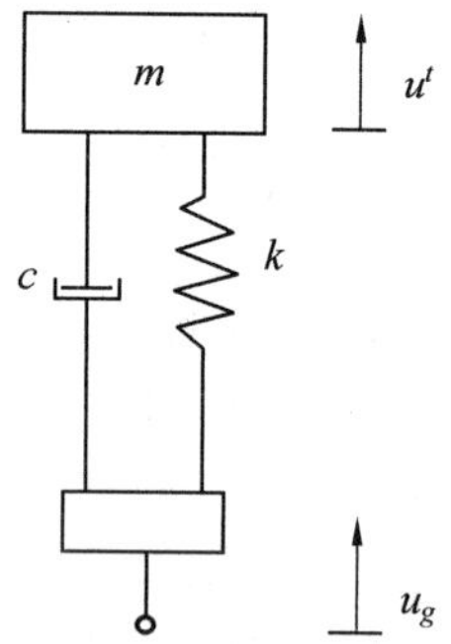

图 2.43

解　(1) 汽车竖向运动的振幅。

汽车相当于受振幅为 $u_{g0} = 0.075$ m，波长为 $l = 30$ m 的简谐运动的干扰。

简谐运动的周期为

$$\bar{T} = \frac{l}{v} = \frac{30}{80 \times 1\,000/3\,600} = 1.35\ (\text{s})$$

车辆的固有周期为

$$T = \frac{2\pi}{\omega} = 2\pi\sqrt{\frac{m}{k}} = 2\pi\sqrt{\frac{1.8}{140}} = 0.71\ (\text{s})$$

频率比为

$$\beta = \frac{\bar{\omega}}{\omega} = \frac{T}{\bar{T}} = \frac{0.71}{1.35} = 0.53$$

传递率公式为

$$TR = \sqrt{\frac{1 + (2\xi\beta)^2}{(1 - \beta^2)^2 + (2\xi\beta)^2}} = \sqrt{\frac{1 + (2 \times 0.4 \times 0.53)^2}{(1 - 0.53^2)^2 + (2 \times 0.4 \times 0.53)^2}} = 1.3$$

所以，汽车竖向振动的振幅为

$$u_0^t = TR \times u_{g0} = 1.3 \times 0.075 = 0.097\,5\ (\text{m})$$

(2) 共振时的车速。

如果体系的阻尼比很小，可取 $\bar{\omega} = \omega$ 时的 u^t 最大值，而本问题中等效阻尼比为 40%，很大，因此，使 u^t 取最大值时的频率 $\bar{\omega}$ 不一定等于汽车的无阻尼自振频率 ω，此时要采用取极值条件求使 u_0^t 达到最大的频率 $\bar{\omega}$。

由于当 TR 取最大值时 TR^2 也取最大值，而

$$TR^2 = \frac{1 + (2\xi\beta)^2}{(1 - \beta^2)^2 + (2\xi\beta)^2}$$

由 $\frac{\partial TR^2}{\partial \beta} = 0$ 可得 β_1，而 β_1 是使 TR 取最大值的频率比。

再由 $\beta_1 = \frac{\bar{\omega}_1}{\omega} = \frac{T}{T_1}$ 得到使车辆发生共振时的周期 $T_1 = T/\beta_1$。

而 $v_1 = l/T_1$，v_1 即为使车辆振幅达到最大时的车速。

本例中：

$$\beta_1 \approx 0.89,\quad T_1 = \frac{T}{\beta_1} = \frac{0.71}{0.89} = 0.798\ \text{s},\quad v_1 = \frac{l}{T_1} = \frac{30}{0.798} = 37.6\ (\text{m/s}) = 135\ (\text{km/h})$$

$$\text{TR}_1 = \sqrt{\frac{1 + (2\xi\beta_1)^2}{(1 - \beta_1^2)^2 + (2\xi\beta_1)^2}} = \sqrt{2.739} \approx 1.655$$

$$u_0^t = \text{TR}_1 \times u_{g0} = 1.655 \times 0.075 = 0.124\ (\text{m})$$

以上计算存在一定的近似，因为没有考虑初始条件的影响，研究的也仅仅是稳态反应，实际情况要更为复杂。

2.3.2　周期荷载作用下强迫振动分析

有了结构体系的简谐振动解，就可以进一步分析在任意周期性荷载作用下的解。在开展这一分析前，再补充余弦力作用下体系的解。

设外荷载为

$$P(t) = P_0 \cos \omega t \tag{2.104}$$

运动方程为

$$m\ddot{u}(t) + c\dot{u}(t) + ku(t) = P_0 \sin \bar{\omega} t \tag{2.105}$$

则有

$$u_{\text{p}}(t) = \frac{P_0}{k}\left[\frac{1}{(1 - \beta^2)^2 + (2\xi\beta)^2}\right]\left[(1 - \beta^2)\sin \bar{\omega} t - 2\xi\beta\cos \bar{\omega} t\right] \tag{2.106}$$

可见在余弦力作用下体系动力反应解的形式与正弦力作用的结果相似，仅需把正弦函数改成余弦函数，而动力放大系数和滞后相位完全相同。实际上这个结果在前面求复数形式简谐荷载作用的解时已经给出。

在得到单自由度体系对简谐荷载反应分析结果以后，就可以方便地分析单自由度体系对周期性荷载的反应。实际上简谐荷载就是一种最简单、最具代表性的周期荷载，而任意周期性荷载均可以分解成简谐荷载的代数和，所用的方法就是 Fourier 级数展开方法。

对于任意周期性荷载，均可展开成 Fourier 级数，即

$$P(t) = a_0 + \sum_{n=1}^{\infty} a_n \cos \bar{\omega}_n t + \sum_{n=1}^{\infty} b_n \sin \bar{\omega}_n t \tag{2.107}$$

其中，$\bar{\omega}_n = n\bar{\omega}_1 = n\dfrac{2\pi}{T_{\text{P}}}$，幅值系数为

$$\begin{cases} a_0 = \dfrac{1}{T_{\text{P}}}\displaystyle\int_0^{T_{\text{P}}} P(t)\,\mathrm{d}t \\ a_n = \dfrac{2}{T_{\text{P}}}\displaystyle\int_0^{T_{\text{P}}} P(t)\cos \bar{\omega}_n t\,\mathrm{d}t, \quad n = 1,2,3,\cdots \\ b_n = \dfrac{2}{T_{\text{P}}}\displaystyle\int_0^{T_{\text{P}}} P(t)\sin \bar{\omega}_n t\,\mathrm{d}t, \quad n = 1,2,3,\cdots \end{cases} \tag{2.108}$$

当采用 Fourier 级数展开时，隐含假设周期函数是从 $-\infty$ 开始到 $+\infty$，初始条件 $t = -\infty$

的影响到 $t=0$ 时已完全消失，仅需计算稳态解即特解。

则考虑无阻尼系统响应：

正弦荷载响应为

$$u_n^s(t)=\frac{b_n}{k}\left(\frac{1}{1-\beta_n^2}\right)\sin\bar{\omega}_n t,\quad \beta_n=\bar{\omega}_n/\omega \tag{2.109}$$

余弦荷载响应为

$$u_n^c(t)=\frac{a_n}{k}\left(\frac{1}{1-\beta_n^2}\right)\cos\bar{\omega}_n t \tag{2.110}$$

常量荷载响应为

$$u_0=\frac{a_0}{k} \tag{2.111}$$

荷载响应叠加为

$$u(t)=u_0+\sum_{n=1}^{\infty}[u_n^s(t)+u_n^c(t)]=\frac{1}{k}\left[a_0+\sum_{n=1}^{\infty}\left(\frac{1}{1-\beta_n^2}\right)(a_n\cos\bar{\omega}_n t+b_n\sin\bar{\omega}_n t)\right] \tag{2.112}$$

考虑黏滞阻尼系统响应：

正弦荷载响应为

$$u_n^s(t)=\frac{b_n}{k}\left[\frac{1}{(1-\beta^2)^2+(2\xi\beta)^2}\right][(1-\beta^2)\sin\bar{\omega}t-2\xi\beta\cos\bar{\omega}t] \tag{2.113}$$

余弦荷载响应为

$$u_n^c(t)=\frac{a_n}{k}\left[\frac{1}{(1-\beta^2)^2+(2\xi\beta)^2}\right][(1-\beta^2)\cos\bar{\omega}t+2\xi\beta\sin\bar{\omega}t] \tag{2.114}$$

常量荷载响应为

$$u_0=\frac{a_0}{k} \tag{2.115}$$

荷载响应叠加为

$$u(t)=\frac{1}{k}\left(a_0+\sum_{n=1}^{\infty}\left[\frac{1}{(1-\beta_n^2)^2+(2\xi\beta_n)^2}\right]\times\right.$$
$$\left.\{[2\xi a_n\beta_n+b_n(1-\beta_n)^2]\sin\bar{\omega}_n t+[a_n(1-\beta_n)^2-2\xi b_n\beta_n]\cos\bar{\omega}_n t\}\right) \tag{2.116}$$

频域分析方法基于 Fourier 变换。对任意非周期、有限长的荷载，可以采用 Fourier 变换法，在频域求得体系的动力反应。

将逆欧拉(Euler) 公式代入上式，可得相应的 Fourier 级数的指数形式。

由 $\cos\bar{\omega}_n t=\frac{1}{2}[e^{i\bar{\omega}_n t}+e^{-i\bar{\omega}_n t}]$ 和 $\sin\bar{\omega}_n t=-\frac{i}{2}[e^{i\bar{\omega}_n t}-e^{-i\bar{\omega}_n t}]$ 可以得到

$$P(t)=\sum_{n=-\infty}^{\infty}P_n e^{i\bar{\omega}_n t}$$

幅值系数为

$$P_n = \frac{1}{T_P}\int_0^{T_P} P(t)\,e^{-i\bar{\omega}_n t}\,dt, \quad n = 0, \pm 1, \pm 2, \cdots \tag{2.117}$$

注意:每一个正值必对应一个负值,所以是一对共轭复数,因此,上式相应的虚数项会彼此抵消。

令 $H(i\bar{\omega})$ 为单位复数简谐荷载 $e^{i\bar{\omega}t}$ 作用下体系稳态解的振幅值,则 $u_n(t) = H(i\bar{\omega}_n)e^{i\bar{\omega}_n t}$。

将其代入运动方程,得

$$H(i\bar{\omega}) = \frac{1}{k}\left[\frac{1}{1 - \left(\frac{\bar{\omega}}{\omega}\right)^2 + i\left[2\xi\left(\frac{\bar{\omega}}{\omega}\right)\right]}\right] \tag{2.118}$$

$H(i\bar{\omega})$ 为复频函数,也称为传递函数或频响函数。

则周期荷载作用下体系的解为

$$u(t) = \frac{1}{k}\left(a_0 + \sum_{n=1}^{\infty}\left[\frac{1}{(1-\beta_n^2)^2 + (2\xi\beta_n)^2}\right] \times \{[2\xi a_n\beta_n + b_n(1-\beta_n)^2]\sin\bar{\omega}_n t + [a_n(1-\beta_n)^2 - 2\xi b_n\beta_n]\cos\bar{\omega}_n t\}\right) \tag{2.119}$$

可以证明其与时域分析给出的解完全相同。

当 $P(t)$ 是任意形式的周期函数时,需采用数值积分方法,因为无确定表达式,无法直接积分。

首先将周期 T_P 离散成 N 个相等的时间间隔 $T_P = N\Delta t$,再计算与每一个积分时刻 $t_m = m\Delta t(m = 0,1,2,\cdots,N)$ 相对应的被积纵坐标,记为 $q_0, q_1, \cdots, q_n$。应用积分梯形公式

$$\int_0^{T_P} q(t)\,dt \approx \Delta t\left[\frac{q_0}{2} + \left(\sum_{m=1}^{N-1} q_m\right) + \frac{q_n}{2}\right]$$

可得幅值系数为

$$\left.\begin{matrix} a_0 \\ a_n \\ b_n \end{matrix}\right\} = \frac{2\Delta t}{T_P}\sum_{m=1}^{N-1} q_m$$

式中

$$q_m = \begin{cases} p(t_m)/2 \\ p(t_m)\cos\bar{\omega}_n(m\Delta t) \\ p(t_m)\sin\bar{\omega}_n(m\Delta t) \end{cases}$$

【例 2.28】　求图 2.44 所示体系的位移反应。

解

$$a_0 = \frac{1}{T_P}\int_0^{T_P} P(t)\,dt = 0$$

$$a_j = \frac{2}{T_P}\int_0^{T_P} P(t)\cos j\theta t\,dt = 0$$

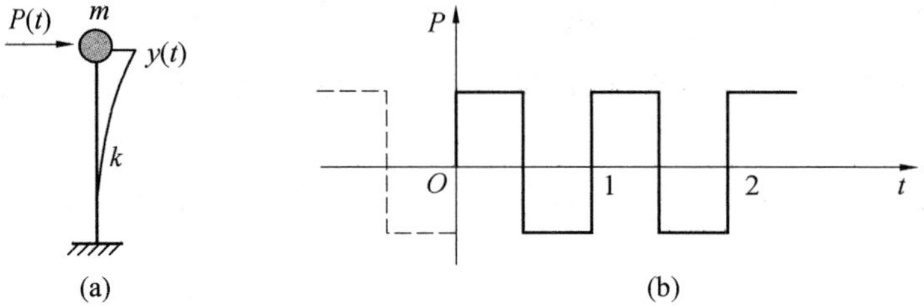

图 2.44

$$b_j = \frac{2}{T_P}\int_0^{T_P} P(t)\sin j\theta t \mathrm{d}t = \begin{cases} \frac{4P_0}{j\pi}, & j \text{ 为奇数} \\ 0, & j \text{ 为偶数} \end{cases}$$

$$P(t) = \sum P_j(t) = \frac{4P_0}{\pi}\sum_{j=1,3,5}^{\infty}\frac{1}{j}\sin j\theta t$$

【例 2.29】　不计阻尼求图 2.45 所示体系的稳态位移反应，已知 $T_P = 2T$。

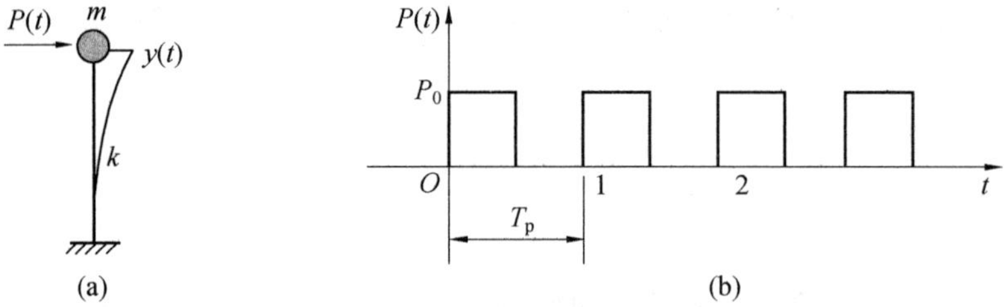

图 2.45

解

$$c_0 = \frac{1}{T_P}\int_0^{T_P/2} P_0 e^0 \mathrm{d}t = \frac{P_0}{2}$$

$$c_n = \frac{1}{T_P}\int_0^{T_P/2} P_0 e^{-in\theta t}\mathrm{d}t = \frac{iP_0}{n\pi}(\cos n\pi - 1) = \begin{cases} -iP_0/n\pi, & n = \pm 1, \pm 3, \cdots \\ 0, & n = \pm 2, \pm 4, \cdots \end{cases}$$

$$c_n H(n\theta)e^{in\theta t} = -\frac{iP_0}{n\pi}[\cos n\theta t + i\sin n\theta t]H(n\theta)$$

$$\sum_{n=-\infty}^{\infty} -\frac{iP_0}{n\pi}\cos n\theta t \cdot H(n\theta) = 0$$

$$\sum_{n=-\infty}^{\infty} -\frac{iP_0}{n\pi}i\sin n\theta t \cdot H(n\theta) = \sum_{n=1,2,3,\cdots}^{\infty}\frac{2P_0}{n\pi}\sin n\theta t H(n\theta)$$

$$y(t) = \frac{1}{k}\left(\frac{P_0}{2} + \sum_{n=1,3,5\cdots}^{+\infty}\frac{2P_0}{n\pi}\frac{1}{1-\beta_n^2}\sin\frac{2n\pi}{T_p}t\right)$$

2.3.3　冲击荷载作用下强迫振动分析

现在来讨论单自由度体系动荷载的另一种特殊类型：冲击荷载。这种荷载由一个单独的主要脉冲组成，一般来说它的持续时间很短。冲击或震动荷载对于设计某些类型的结构来说,例如货车、汽车或桥式吊车等是十分重要的。对承受冲击荷载的结构来说,与承受周期性荷载或谐振荷载的结构比较,在控制结构的最大反应中,阻尼就显得不太重要了,在冲击荷载下,结构的最大反应将在很短的时间内达到,在这之前,阻尼力还来不及从结构吸收较多的能量,由于这个原因,本部分仅讨论冲击荷载下体系的光阻尼反应。

对于可用简单解析函数表达的冲击荷载来说,可以得到运动方程的闭合解,作为这种荷载形式的一个例子,此时反应可分为两个阶段:第一阶段相当于荷载作用期间内的反应,而第二阶段则为随后发生的自由振动阶段。

第一阶段:$0 \leqslant t \leqslant t_1$,正弦荷载强迫振动为

$$u(t) = \frac{P_0}{k}\frac{1}{1-\beta^2}\left(\sin \pi\alpha - \beta \sin \frac{\pi\alpha}{\beta}\right) \tag{2.120}$$

第二阶段:$t > t_1$,自由振动。

自由振动的初始位移与初始速度为

$$u(0) = u(t)\mid_{t=t_1} = -\frac{P_0}{k}\frac{\beta}{1-\beta^2}\sin \omega t_1 + \frac{P_0}{k}\frac{1}{1-\beta^2}\sin \bar{\omega} t_1 = -\frac{P_0}{k}\frac{\beta}{1-\beta^2}\sin \omega t_1 \tag{2.121}$$

$$\dot{u}(0) = \dot{u}(t)\mid_{t=t_1} = -\frac{P_0}{k}\frac{\beta\omega}{1-\beta^2}\cos \omega t_1 + \frac{P_0}{k}\frac{1-\beta^2}{}\cos \bar{\omega} t_1$$

$$= -\frac{P_0}{k}\frac{\beta\omega}{1-\beta^2}(\cos \omega t_1 + 1) \tag{2.122}$$

自由振动的位移响应为

$$u(t) = u(0)\cos \omega(t-t_1) + \frac{\dot{u}(0)}{\omega}\sin \omega(t-t_1)$$

$$= -\frac{P_0}{k}\frac{\beta}{1-\beta^2}[\sin \omega t_1 \cos \omega(t-t_1) + (\cos \omega t_1 + 1)\sin \omega(t-t_1)]$$

$$= -\frac{P_0}{k}\frac{\beta}{1-\beta^2}[\sin \omega(t-t_1) + \sin \omega t] = -\frac{P_0}{k}\frac{\beta}{1-\beta^2}\left[\sin \frac{\pi(\alpha-1)}{\beta} + \sin \frac{\pi\alpha}{\beta}\right] \tag{2.123}$$

对应的位移放大系数为

$$R(\alpha) = \frac{u(t)}{P_0/k} = -\frac{\beta}{1-\beta^2}\left[\sin \frac{\pi(\alpha-1)}{\beta} + \sin \frac{\pi\alpha}{\beta}\right] \tag{2.124}$$

当 $\beta \to 1$ 时,引入洛必达法则,有

$$R(\alpha) = \frac{1}{2}[\sin \pi(\alpha-1) + \sin \pi\alpha - \pi(\alpha-1)\cos \pi(\alpha-1) - \pi\alpha\cos \pi\alpha]$$

$$= \frac{1}{2}[-\sin \pi\alpha + \sin \pi\alpha + \pi(\alpha-1)\cos \pi\alpha - \pi\alpha\cos \pi\alpha]$$

$$= -\frac{\pi}{2}\cos \pi\alpha \tag{2.125}$$

研究表明:位移放大系数的最大值依赖于荷载持续时间与结构振动周期的比值,也即依赖于 $t_1/T = 1/2\beta$。

如果最大值出现在第一阶段，将其对 α 求导得

$$\frac{\mathrm{d}R(\alpha)}{\mathrm{d}\alpha}=\frac{\pi}{1-\beta^2}\left(\cos\pi\alpha-\cos\frac{\pi\alpha}{\beta}\right)=0 \tag{2.126}$$

考虑

$$\cos\pi\alpha=\cos\frac{\pi\alpha}{\beta} \tag{2.127}$$

$$\pi\alpha=\pm\frac{\pi\alpha}{\beta}+2\pi n,\quad n=0,\ \pm1,\ \pm2,\cdots \tag{2.128}$$

则有

$$\alpha=\frac{2\beta n}{\beta\ \pm1},\quad n=0,\ \pm1,\ \pm2,\cdots \tag{2.129}$$

冲击作用下反应分析的第二种情况是讨论图 2.46 所示的矩形脉冲，反应再次分为加荷阶段和接着发生的自由振动阶段。

第一阶段：突然施加的恒荷载，称为单阶荷载，单阶荷载的特解即为它所引起的静挠度，即

$$u(t)=u_{\mathrm{st}}(1-\cos\omega t) \tag{2.130}$$

第二阶段：荷载已经撤除，开始自由振动。

自由振动的初始位移为

$$u(0)=u(t)\mid_{t=t_1}=u_{\mathrm{st}}(1-\cos\omega t_1)$$

自由振动的初始速度为

$$\dot{u}(0)=\dot{u}(t)\mid_{t=t_1}=\omega u_{\mathrm{st}}\sin\omega t_1$$

则自由振动的位移响应为

$$u(t)=u(0)\cos\omega(t-t_1)+\frac{\dot{u}(0)}{\omega}\sin\omega(t-t_1)=2u_{\mathrm{st}}\sin\frac{\omega t_1}{2}\sin\omega\left(t-\frac{t_1}{2}\right) \tag{2.131}$$

当 $t_1<\frac{T}{2}$ 时，最大动位移将在第二阶段自由振动期间出现，ωt 就达不到 $\pi\max(1-\cos\omega t)<2\max(1-\cos\omega t)<2$；当 $\omega t<\pi$ 时，$\dot{u}(t)=u_{\mathrm{st}}\omega\sin\omega t>0$，极值出现在 $t>t_1$ 时，$u_{\max}=2u_{\mathrm{st}}\sin\frac{\omega t_1}{2}$。因此当 $t_1/T<0.5$ 时，动力放大系数是一个正弦函数，它随荷载脉冲长度比 t_1/T 而变化。

最后详细分析的冲击荷载为图 2.47 所示的随时间而减小的三角形脉冲荷载。

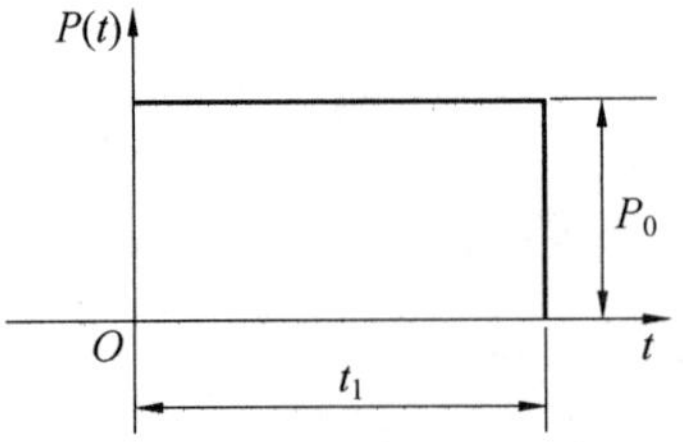

图 2.46　矩形脉冲示意图

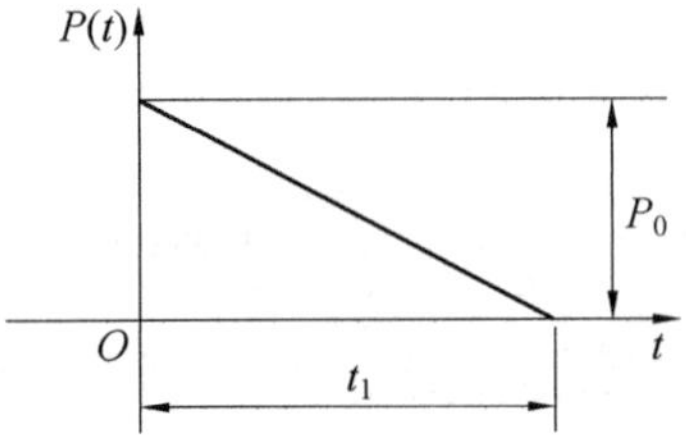

图 2.47　三角形脉冲示意图

第一阶段：$0 \leqslant t \leqslant t_1$，强迫振动。

运动方程的特解为

$$u_P(t) = \frac{P_0}{k}\left(1 - \frac{t}{t_1}\right) \tag{2.132}$$

假定为零初始条件，可确定齐次解的积分常数，总响应为

$$u(t) = \frac{P_0}{k}\left(\frac{1}{2\pi t_1/T}\sin 2\pi\frac{t}{T} - \cos 2\pi\frac{t}{T} - \frac{t}{t_1} + 1\right) \tag{2.133}$$

计算第一阶段结束时的方程及其一阶导数的值，得到自由振动反应。

这些反应函数的最大值，如在其他情况下一样，可用在速度为零这个条件下的时间值来计算，对于持续时间很短的加荷情况，最大反应在第二阶段的自由振动期间出现；否则，最大反应在加荷阶段内出现（第一阶段），不同加荷持续时间的动力放大系数的值见表 2.2。

由上面导得的表达式可见，在无阻尼单自由度结构里，由于给定的冲击荷载形式所引起的最大反应仅仅依赖于脉冲的持续时间与结构的固有周期的比值 t_1/T，因此，对于各种冲击荷载形式，很容易画出动力放大系数作为 t_1/T 的函数曲线。例如，根据表 2.2 所示数据，就可得图 2.48 中的三角形曲线。图中的其他曲线，也可用相同的方法画出，它们分别相应于其他冲击荷载形式。图中的这些曲线称为冲击荷载的位移 - 反应谱或简称反应谱，通常，利用这些曲线可以在工程所需精度内，估计作用在简单结构上的给定冲击荷载所产生的最大效应。

表 2.2　三角形冲击荷载作用下的动力放大系数

t_1/T	0.2	0.25	0.371	0.4	0.5	0.75	1.0	1.5	2.0
R	0.66	0.73	1.00	1.05	1.20	1.42	1.55	1.69	1.76

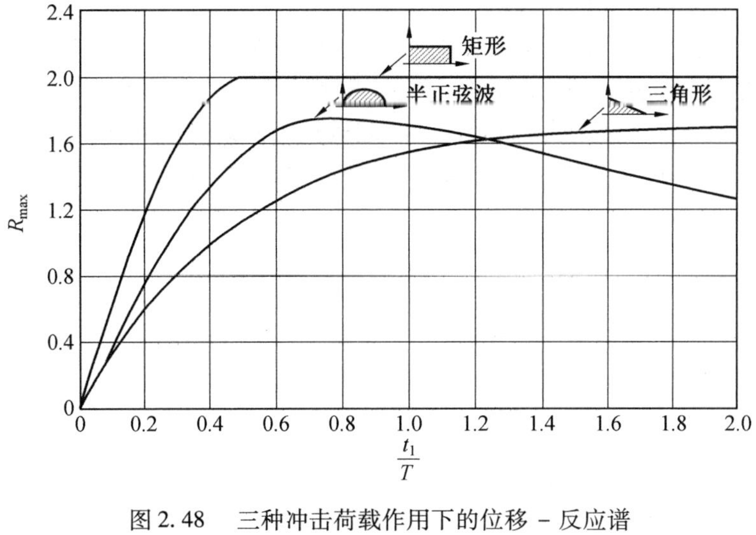

图 2.48　三种冲击荷载作用下的位移 - 反应谱

如果作用于基底的加速度为 $\ddot{u}_g(t)$，以 $\ddot{u}_{g0}$ 表示最大基底加速度，则最大等效冲击荷载为 $P_{eff,0} = -m\ddot{u}_{g0}$。

因此,最大位移反应比可表示为

$$R_{\max} = \left| \frac{u_{\max}}{m\ddot{u}_{g0}/k} \right|$$

在无阻尼体系里,惯性力与弹性力平衡,进一步可改写为

$$R_{\max} = \left| \frac{u_{\max}}{m\ddot{u}_{g0}/k} \right| = \left| \frac{m\ddot{u}^t_{\max}/k}{m\ddot{u}_{g0}/k} \right| = \left| \frac{\ddot{u}^t_{\max}}{\ddot{u}_{g0}} \right| \tag{2.134}$$

式中　$\ddot{u}^t_{\max}$—— 质量的最大加速度。

因此,反应谱曲线,像用来估计冲击荷载下的位移反应一样,也同样可用来预测质量 m 在基底承受加速度脉冲时的最大加速度反应。当用于这种情况时,此曲线通常称作振动谱。

从反应谱及类似的其他形式荷载的谱的研究中,可以得出关于冲击荷载下结构反应的两个概括性结论:

(1) 对于长持续时间荷载,动力放大系数主要依赖于荷载达到它的最大值的增加速度,具有足够持续时间的单阶荷载所产生的动力放大系数为 2;而缓慢地逐渐增加的荷载,其动力放大系数为 1。

(2) 对于持续时间短的荷载,最大位移幅值 $v_{\max}$ 主要依赖于作用冲量的大小,而脉冲荷载的形式对它影响不大。但是,动力放大系数却十分依赖于荷载的形式,因为动力放大系数与脉冲面积对荷载峰值的比成比例。比较图 2.46 中短周期范围内的各条曲线,就可看出这一点。因此,$v_{\max}$ 是反应的更有效的尺度。

冲量与动量之间的关系为

$$m\Delta\dot{u} = \int_0^{t_1} [P(t) - ku(t)]\,\mathrm{d}t \tag{2.135}$$

式中　$\Delta\dot{u}$—— 由荷载引起的速度的改变。

根据上述表达式可以看出:当 t_1 值较小时,在荷载作用期间所引起的位移是属于 $(t_1)^2$ 量级的,而速度的改变是属于 t_1 量级的。因此,既然冲量也是 t_1 量级的,故当 t_1 趋近于零时弹性力项 $ku(t)$ 从表达式中消失,而对持续时间较短的荷载,它的值很小,可以忽略。

【例 2.30】　重物(重力为 G)自由落下,在梁上与质点结合共同振动(不反弹),如图 2.49 所示,求振幅。

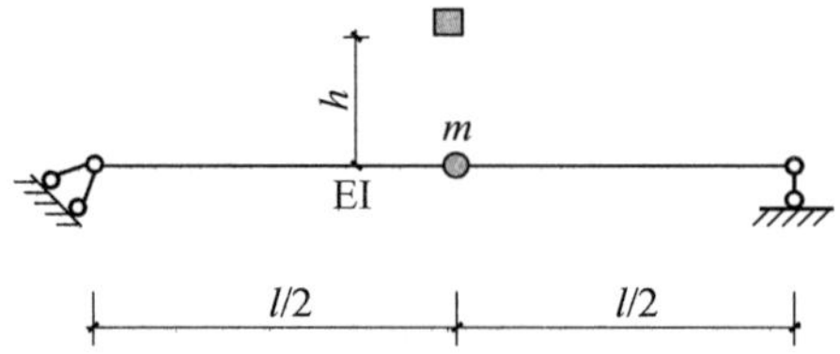

图 2.49

解　瞬时冲量为

$$S = mv_0 = \frac{G}{g}\sqrt{2gh}$$

自振频率为

$$\omega^2 = \frac{1}{m\delta} = \frac{1}{\frac{G + G/2}{g}\delta} = \frac{2g}{3G\delta}$$

其中，$\delta = \frac{l^3}{48EI}$。

冲量等效荷载为

$$P_E = S\omega = G\sqrt{\frac{4h}{3G\delta}}$$

则振幅 $A = P_E\delta$。

【例 2.31】　如图 2.50 所示，已知 $W = 438.18\ \text{kN}$，$k = 40\ 181.1\ \text{kN/m}$，求振幅 A。

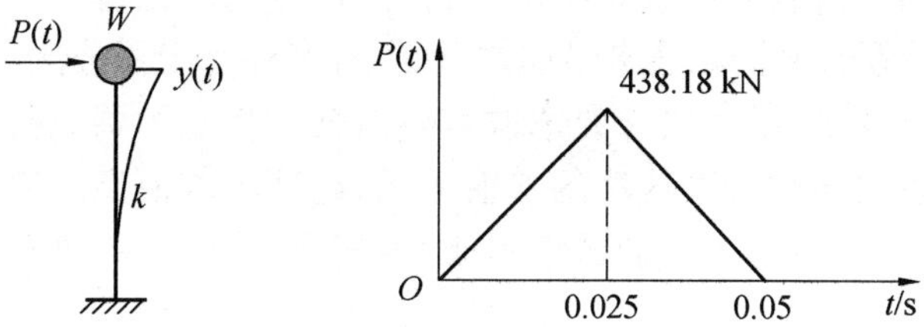

图 2.50

解　质量为

$$m = \frac{W}{g} = 43.88 \times 10^3\ \text{kN}$$

则可求周期

$$\omega = \sqrt{\frac{4 \times 10^7}{43.88 \times 10^3}} = 30.191\ (\text{s})$$

且 $t_1 = 0.05 \ll T$。

$$S = \int_0^{t_1} P(\tau)\,d\tau = \frac{1}{2} \times 430 \times 10^3 \times 0.05 = 10.75 \times 10^3$$

即得

$$A = \frac{S}{m\omega} = \frac{10.75 \times 10^9}{43.88 \times 10^3 \times 30.19} = 0.008\ 1\ (\text{m})$$

第 3 章　单自由度体系数值方法

单自由度体系作为结构动力学分析的基础,其数值求解方法构成复杂系统响应预测的理论内核。本章系统论述时域与频域框架下的经典数值算法,重点揭示不同离散策略在精度稳定性、计算效率及非线性处理等方面的内在关联。从杜哈梅(Duhamel)积分法的物理内涵切入,阐明其在简谐荷载响应解析中的独特优势,进而对比傅里叶变换法在频域分析中的降维特性。针对时程分析需求,剖析中心差分法与多种逐步积分法(Newmark - β、Wilson - θ 等)的递推格式差异,揭示算法参数选取对数值耗散特性的调控机制。在非线性问题求解层面,建立分段解析法与增量迭代法的映射关系,论证本构模型离散化对收敛速度的影响规律。通过系统梳理九类数值方法的数学本质,为多自由度体系计算提供方法学范式。

3.1　杜哈梅积分法

3.1.1　无阻尼体系强迫振动

单自由度无阻尼体系在外荷载作用下的一般振动方程为

$$m\ddot{y} + ky = F_P(t) \tag{3.1}$$

为了推导任意激振力 $F_P(t)$ 作用下强迫振动响应的一般公式,我们先讨论瞬时冲量作用下的振动问题。所谓瞬时冲量,就是荷载 $F_P(t)$ 只在极短的时间 $\Delta t \approx 0$ 内给予振动物体的冲量,质点获得初速度后还未来得及产生位移冲量就已经消失,体系将发生自由振动。设荷载的大小为 F,作用的时间为 t,则其冲量以 $I = F\Delta t$ 来计算。

设在 $t = 0$ 时,有冲量 I 作用于单自由度弹性系统,且假定冲击之前质点原来的初位置和初速度均为零,则在瞬时冲量作用下质点 m 获得初速度 $\dot{y}_0$。此时冲量 I 全部转移给质点,使其增加动量,动量增值即为 $m\dot{y}_0$,故 $I = m\dot{y}_0$,可得

$$\dot{y}_0 = \frac{I}{m} \tag{3.2}$$

当质点获得初速度 $\dot{y}_0$ 后,还未产生位移时,冲量即消失,所以质点在这种冲击下将产生自由振动。将 $t = 0$,$y_0 = 0$ 和 $\dot{y}_0 = \dfrac{I}{m}$ 代入 $y = y_0\cos\omega t + \dfrac{\dot{y}_0}{\omega}\sin\omega t$,得到瞬时冲量 I 作用于质点 m 的位置方程为

$$y(t) = \frac{\dot{y}_0}{\omega}\sin\omega t = \frac{I}{m\omega}\sin\omega t \tag{3.3}$$

若瞬时冲量不是在 $t = 0$,而是在 $t = \tau$ 时加于质点上的,则其位移方程应为

$$y(t) = \frac{I}{m\omega}\sin\omega(t - \tau), \quad t > \tau \tag{3.4}$$

对于一般形式的激振力 $F(t)$，可以认为它是由微小冲量 $F(\tau)\mathrm{d}\tau$ 连续作用的结果，因此应有

$$y(t)=\frac{1}{m\omega}\int_0^t F(\tau)\sin\omega(t-\tau)\mathrm{d}\tau \tag{3.5}$$

若在 $t=0$ 时，质点原来还具有初始位移 y_0 和初速度 $\dot{y}_0$，则质点位移应为

$$y(t)=y_0\cos\omega t+\frac{\dot{y}_0}{\omega}\sin\omega t+\frac{1}{m\omega}\int_0^t F(\tau)\sin\omega(t-\tau)\mathrm{d}\tau \tag{3.6}$$

利用上式，只需要把已知激振荷载 $F(t)$ 代入并进行积分，即可得到单自由度无阻尼体系强迫振动的位移表达式。

3.1.2　有阻尼体系强迫振动

单自由度有阻尼体系在外荷载作用下的一般振动方程为

$$m\ddot{y}+c\dot{y}+ky=F_{\mathrm{P}}(t) \tag{3.7}$$

对于有阻尼体系的强迫振动，将 $y_0=0$ 和 $\dot{y}_0=\dfrac{I}{m}$ 代入，有

$$y(t)=A\mathrm{e}^{-\zeta\omega t}\sin(\omega\sqrt{1-\zeta^2}t+\varphi') \tag{3.8}$$

便得到瞬时冲量 I 作用下质点 m 的位移为

$$y(t)=\mathrm{e}^{-\zeta\omega t}\left(\frac{\dot{y}_0}{\omega'}\sin\omega' t\right)=\frac{I}{m\omega'}\mathrm{e}^{-\zeta\omega t}\sin\omega' t \tag{3.9}$$

若瞬时冲量不是在 $t=0$，而是在 $t=\tau$ 时加于质点上的，则其位移方程应为

$$y(t)=\frac{I}{m\omega'}\mathrm{e}^{-\zeta\omega(t-\tau)}\sin\omega'(t-\tau),\quad t>\tau \tag{3.10}$$

对于一般形式的激振力 $F(t)$，可以认为它是一系列微小冲量 $F(\tau)\mathrm{d}\tau$ 连续作用的结果，因此应有

$$y(t)=\frac{1}{m\omega'}\int_0^t F(\tau)\mathrm{e}^{-\zeta\omega(t-\tau)}\sin\omega'(t-\tau)\mathrm{d}\tau \tag{3.11}$$

式(3.11)又称为杜哈梅积分。若在 $t=0$ 时，质点还具有初始位移 y_0 和初始速度 $\dot{y}_0$，则质点位移应为

$$y(t)=\mathrm{e}^{-\zeta\omega t}\left(y_0\cos\omega' t+\frac{\dot{y}_0+\xi\omega y_0}{\omega'}\sin\omega' t\right)+\frac{1}{m\omega'}\int_0^t F(\tau)\mathrm{e}^{-\zeta\omega(t-\tau)}\sin\omega(t-\tau)\mathrm{d}\tau \tag{3.12}$$

基于式(3.12)，只需把已知的激振荷载 $F(\tau)$ 代入进行积分，即可得到单自由度有阻尼体系的位移表达式。下面研究一种特殊激振荷载(突加荷载)下振动过程的求解。对于突加荷载而言，其突然施加结构上后会保持常量而继续作用，我们以加载的一瞬间作为时间的起点。假设结构加载前处于静止状态，则将 $F(\tau)=F$ 代入杜哈梅积分，进行积分求得

$$y(t)=\frac{F}{m\omega^2}\left[1-\mathrm{e}^{-\zeta\omega t}\left(\cos\omega' t+\frac{\zeta\omega}{\omega'}\sin\omega' t\right)\right]=y_{\mathrm{st}}\left[1-\mathrm{e}^{-\zeta\omega t}\left(\cos\omega' t+\frac{\zeta\omega}{\omega'}\sin\omega' t\right)\right]$$

将此式对 t 求一阶导数，并求得产生位移极值的各时间点，即当 $t=\dfrac{\pi}{\omega'}$ 时，最大动力位

移为

$$y_{max} = y_{st}(1 + e^{-\frac{\zeta\omega\pi}{\omega'}}) \tag{3.14}$$

由此可得动力放大系数为

$$\beta = 1 + e^{-\frac{\zeta\omega\pi}{\omega'}} \tag{3.15}$$

若不考虑阻尼影响，则 $\zeta = 0$、$\omega' = \omega$，式(3.13) 成为

$$y(t) = \frac{F}{m\omega^2}(1 - \cos\omega t) = y_{st}(1 - \cos\omega t) \tag{3.16}$$

最大动力位移为

$$y_{max} = 2y_{st} \tag{3.17}$$

即在突加荷载作用下，最大动力位移为静力位移的 2 倍。Duhamel 积分法给出了计算线性单自由度体系在任意荷载作用下动力反应的一般解，适用于线弹性体系。因为使用了叠加原理，因此它限于弹性范围而不能用于非线性分析。如果荷载 $P(\tau)$ 是简单的函数，则封闭解是可以得到的。如果 $P(\tau)$ 是一个很复杂的函数，也可以通过数值积分得到问题的解，其计算仅涉及简单的代数运算。但从实际应用上看，采用 Duhamel 积分法求解时，其计算效率不高，因为对于计算任意一个时间点 t 的反应，积分都要从 0 积到 t，而实际要计算一系列时间点，可能要有几百到几千个点。虽然在实际的计算中并不常用 Duhamel 积分法，但它给出了以积分形式表示的体系运动的解析表达式，在分析任意荷载作用下体系动力反应的理论研究中得到广泛应用。

3.2　傅里叶变换法

对任意非周期、有限长的荷载，可以采用傅里叶(Fourier) 变换法，在频域求得体系的动力反应。Fourier 变换的定义为

$$\begin{cases} U(\omega) = \int_{-\infty}^{+\infty} u(t)e^{-i\omega t}dt \\ u(t) = \frac{1}{2\pi}\int_{-\infty}^{+\infty} U(\omega)e^{i\omega t}d\omega \end{cases} \tag{3.18}$$

式中　$U(\omega)$——位移 $u(t)$ 的 Fourier 谱。

根据 Fourier 变换的性质，速度和加速度的 Fourier 变换为

$$\begin{cases} \int_{-\infty}^{+\infty} \dot{u}(t)e^{-i\omega t}dt = i\omega U(\omega) \\ \int_{-\infty}^{+\infty} \ddot{u}(t)e^{-i\omega t}dt = -\omega^2 U(\omega) \end{cases} \tag{3.19}$$

对单自由度体系运动方程

$$\ddot{u}(t) + 2\xi\omega_n\dot{u}(t) + \omega_n^2 u(t) = \frac{1}{m}P(t) \tag{3.20}$$

两边同时进行 Fourier 正变换，可得

$$-\omega^2 U(\omega) + i2\xi\omega_n\omega U(\omega) + \omega_n^2 U(\omega) = \frac{1}{m}P(\omega) \tag{3.21}$$

式中　$U(\omega)$——$u(t)$ 的 Fourier 谱；

$P(\omega)$——$P(t)$ 的 Fourier 谱。

可以看到，通过 Fourier 变换，把问题从时间域变到了频率域，由频率域的运动方程可得频域解，即

$$U(\omega) = H(\mathrm{i}\omega)P(\omega) \tag{3.22}$$

$$H(\mathrm{i}\omega) = \frac{1}{k}\left[\frac{1}{[1-(\omega/\omega_n)^2] + i[2\xi(\omega/\omega_n)]}\right] \tag{3.23}$$

式中　$H(\mathrm{i}\omega)$—— 复频反应函数，也称为传递函数或频响函数；

i—— 复数函数。

上述推导得到了频域解，利用式(3.18) 中的 Fourier 逆变换得到体系的位移解，即

$$u(t) = \frac{1}{2\pi}\int_{-\infty}^{+\infty} H(\mathrm{i}\omega)P(\omega)\mathrm{e}^{\mathrm{i}\omega t}\mathrm{d}\omega \tag{3.24}$$

采用频域分析时涉及两次 Fourier 变换，均为无穷域积分，特别是 Fourier 逆变换，被积函数是复数，有时涉及复杂的围道积分。当外荷载是复杂的时间函数(无解析表达式，如地震波)，采用解析型的 Fourier 变换几乎是不可能的，实际计算中大量采用的是离散 Fourier 变换。

总结基于 Fourier 变换的频域分析方法基本计算步骤：对外荷载 $P(t)$ 进行 Fourier 变换，得到外荷载的 Fourier 谱 $P(\omega)$。然后利用式(3.22)，根据外荷载的 Fourier 谱 $P(\omega)$ 和复频反应函数 $H(\mathrm{i}\omega)$，得到结构反应的频域解 ——Fourier 谱 $U(\omega)$。最后由式(3.24)，应用 Fourier 逆变换，由频域解 $U(\omega)$ 得到时域解 $u(t)$。

在应用离散 Fourier 变换法分析一般任意荷载作用下体系的动力反应问题时应特别注意离散 Fourier 变换将非周期函数周期化。

时域离散化将随时间连续变化的函数用等步长离散成有 N 个离散数据点的系列，即

$$P(t_k),\quad k = 0,1,2,\cdots,N-1 \tag{3.25}$$

$$t_k = k\Delta t \tag{3.26}$$

$$\Delta t = \frac{T_{\mathrm{P}}}{N} \tag{3.27}$$

式中　Δt—— 离散时间步长；

T_{P}—— 外荷载的持续时间。

频域离散化对频域的 Fourier 谱进行离散化，即

$$P(\omega_j),\quad j = 0,1,2,\cdots,N-1 \tag{3.28}$$

$$\omega_j = j\Delta\omega \tag{3.29}$$

$$\Delta\omega = \frac{2\pi}{T_{\mathrm{P}}} \tag{3.30}$$

荷载的时域与频域离散化如图 3.1 所示。

将如此离散化的值代入 Fourier 正变换公式，并应用阶梯型数值积分公式，可得

$$P(\omega_j) = \int_{-\infty}^{+\infty} P(t)\mathrm{e}^{-\mathrm{i}\omega_j t}\mathrm{d}t = \sum_{k=0}^{N-1} P(t_k)\mathrm{e}^{-\mathrm{i}\omega_j t_k}\cdot\Delta t = \Delta t\sum_{k=0}^{N-1} P(t_k)\mathrm{e}^{-\mathrm{i}\frac{2\pi kj}{N}} \tag{3.31}$$

由式(3.22) 可得体系的位移谱

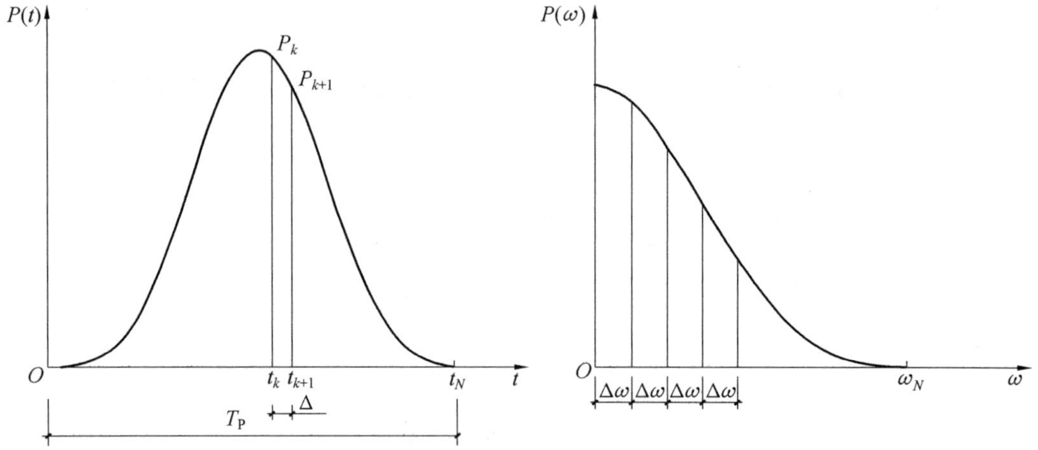

图 3.1 荷载的时域与频域离散化

$$U(\omega_j) = H(\mathrm{i}\omega_j)P(\omega_j) \tag{3.32}$$

代入式(3.24),可得

$$u(t_k) = \frac{1}{2\pi}\int_{-\infty}^{+\infty} U(\omega)\mathrm{e}^{\mathrm{i}\omega_j t_k}\mathrm{d}\omega = \frac{1}{2\pi}\sum_{k=0}^{N-1} U(\omega_j)\mathrm{e}^{\mathrm{i}\omega_j t_k}\cdot\Delta\omega = \frac{1}{T_{\mathrm{P}}}\sum_{k=0}^{N-1} U(\omega_j)\mathrm{e}^{\mathrm{i}\frac{2\pi kj}{N}} \tag{3.33}$$

如果 $N = 2^m$,再利用简谐函数 $\mathrm{e}^{\pm ix}$ 周期性的特点,可以得到快速 Fourier 变换(FFT),应用 FFT 可大大加快分析速度和减少工作量。

应用离散 Fourier 变换时需要注意:

(1) 离散 Fourier 变换将非周期外荷载时间函数周期化。

(2) 由于以上原因,对 $P(t)$ 要加足够多的零点,以增大持续时间 T_{P},从而保证在所计算的时间段$[0,T_{\mathrm{P}}]$内,体系的位移能衰减到零,即不同周期的荷载不对彼此引起的动力反应造成影响。

(3) 频谱上限频率(也称为 Nyquist 频率):$f_{\mathrm{Nyquist}} = \dfrac{1}{2\Delta t}$,$\omega_{\mathrm{Nyquist}} = 2\pi f_{\mathrm{Nyquist}}$。

(4) 频谱的分辨率为:$f_1 = 1/T_{\mathrm{P}}$。

(5) 频谱的下限:$\Delta f = 1/T_{\mathrm{P}}$,$\Delta\omega = 2\pi/T_{\mathrm{P}}$。

(6) 有效最高频谱,即满足信号分析精度要求的最高频率,要更加低于 Nyquist 频率。大量理论和数值分析经验表明,满足一定精度要求的有效频率应满足:$f \leqslant \dfrac{2}{3}f_{\mathrm{Nyquist}}$。

3.3 分段解析法

在分段解析法中,对外荷载 $P(t)$ 进行离散化处理,相当于对连续函数的采样。在采样点之间的荷载值采用线性内插取值,分段解析法对外荷载的离散化过程如图 3.2 所示,图中离散时间点的荷载为 $P_i = P(t_i)$,$i = 0,1,2,\cdots$。

分段解析法的误差仅来自对外荷载的假设,假设在 $t_i \leqslant t \leqslant t_{i+1}$ 时段内,有

$$P(\tau) = P_i + \alpha_i\tau \tag{3.34}$$

$$\alpha_i = \frac{(P_{i+1} - P_i)}{\Delta t_i} \tag{3.35}$$

式中　τ—— 局部时间坐标。

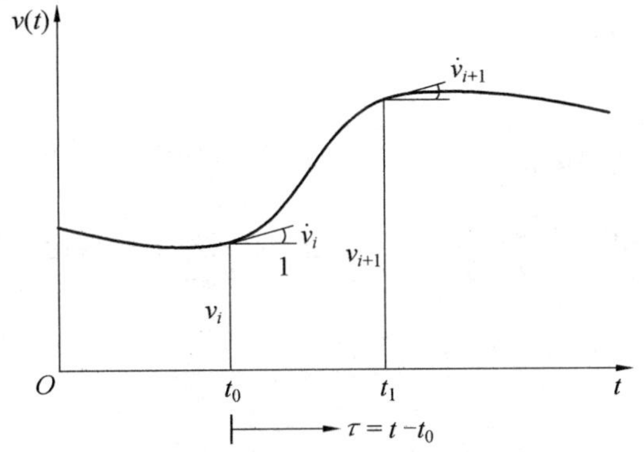

图 3.2　分段解析法对外荷载的离散化过程

如果实际荷载 $P(t)$ 采用了数值采样,即为离散的数值记录,则以上定义的荷载可以认为是“精确”的。分段解析法一般适用于单自由度体系动力响应分析,对于多自由度体系,有时可以采用等效方法在满足一定近似的条件下将多自由度体系化为单自由度问题进行分析,这时也可以采用分段解析法完成体系的动力响应分析。在时间段$[t_i, t_{i+1}]$内,假设结构是线性的,单自由度体系的运动方程为

$$m\ddot{u}(\tau) + \alpha_i\dot{u}(\tau) + ku(\tau) = P(\tau) = P_i + \alpha_i\tau \tag{3.36}$$

初始条件为

$$u(\tau)\mid_{\tau=0} = u_i, \quad \dot{u}(\tau)\mid_{\tau=0} = \dot{u}_i \tag{3.37}$$

解得运动方程的特解和通解为

$$u_{\mathrm{P}}(\tau) = \frac{1}{k}\left(P_i + \alpha_i\tau - \frac{\alpha_i}{k^2}c\right)\text{(特解)} \tag{3.38}$$

$$u_{\mathrm{c}}(\tau) = \mathrm{e}^{-\xi\omega_n\tau}(A\cos(\omega_{\mathrm{d}}\tau) + B\sin(\omega_{\mathrm{d}}\tau))\text{(通解)} \tag{3.39}$$

则全解为

$$u(\tau) = u_{\mathrm{P}}(\tau) + u_{\mathrm{c}}(\tau) \tag{3.40}$$

代入初始条件确定系数为

$$u(\tau) = A_0 + A_1\tau + A_2\mathrm{e}^{-\xi\omega_n\tau}(A\cos(\omega_{\mathrm{d}}\tau) + B\sin(\omega_{\mathrm{d}}\tau)) \tag{3.41}$$

$$\dot{u}(\tau) = A_1 + (\omega_{\mathrm{D}}A_3 - \zeta\omega_nA_2)\mathrm{e}^{-\zeta\omega_n\tau}\cos(\omega_{\mathrm{D}}\tau) - (\omega_{\mathrm{D}}A_2 + \zeta\omega_nA_3)\mathrm{e}^{-\zeta\omega_n\tau}\sin(\omega_{\mathrm{D}}\tau) \tag{3.42}$$

其中

$$A_0 = \frac{P_i}{k} - \frac{2\zeta a_i}{k\omega_n}, \quad A_1 = \frac{a_i}{k}, \quad A_2 = u_i - A_0, \quad A_3 = \frac{1}{\omega_{\mathrm{D}}}\left(\dot{u}_i + \zeta\omega_nA_2 - \frac{a_i}{k}\right) \tag{3.43}$$

当 $\tau = \Delta t_i$ 时,变为

$$\begin{cases} u_{i+1} = Au_i + B\dot{u}_i + CP_i + DP_{i+1} \\ \dot{u}_{i+1} = A'u_i + B'\dot{u}_i + C'P_i + D'P_{i+1} \end{cases} \tag{3.44}$$

其中,各系数为

$$
\begin{cases}
A = e^{-\zeta\omega_n\Delta t}\left(\dfrac{\zeta}{\sqrt{1-\zeta^2}}\sin(\omega_D\Delta t) + \cos(\omega_D\Delta t)\right) \\
B = e^{-\zeta\omega_n\Delta t}\left(\dfrac{1}{\omega_D}\sin(\omega_D\Delta t)\right) \\
C = \dfrac{1}{k}\left\{\dfrac{2\zeta}{\omega_n\Delta t} + e^{-\zeta\omega_n\Delta t}\left[\left(\dfrac{1-2\zeta^2}{\omega_D\Delta t} - \dfrac{\zeta}{\sqrt{1-\zeta^2}}\right)\sin(\omega_D\Delta t) - \left(1 + \dfrac{2\zeta}{\omega_n\Delta t}\right)\cos(\omega_D\Delta t)\right]\right\} \\
D = \dfrac{1}{k}\left[1 - \dfrac{2\zeta}{\omega_n\Delta t} + e^{-\zeta\omega_n\Delta t}\left(\dfrac{2\zeta^2-1}{\omega_n\Delta t}\sin(\omega\Delta t) + \dfrac{2\zeta}{\omega_n\Delta t}\cos(\omega\Delta t)\right)\right] \\
A' = -e^{-\zeta\omega_n\Delta t}\left(\dfrac{\omega_n}{\sqrt{1-\zeta^2}}\sin(\omega_D\Delta t)\right) \\
B' = e^{-\zeta\omega_n\Delta t}\left(\cos(\omega_D\Delta t) - \dfrac{\zeta}{\sqrt{1-\zeta^2}}\sin(\omega_D\Delta t)\right) \\
C' = \dfrac{1}{k}\left\{-\dfrac{1}{\Delta t} + e^{-\zeta\omega_n\Delta t}\left[\left(\dfrac{\omega_n}{\sqrt{1-\zeta^2}} + \dfrac{\zeta}{\Delta t\sqrt{1-\zeta^2}}\right)\sin(\omega_D\Delta t) + \dfrac{1}{\Delta t}\cos(\omega_D\Delta t)\right]\right\} \\
D' = \dfrac{1}{k\Delta t}\left[1 - e^{-\zeta\omega_n\Delta t}\left(\dfrac{\zeta}{\sqrt{1-\zeta^2}}\sin(\omega_D\Delta t) + \cos(\omega_D\Delta t)\right)\right] \\
\omega_D = \omega_n\sqrt{1-\zeta^2},\ \omega_n = \sqrt{\dfrac{k}{m}}
\end{cases}
\tag{3.45}
$$

可见以上系数是结构刚度 K、质量 m、阻尼比 ζ 和时间步长 $\Delta t_i = \Delta t$ 的函数。如果结构是线性的,并采用等时间步长,则系数均为常数,分段解析法的计算效率将非常高,而且是精确解;但如果在计算的不同时间段采用了不相等的时间步长,则各系数对应于不同的时间步长均为变量,计算效率会大为降低。分段解析法仅对外荷载进行了离散化处理,但对运动方程是严格满足的,体系的运动在连续时间轴上均满足运动微分方程。而一般的时域逐步积分法则进一步放松要求,不仅对外荷载进行离散化处理,对体系的运动也进行离散化,相应地,运动方程不要求在全部的时间轴上满足,而仅在离散的时间点上满足,这相当于对体系的运动放松了约束。

3.4　二阶中心差分法

中心差分法采用有限差分代替位移对时间的求导获得速度和加速度。如果采用等时间步长 $\Delta t_i = \Delta t$,则加速度和速度的中心差分近似为

$$\dot{u}_i = \frac{u_{i+1} - u_{i-1}}{2\Delta t} \tag{3.46}$$

$$\ddot{u}_i = \frac{u_{i+1} - 2u_i + u_{i-1}}{\Delta t^2} \tag{3.47}$$

而离散时间点的运动为

$$u_i = u(t_i),\quad \dot{u}_i = \dot{u}(t_i),\quad \ddot{u}_i = \ddot{u}(t_i),\quad i = 0,1,2,\cdots \tag{3.48}$$

体系的运动方程为

$$m\ddot{u}(t) + c\dot{u}(t) + ku(t) = P(t) \tag{3.49}$$

将速度和加速度的差分近似公式(3.46)与(3.47)代入由式(3.49)给出的 t_i 时刻的运动方程,可得

$$m\frac{u_{i+1} - 2u_i + u_{i-1}}{\Delta t^2} + c\frac{u_{i+1} - u_{i-1}}{2\Delta t} + ku_i = P_i \tag{3.50}$$

其中,假设 u_i 和 u_{i-1} 是已知的,即 t_i 及 t_i 前一时刻的运动为已知,则将已知项移至方程右边,整理可得

$$\left(\frac{m}{\Delta t^2} + \frac{c}{2\Delta t}\right)u_{i+1} = P_i - \left(k - \frac{2m}{\Delta t^2}\right)u_i - \left(\frac{m}{\Delta t^2} - \frac{c}{2\Delta t}\right)u_{i-1} \tag{3.51}$$

式(3.51)为单自由度体系结构动力分析中心差分法逐步计算公式。由此可知,可根据 t_i 及 t_i 前一时刻的运动,求得 t_{i+1} 时刻的运动;如果需要,还可利用式(3.46)与式(3.47)求得体系的速度与加速度。

对于多自由度体系,中心差分法计算公式为

$$\left(\frac{1}{\Delta t^2}[M] + \frac{1}{2\Delta t}[C]\right)[u]_{i+1} = [P]_i - \left([K] - \frac{2}{\Delta t^2}[M]\right)[u]_i - \left(\frac{1}{\Delta t^2}[M] - \frac{1}{2\Delta t}[C]\right)[u]_{i-1} \tag{3.52}$$

式中　$[M]$—— 体系的质量矩阵;

$[C]$—— 体系的阻尼矩阵;

$[K]$—— 体系的刚度矩阵;

$[u]_i$——t_i 时刻体系的位移向量,即 $[u]_i = [u(t_i)]$;

$[P]_i$——t_i 时刻体系的外荷载向量,即 $[P]_i = [P(t_i)]$。

观察发现,多自由度体系与单自由度体系的递推公式基本一致,只是用矩阵与向量表示。时域逐步积分方法分为单步法和多步法(两步法及两步以上的方法)。单步法是指计算某一时刻运动时仅需已知前一时刻运动;两步法是指计算某一时刻运动时需已知前两个时刻运动。可以看到,中心差分法在计算 t_{i+1} 时刻的运动 u_{i+1} 时,需要已知 t_i 和 t_{i-1} 两个时刻的运动 u_i 和 u_{i-1}。仅已知初始位移和速度,存在起步问题。

1. 零初始条件

假设初始的两个时间点(一般取 $i=0$ 与 $i=-1$)对应的位移均为零,则可采用递推公式直接进行逐步计算,即

$$u_0 = u_{-1} = 0 \tag{3.53}$$

如地震作用分析,可采用该方法。

2. 非零初始条件

当对应于非零初始条件或零时刻外荷载很大的情况下,需要进行一定的分析,得到两个起步时刻的位移值,即逐步积分的起步问题。

假设给定的初始条件为

$$\begin{cases} u_0 = u(0) \\ \dot{u}_0 = \dot{u}(0) \end{cases} \tag{3.54}$$

下面根据初始条件确定 u_{-1}。根据式(3.46),在零时刻速度和加速度的中心差公式为

$$\begin{cases} \dot{u}_0 = \dfrac{u_1 - u_{-1}}{2\Delta t} \\ \ddot{u}_0 = \dfrac{u_1 - 2u_0 + u_{-1}}{\Delta t^2} \end{cases} \tag{3.55}$$

消去 u_1,可得

$$u_{-1} = u_0 - \Delta t\dot{u}_0 + \frac{\Delta t^2}{2}\ddot{u}_0 \tag{3.56}$$

而零时刻的加速度值可利用 $t = 0$ 时运动方程确定,即

$$\ddot{u}_0 = \frac{1}{m}(P_0 - c\dot{u}_0 - ku_0) \tag{3.57}$$

这样就可以根据初始条件和初始荷载给出 u_{-1} 应取的值。

二阶中心差分法具体计算步骤如下。

(1) 基本数据准备和初始条件计算。

$$\ddot{u}_0 = \frac{1}{m}(P_0 - c\dot{u}_0 - ku_0) \tag{3.58}$$

$$u_{-1} = u_0 - \Delta t\dot{u}_0 + \frac{\Delta t^2}{2}\ddot{u}_0 \tag{3.59}$$

(2) 计算等效刚度和中心差分计算公式中的系数。

$$\begin{cases} \hat{k} = \dfrac{m}{\Delta t^2} + \dfrac{c}{2\Delta t} \\ a = k - \dfrac{2m}{\Delta t^2} \\ b = \dfrac{m}{\Delta t^2} - \dfrac{c}{2\Delta t} \end{cases} \tag{3.60}$$

(3) 由 t_i 及 t_i 前一时刻的运动,计算 t_{i+1} 时刻的运动。

$$\begin{cases} \hat{P}_i = P_i - au_i - bu_{i-1} \\ u_{i+1} = \hat{P}_i / \hat{k} \end{cases} \tag{3.61}$$

如有需要,可计算

$$\dot{u}_i = \frac{u_{i+1} - u_{i-1}}{2\Delta t} \tag{3.62}$$

$$\ddot{u}_i = \frac{u_{i+1} - 2u_i + u_{i-1}}{\Delta t^2} \tag{3.63}$$

(4) 下一步计算中用 $i+1$ 代替 i,对于线弹性体系,重复计算步骤(3),对于非线弹性体系,重复计算步骤(2) 和步骤(3)。

当离散时间步长 Δt 满足稳定性条件时,数值计算得到的运动 u 为有限值;当不满足稳

定性条件时，随着计算时间步数的增加，逐步计算给出的运动趋向发散，即 $t \to \infty$，$u \to \infty$。步长对位移的影响如图 3.3 所示。

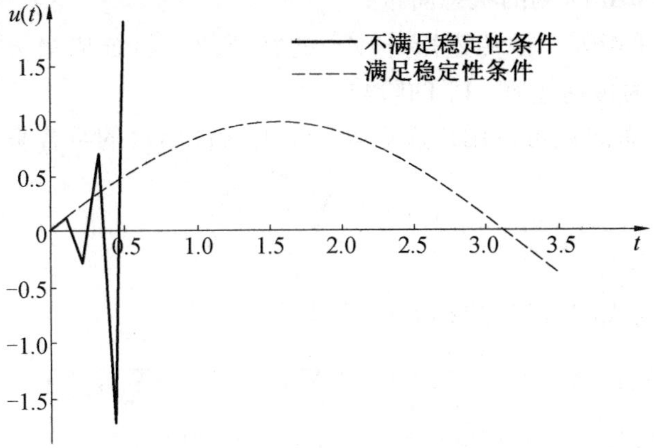

图 3.3　步长对位移的影响

为简单起见，不计阻尼，且令 $P=0$（算法稳定性与外荷载无关），则中心差分法的递推公式可写成如下形式：

$$u_{i+1} = (2 - \Omega^2)u_i - u_{i-1} \tag{3.64}$$

$$\Omega = \Delta t\omega = \Delta t \frac{2\pi}{T} \tag{3.65}$$

令离散方程式(3.64) 的解为

$$u_i = \lambda^i \tag{3.66}$$

其中，λ 为待定常数，将式(3.66) 代入式(3.64)，得

$$\lambda^2 + (\Omega^2 - 2)\lambda + 1 = 0 \tag{3.67}$$

解得

$$\lambda - \frac{1}{2}\left[2 - \Omega^2 + \sqrt{\Omega^2(\Omega^2 - 4)}\right] \tag{3.68}$$

根据稳定性含义，要求 $|\lambda| \leqslant 1$，则可得 $\Omega \leqslant 2$。将其代入式(3.65) 可得

$$\Delta t \leqslant \frac{2}{\omega} = \frac{T}{\pi} \tag{3.69}$$

一般情况下，逐步积分法的稳定性可以通过对逐步积分公式中传递矩阵特征值的分析获得。将逐步积分公式写成如下形式：

$$\begin{bmatrix} u_{i+1} \\ \dot{u}_{i+1} \end{bmatrix} = [A]\begin{bmatrix} u_i \\ \dot{u}_i \end{bmatrix} + [B][P_i] \tag{3.70}$$

任意时域逐步积分方程可以用传递矩阵表示为

$$[y_{n+1}] = [A][y_n] + \sum_{i(n)} [B_i][P_i] \tag{3.71}$$

因数值算法的稳定条件与外荷载无关，因此，稳定性的证明仅需采用如下计算公式来证明：

$$[y_{n+1}] = [A][y_n] \tag{3.72}$$

式(3.72)可以改写为

$$[y_{n+1}]=[A][y_n]=[A]^{n+1}[y_0] \tag{3.73}$$

式中　$[y_n]$——$t=n\Delta t$ 时刻的状态向量；

$[A]$——传递矩阵。记传递矩阵$[A]$的特征值与特征向量分别为 λ_i、$[x]_i(i=1,2,\cdots,m)$，m 为传递矩阵$[A]$的阶数。

任意一个初始状态向量可以用传递矩阵$[A]$的特征向量的组合来展开，即

$$[y_0]=\sum_{i=1}^{m}\alpha_i[x]_i \tag{3.74}$$

式中　α_i——展开系数。

将式(3.74)代入式(3.73)，递推方程可以表示为

$$[y_{n+1}]=[A]^{n+1}[y_0]=[A]^{n+1}\sum_{i=1}^{m}\alpha_i[x]_i=\sum_{i=1}^{m}\alpha_i[A]^{n+1}[x]_i \tag{3.75}$$

根据矩阵特征值和特征向量的性质，由式(3.75)可以得到

$$\begin{aligned}[y_{n+1}]&=[A]^{n+1}[y_0]=\sum_{i=1}^{m}\alpha_i[A]^{n+1}[x]_i=\sum_{i=1}^{m}\alpha_i\lambda_i^{n+1}[x]_i\\&\leqslant\sum_{i=1}^{m}|\alpha_i||\lambda_i|^{n+1}|[x]_i|\leqslant\sum_{i=1}^{m}|\alpha_i|(\rho([A]))^{n+1}|[x]_i|\\&=(\rho([A]))^{n+1}\sum_{i=1}^{m}|\alpha_i||[x]_i|\end{aligned} \tag{3.76}$$

式中　$\rho([A])$——传递矩阵$[A]$的谱半径。即传递矩阵特征值的模的最大值。

若$\rho([A])\leqslant 1$，将其代入式(3.76)，得到

$$[y_{n+1}]\leqslant\sum_{i=1}^{m}|\alpha_i||[x]_i| \tag{3.77}$$

对于任意的 n，$[y_{n+1}]$ 有界，即递推公式是稳定的。因此，$\rho([A])\leqslant 1$ 是稳定性的充分条件。相同的，若递推公式是稳定的，则对任意初始状态向量$[y_0]$均有

$$[y_{n+1}]=[A][y_n]=[A]^{n+1}[y_0]$$

对任意的 n 有界，不妨取$[y_0]=[x]_\rho$，其中，$[x]_\rho$ 为绝对值最大的特征值 λ_ρ 对应的特征向量，则有

$$[y_{n+1}]=[A]^{n+1}[y_0]=[A]^{n+1}[x]_\rho=(\lambda_\rho)^{n+1}[x]_\rho \tag{3.78}$$

可见，随着 $n\to\infty$，若想保证$[y_{n+1}]$有界，即计算结果是稳定的，要求$|\lambda_\rho|\leqslant 1$，即要求$\rho([A])\leqslant 1$。因此，$\rho([A])\leqslant 1$ 是稳定性的必要条件。

3.5　平均加速度法

平均加速度法假设在 t_i 至 t_{i+1} 时刻，此 Δt 时间段内体系的加速度为 t_i 和 t_{i+1} 时刻加速度的平均值，即是一个常数 a，然后通过积分的方法得到 t_{i+1} 时刻的运动公式。如图3.4所示。

$$a=\frac{\ddot{u}_i+\ddot{u}_{i+1}}{2} \tag{3.79}$$

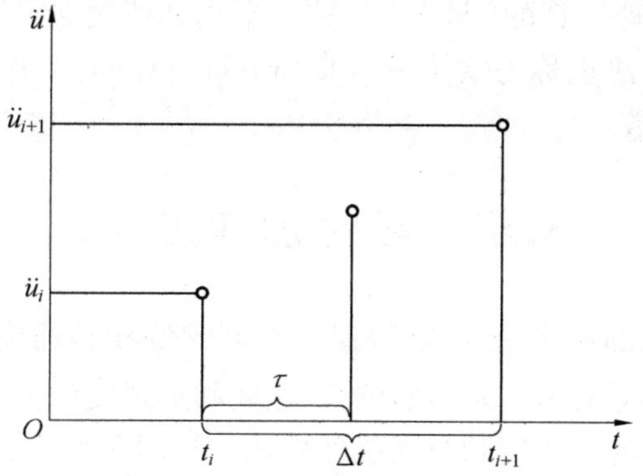

图 3.4　平均加速度法原理示意图

通过在 Δt 时间段内进行积分，可得 t_{i+1} 时刻的速度和位移，即

$$\dot{u}_{i+1} = a\Delta t + \dot{u}_i \tag{3.80}$$

$$u_{i+1} = \frac{1}{2}a\,(\Delta t)^2 + \Delta t\dot{u}_i + u_i \tag{3.81}$$

将式(3.79)代入式(3.80)、式(3.81)，得

$$\dot{u}_{i+1} = \frac{\Delta t}{2}(\ddot{u}_i + \ddot{u}_{i+1}) + \dot{u}_i \tag{3.82}$$

$$u_{i+1} = \frac{(\Delta t)^2}{4}(\ddot{u}_i + \ddot{u}_{i+1}) + \Delta t\dot{u}_i + u_i \tag{3.83}$$

体系的运动还需要满足 t_{i+1} 时刻的运动控制方程，即

$$m\ddot{u}_{i+1} + c\dot{u}_{i+1} + ku_{i+1} = P_{i+1} \tag{3.84}$$

式(3.82) ~ (3.84)共同构成了平均加速度法的基本公式。由式(3.83)可以得到 t_{i+1} 时刻的加速度为

$$\ddot{u}_{i+1} = \frac{4}{(\Delta t)^2}(u_{i+1} - u_i - \Delta t\dot{u}_i) - \ddot{u}_i \tag{3.85}$$

将式(3.85)代入式(3.82)可以得到 t_{i+1} 时刻的速度为

$$\dot{u}_{i+1} = \frac{2}{\Delta t}(u_{i+1} - u_i) - \dot{u}_i \tag{3.86}$$

将式(3.85)、式(3.86)代入式(3.84)，可以得到 t_{i+1} 时刻的位移计算公式为

$$\hat{k}u_{i+1} = \hat{P}_{i+1} \tag{3.87}$$

其中

$$\hat{k} = k + \frac{4}{(\Delta t)^2}m + \frac{2}{\Delta t}c \tag{3.88}$$

$$\hat{P}_{i+1} = P_{i+1} + \left(\frac{4}{(\Delta t)^2}u_i + \frac{4}{\Delta t}\dot{u}_i + \ddot{u}_i\right)m + \left(\frac{2}{\Delta t}u_i + \dot{u}_i\right)c \tag{3.89}$$

由式(3.87)可根据 t_i 时刻的位移、速度和加速度及 t_{i+1} 时刻的外荷载求得 t_{i+1} 时刻的位移 u_{i+1}，将 t_{i+1} 时刻的位移 u_{i+1} 代入式(3.85)、式(3.86)，可求得 t_{i+1} 时刻的速度和加速度，重复上述步骤，可得到所有离散时间点上的位移、速度和加速度。平均加速度法属于自起步方

法(单步法),无须额外处理计算的“起步”问题。平均加速度法又称为平均常加速度法,属于常加速度法。常加速度法也称为欧拉 - 高斯(Euler - Gauss)方法,即假设加速度在 t_i 至 t_{i+1} 时刻的时间段内为常数。

3.6 线性加速度法

线性加速度法与平均加速度法类似,根据 t_i 时刻的位移和速度,通过假设 Δt 时间段内加速度的表达式来推导体系在 t_{i+1} 时刻的位移、速度和加速度的方法;不同之处在于该方法假设 t_i 至 t_{i+1} 时段内体系的加速度随时间线性变化。如图 3.5 所示。

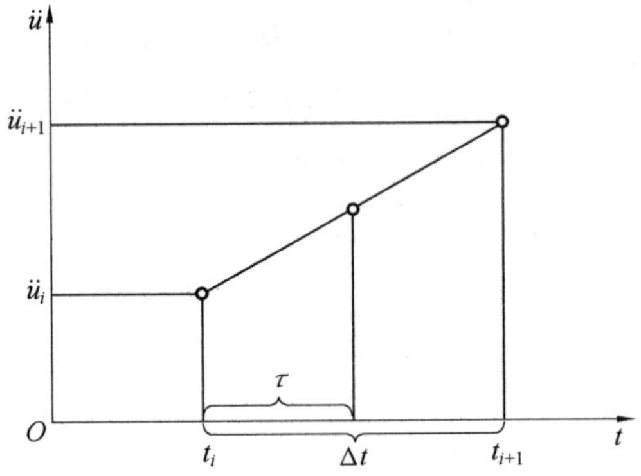

图 3.5　线性加速度原理示意图

$$\ddot{u}(\tau) = \ddot{u}_i + \frac{\tau}{\Delta t}(\ddot{u}_{i+1} - \ddot{u}_i) \tag{3.90}$$

将式(3.90)对时间进行积分,可得 t_{i+1} 时刻的速度和位移,即

$$\dot{u}_{i+1} = \dot{u}_i + \frac{\Delta t}{2}(\ddot{u}_i + \ddot{u}_{i+1}) \tag{3.91}$$

$$u_{i+1} = u_i + \dot{u}_i\Delta t + (\Delta t)^2\left(\frac{1}{3}\ddot{u}_i + \frac{1}{6}\ddot{u}_{i+1}\right) \tag{3.92}$$

再加上 t_{i+1} 时刻的运动方程,即

$$m\ddot{u}_{i+1} + c\dot{u}_{i+1} + ku_{i+1} = P_{i+1} \tag{3.93}$$

式(3.91) ~ (3.93)共同构成了线性加速度法的基本公式。通过式(3.91)、式(3.92)可以得到 t_{i+1} 时刻的速度和加速度为

$$\dot{u}_{i+1} = \frac{3}{\Delta t}u_{i+1} - \frac{3}{\Delta t}u_i - 2\dot{u}_i - \frac{\Delta t}{2}\ddot{u}_i \tag{3.94}$$

$$\ddot{u}_{i+1} = \frac{6}{(\Delta t)^2}u_{i+1} - \frac{6}{(\Delta t)^2}u_i - \frac{6}{\Delta t}\dot{u}_i - 2\ddot{u}_i \tag{3.95}$$

将 t_{i+1} 时刻的速度和加速度代入 t_{i+1} 时刻的运动方程,可得到 t_{i+1} 时刻的位移计算公式为

$$\hat{k}u_{i+1} = \hat{P}_{i+1} \tag{3.96}$$

其中

$$\hat{k} = k + \frac{6}{(\Delta t)^2}m + \frac{3}{\Delta t}c \tag{3.97}$$

$$\hat{P}_{i+1} = P_{i+1} + \left(\frac{6}{(\Delta t)^2}u_i + \frac{6}{\Delta t}\dot{u}_i + 2\ddot{u}_i\right)m + \left(\frac{3}{\Delta t}u_i + 2\dot{u}_i + \frac{\Delta t}{2}\ddot{u}_i\right)c \tag{3.98}$$

具体步骤与之前的平均加速度法完全一致,这里不再继续展开。从总体上看,线性加速度法也是一种自起步方法。

3.7 Newmark - β 法

Newmark - β 法和之前的那些方法类似,但也存在着一定差异。它主要根据 t_i 时刻的位移和速度,通过假设 Δt 时间段内加速度的表达式来推导体系在 t_{i+1} 时刻的位移、速度和加速度的方法;不同之处在于采用不同的加速度假设条件分别给出速度和位移的计算公式。其原理如图 3.6 所示。

$$a = (1 - \gamma)\ddot{u}_i + \gamma\ddot{u}_{i+1}, \quad 0 \leqslant \gamma \leqslant 1 \tag{3.99}$$

$$a = (1 - 2\beta)\ddot{u}_i + 2\beta\ddot{u}_{i+1}, \quad 0 \leqslant \beta \leqslant 1/2 \tag{3.100}$$

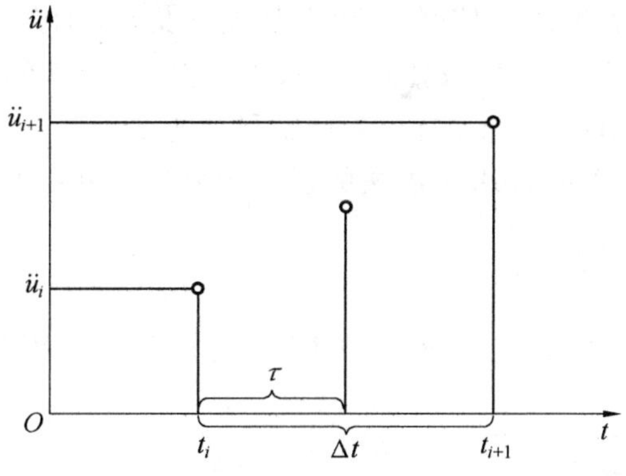

图 3.6　Newmark - β 法原理示意图

通过在 Δt 时间段内进行积分,可得 t_{i+1} 时刻的速度和位移为

$$\dot{u}_{i+1} = a\Delta t + \dot{u}_i \tag{3.101}$$

$$u_{i+1} = \frac{1}{2}a\,(\Delta t)^2 + \Delta t\dot{u}_i + u_i \tag{3.102}$$

将式(3.99)代入式(3.101),式(3.100)代入式(3.102),得

$$\begin{cases} \dot{u}_{i+1} = \dot{u}_i + (1 - \gamma)\Delta t\ddot{u}_i + \gamma\Delta t\ddot{u}_{i+1} \\ u_{i+1} = u_i + \dot{u}_i\Delta t + \left(\frac{1}{2} - \beta\right)(\Delta t)^2\ddot{u}_i + \beta(\Delta t)^2\ddot{u}_{i+1} \end{cases} \tag{3.103}$$

式(3.103)是 Newmark - β 法的两个基本递推公式,求解可得 t_{i+1} 时刻的加速度和速度的计算公式为

$$\begin{cases}\ddot{u}_{i+1}=\dfrac{1}{\beta(\Delta t)^2}(u_{i+1}-u_i)-\dfrac{1}{\beta\Delta t}\dot{u}_i-\left(\dfrac{1}{2\beta}-1\right)\ddot{u}_i\\ \dot{u}_{i+1}=\dfrac{\gamma}{\beta\Delta t}(u_{i+1}-u_i)+\left(1-\dfrac{\gamma}{\beta}\right)\dot{u}_i+\left(1-\dfrac{\gamma}{2\beta}\right)\Delta t\ddot{u}_i\end{cases} \tag{3.104}$$

体系的运动还需要满足 t_{i+1} 时刻的运动控制方程，即

$$m\ddot{u}_{i+1}+c\dot{u}_{i+1}+ku_{i+1}=P_{i+1} \tag{3.105}$$

将式(3.104)代入式(3.105)，可得 t_{i+1} 时刻的位移计算公式为

$$\hat{k}u_{i+1}=\hat{P}_{i+1} \tag{3.106}$$

其中

$$\hat{k}=k+\frac{1}{\beta(\Delta t)^2}m+\frac{\gamma}{\beta\Delta t}c \tag{3.107}$$

$$\hat{P}_{i+1}=P_{i+1}+\left[\frac{1}{\beta(\Delta t)^2}u_i+\frac{1}{\beta\Delta t}\dot{u}_i+\left(\frac{1}{2\beta}-1\right)\ddot{u}_i\right]m+\left[\frac{\gamma}{\beta\Delta t}u_i+\left(\frac{\gamma}{\beta}-1\right)\dot{u}_i+\frac{\Delta t}{2}\left(\frac{\gamma}{\beta}-2\right)\ddot{u}_i\right]c \tag{3.108}$$

由式(3.106)可根据 t_i 时刻的位移、速度和加速度及 t_{i+1} 时刻的外荷载求得 t_{i+1} 时刻的位移 u_{i+1}；将 t_{i+1} 时刻的位移 u_{i+1} 代入式(3.104)，可求得 t_{i+1} 时刻的速度和加速度，重复进行以上步骤，可得到所有离散时间点上的位移、速度和加速度。

针对于多自由度体系，Newmark－β 法的逐步积分公式可变为

$$\begin{cases}[\hat{K}][u]_{i+1}=[\hat{P}]_{i+1}\\ [\dot{u}]_{i+1}=\dfrac{\gamma}{\beta\Delta t}([u]_{i+1}-[u]_i)+\left(1-\dfrac{\gamma}{\beta}\right)[\dot{u}]_i+\Delta t\left(1-\dfrac{\gamma}{2\beta}\right)[\ddot{u}]_i\\ [\ddot{u}]_{i+1}=\dfrac{1}{\beta(\Delta t)^2}([u]_{i+1}-[u]_i)-\dfrac{1}{\beta\Delta t}[\dot{u}]_i-\left(\dfrac{1}{2\beta}-1\right)[\ddot{u}]_i\end{cases} \tag{3.109}$$

而等效刚度矩阵和等效荷载向量分别为

$$[\hat{K}]=[K]+\frac{1}{\beta(\Delta t)^2}[M]+\frac{\gamma}{\beta\Delta t}[C] \tag{3.110}$$

$$[\hat{P}]_{i+1}=[P]_{i+1}+[M]\left[\frac{1}{\beta(\Delta t)^2}[u]_i+\frac{1}{\beta\Delta t}[\dot{u}]_i+\left(\frac{1}{2\beta}-1\right)[\ddot{u}]_i\right]+[C]\left[\frac{\gamma}{\beta\Delta t}[u]_i+\left(\frac{\gamma}{\beta}-1\right)[\dot{u}]_i+\frac{\Delta t}{2}\left(\frac{\gamma}{\beta}-2\right)[\ddot{u}]_i\right] \tag{3.111}$$

具体过程如下。

(1)基本数据准备和初始条件计算：选择时间步长 Δt，参数 β 和 γ，计算积分常数并确定运动的初始值 $[u]_0$、$[\dot{u}]_0$、$[\ddot{u}]_0$。

$$a_0=\frac{1}{\beta(\Delta t)^2}$$

$$a_1=\frac{\gamma}{\beta\Delta t},\quad a_2=\frac{1}{\beta\Delta t},\quad a_3=\frac{1}{2\beta}-1,\quad a_4=\frac{\gamma}{\beta}-1,$$

$$a_5 = \frac{\Delta t}{2}\left(\frac{\gamma}{\beta} - 2\right), \quad a_6 = \Delta t(1 - \gamma), \quad a_7 = \gamma\Delta t$$

(2) 形成刚度矩阵$[K]$、质量矩阵$[M]$和阻尼矩阵$[C]$。

(3) 形成等效刚度矩阵,即$[\hat{K}] = [K] + a_0[M] + a_1[C]$。

(4) 计算t_{i+1}时刻的等效荷载,即

$$[\hat{P}]_{i+1} = [P]_{i+1} + [M](a_0[u]_i + a_2[\dot{u}]_i + a_3[\ddot{u}]_i) + [C](a_1[u]_i + a_4[\dot{u}]_i + a_5[\ddot{u}]_i)$$

(5) 求解t_{i+1}时刻的位移,即$[\hat{K}][u]_{i+1} = [\hat{P}]_{i+1}$。

(6) 计算t_{i+1}时刻的加速度和速度,即

$$[\ddot{u}]_{i+1} = a_0([u]_{i+1} - [u]_i) - a_2[\dot{u}]_i - a_3[\ddot{u}]_i$$

$$[\dot{u}]_{i+1} = [\dot{u}]_i + a_6[\ddot{u}]_i + a_7[\ddot{u}]_{i+1}$$

线弹性体系则重复第(4)~(6)计算步骤,可得体系任一时刻动力响应。非线弹性体系则要重复第(2)~(6)计算步骤,可得体系任一时刻动力响应。

控制参数β和γ的取值影响着算法的精度和稳定性,可以证明,只有当γ取1/2时,此方法才具有二阶精度。因此,一般取值为$\gamma = \frac{1}{2}$,$0 \leqslant \beta \leqslant \frac{1}{4}$。

Newmark-β法的稳定性条件为

$$\Delta t \leqslant \frac{1}{\pi\sqrt{2}}\frac{1}{\sqrt{\gamma - 2\beta}}T$$

当$\gamma = 1/2$、$\beta = 1/4$时,稳定性条件为$\Delta t \leqslant \infty$,即算法成为无条件稳定的。实际上,也有取$\gamma - 2\beta = 0$的参数组合以形成无条件稳定算法;如当$\beta = 1/6$时,对加速度的假设等价于线性加速度法,此时为保证方法为无条件稳定,取$\gamma = 1/3$。参数取不同值时Newmark-β法对应的逐步积分法见表3.1。

表3.1　参数取不同值时Newmark-β法对应的逐步积分法

参数取值	对应的逐步积分法	稳定性条件
$\gamma = \frac{1}{2}, \beta = \frac{1}{4}$	平均加速度法	无条件稳定
$\gamma = \frac{1}{2}, \beta = \frac{1}{6}$	线性加速度法	$\Delta t \leqslant \frac{\sqrt{3}}{\pi}T = 0.551T$
$\gamma = \frac{1}{2}, \beta = 0$	中心差分法	$\Delta t \leqslant \frac{1}{\pi}T$

3.8　Wilson-θ法

Wilson-θ法是在线性加速度法的基础上得到的一种计算方法。假设加速度在时间段$[t_i, t_i + \theta\Delta t]$内线性变化,首先采用线性加速度法计算结构体系在$t_i + \theta\Delta t$时刻的运动,其中参数$\theta \geqslant 1$,然后采用内插计算公式得到体系在$t_i + \Delta t$时刻的运动。由于内插计算有助于提

高算法的稳定性,因此,当 θ 足够大时,将给出稳定性良好的积分方法。其原理如图 3.7 所示。Wilson − θ 法无条件稳定的要求为 $\theta \geqslant (1+\sqrt{3})/2 = 1.37$,通常取 $\theta = 1.4$。

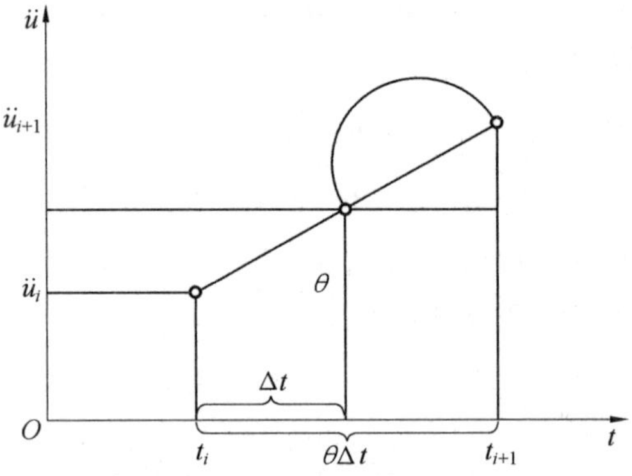

图 3.7　Wilson − θ 法原理示意图

根据线性加速度假设,加速度 a 在区间 $[t, t+\theta\Delta t]$ 上可表示为

$$a(\tau) = \ddot{u}(t_i) + \frac{\tau}{\theta\Delta t}[\ddot{u}(t_i+\theta\Delta t) - \ddot{u}(t_i)] \tag{3.112}$$

式中　τ—— 局部时间坐标,坐标原点位于 t_i。

对式(3.112)进行积分,得到速度和位移为

$$\dot{u}(t_i+\tau) = \dot{u}(t_i) + \tau\ddot{u}(t_i) + \frac{\tau^2}{2\theta\Delta t}[\ddot{u}(t_i+\theta\Delta t) - \ddot{u}(t_i)] \tag{3.113}$$

$$u(t_i+\tau) = u(t_i) + \tau\dot{u}(t_i) + \frac{\tau^2}{2}\ddot{u}(t_i) + \frac{\tau^3}{6\theta\Delta t}[\ddot{u}(t_i+\theta\Delta t) - \ddot{u}(t_i)] \tag{3.114}$$

当 $\tau = \theta\Delta t$ 时,式(3.113)、式(3.114)变为

$$\dot{u}(t_i+\theta\Delta t) = \dot{u}(t_i) + \theta\Delta t\ddot{u}(t_i) + \frac{\theta\Delta t}{2}[\ddot{u}(t_i+\theta\Delta t) - \ddot{u}(t_i)] \tag{3.115}$$

$$u(t_i+\theta\Delta t) = u(t_i) + \theta\Delta t\dot{u}(t_i) + \frac{(\theta\Delta t)^2}{6}[\ddot{u}(t_i+\theta\Delta t) + 2\ddot{u}(t_i)] \tag{3.116}$$

由式(3.115)、式(3.116)可解得用 $u(t_i+\theta\Delta t)$ 表示的 $\dot{u}(t_i+\theta\Delta t)$ 和 $\ddot{u}(t_i+\theta\Delta t)$,即

$$\ddot{u}(t_i+\theta\Delta t) = \frac{6}{(\theta\Delta t)^2}[u(t_i+\theta\Delta t) - u(t_i)] - \frac{6}{\theta\Delta t}\dot{u}(t_i) - 2\ddot{u}(t_i) \tag{3.117}$$

$$\dot{u}(t_i+\theta\Delta t) = \frac{3}{\theta\Delta t}[u(t_i+\theta\Delta t) - u(t_i)] - 2\dot{u}(t_i) - \frac{\theta\Delta t}{2}\ddot{u}(t_i) \tag{3.118}$$

在 $t_i+\theta\Delta t$ 时刻,体系的运动方程为

$$m\ddot{u}(t_i+\theta\Delta t) + c\dot{u}(t_i+\theta\Delta t) + ku(t_i+\theta\Delta t) = P(t_i+\theta\Delta t) \tag{3.119}$$

其中,外荷载 $P(t_i+\theta\Delta t)$ 可用线性外推获得,即

$$P(t_i+\theta\Delta t) = P(t_i) + \theta[P(t_i+\Delta t) - P(t_i)] \tag{3.120}$$

由此可以计算出 $u(t_i+\theta\Delta t)$ 为

$$\hat{k}u(t_i + \theta\Delta t) = \hat{P}(t_i + \theta\Delta t) \tag{3.121}$$

其中

$$\hat{k} = k + \frac{6}{(\theta\Delta t)^2}m + \frac{3}{\theta\Delta t}c$$

$$\hat{P}(t_i + \theta\Delta t) = P_i + \theta(P_{i+1} - P_i) + \left[\frac{6}{(\theta\Delta t)^2}u_i + \frac{6}{\theta\Delta t}\dot{u}_i + 2\ddot{u}_i\right]m + \left(\frac{3}{\theta\Delta t}u_i + 2\dot{u} + \frac{\theta\Delta t}{2}\ddot{u}_i\right)c$$

联合各式，令 $\theta = 1$，此时 $\tau = \Delta t$，解出单自由度体系动力响应分析的 Wilson - θ 法的计算公式为

$$\begin{cases} [\hat{K}]u(t_i + \theta\Delta t) = [\hat{P}(t_i + \theta\Delta t)] \\ [\ddot{u}]_{i+1} = \dfrac{6}{\theta^3\Delta t^2}([u(t_i + \theta\Delta t)] - [u]_i) - \dfrac{6}{\theta^2\Delta t}[\dot{u}]_i + \left(1 - \dfrac{3}{\theta}\right)[\ddot{u}]_i \\ [\dot{u}]_{i+1} = [\dot{u}]_i + \dfrac{\Delta t}{2}([\ddot{u}]_{i+1} + [\ddot{u}]_i) \\ [u]_{i+1} = [u]_i + \Delta t[\dot{u}]_i + \dfrac{\Delta t^2}{6}([\ddot{u}]_{i+1} + 2[\ddot{u}]_i) \end{cases} \tag{3.122}$$

其中，等效刚度和等效荷载向量分别为

$$\hat{K} = [K] + \frac{6}{(\theta\Delta t)^2}[M] + \frac{3}{\theta\Delta t}[C]$$

$$[\hat{P}(t_i + \theta\Delta t)] = [P]_i + \theta([P]_{i+1} - [P]_i) + [M]\left[\frac{6}{(\theta\Delta t)^2}[u]_i + \frac{6}{\theta\Delta t}[\dot{u}]_i + 2[\ddot{u}]_i\right] + [C]\left(\frac{3}{\theta\Delta t}[u]_i + 2[\dot{u}]_i + \frac{\theta\Delta t}{2}[\ddot{u}]_i\right)$$

当 $\theta - 1$ 时，Wilson - θ 法即退化为线性加速度法。在时域变化步长法发展的早期，Wilson - θ 法曾得到广泛应用。粗略分析，Wilson - θ 法采用了线性加速度假设比无条件稳定的 Wilson - θ 法（即平均加速度法）更精确，而且也是无条件稳定的，应是一种优秀的逐步积分方法。

3.9　结构非线性反应计算

在强荷载（如强地震）作用下，结构可能发生较大的变形，构件将出现弹塑性变形，结构反应进入弹塑性。主要表现是结构的弹性恢复力与结构的位移或变形不再保持为线性关系

$$F_S \neq k_0 u \tag{3.123}$$

而是位移的函数，即

$$F_S = F_S(u) \tag{3.124}$$

结构非线性反应计算原理如图 3.8 所示。

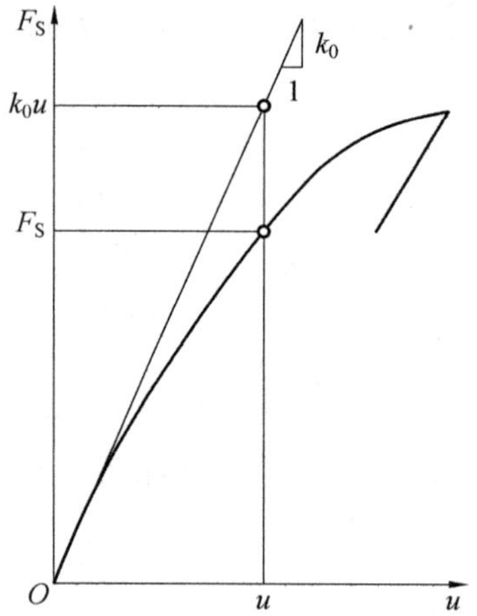

图 3.8　结构非线性反应计算原理示意图

此时如果采用中心差分法求解非线性反应,其计算仍然很容易,仅需把 t_i 作为刻运动过程中的 k_{ui},代替 $(F_S)_i$,而

$$F_S = F_S(u_i) \tag{3.125}$$

其中,u_i 是已计算得到的 t_i 时刻的位移,所以 F_S 也是已知的,则 t_{i+1} 时刻的位移 u_{i+1}。如果采用中心差分法计算,计算公式的格式无显著改动,仅需对计算力 $(F_S)_i$ 的相关项进行相应的改动,此时,中心差分计算公式为

$$\left(\frac{m}{\Delta t^2} + \frac{c}{2\Delta t}\right) u_{i+1} = P_i - (F_S)_i + \left(\frac{2m}{\Delta t^2}\right) u_i - \left(\frac{m}{\Delta t^2} - \frac{c}{2\Delta t}\right) u_{i-1} \tag{3.126}$$

在用中心差分法逐步积分时,由于结构一般是软化结构,即随变形的增加而变软,则质量 m 不变,结构的自振周期 $T_n(=2\pi/\sqrt{m/k})$ 变长,计算的稳定性发生变更。

若采用 Newmark－β 法进行结构非线性动力学计算,则采用增量平衡过程结合。所谓“增量”是与以往的“全量”相比而言,可以分别给出 t_i 时刻运动方程和 t_{i+1} 时刻运动方程为

$$\begin{cases} m\ddot{u}_i + a_i\dot{u}_i + (F_S)_i = P_i \\ m\ddot{u}_{i+1} + a_{i+1}\dot{u}_{i+1} + (F_S)_{i+1} = P_{i+1} \end{cases} \tag{3.127}$$

由 t_{i+1} 减去 t_i 时刻的运动方程得到运动的增量平衡方程,即

$$m\Delta\ddot{u}_i + c\Delta\dot{u}_i + (\Delta F_S)_i = \Delta P_i \tag{3.128}$$

其中

$$\begin{cases} \Delta u_i = u_{i+1} - u_i \\ \Delta\dot{u}_i = \dot{u}_{i+1} - \dot{u}_i \\ \Delta\ddot{u}_i = \ddot{u}_{i+1} - \ddot{u}_i \\ (\Delta F_S)_i = (F_S)_{i+1} - (F_S)_i \\ \Delta P_i = P_{i+1} - P_i \end{cases} \tag{3.129}$$

虽然结构反应进入非线性,但只要时间步长 Δt 足够小,就可以认为在 $[t_i, t_{i+1}]$ 区间内结

构的本构关系是线性的，则

$$(\Delta F_S)_i = k_i^s \Delta u_i$$

式中　k_i^s——i 和 $i+1$ 点之间的割线刚度。

但由于 u_{i+1} 未知，因此 k_i^s 能预先准确估计，可采用 i 点的切线刚度 k_i 代替，即$(\Delta F_S)_i \approx k_i \Delta u_i$，将其代入 $m\Delta\ddot{u}_i + c\Delta\dot{u}_i + (\Delta F_S)_i = \Delta P_i$ 得到结构的增量平衡方程为

$$m\Delta\ddot{u}_i + c\Delta\dot{u}_i + k_i\Delta u_i = \Delta P_i \tag{3.130}$$

式(3.132)为一个线性形式的运动方程，各系数与外荷载均已知。

在用 Newmark－β 法求解时，仅需把之前讲的全量形式的 Newmark－β 法逐步积分方程改写成增量的形式，即

$$\begin{cases} \Delta\ddot{u}_i = \dfrac{1}{\beta(\Delta t)^2}\Delta u_i - \dfrac{1}{\beta\Delta t}\dot{u}_i - \dfrac{1}{2\beta}\ddot{u}_i \\ \Delta\dot{u}_i = \dfrac{\gamma}{\beta\Delta t}\Delta u_i - \dfrac{\gamma}{\beta}\dot{u}_i + \left(1 - \dfrac{\gamma}{2\beta}\right)\ddot{u}_i\Delta t \end{cases} \tag{3.131}$$

将其代入式(3.130)，得到计算 Δu_i 的方程为

$$\hat{k}_i\Delta u_i = \Delta\hat{P}_i \tag{3.132}$$

$$\hat{k}_i = k_i + \frac{1}{\beta(\Delta t)^2}m + \frac{\gamma}{\beta\Delta t}c \tag{3.133}$$

$$\Delta\hat{P}_i = \Delta P_i + \left(\frac{1}{\beta\Delta t}\dot{u}_i + \frac{1}{2\beta}\ddot{u}_i\right)m + \left[\frac{\gamma}{\beta}\dot{u}_i + \frac{\Delta t}{2}\left(\frac{\gamma}{\beta} - 2\right)\ddot{u}_i\right]c \tag{3.134}$$

则可计算 t_{i+1} 时刻的总位移为

$$u_{i+1} = u_i + \Delta u_i$$

再利用 Newmark－β 法两个基本公式，可得速度与加速度为

$$\begin{cases} \ddot{u}_{i+1} = \dfrac{1}{\beta(\Delta t)^2}\Delta u_i - \dfrac{1}{\beta\Delta t}\dot{u}_i - \left(\dfrac{1}{2\beta} - 1\right)\ddot{u}_i \\ \dot{u}_{i+1} = \dfrac{\gamma}{\beta\Delta t}\Delta u_i + \left(1 - \dfrac{\gamma}{\beta}\right)\dot{u}_i + \left(1 - \dfrac{\gamma}{2\beta}\right)\ddot{u}_i\Delta t \end{cases} \tag{3.135}$$

主要误差来源是计算抗力时，用切线刚度代替了割线刚度，即$(\Delta F_S)_i = k_i^s\Delta u_i \approx k_i\Delta u_i$。这是非线性分析的共性。注意到方程 $\hat{k}_i\Delta u_i = \Delta\hat{P}_i$，从形式上看与静力问题的方程完全一样，可以用力问题的非线性分析方法进行求解，如果采用牛顿－拉弗森(Newton－Raphson)法或修正的 Newton－Raphson 法求解。

在计算时，Newton－Raphson 方法采用不变的切线刚度，在每一步中步进时刚度是变化的，而修正的 Newton－Raphson 法，在不同迭代中的刚度不变，因此，使用 Newton－Raphson 法为刚度迭代代替的方法，而修正的 Newton－Raphson 法常用作带有非线性解析过程的代替方法。变刚度传递的优点是比常刚度方法计算快速，缺点是迭代过程需要反复修正刚度传递；常刚度方法优点是无须不断进行反复修正，缺点是运行速度较慢，但可以在一定程度上避免由刚度退化过度而出现的刚度阵的病态问题。

用上述迭代方法，求得 $\Delta u_i^{(1)}, \Delta u_i^{(2)}, \cdots$ 以后，叠加得

$$\Delta u_i = \Delta u_i^{(1)} + \Delta u_i^{(2)} + \cdots$$

收敛条件为:当进行了 l 次迭代计算后,令

$$\Delta u = \sum_{j=1}^{l} \Delta u_i^{(j)}$$

如果

$$\frac{\Delta u_i^{(l)}}{\Delta u} < \epsilon$$

则认为迭代收敛,达到要求的精度,停止迭代计算。ϵ 为一个给定的小量,例如为 0.001。一般情况下,经过有限次的迭代可以收敛。影响时间步长取值的因素包括荷载变化率、非线性刚度和阻尼复杂性、自振周期。一般取

$$\frac{\Delta t}{T} \leqslant \frac{1}{10}$$

第4章　多自由度体系振动分析

在结构动力学的研究中,单自由度体系的振动分析揭示了振动现象的基本规律,但实际工程结构(如高层建筑、桥梁、机械系统等)往往具有复杂的几何形态与质量分布,其动态行为需通过多自由度体系进行更精确的描述。多自由度体系的振动分析不仅需要考虑多个自由度间的相互耦联,还需揭示系统的固有频率、振型分布及其对外界激励的动态响应规律。这些特性是结构抗震设计、振动控制与健康监测的核心依据。

本章从两自由度体系的振动分析切入,逐步拓展至多自由度系统的建模与求解方法。通过直接平衡法、虚位移原理法与拉格朗日方法,系统阐述运动方程的建立过程;结合刚度矩阵与质量矩阵的构造原理,深入探讨系统的固有频率、振型正交性及其在动力响应分析中的应用。针对实际工程中普遍存在的阻尼效应,本章进一步引入瑞利阻尼模型,解析有阻尼体系的强迫振动响应,并借助振型叠加法将复杂耦联问题转化为独立模态的叠加,显著提升计算效率。

学习本章,读者将掌握多自由度体系振动分析的核心理论与方法,理解从单自由度到多自由度的理论扩展逻辑,并能够将其应用于桥梁抗震、机械隔振、建筑抗风等实际工程问题的建模与求解。通过公式推导与工程案例的结合,本章旨在搭建理论与实践的桥梁,为后续无限自由度体系(连续体)的振动分析奠定坚实基础。

4.1　两自由度体系

两自由度体系是结构动力学从单自由度向多自由度过渡的关键模型。通过分析两自由度系统的振动特性,可以深入理解模态分析、坐标耦联等核心概念,并为后续多自由度体系的复杂问题奠定基础。本节将系统讨论无阻尼自由振动、坐标耦联特性及强迫振动的解法,揭示振动现象背后的力学规律。本节通过两自由度体系的振动分析,阐明了运动方程的建立与求解方法,探讨了固有频率、振型及其正交性,并对比了刚度法与柔度法的异同。两自由度体系的解析为理解多自由度系统的振动特性提供了重要桥梁,其坐标耦联与解耦的思想在工程减振设计中具有广泛应用。

4.1.1　无阻尼自由振动

无阻尼自由振动是指在振动过程中不存在阻尼力,且系统不受外界激励,仅在初始条件(如初始位移和初始速度)作用下产生的振动。无阻尼自由振动是结构动力学的基础问题,其运动方程揭示了系统的固有特性。本部分以二层剪切型框架为例,详细推导运动方程的建立过程,并通过特征值问题求解固有频率与振型,为后续阻尼和强迫振动分析提供理论框架。

1. 运动方程的建立

以图 4. 1(a) 所示的二层剪切型框架结构模型为例。设结构体系承受水平方向的力作用时,每层仅产生水平方向位移而不发生转动(假定每层结构的刚度无限大),于是该结构可简化为图 4. 1(b) 所示的计算简图。利用动力平衡法建立其无阻尼自由振动的运动方程。

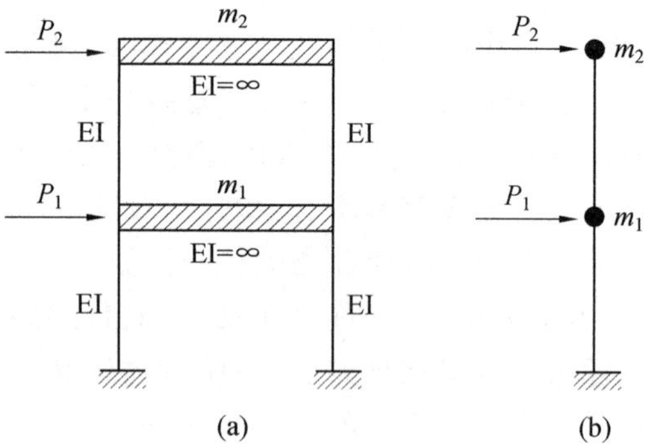

图 4. 1　二层剪切型框架结构模型

首先,将两层框架分别简化为质点 m_1 和质点 m_2,两质点的位移、加速度分别用 u、$\ddot{u}_1$ 表示,设外荷载分别为 P_1 和 P_2,框架抗弯刚度分别为 k_1 和 k_2 则可对两个质点列出平衡方程:

$$\begin{cases} p_1 + k_2(u_2 - u_1) - k_1 u_1 - m_1\ddot{u}_1 = 0 \\ p_2 - k_2(u_2 - u_1) - m_2\ddot{u}_2 = 0 \end{cases} \tag{4.1}$$

整理后得

$$\begin{cases} m_1\ddot{u}_1 + (k_1 + k_2)u_1 - k_2 u_2 = P_1 \\ m_2\ddot{u}_2 - k_2 u_1 + k_2 u_2 = P_2 \end{cases} \tag{4.2}$$

最后写成矩阵形式有

$$\begin{bmatrix} m_1 & 0 \\ 0 & m_2 \end{bmatrix}\begin{bmatrix} \ddot{u}_1 \\ \ddot{u}_2 \end{bmatrix} + \begin{bmatrix} k_1 + k_2 & -k_2 \\ -k_2 & k_2 \end{bmatrix}\begin{bmatrix} u_1 \\ u_2 \end{bmatrix} = \begin{bmatrix} P_1 \\ P_2 \end{bmatrix} \tag{4.3}$$

2. 运动方程的求解

求解两自由度无阻尼自由振动的运动方程,一般通过假设解的形式,将假设解代入运动方程,求解广义特征值问题,得到特征值和特征向量,进而得出由初始条件确定的通解。

以图 4. 1 所示的二层剪切型框架结构模型为例。

设齐次方程(4. 3) 有如下形式的简谐解

$$\begin{cases} u_1 = \varphi_1 \sin(\omega t + \theta) \\ u_2 = \varphi_2 \sin(\omega t + \theta) \end{cases} \tag{4.4}$$

$$\begin{cases} \ddot{u}_1 = -\varphi_1 \omega^2 \sin(\omega t + \theta) \\ \ddot{u}_2 = -\varphi_2 \omega^2 \sin(\omega t + \theta) \end{cases} \tag{4.5}$$

式中　φ_1、φ_2—— 质点 m_1、质点 m_2 的振幅。

将式(4.4)与式(4.5)代入齐次方程式(4.3),可得

$$\begin{cases} -m_1\omega^2\varphi_1+(k_1+k_2)\varphi_1-k_2\varphi_2=0 \\ -m_2\omega^2\varphi_2-k_2\varphi_1+k_2\varphi_2=0 \end{cases} \tag{4.6}$$

显然,$\varphi_1=\varphi_2=0$ 是满足方程的解,但它表示体系处于静止状态的情形,从讨论振动的角度来看,没有意义。方程式(4.6)有非零解的充要条件是其行列式为零,则有

$$\begin{vmatrix} (k_1+k_2)-\omega^2 m_1 & -k_2 \\ -k_2 & k_2-\omega^2 m_2 \end{vmatrix}=0 \tag{4.7}$$

将其展开,可得到关于 ω^2 的二次方程式

$$m_1m_2\omega^4-[m_2(k_1+k_2)+m_1k_2]\omega^2+[(k_1+k_2)k_2-k_2^2]=0 \tag{4.8}$$

其对应的解为

$$\omega^2=\frac{1}{2}\left[\frac{k_1+k_2}{m_1}+\frac{k_2}{m_2}\pm\sqrt{\left(\frac{k_1+k_2}{m_1}+\frac{k_2}{m_2}\right)^2-4\frac{k_1k_2}{m_1m_2}}\right] \tag{4.9}$$

则可知一阶频率和二阶频率分别为

$$\omega_1=\left\{\frac{1}{2}\left[\frac{k_1+k_2}{m_1}+\frac{k_2}{m_2}-\sqrt{\left(\frac{k_1+k_2}{m_1}+\frac{k_2}{m_2}\right)^2-4\frac{k_1k_2}{m_1m_2}}\right]\right\}^{1/2} \tag{4.10}$$

$$\omega_2=\left\{\frac{1}{2}\left[\frac{k_1+k_2}{m_1}+\frac{k_2}{m_2}+\sqrt{\left(\frac{k_1+k_2}{m_1}+\frac{k_2}{m_2}\right)^2-4\frac{k_1k_2}{m_1m_2}}\right]\right\}^{1/2} \tag{4.11}$$

对于以上结构,有如下几种特殊情况的讨论。

(1) 当 $m_1=0$,其余参数不为零时:

$$\omega_1=\sqrt{\frac{k_1k_2}{m_2(k_1+k_2)}},\quad \omega_2=\infty \tag{4.12}$$

结构为单自由度体系,m_2 所受刚度为 k_1+k_2。

(2) 当 $m_2=0$,其余参数不为零时:

$$\omega_1=\sqrt{\frac{k_1}{m_1}},\quad \omega_2=\infty \tag{4.13}$$

结构为单自由度体系,m_2 所受刚度为 k_1。

(3) $k_1=0$,其余参数不为零时:

$$\omega_1=0,\quad \omega_2=\sqrt{\frac{k_2(m_1+m_2)}{m_1m_2}} \tag{4.14}$$

(4) $k_2=0$,其余参数不为零时:

$$\omega_1=0,\quad \omega_2=\sqrt{\frac{k_1}{m_1}} \tag{4.15}$$

3. 固有振型的求解

对于下式:

$$\begin{cases} -m_1\omega^2\varphi_1+(k_1+k_2)\varphi_1-k_2\varphi_2=0 \\ -m_2\omega^2\varphi_2-k_2\varphi_1+k_2\varphi_2=0 \end{cases}$$

一旦自振频率 ω 值确定,就可以求出 φ_1 与 φ_2 之间的关系,即

$$\frac{\varphi_1}{\varphi_2}=\frac{k_2}{(k_1+k_2)-m_1\omega^2} \tag{4.16}$$

式(4.16)表明,当体系以某一频率 ω 振动时,φ_1 与 φ_2 的比值恒为常数,即体系的变形形式保持不变,此种情况下的振动形式称为振型。由此可知,体系的振型与发生振动的初始条件无关,而仅与体系本身的刚度、质量分布有关,故又称为固有振型。

4. 振型正交性

以图 4.2 所示结构为例,对于图 4.2(a)与图 4.2(b)的两种平衡状态应用功的互等定理,有

$$\omega_1^2 m_1\varphi_{11}\cdot\varphi_{12}+\omega_1^2 m_2\varphi_{21}\cdot\varphi_{22}=\omega_2^2 m_1\varphi_{12}\cdot\varphi_{11}+\omega_2^2 m_2\varphi_{22}\cdot\varphi_{21} \tag{4.17}$$

整理后可得

$$(\omega_1^2-\omega_2^2)(m_1\varphi_{11}\varphi_{12}+m_2\varphi_{21}\varphi_{22})=0 \tag{4.18}$$

由于 $m_1\varphi_{11}\varphi_{12}+m_2\varphi_{21}\varphi_{22}=0$,所以有

$$m_1\varphi_{11}\varphi_{12}+m_2\varphi_{21}\varphi_{22}=0 \text{ 或} \sum_{i=1}^{2} m_i\varphi_{il}\varphi_{ik}=0,\quad l\neq k \tag{4.19}$$

写成矩阵形式为

$$[\varphi_{11}\quad\varphi_{21}]\begin{bmatrix}m_1 & 0\\ 0 & m_2\end{bmatrix}\begin{bmatrix}\varphi_{12}\\ \varphi_{22}\end{bmatrix}=0 \tag{4.20}$$

则可知 φ_1 与 φ_2 两振型关于质量矩阵正交。

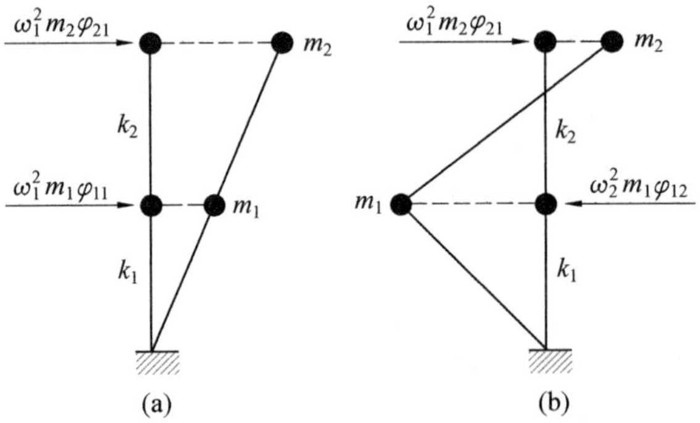

图 4.2　两质点结构

5. 运动方程的求解

一般情况下,体系的振动会有两个自振频率 ω_1 与 ω_2 的成分,即体系的自由振动是两种简谐振动的叠加。

因此,式(4.4)可进一步表示为

$$\begin{cases}u_1=\varphi_{11}\sin(\omega_1 t+\theta_1)+\varphi_{12}\sin(\omega_2 t+\theta_2)\\ u_2=\varphi_{21}\sin(\omega_1 t+\theta_1)+\varphi_{22}\sin(\omega_2 t+\theta_2)\end{cases} \tag{4.21}$$

当体系仅以频率 ω_1 振动,即 $\varphi_{12}=\varphi_{22}=0$ 时,$u_1=\varphi_1\sin(\omega t+\theta)$;

当体系仅以频率 ω_2 振动,即 $\varphi_{11}=\varphi_{21}=0$ 时,$u_2=\varphi_2\sin(\omega t+\theta)$。

但是,一般两种频率分量均不为零,则需根据 m_1 和 m_2 的初速度、初位移,结合主振型振幅的比值,确定式(4.17) 中的四个独立常数。

以图 4.2 为例,已知

$$u_1 = 0, u_2 = 2.5, \dot{u}_1 = \dot{u}_2 = 0$$

$$\frac{\varphi_{11}}{\varphi_{21}} = \frac{1}{2}, \frac{\varphi_{12}}{\varphi_{22}} = -\frac{2}{1}$$

将初始条件代入式(4.21) 可得

$$\begin{cases} 0 = \varphi_{11}\sin\theta_1 + \varphi_{12}\sin\theta_2 \\ 2.5 = \varphi_{21}\sin\theta_1 + \varphi_{22}\sin\theta_2 \\ 0 = \varphi_{11}\omega_1\cos\theta_1 + \varphi_{12}\omega_2\cos\theta_2 \\ 0 = \varphi_{21}\omega_1\cos\theta_1 + \varphi_{22}\omega_2\cos\theta_2 \\ \dfrac{\varphi_{11}}{\varphi_{21}} = \dfrac{1}{2} \\ \dfrac{\varphi_{12}}{\varphi_{22}} = -\dfrac{2}{1} \end{cases}$$

解得

$$\theta_1 = \frac{\pi}{2}, \quad \theta_2 = \frac{\pi}{2}$$

$$\varphi_{11} = 1, \quad \varphi_{21} = 2, \quad \varphi_{12} = -1, \quad \varphi_{22} = \frac{1}{2}$$

所以,体系的自由反应为

$$\begin{cases} u_1 = \sin\left(\omega_1 t + \dfrac{\pi}{2}\right) - \sin\left(\omega_2 t + \dfrac{\pi}{2}\right) \\ u_2 = 2\sin\left(\omega_1 t + \dfrac{\pi}{2}\right) + \dfrac{1}{2}\sin\left(\omega_2 t + \dfrac{\pi}{2}\right) \end{cases}$$

进一步可化简为

$$\begin{cases} u_1 = \cos\omega_1 t - \cos\omega_2 t \\ u_2 = 2\cos\omega_1 t + \dfrac{1}{2}\cos\omega_2 t \end{cases}$$

4.1.2　坐标的耦联

在结构动力学中,坐标耦联是指系统的运动方程中,不同坐标之间存在相互关联和影响的现象,使得方程的求解变得复杂。

1. 耦联与非耦联

坐标耦联:以两质点的运动方程(4.3) 为例,由于选择的坐标 u_1、u_2 使得运动方程组是耦联的,即必须联立两个方程才可求解,故称其为坐标耦联。

动力或质量(加速度) 耦联:一个微分方程中出现不少于两个加速度项。

静力耦联:一个微分方程中出现不少于两个位移项。

阻尼耦联:一个微分方程中出现不少于两个速度项。

解耦:某个体系中是否耦联取决于表示运动坐标的选择方法,而与体系本身的特性无关;通过坐标变换,将耦联的方程转化为非耦联方程,即用不同的广义坐标系表示同一个物理系统,称其为解耦。

2. 正则坐标

将 u_1 与 u_2 表示成振型向量的线性组合为

$$[u_1 \quad u_2]^{\mathrm{T}} = q_1 [\varphi]_1 + q_2 [\varphi]_2 \tag{4.22}$$

其中,q_1 与 q_2 是一种广义坐标。

将前面得到的通解式(4.21)代入式(4.22),有

$$\begin{bmatrix} \varphi_{11} \\ \varphi_{21} \end{bmatrix} \sin(\omega_1 t + \theta_1) + \begin{bmatrix} \varphi_{12} \\ \varphi_{22} \end{bmatrix} \sin(\omega_2 t + \theta_2) = q_1 [\varphi]_1 + q_2 [\varphi]_2 \tag{4.23}$$

可解得

$$\begin{cases} q_1 = \sin(\omega_1 t + \theta_1) \\ q_2 = \sin(\omega_2 t + \theta_2) \end{cases} \tag{4.24}$$

可以看出 q_1 与 q_2 满足

$$\begin{cases} \ddot{q}_1 + \omega_1^2 q_1 = 0 \\ \ddot{q}_2 + \omega_2^2 q_2 = 0 \end{cases} \tag{4.25}$$

其中,坐标 q_1 与 q_2 分别由彼此独立的微分方程式表示,相互之间没有耦联,像这样既无动力耦联又无静力耦联的坐标称为正则坐标。

4.1.3　简谐荷载作用下的强迫振动

1. 刚度法

以图4.3所示的两自由度结构体系为例,有简谐荷载作用下结构的振动方程为

$$\begin{cases} m_1\ddot{y}_1(t) + k_{11}y_1(t) + k_{12}y_2(t) = P_1 \sin\theta t \\ m_2\ddot{y}_2(t) + k_{21}y_1(t) + k_{22}y_2(t) = P_2 \sin\theta t \end{cases} \tag{4.26}$$

由于外荷载是简谐荷载,则在平稳阶段各质点也做简谐振动,即

$$[y(t)] = [Y] \sin\theta t \tag{4.27}$$

将其代入振动方程式(4.26)中,可得

$$\begin{bmatrix} k_{11} - m_1\theta^2 & k_{12} \\ k_{21} & k_{22} - m_2\theta^2 \end{bmatrix} \begin{bmatrix} Y_1 \\ Y_2 \end{bmatrix} = \begin{bmatrix} P_1 \\ P_2 \end{bmatrix} \tag{4.28}$$

进一步求解可得位移幅值为

$$Y_1 = \frac{D_1}{D_0}, \quad Y_2 = \frac{D_2}{D_0} \tag{4.29}$$

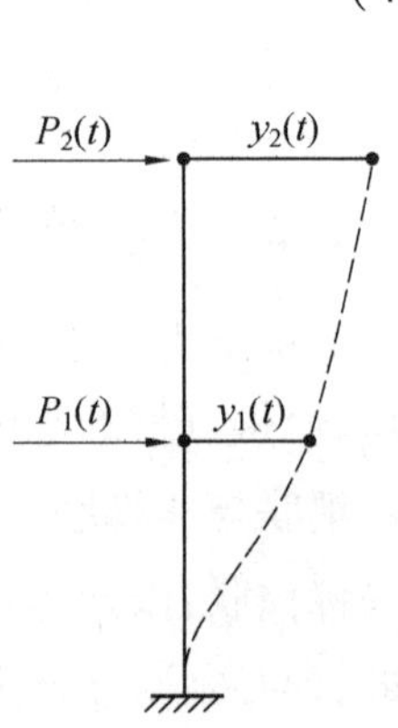

图4.3　两自由度结构体系

其中

$$\begin{cases}D_0 = (k_{11} - m_1\theta^2)(k_{22} - m_2\theta^2) - k_{12}k_{21} \\ D_1 = (k_{22} - m_2\theta^2)P_1 - k_{12}P_2 \\ D_2 = - k_{21}P_1 + (k_{11} - m_1\theta^2)P_2\end{cases} \tag{4.30}$$

将式(4.29)的位移幅值代回式(4.27),即得任意时刻位移。

注意:如果荷载频率 θ 与任一结构自振频率 ω_1、ω_2 重合,则 $D_0 = 0$(自由振动的频率方程);当 D_1、D_2 不全为零时,位移幅值即为无穷大,这时出现共振现象。

【例 4.1】 如图 4.4 所示刚架,在底层横梁上作用简谐荷载,试画出第一、二层横梁的振幅 Y_1、Y_2 与荷载频率之间的关系曲线。

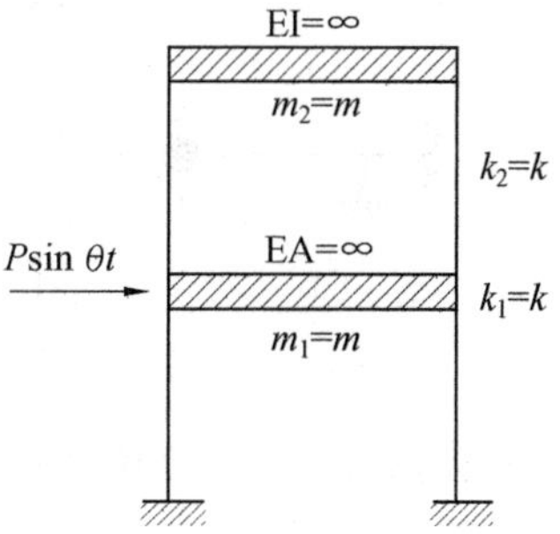

图 4.4　两层钢架结构

解　荷载幅值与刚度系数分别为 $P_1 = P, P_2 = 0$

$$k_{11} = k_1 + k_2 = 2k,\quad k_{12} = k_{21} = - k_2 = - k,\quad k_{22} = k_2 = k$$

将其代入式(4.14),可得

$$Y_1 = \frac{D_1}{D_0} = \frac{(k_{22} - m_2\theta^2)P_1 - k_{12}P_2}{D_0} = \frac{(k - m\theta^2)P}{D_0} \tag{a}$$

$$Y_2 = \frac{D_2}{D_0} = \frac{- k_{21}P_1 + (k_{11} - m_1\theta^2)P_2}{D_0} = \frac{kP}{D_0} \tag{b}$$

其中

$$D_0 = (k_{11} - m_1\theta^2)(k_{22} - m_2\theta^2) - k_{12}k_{21} = (2k - m\theta^2)(k - m\theta^2) - k^2 \tag{c}$$

为了便于讨论共振现象与自振频率 ω_1 和 ω_2 的关系,现将式(c)中的 D_0 用 ω_1 和 ω_2 表示为

$$D_0 = m^2(\theta^2 - \omega_1^2)(\theta^2 - \omega_2^2) \tag{d}$$

将式(d)代入式(a)可得

$$Y_1 = \frac{P}{k}\frac{1 - \dfrac{m}{k}\theta^2}{\left(1 - \dfrac{\theta^2}{\omega_1^2}\right)\left(1 - \dfrac{\theta^2}{\omega_2^2}\right)} \tag{e}$$

$$Y_2 = \frac{P}{k}\frac{1}{\left(1 - \dfrac{\theta^2}{\omega_1^2}\right)\left(1 - \dfrac{\theta^2}{\omega_2^2}\right)} \tag{f}$$

由式(e)和式(f)可以看出:

当 $\theta = 0.618\sqrt{\dfrac{k}{m}} = \omega_1$ 和 $\theta = 1.618\sqrt{\dfrac{k}{m}} = \omega_2$ 时,Y_1 和 Y_2 趋于无穷大。可见,在两自由度体系中,在 $\theta = \omega_1$ 和 $\theta = \omega_2$ 两种情况下可能出现共振现象。

讨论:吸振器的设计。

当 $k_2 = \theta^2 m_2$ 时,由式(b)可知 $D_0 = - k_2^2$,由式(a)可知

$$Y_1 = \frac{(k - m\theta^2)P}{D_0} = 0,\quad Y_2 = \frac{kP}{D_0} = - \frac{P}{k_2}$$

吸振器设计:

(1) 根据 m_2 的许可振幅 $Y_2 = \frac{P}{k_2}$ 选定 k_2；

(2) 再由 $m_2 = \frac{k_2}{\theta^2}$ 确定 m_2 的值。

2. 柔度法

以图 4.5 所示结构为例。

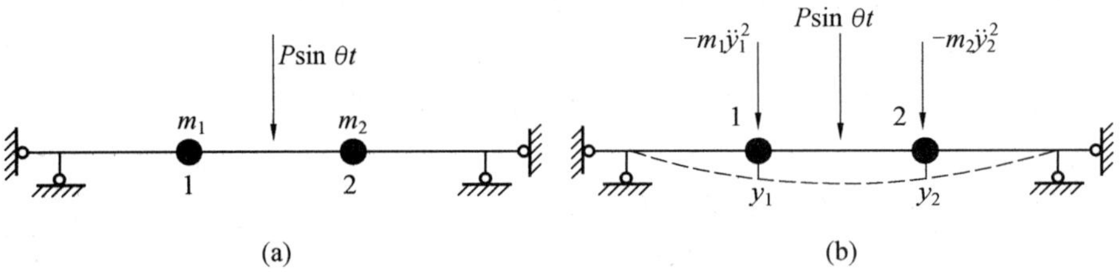

图 4.5　两质点结构

动荷载作用下结构的振动方程为

$$\begin{cases} y_1 = (-m_1\ddot{y}_1)\delta_{11} + (-m_2\ddot{y}_2)\delta_{12} + \Delta_{1P}\sin\theta t \\ y_2 = (-m_1\ddot{y}_1)\delta_{21} + (-m_2\ddot{y}_2)\delta_{22} + \Delta_{2P}\sin\theta t \end{cases} \tag{4.31}$$

由于外荷载是简谐荷载，则在平稳阶段各质点也做简谐振动，即

$$\begin{cases} y_1(t) = Y_1\sin\theta t \\ y_2(t) = Y_2\sin\theta t \end{cases} \tag{4.32}$$

将其代入上述振动方程，化简可得

$$\begin{cases} (m_1\theta^2\delta_{11} - 1)Y_1 + m_2\theta^2\delta_{12}Y_2 + \Delta_{1P} = 0 \\ m_1\theta^2\delta_{21}Y_1 + (m_2\theta^2\delta_{22} - 1)Y_2 + \Delta_{2P} = 0 \end{cases} \tag{4.33}$$

进一步求解，可得位移的幅值为

$$Y_1 = \frac{D_1}{D_0},\quad Y_2 = \frac{D_2}{D_0} \tag{4.34}$$

其中

$$\begin{cases} D_0 = \begin{vmatrix} (m_1\theta^2\delta_{11} - 1) & m_2\theta^2\delta_{12} \\ m_1\theta^2\delta_{21} & (m_2\theta^2\delta_{22} - 1) \end{vmatrix} \\ D_1 = \begin{vmatrix} -\Delta_{1P} & m_2\theta^2\delta_{12} \\ -\Delta_{2P} & (m_2\theta^2\delta_{22} - 1) \end{vmatrix} \\ D_2 = \begin{vmatrix} (m_1\theta^2\delta_{11} - 1) & -\Delta_{1P} \\ m_1\theta^2\delta_{21} & -\Delta_{2P} \end{vmatrix} \end{cases} \tag{4.35}$$

将式(4.35)的位移幅值代回式(4.32)即得任意时刻位移。

【例 4.2】　求图 4.6(a)所示体系的动位移和动弯矩的幅值图。

已知 EI 为常数，有

$$m_1 = m_2 = m$$

$$\omega_1 = 5.692\sqrt{\frac{\mathrm{EI}}{ml^3}}$$

$$\theta = 0.6\omega_1 = 3.415\sqrt{\frac{\text{EI}}{ml^3}}$$

解　(1) 作 M_P 图,与 $\overline{M}_1$、$\overline{M}_2$ 图乘,得

$$\Delta_{1P} = \frac{4Pl^3}{243\text{EI}}, \Delta_{2P} = \frac{7Pl^3}{486\text{EI}}$$

(2) 计算 D_0、D_1 和 D_2。

$$m_1\theta^2 = m_2\theta^2 = 11.66\frac{\text{EI}}{l^3}$$

$$D_0 = \begin{vmatrix} (m_1\theta^2\delta_{11} - 1) & m_2\theta^2\delta_{12} \\ m_1\theta^2\delta_{21} & (m_2\theta^2\delta_{22} - 1) \end{vmatrix} = 0.624\ 7$$

$$D_1 = \begin{vmatrix} -\Delta_{1P} & m_2\theta^2\delta_{12} \\ -\Delta_{2P} & (m_2\theta^2\delta_{22} - 1) \end{vmatrix} = 0.015\ 72\frac{Pl^3}{\text{EI}}$$

$$D_2 = \begin{vmatrix} (m_1\theta^2\delta_{11} - 1) & -\Delta_{1P} \\ m_1\theta^2\delta_{21} & -\Delta_{2P} \end{vmatrix} = 0.014\ 40\frac{Pl^3}{\text{EI}}$$

(3) 计算位移幅值,结果如图 4.6(b) 所示。

$$Y_1 = \frac{D_1}{D_0} = \frac{0.015\ 72Pl^3}{0.624\ 7\text{EI}} = 0.025\ 16\frac{Pl^3}{\text{EI}},\quad Y_2 = \frac{D_2}{D_0} = \frac{0.014\ 40Pl^3}{0.624\ 7\text{EI}} = 0.023\ 06\frac{Pl^3}{\text{EI}}$$

(4) 计算惯性力幅值,结果如图 4.6(c) 所示。

$$I_1 = m_1\theta^2 Y_1 = 11.66\frac{\text{EI}}{l^3} \times 0.025\ 16\frac{Pl^3}{\text{EI}} = 0.293\ 4P$$

$$I_2 = m_2\theta^2 Y_2 = 11.66\frac{\text{EI}}{l^3} \times 0.023\ 06\frac{Pl^3}{\text{EI}} = 0.268\ 9P$$

(5) 计算质点 1 与 2 的动弯矩幅值,结果如图 4.6(d) 所示,体系所受动荷载及惯性力的幅值如图 4.6(c) 所示,据此可求出反力与弯矩幅值。

(6) 计算质点 1 与 2 的位移、弯矩动力系数:

$$y_{1st} = \Delta_{1P} = \frac{4Pl^3}{243\text{EI}} = 0.016\ 46\frac{Pl^3}{\text{EI}}$$

$$M_{1st} = \frac{2Pl}{9} = 0.222\ 2Pl$$

$$R_{d(y1)} = \frac{Y_1}{y_{1st}} = \frac{0.025\ 16\dfrac{Pl^3}{\text{EI}}}{0.016\ 46\dfrac{Pl^3}{\text{EI}}} = 1.529$$

$$R_{d(M1)} = \frac{M_{1\max}}{M_{1st}} = \frac{0.317\ 3Pl}{0.222\ 2Pl} = 1.428$$

本节通过特征值分析得到了两自由度系统的固有频率和振型,验证了振型正交性,并讨论了特殊参数下的简化情形。无阻尼自由振动的解析方法为结构动态特性评估提供了重要工具。

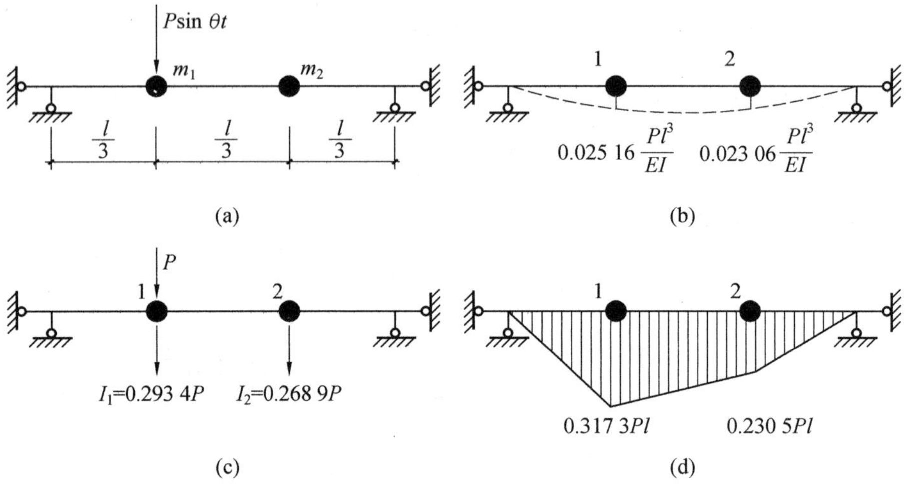

图 4. 6　两自由度结构

4.2　基本动力方程

本节将系统地阐述多自由度体系振动方程建立的相关方法与关键技术。其中，主要涵盖直接平衡法、虚位移原理法和拉格朗日方法这三种经典且实用的方法。

直接平衡法，顾名思义，是从力和力矩的平衡这一基本力学原理出发，通过对多自由度体系中各个自由度上的力和力矩进行细致的分析与平衡计算，从而建立起相应的振动方程。这种方法直观易懂，与力学中的基本平衡概念紧密相连，便于初学者快速理解和掌握多自由度体系振动方程建立的基本思路与方法步骤。

虚位移原理法，是基于力学中严谨的虚功原理而发展起来的一种方法。该方法通过引入虚位移这一概念，依据虚功原理建立起体系的能量关系，进而推导出多自由度体系的振动方程。它在理论上具有严密的逻辑性，能够深入揭示体系内部力与位移之间的内在联系，为精确分析多自由度体系的振动行为提供了坚实的理论基础。

拉格朗日方法则是一种具有广泛适用性和强大功能的方法。它以广义坐标为基础，借助拉格朗日方程这一有力工具来建立多自由度体系的振动方程。该方法不仅能够简洁高效地处理一般的多自由度体系，而且在面对包含复杂元件（如弹性元件、阻尼元件等）的系统时，也能展现出其独特的优势和便利性，是现代结构动力学分析中不可或缺的重要方法之一。

在运用上述方法建立多自由度体系振动方程的过程中，刚度矩阵构造和质量矩阵构造是两个核心环节。刚度矩阵准确地描述了体系的刚度特性，它反映了各个自由度之间力与位移的相互关系，是体现体系抵抗变形能力的重要参数矩阵；质量矩阵则刻画了体系的质量分布及其对运动的影响，二者共同决定了多自由度体系的振动特性与动态行为。只有精确地构建这两个矩阵，才能确保所建立的振动方程能够真实、准确地反映体系的实际振动情况，进而为后续的振动分析、结构设计与优化等提供可靠的依据。

4.2.1　直接平衡法建立振动方程

如图 4.7 所示，对于一般梁结构的离散形式，根据牛顿第二定律或达朗贝尔原理，针对每一个自由度可列出其实际作用力（外荷载、惯性力、阻尼力与弹性力）的平衡方程

$$\begin{aligned} F_{I1} + F_{D1} + F_{S1} &= P_1(t) \\ F_{I2} + F_{D2} + F_{S2} &= P_2(t) \\ F_{I3} + F_{D3} + F_{S3} &= P_3(t) \\ &\vdots \\ F_{Ii} + F_{Di} + F_{Si} &= P_i(t) \end{aligned} \tag{4.36}$$

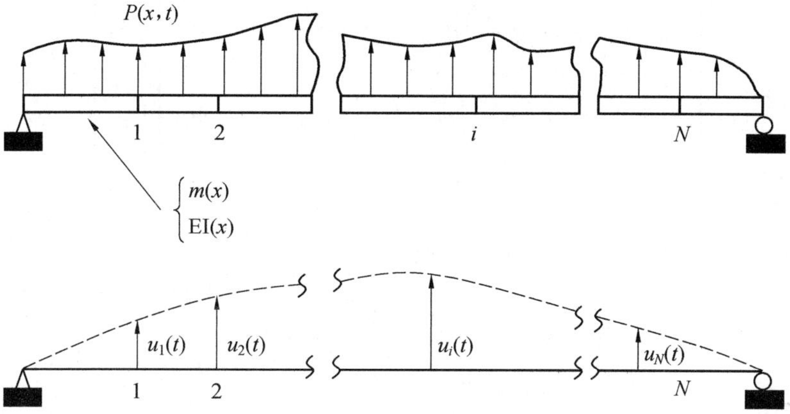

图 4.7　一般梁结构的离散形式

用矩阵形式可表达为

$$[F_I] + [F_D] + [F_S] = [P(t)] \tag{4.37}$$

其中：

（1）节点弹性力为

$$F_{Si} = k_{i1}u_1 + k_{i2}u_2 + k_{i3}u_3 + \cdots + k_{iN}u_n \tag{4.38}$$

$$\begin{bmatrix} F_{S1} \\ F_{S2} \\ \vdots \\ F_{Si} \\ \vdots \end{bmatrix} = \begin{bmatrix} k_{11} & k_{12} & k_{13} & \cdots & k_{1i} & \cdots & k_{1N} \\ k_{21} & k_{22} & k_{23} & \cdots & k_{2i} & \cdots & k_{2N} \\ \cdots & \cdots & \cdots & \cdots & \cdots & \cdots & \cdots \\ k_{i1} & k_{i2} & k_{i3} & \cdots & k_{ii} & \cdots & k_{iN} \\ \cdots & \cdots & \cdots & \cdots & \cdots & \cdots & \cdots \end{bmatrix} \begin{bmatrix} u_1 \\ u_2 \\ \vdots \\ u_i \\ \vdots \end{bmatrix} \tag{4.39}$$

$$[F_S] = [k][u] \tag{4.40}$$

（2）节点阻尼力为

$$F_{Di} = c_{i1}\dot{u}_1 + c_{i2}\dot{u}_2 + c_{i3}\dot{u}_3 + \cdots + c_{iN}\dot{u}_n \tag{4.41}$$

$$\begin{bmatrix} F_{D1} \\ F_{D2} \\ \vdots \\ F_{Di} \\ \vdots \end{bmatrix} = \begin{bmatrix} c_{11} & c_{12} & c_{13} & \cdots & c_{1i} & \cdots & c_{1N} \\ c_{21} & c_{22} & c_{23} & \cdots & c_{2i} & \cdots & c_{2N} \\ \cdots & \cdots & \cdots & \cdots & \cdots & \cdots & \cdots \\ c_{i1} & c_{i2} & c_{i3} & \cdots & c_{ii} & \cdots & c_{iN} \\ \cdots & \cdots & \cdots & \cdots & \cdots & \cdots & \cdots \end{bmatrix} \begin{bmatrix} \dot{u}_1 \\ \dot{u}_2 \\ \vdots \\ \dot{u}_i \\ \vdots \end{bmatrix} \tag{4.42}$$

$$[F_D] = [c][\dot{u}] \tag{4.43}$$

(3) 节点惯性力为

$$F_{Ii} = m_{i1}\ddot{u}_1 + m_{i2}\ddot{u}_2 + m_{i3}\ddot{u}_3 + \cdots + m_{iN}\ddot{u}_n \tag{4.44}$$

$$\begin{bmatrix} F_{I1} \\ F_{I2} \\ \vdots \\ F_{Ii} \\ \vdots \end{bmatrix} = \begin{bmatrix} m_{11} & m_{12} & m_{13} & \cdots & m_{1i} & \cdots & m_{1N} \\ m_{21} & m_{22} & m_{23} & \cdots & m_{2i} & \cdots & m_{2N} \\ \cdots & \cdots & \cdots & \cdots & \cdots & \cdots & \cdots \\ m_{i1} & m_{i2} & m_{i3} & \cdots & m_{ii} & \cdots & m_{iN} \\ \cdots & \cdots & \cdots & \cdots & \cdots & \cdots & \cdots \end{bmatrix} \begin{bmatrix} \ddot{u}_1 \\ \ddot{u}_2 \\ \vdots \\ \ddot{u}_i \\ \vdots \end{bmatrix} \tag{4.45}$$

$$[F_I] = [m][\ddot{u}] \tag{4.46}$$

则可构建多自由度体系的动力平衡方程为

$$[m][\ddot{u}] + [c][\dot{u}] + [k][u] = [P(t)] \tag{4.47}$$

若采用柔度法,则有多自由度体系的动力平衡方程为

$$[\delta]^{-1}[u] + [m][\ddot{u}] + [c][\dot{u}] = [P(t)] \tag{4.48}$$

其中柔度矩阵为

$$[\delta] = \begin{bmatrix} \delta_{11} & \delta_{12} & \cdots & \delta_{1n} \\ \delta_{21} & \delta_{22} & \cdots & \delta_{2n} \\ \vdots & \vdots & \ddots & \vdots \\ \delta_{n1} & \delta_{n2} & \cdots & \delta_{nn} \end{bmatrix} \tag{4.49}$$

显然,$[\delta]^{-1} = [k]$,即柔度矩阵与刚度矩阵互为逆矩阵。

直接平衡法通过节点力的平衡关系,快速构建了多自由度体系的运动方程,其逻辑清晰、易于理解,是初学者掌握动力学建模的首选方法。

4.2.2　虚位移原理法建立振动方程

基本思路:对于无阻尼系统,在每一瞬时,体系在外力 $P(x,t)$、内部抵抗弯矩 $M(x,t)$ 和假想的惯性力 $F_I(x,t)$ 作用下处于平衡状态。

根据达朗贝尔原理,假想的惯性力为

$$F_I(x,t) = -m(x)\ddot{u}(x,t) \tag{4.50}$$

如果处于平衡状态的体系发生虚位移 $\delta u(x)$,那么外力虚功 δW_E 等于内力虚功 δW_I,即

$$\delta W_E = \delta W_I \tag{4.51}$$

其中

$$\delta W_E = \int_0^L -m(x)\ddot{u}(x,t)\delta u(x)\,dx + \int_0^L P(x,t)\delta u(x)\,dx \tag{4.52}$$

$$\delta W_{\mathrm{I}} = \int_0^L \mathrm{EI}(x)u''(x,t)\delta[u''(x)]\mathrm{d}x \tag{4.53}$$

位移 $u(x,t)$ 可假定为广义坐标与插值函数的线性组合，即

$$u(x) = \sum_{j=1}^{n} z_i\psi_i(x) \tag{4.54}$$

而 $\delta u(x)$ 是任何容许的虚位移，即

$$\delta u(x) = \psi_i \delta z_i (i = 1,2,\cdots,n) \tag{4.55}$$

因此，有

$$\delta W_{\mathrm{E}} = -\delta z_i \sum_{j=1}^{n} \ddot{z}_j M_{ij} + \delta z_i P_i(t) \tag{4.56}$$

$$\delta W_{\mathrm{I}} = \delta z_i \sum_{j=1}^{n} z_j K_{ij} \tag{4.57}$$

其中

$$M_{ij} = \int_0^L m(x)\psi_i(x)\psi_j(x)\mathrm{d}x \tag{4.58}$$

$$K_{ij} = \int_0^L \mathrm{EI}(x)\psi''_i(x)\psi''_j(x)\mathrm{d}x \tag{4.59}$$

$$P_i(t) = \int_0^L P(x,t)\psi_i(x)\mathrm{d}x \tag{4.60}$$

将式(4.56)与式(4.57)代入式(4.51)，可得

$$\delta z_i\left(\sum_{j=1}^{n} \ddot{z}_j M_{ij} + \sum_{j=1}^{n} z_j K_{ij}\right) = \delta z_i P_i(t) \tag{4.61}$$

任意虚位移都成立，可消去 δz_i。共 n 个独立虚位移，则有类似的 n 个方程，其矩阵形式为

$$[M][\ddot{z}] + [K][z] = [P] \tag{4.62}$$

虚位移原理法通过虚功方程将复杂的受力问题转化为能量标量计算，显著简化了建模过程。其在有限元分析中的应用尤为广泛：单元的刚度矩阵可通过虚位移原理高效构造，而无须逐一计算节点力。这一方法体现了理论力学的高度抽象性与工程实用性。

4.2.3　拉格朗日方法建立振动方程

振动系统的动力学建模是分析工程结构动态特性的核心任务。本部分将系统阐述如何基于拉格朗日力学原理，从能量视角高效建立多自由度振动方程。拉格朗日方法通过广义坐标描述系统位形，避免了传统牛顿力学中复杂的内力分析，尤其适用于含约束或几何非线性问题的建模。本部分将从动能与势能的标量表达式出发，推导拉格朗日方程的标准形式，并通过典型实例演示其在离散系统振动方程建立中的应用。学习本部分内容，读者将掌握一种普适性强、逻辑清晰的动力学建模工具，为后续模态分析及响应求解奠定理论基础。

质量 $m_1,m_2,\cdots,m_n$ 取他们各自微小的偏离平衡位置的横向位移 $u_1,u_2,\cdots,u_n$ 为系统的广义坐标，则系统的动能 T_e 与弹性势能 V_e 分别为

$$T_e = \frac{1}{2}\sum_{i=1}^{n} m_i \dot{u}_i^2 \tag{4.63}$$

$$V_e = \frac{1}{2}\sum_{i=1}^{n}\sum_{j=1}^{n} k_{ij}u_i u_j \tag{4.64}$$

质量 $m_1, m_2, \cdots, m_n$ 上分别作用有外力 $P_1, P_2, \cdots, P_n$，当系统具有虚位移 $\delta u_1, \delta u_2, \cdots, \delta u_n$ 时，外力做虚功和为

$$\delta W_{nc} = P_1\delta u_1 + P_2\delta u_2 + \cdots + P_n\delta u_n \tag{4.65}$$

根据拉格朗日方法定义，有

$$\delta W_{nc} = \sum_{i=1}^{n} Q_i\delta q_i = \sum_{i=1}^{n} Q_i\delta u_i = Q_1\delta u_1 + Q_2\delta u_2 + \cdots + Q_n\delta u_n \tag{4.66}$$

对比式(4.65)与式(4.66)可知，广义力 $Q_i = P_i$，其中 $i = 1,2,\cdots,n$。因此，根据拉格朗日方程式，有

$$\frac{\mathrm{d}}{\mathrm{d}t}\left(\frac{\partial T_e}{\partial \dot{q}_i}\right) - \frac{\partial T_e}{\partial q_i} + \frac{\partial V_e}{\partial q_i} = Q_i \tag{4.67}$$

可以得到系统运动方程式为

$$\begin{cases} m_1\ddot{u}_1 + k_{11}u_1 + k_{12}u_2 + \cdots + k_{1n}u_n = P_1 \\ m_2\ddot{u}_1 + k_{21}u_1 + k_{22}u_2 + \cdots + k_{2n}u_n = P_2 \\ \vdots \\ m_n\ddot{u}_1 + k_{n1}u_1 + k_{n2}u_2 + \cdots + k_{nn}u_n = P_n \end{cases} \tag{4.68}$$

或用矩阵形式表达为

$$[m][\ddot{u}] + [k][u] = [P] \tag{4.69}$$

与用直接平衡法得到的多自由度运动方程完全相同。

拉格朗日方法通过动能与势能的标量表达式，将动力学问题转化为广义坐标下的微分方程，极大简化了复杂系统的建模。其在多体动力学、航天器轨道控制等领域具有不可替代的优势。然而，广义坐标的选择需兼顾系统自由度与物理意义，这对初学者的抽象思维能力提出了较高要求。

4.2.4 刚度矩阵的构造

刚度矩阵是刻画结构抵抗弹性变形能力的关键数学描述，其构造精度直接影响振动分析的可靠性。本部分聚焦于多自由度系统刚度矩阵的构建方法，涵盖直接刚度法、有限元单元组装原理及边界条件处理策略。通过引入位移协调条件与虚功原理，读者将理解如何从局部单元刚度推导全局刚度矩阵，并掌握其对称性、正定性等数学特性的物理意义。特别地，本部分将通过桁架与梁结构的实例，剖析几何刚度与材料刚度的耦合效应，帮助读者建立从物理模型到矩阵表达的映射能力，为后续特征值问题求解提供结构化数据基础。

(1) 有限单元法基本概念。有限单元法是最为常见的体系离散化方法，结合了集中质量法与广义坐标法的优势，采用广义坐标的插值函数来描述指定节点位移引起的结构单元的变形形式。

(2) 有限单元法具体实施。将结构假设为有限个节点相互连接的离散单元体系，通过计算单个单元的特征并将其叠加，就可以很方便地得到整个结构的特征；根据有限单元法，

可将确定任何结构刚度特征的问题简化为一个标准单元的刚度计算

如图 4.8 所示,梁段的自由度为两端的平动和转动,该梁单元的位移与其四个自由度的关系可表示为

$$u(x)=\sum_{i=1}^{4}u_i\psi_i(x) \tag{4.70}$$

其中,$\psi_i(x)$ 为位移插值函数:仅自由度 i 发生单位位移 u_i 时的单元位移,可以是满足边界条件的任意函数。

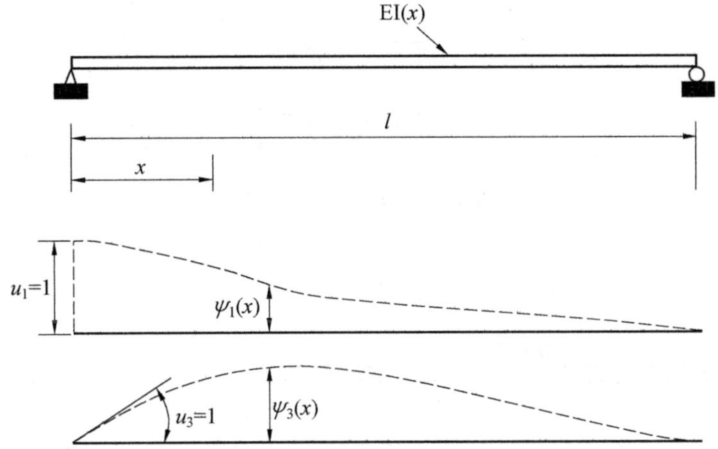

图 4.8　简支梁自由度分析

(3) 单元的刚度系数 k_{ij}。它表示为点 j 位置产生单位位移(其他点位移为零)时在点 i 处所引起的力,可用虚位移原理确定。如图 4.9 所示,左端发生真实的单位转角位移,并给该点以竖向虚位移,k_{13} 为左端节点单位转角引起的该点竖向力。

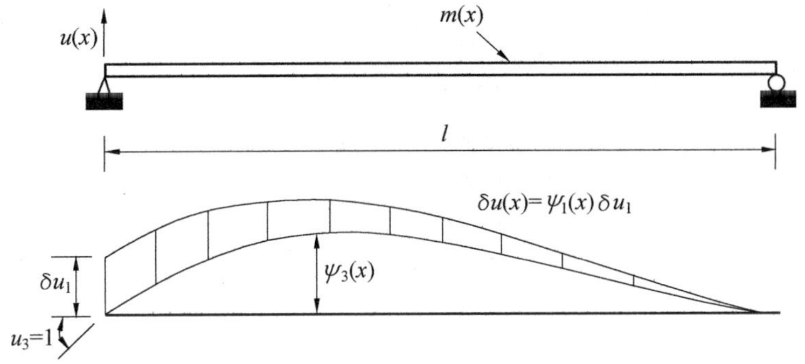

图 4.9　简支梁刚度分析

左端节点竖向力分量做的外力功为

$$W_E=k_{13}\delta u_1 \tag{4.71}$$

内力虚功是与单位转角位移相应的内力矩作用在虚曲率上所做的功,当忽略剪切变形的影响时,虚曲率为 $\psi''_1(x)\delta u_1$,相应的内力矩为 $EI(x)\psi''_3(x)$,则内力虚功为

$$W_{\mathrm{I}} = \delta u_1 \int_0^L \mathrm{EI}(x) \psi''_1(x) \psi''_3(x) \mathrm{d}x \tag{4.72}$$

根据虚位移原理,外力虚功等于内力虚功,可得

$$k_{13} = \int_0^L \mathrm{EI}(x) \psi''_1(x) \psi''_3(x) \mathrm{d}x \tag{4.73}$$

可以看出,刚度矩阵的形式是对称的,即 $k_{ij} = k_{ji}$。

单元刚度矩阵建立:

以图 4.10 为例,等截面梁的位移插值函数为

$$\psi_1(x) = 1 - 3\frac{x^2}{l^2} + 2\frac{x^3}{l^3}$$

$$\psi_2(x) = 3\frac{x^2}{l^2} - 2\frac{x^3}{l^3}$$

$$\psi_3(x) = x - 2\frac{x^2}{l} + \frac{x^3}{l^2}$$

$$\psi_4(x) = -\frac{x^2}{l} + \frac{x^3}{l^2}$$

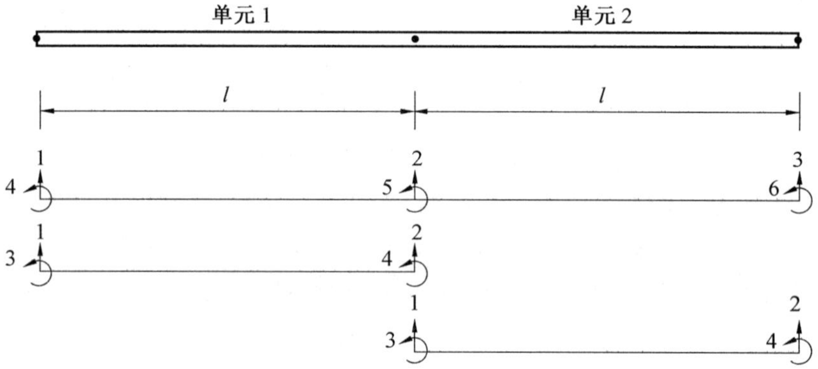

图 4.10　等截面梁

利用刚度系数计算公式,可得单元刚度矩阵为

$$[k] = \frac{2\mathrm{EI}}{l^3}\begin{bmatrix} 6 & -6 & 3l & 3l \\ -6 & 6 & -3l & -3l \\ 3l & -3l & 2l^2 & l^2 \\ 3l & -3l & l^2 & 2l^2 \end{bmatrix}$$

整体结构刚度矩阵组装:

$$\begin{matrix} & (1) & (2) & (4) & (5) \end{matrix}$$

$$[k_1] = \frac{2\mathrm{EI}}{l^3}\begin{bmatrix} 6 & -6 & 3l & 3l \\ -6 & 6 & -3l & -3l \\ 3l & -3l & 2l^2 & l^2 \\ 3l & -3l & l^2 & 2l^2 \end{bmatrix}\begin{matrix} (1) \\ (2) \\ (4) \\ (5) \end{matrix}$$

$$
[k_2]=\frac{2EI}{l^3}\begin{bmatrix} 6 & -6 & 3l & 3l \\ -6 & 6 & -3l & -3l \\ 3l & -3l & 2l^2 & l^2 \\ 3l & -3l & l^2 & 2l^2 \end{bmatrix}\begin{matrix}(2)\\(3)\\(5)\\(6)\end{matrix}
\quad \text{列: }(2)\ (3)\ (5)\ (6)
$$

将单个单元刚度矩阵进行组装时,需要将在单元局部坐标系中的单元刚度矩阵转换为整体坐标系中的矩阵。可得到整体结构刚度矩阵为

$$
[k]=\frac{2EI}{l^3}\begin{bmatrix} 6 & -6 & 3l & 3l & 0 & 0 \\ -6 & 12 & -6 & -3l & 0 & 3l \\ 3l & -6 & 6 & 0 & -3l & -3l \\ 3l & -3l & 0 & 2l^2 & l^2 & 0 \\ 0 & 0 & -3l & l^2 & 4l^2 & l^2 \\ 0 & 3l & -3l & 0 & l^2 & 2l^2 \end{bmatrix}
$$

本部分通过梁单元和桁架单元的实例,详细演示了刚度矩阵的构造流程:从单元局部坐标系的刚度矩阵推导,到全局坐标系下的矩阵转换与组装。刚度矩阵的对称性体现了力学系统的能量守恒特性,而正定性则保证了系统的稳定性。实际工程中,例如桥梁的抗震分析需通过有限元法精确构造刚度矩阵,以捕捉复杂几何与材料非线性效应。此外,边界条件的合理引入(如约束自由度)可有效避免矩阵奇异问题,确保数值求解的可行性。

4.2.5　质量矩阵的构造

质量矩阵是描述系统惯性特性的核心参数矩阵,其构造方法直接决定了动力分析的准确性。本部分将对比两种主要质量矩阵形式 —— 集中质量矩阵与一致质量矩阵,并分析其适用场景。集中质量矩阵通过将分布质量简化为节点集中质量,计算高效但精度受限;一致质量矩阵则基于位移插值函数分布惯性力,更符合连续介质力学原理。例如,在高层建筑的层间剪力模型中,集中质量矩阵可快速估算基本频率;而在精密机械的振动分析中,一致质量矩阵能更精确捕捉高阶模态特性。本部分内容为后续自由振动与强迫振动分析提供了质量分布的理论基础。

(1) 集中质量矩阵。假设每一段的质量在它的节点上各自聚集成点质量,由静力学确定各节点所分配的质量。如图 4.11 所示,$m_1 = m_{1a} + m_{1b}$。

(2) 一致质量矩阵:类似于刚度系数的求解,利用虚位移原理,可得任意梁段的任何一个质量影响系数的表达式 $m_{ij}=\int_0^L m(x)\psi_i(x)\psi_j(x)\mathrm{d}x$。采用同样的插值函数,可得一致质量矩阵为

$$
[m]=\frac{\overline{m}l}{420}\begin{bmatrix} 156 & 54 & 22l & -13l \\ 54 & 156 & 13l & -22l \\ 22l & 13l & 4l^2 & -3l^2 \\ -13l & -22l & -3l^2 & 4l^2 \end{bmatrix}
$$

当得到一个结构的单元质量系数之后,与通过单元刚度建立刚度矩阵的方法相同,利用

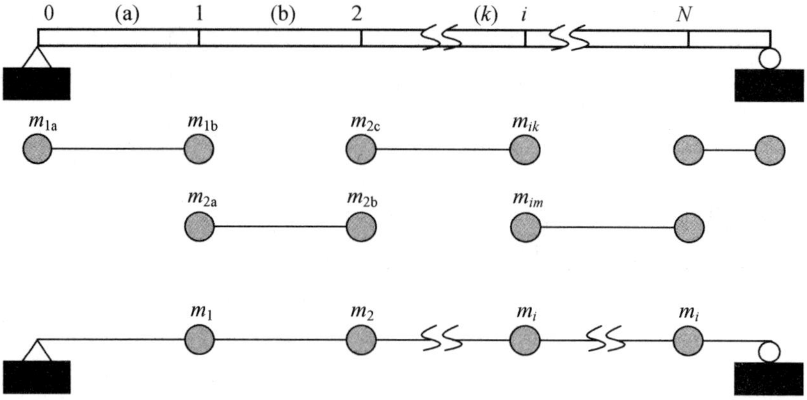

图 4.11　梁段集中质量

叠加原理可以得到整个单元集合体的质量矩阵。

集中质量矩阵与一致质量矩阵各有优劣：前者计算简便，适用于初步设计或低频振动分析；后者通过虚位移原理严格推导，保证了惯性力分布的连续性，适用于高频或精细化分析。例如，航空航天领域对飞行器翼面的颤振分析需采用一致质量矩阵以捕捉高阶模态细节，而建筑结构的初步抗震设计可采用集中质量矩阵快速评估基频。实际应用中，需根据问题需求权衡计算效率与精度，选择合适的质量矩阵形式。有限元分析中，质量矩阵的组装与刚度矩阵类似，但需特别注意转动惯量的合理分配，以避免动态响应失真。

4.3　自由振动分析

自由振动分析是揭示系统固有动态特性的关键步骤。本节基于刚度法与柔度法，探讨多自由度体系的固有频率、振型及其正交性，并通过实例演示振型分解法的实际应用。例如，在建筑结构的模态测试中，通过锤击法激励结构并测量响应，可反推出系统的固有频率与振型，其理论基础正是本节的解析方法。

4.3.1　基于刚度法的多自由度体系的固有频率分析

固有频率是系统动态特性的核心参数，直接影响结构的共振风险与振动响应。本节基于刚度法，通过建立多自由度系统的运动方程，利用特征值问题求解固有频率。以高层建筑框架为例，刚度矩阵的构造需综合考虑层间刚度与质量分布，其对称性与正定性保证了频率解的物理合理性。通过对比单自由度与多自由度系统的频率特性，读者将理解自由度增加对系统动态行为的影响。

无阻尼多自由度结构体系自由振动方程为

$$\boldsymbol{M}\ddot{\boldsymbol{U}} + \boldsymbol{K}\boldsymbol{U} = 0 \tag{4.74}$$

单自由度体系无阻尼自由振动 $m\ddot{u} + ku = 0$ 的解为

$$u(t) = \rho\cos(\omega t + \theta) \tag{4.75}$$

类比地，假设无阻尼多自由度结构体系自由振动是简谐振动，式(4.26)的通解取如下形式：

$$u_i(t)=\varphi_i\cos(\omega t+\alpha),\quad i=1,2,3,\cdots,n \tag{4.76}$$

其中，φ_i、ω、α 为未知的待定系数。

振动方程(4.74)的展开式为

$$\begin{cases} m_1\ddot{u}_1+k_{11}u_1+k_{12}u_2+\cdots+k_{1n}u_n=0 \\ m_2\ddot{u}_2+k_{21}u_1+k_{22}u_2+\cdots+k_{2n}u_n=0 \\ \vdots \\ m_n\ddot{u}_n+k_{n1}u_1+k_{n2}u_2+\cdots+k_{nn}u_n=0 \end{cases} \tag{4.77}$$

将式(4.76)代入式(4.77)的第一个方程，可得

$$-\omega^2\varphi_1\cos(\omega t+\alpha)m_1+\varphi_1\cos(\omega t+\alpha)k_{11}+\varphi_2\cos(\omega t+\alpha)k_{12}+\cdots+\varphi_n\cos(\omega t+\alpha)k_{1n}=0 \tag{4.78}$$

消去式中的公因子 $\cos(\omega t+\alpha)$ 得

$$-\omega^2\varphi_1m_1+\varphi_1k_{11}+\varphi_2k_{12}+\cdots+\varphi_nk_{1n}=0 \tag{4.79}$$

同理，将式(4.76)代入式(4.77)第 $2,3,\cdots,n$ 个方程，得

$$\begin{cases} -\omega^2\varphi_2m_2+\varphi_1k_{21}+\varphi_2k_{22}+\cdots+\varphi_nk_{2n}=0 \\ -\omega^2\varphi_3m_3+\varphi_1k_{31}+\varphi_2k_{32}+\cdots+\varphi_nk_{3n}=0 \\ \vdots \\ -\omega^2\varphi_nm_n+\varphi_1k_{n1}+\varphi_2k_{n2}+\cdots+\varphi_nk_{nn}=0 \end{cases} \tag{4.80}$$

改写成矩阵形式为

$$\left(\begin{bmatrix} k_{11} & k_{12} & \cdots & k_{1n} \\ k_{21} & k_{22} & \cdots & k_{2n} \\ \vdots & \vdots & \ddots & \vdots \\ k_{n1} & k_{n2} & \cdots & k_{nn} \end{bmatrix}-\omega^2\begin{bmatrix} m_1 & 0 & \cdots & 0 \\ 0 & m_2 & \cdots & 0 \\ \vdots & \vdots & \ddots & \vdots \\ 0 & 0 & \cdots & m_n \end{bmatrix}\right)\begin{bmatrix} \varphi_1 \\ \varphi_2 \\ \vdots \\ \varphi_n \end{bmatrix}=0 \tag{4.81}$$

即振型方程为

$$(\boldsymbol{K}-\omega^2\boldsymbol{M})\boldsymbol{\varphi}=0 \tag{4.82}$$

要使方程存在非零解，则系数行列式必为零，即

$$|\boldsymbol{K}-\omega^2\boldsymbol{M}|=0 \tag{4.83}$$

称式(4.83)为频率方程或特征方程。

将频率方程展开，可得到一个关于 ω^2 的 n 次代数方程，即

$$\begin{vmatrix} k_{11}-\omega^2m_1 & k_{12} & \cdots & k_{1n} \\ k_{21} & k_{22}-\omega^2m_2 & \cdots & k_{2n} \\ \vdots & \vdots & \ddots & \vdots \\ k_{n1} & k_{n2} & \cdots & k_{nn}-\omega^2m_n \end{vmatrix}=0 \tag{4.84}$$

进而可解得 n 个正实根 ω_i^2，开方得到各阶频率，称其为频率向量，记作

$$\boldsymbol{\omega}=(\omega_1\omega_2\cdots\omega_n)^{\mathrm{T}} \tag{4.85}$$

频率谱：$\omega_1<\omega_2<\cdots<\omega_n$

【例 4.3】 两自由度体系的特征方程为 $\begin{vmatrix} k_{11}-\omega^2 m_1 & k_{12} \\ k_{21} & k_{22}-\omega^2 m_2 \end{vmatrix}=0$，将特征方程行列式展开得

$$(k_{11}-\omega^2 m_1)(k_{22}-\omega^2 m_2)-k_{12}k_{21}=0$$

$$(\omega^2)^2-\left(\frac{k_{11}}{m_1}+\frac{k_{22}}{m_2}\right)\omega^2+\frac{k_{11}k_{22}-k_{12}k_{21}}{m_1 m_2}=0$$

求解，可得

$$(\omega^2)_{1,2}=\frac{1}{2}\left(\frac{k_{11}}{m_1}+\frac{k_{22}}{m_2}\right)\mp\sqrt{\frac{1}{4}\left(\frac{k_{11}}{m_1}+\frac{k_{22}}{m_2}\right)^2-\frac{k_{11}k_{22}-k_{12}k_{21}}{m_1 m_2}}$$

由上式可得到两个自振频率，注意 $\omega_1<\omega_2$。

【例 4.4】 求图 4.12 所示刚架的自振频率。横梁刚性，不计立柱质量，已知 $l=5$ m，$EI=6.0\times10^6\ \mathrm{N\cdot m^2}$，$m_1=m_2=5\ 000$ kg。

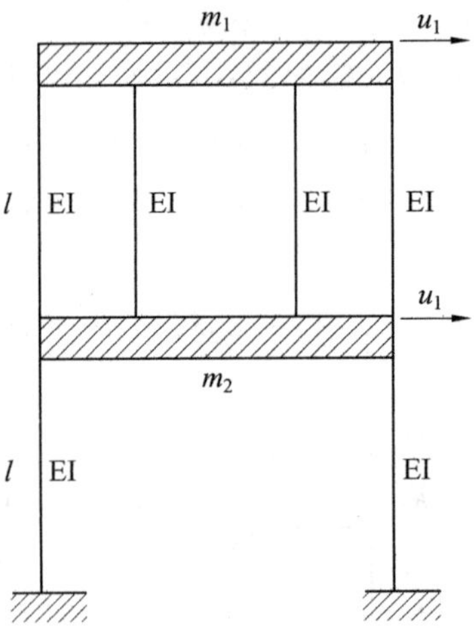

图 4.12 两层钢架

解 由题意可知刚架自由度数为 2，两个质量的位移 u_1 与 u_2，则有刚度系数

$$k_{11}=4\times\frac{12EI}{l^3}=\frac{48EI}{l^3}$$

$$k_{22}=6\times\frac{12EI}{l^3}=\frac{72EI}{l^3}$$

$$k_{12}=k_{21}=-4\times\frac{12EI}{l^3}=-\frac{48EI}{l^3}$$

有频率公式

$$(\omega^2)_{1,2}=\frac{1}{2}\left(\frac{k_{11}}{m_1}+\frac{k_{22}}{m_2}\right)\mp\sqrt{\frac{1}{4}\left(\frac{k_{11}}{m_1}+\frac{k_{22}}{m_2}\right)^2-\frac{k_{11}k_{22}-k_{12}k_{21}}{m_1 m_2}}$$

代入数值，可得

$$\frac{1}{2}\left(\frac{k_{11}}{m_1}+\frac{k_{22}}{m_2}\right)=\frac{1}{2}\left(\frac{48\times6\times10^6}{5\ 000\times5^3}+\frac{72\times6\times10^6}{5\ 000\times5^3}\right)=576$$

$$\frac{k_{11}k_{22}-k_{12}k_{21}}{m_1m_2}=\frac{(48\times 72-48^2)\times 6^2\times 10^{12}}{5\ 000^2\times 5^3\times 5^3}=1.062\times 10^5$$

$$(\omega^2)_{1,2}=576\mp\sqrt{576^2-1.062\times 10^5}=576\mp 475$$

进一步求解,可得

$$\begin{cases}\omega_1^2=101\\ \omega_2^2=1\ 051\end{cases}\Rightarrow\begin{cases}\omega_1=10.05(\mathrm{rad/s})\\ \omega_2=32.42(\mathrm{rad/s})\end{cases}\Rightarrow\begin{cases}f_1=1.671(\mathrm{Hz})\\ f_2=5.157(\mathrm{Hz})\end{cases}$$

所以钢架自振频率为 $\omega_1=10.05(\mathrm{rad/s})$、$\omega_2=32.42(\mathrm{rad/s})$。

刚度法通过矩阵运算直接求解特征值问题,得到系统的固有频率。其关键在于刚度矩阵与质量矩阵的精确构造,例如桥梁的模态分析需考虑主梁与桥墩的刚度耦合。实际工程中,频率的阶数越高,对局部刚度的敏感性越强,因此在抗震设计中需重点关注低阶频率以避免共振。

4.3.2　基于刚度法的多自由度体系的振型分析

振型描述了系统在各阶固有频率下的变形模式,是振动能量分布的直接体现。本部分基于刚度法的特征向量求解,探讨振型的物理意义及归一化方法。例如,高层建筑的第一振型通常为整体弯曲,而高阶振型可能包含局部扭转,这对风振控制设计至关重要。

无阻尼多自由度结构体系自由振动方程为

$$\boldsymbol{M}\ddot{\boldsymbol{U}}+\boldsymbol{K}\boldsymbol{U}=0 \tag{4.86}$$

已知振型方程

$$(\boldsymbol{K}-\omega^2\boldsymbol{M})\boldsymbol{\varphi}=0 \tag{4.87}$$

和各阶频率 $\omega_1,\omega_2,\cdots,\omega_n$,求振型。

将第 i 阶频率 ω_i 代入如下振型方程式:

$$(\boldsymbol{K}-\omega_i^2\boldsymbol{M})\boldsymbol{\varphi}_i=0(i=1,2,3,\cdots,n) \tag{4.88}$$

得

$$\begin{bmatrix}k_{11}-\omega_i^2m_1 & k_{12} & \cdots & k_{1n}\\ k_{21} & k_{22}-\omega_i^2m_2 & \cdots & k_{2n}\\ \vdots & \vdots & \ddots & \vdots\\ k_{n1} & k_{n2} & \cdots & k_{nn}-\omega_i^2m_n\end{bmatrix}\begin{bmatrix}\varphi_{1i}\\ \varphi_{2i}\\ \vdots\\ \varphi_{ni}\end{bmatrix}=0 \tag{4.89}$$

其位移幅值向量为

$$\boldsymbol{\varphi}_i=(\varphi_{1i},\varphi_{2i},\varphi_{3i},\cdots,\varphi_{ni})^{\mathrm{T}} \tag{4.90}$$

对于有 n 个自由度的体系,可得到 n 个线性无关的位移幅值向量,称其为振型矩阵,即

$$\boldsymbol{\varphi}=[\boldsymbol{\varphi}_1,\boldsymbol{\varphi}_2,\boldsymbol{\varphi}_3,\cdots,\boldsymbol{\varphi}_n]=\begin{bmatrix}\varphi_{11} & \varphi_{12} & \varphi_{13} & \cdots & \varphi_{1n}\\ \varphi_{21} & \varphi_{22} & \varphi_{23} & \cdots & \varphi_{2n}\\ \varphi_{31} & \varphi_{32} & \varphi_{33} & \cdots & \varphi_{3n}\\ \vdots & \vdots & \vdots & \ddots & \vdots\\ \varphi_{n1} & \varphi_{n2} & \varphi_{n3} & \cdots & \varphi_{nn}\end{bmatrix} \tag{4.91}$$

其中，$\boldsymbol{\varphi}_i$ 称为第 i 阶频率 ω_i 的主振型，简称第 i 阶振型。

注：由于振型方程(4.91)对应的系数行列式为零，所以，n 个方程中只有 $n-1$ 个是独立的。因而无法确定 $\varphi_{1i},\varphi_{2i},\varphi_{3i},\cdots,\varphi_{ni}$ 的具体数值，但可以确定各质点振幅之间的相对比值——振型的幅值是任意的，但形状是唯一的。

为了描述振型的形状，下面进行规格化处理。

取 $\varphi_{1i}=1$ 进行规格化可得

$$\boldsymbol{\varphi}_i=\begin{bmatrix}\varphi_{1i}\\ \varphi_{2i}\\ \varphi_{3i}\\ \vdots\\ \varphi_{ni}\end{bmatrix}=\varphi_{1i}\begin{bmatrix}1\\ \varphi_{2i}/\varphi_{1i}\\ \varphi_{3i}/\varphi_{1i}\\ \vdots\\ \varphi_{ni}/\varphi_{1i}\end{bmatrix}\tag{4.92}$$

则有规格化振型

$$\hat{\boldsymbol{\varphi}}_i=\begin{bmatrix}1\\ \hat{\varphi}_{2i}\\ \hat{\varphi}_{3i}\\ \vdots\\ \hat{\varphi}_{ni}\end{bmatrix}=\begin{bmatrix}1\\ \varphi_{2i}/\varphi_{1i}\\ \varphi_{3i}/\varphi_{1i}\\ \vdots\\ \varphi_{ni}/\varphi_{1i}\end{bmatrix}=\frac{1}{\varphi_{1i}}\begin{bmatrix}\varphi_{1i}\\ \varphi_{2i}\\ \varphi_{3i}\\ \vdots\\ \varphi_{ni}\end{bmatrix}\tag{4.93}$$

对于有 n 个自由度的体系，可得到 n 个线性无关的位移幅值向量，称其为振型矩阵，即

$$\hat{\boldsymbol{\varphi}}=[\hat{\boldsymbol{\varphi}}_1,\hat{\boldsymbol{\varphi}}_2,\hat{\boldsymbol{\varphi}}_3,\cdots,\hat{\boldsymbol{\varphi}}_n]=\begin{bmatrix}1 & 1 & 1 & \cdots & 1\\ \hat{\varphi}_{21} & \hat{\varphi}_{22} & \hat{\varphi}_{23} & \cdots & \hat{\varphi}_{2n}\\ \hat{\varphi}_{31} & \hat{\varphi}_{32} & \hat{\varphi}_{33} & \cdots & \hat{\varphi}_{3n}\\ \vdots & \vdots & \vdots & \ddots & \vdots\\ \hat{\varphi}_{n1} & \hat{\varphi}_{n2} & \hat{\varphi}_{n3} & \cdots & \hat{\varphi}_{nn}\end{bmatrix}\tag{4.94}$$

举例：自由度 $=2$ 时，振型方程(4.89)可写为

$$\begin{bmatrix}k_{11}-\omega_i^2m_1 & k_{12}\\ k_{21} & k_{22}-\omega_i^2m_2\end{bmatrix}\begin{bmatrix}\varphi_{1i}\\ \varphi_{2i}\end{bmatrix}=0,\quad i=1,2$$

展开第 i 个方程得

$$\begin{cases}(k_{11}-\omega_i^2m_1)\varphi_{1i}+k_{12}\varphi_{2i}=0\\ k_{21}\varphi_{1i}+(k_{22}-\omega_i^2m_2)\varphi_{2i}=0\end{cases}$$

其中 ω_i 为已知，解得

$$\varphi_{2i}=-\frac{k_{11}-\omega_i^2m_1}{k_{12}}\varphi_{1i}=-\frac{k_{21}}{k_{22}-\omega_i^2m_2}\varphi_{1i}$$

对应 ω_i 的振型为

$$\boldsymbol{\varphi}_i=\begin{bmatrix}\varphi_{1i}\\ \varphi_{2i}\end{bmatrix}=\begin{bmatrix}\varphi_{1i}\\ -\dfrac{k_{11}-\omega_i^2m_1}{k_{12}}\varphi_{1i}\end{bmatrix}=\begin{bmatrix}\varphi_{1i}\\ -\dfrac{k_{21}}{k_{22}-\omega_i^2m_2}\varphi_{1i}\end{bmatrix}$$

即有

$$\boldsymbol{\varphi}_i = \begin{bmatrix} 1 \\ -\dfrac{k_{11} - \omega_i^2 m_1}{k_{12}} \end{bmatrix} \varphi_{1i} = \begin{bmatrix} 1 \\ -\dfrac{k_{21}}{k_{22} - \omega_i^2 m_2} \end{bmatrix} \varphi_{1i}, \quad i = 1,2$$

则标准化振型为

$$\hat{\boldsymbol{\varphi}}_i = \begin{bmatrix} 1 \\ -\dfrac{k_{11} - \omega_i^2 m_1}{k_{12}} \end{bmatrix} = \begin{bmatrix} 1 \\ -\dfrac{k_{21}}{k_{22} - \omega_i^2 m_2} \end{bmatrix}, \quad i = 1,2$$

【例 4.5】　求图 4.13 所示钢架的振型。(横梁刚性,不计立柱质量)

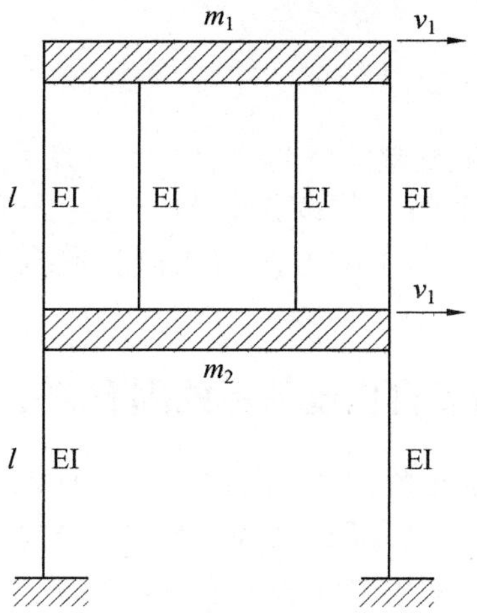

图 4.13　两层钢架

解　由之前的例题已经求得 $k_{11} = \dfrac{48EI}{l^3}, k_{12} = k_{21} = -\dfrac{48EI}{l^3}, k_{22} = \dfrac{72EI}{l^3}, \begin{cases} \omega_1^2 = 101 \\ \omega_2^2 = 1\ 051 \end{cases}$。

根据振型公式:

$$\hat{\boldsymbol{\varphi}}_i = \begin{bmatrix} 1 \\ -\dfrac{k_{11} - \omega_i^2 m_1}{k_{12}} \end{bmatrix} = \begin{bmatrix} 1 \\ -\dfrac{k_{21}}{k_{22} - \omega_i^2 m_2} \end{bmatrix}, \quad i = 1,2$$

可求得

$$\hat{\boldsymbol{\varphi}}_1 = \begin{bmatrix} 1 \\ 0.780\ 8 \end{bmatrix}, \quad \hat{\boldsymbol{\varphi}}_2 = \begin{bmatrix} 1 \\ -1.280\ 9 \end{bmatrix}$$

(1) 当 $\omega_1 = 10.05$ rad/s, $\hat{\boldsymbol{\varphi}}_1 = \begin{bmatrix} 1 \\ 0.780\ 8 \end{bmatrix}$, $\boldsymbol{u}_1(t) = \begin{bmatrix} 1 \\ 0.780\ 8 \end{bmatrix} \sin(\omega_1 t + \alpha_1)$ 时钢架振型如图 4.14 所示。

(2) 当 $\omega_2 = 32.42$ rad/s, $\hat{\boldsymbol{\varphi}}_2 = \begin{bmatrix} 1 \\ -1.280\ 9 \end{bmatrix}$, $\boldsymbol{u}_2(t) = \begin{bmatrix} 1 \\ -1.280\ 9 \end{bmatrix} \sin(\omega_2 t + \alpha_2)$ 时,钢架振型如图 4.15 所示。

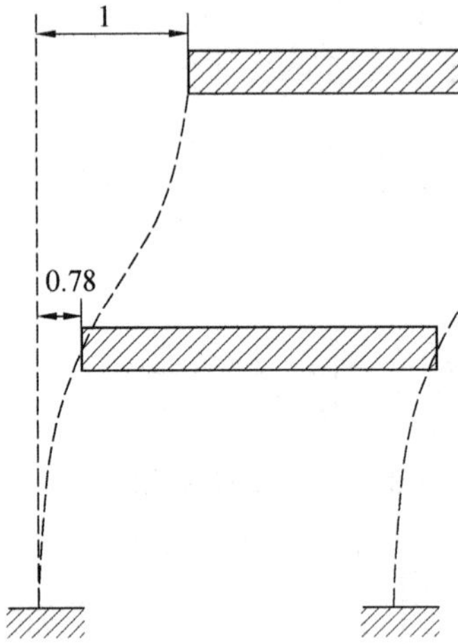

图 4.14　一阶振型

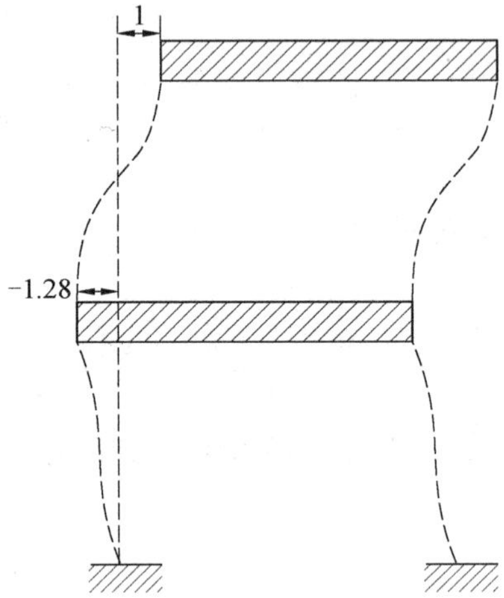

图 4.15　二阶振型

振型的归一化处理(如质量归一化或位移归一化)为后续振型叠加法提供了统一基准。振型形状的工程解读(如节点位移方向与幅值)是结构健康监测与损伤识别的重要依据。

4.3.3　基于柔度法的多自由度体系的固有频率分析

柔度法通过柔度矩阵(刚度矩阵的逆)间接求解固有频率,特别适用于静定结构或柔度系数易求的系统。本部分以简支梁为例,展示柔度法的计算流程,并与刚度法对比效率和精度。例如,输电塔的振动分析常采用柔度法快速估算基频。

无阻尼多自由度结构体系自由振动方程为

$$\boldsymbol{U} + \delta\boldsymbol{M}\ddot{\boldsymbol{U}} = 0 \tag{4.95}$$

假设无阻尼多自由度结构体系自由振动是简谐振动,即

$$\boldsymbol{u}(t) = \boldsymbol{\varphi}\cos(\omega t + \alpha) \tag{4.96}$$

将其代入式(4.95)可得

$$\boldsymbol{\varphi}\cos(\omega t + \alpha) - \omega^2\delta\boldsymbol{M}\boldsymbol{\varphi}\cos(\omega t + \alpha) = 0 \tag{4.97}$$

即振型方程为

$$\boldsymbol{\varphi} = \omega^2\delta\boldsymbol{M}\boldsymbol{\varphi} \tag{4.98}$$

引入单位矩阵 $\boldsymbol{I}$,特征值 $\lambda = 1/\omega^2$,对其进一步化简,则可得到振型方程:

$$(\delta\boldsymbol{M} - \lambda\boldsymbol{I})\boldsymbol{\varphi} = 0 \tag{4.99}$$

由振型方程非零解的条件,得到频率方程(特征方程):

$$|\delta\boldsymbol{M} - \lambda\boldsymbol{I}| = 0 \tag{4.100}$$

对应的展开式为

$$\begin{vmatrix} \delta_{11}m_1 - \lambda & \delta_{12}m_2 & \cdots & \delta_{1n}m_n \\ \delta_{21}m_1 & \delta_{22}m_2 - \lambda & \cdots & \delta_{2n}m_n \\ \vdots & \vdots & \ddots & \vdots \\ \delta_{n1}m_1 & \delta_{n2}m_2 & \cdots & \delta_{nn}m_n - \lambda \end{vmatrix} = 0 \tag{4.101}$$

将特征方程展开,可到一个关于 λ 的 n 次代数方程,从频率方程可得 n 个正实根 λ_i,对 $1/\lambda_i$ 开方可得到各阶频率,即 $\omega_i=\sqrt{1/\lambda_i}$。将第 i 个频率的特征值 λ_i 代入振型方程:

$$(\delta\boldsymbol{M}-\lambda_i\boldsymbol{I})\boldsymbol{\varphi}_i=0 \tag{4.102}$$

举例:以两自由度的振动体系为例。

振型方程为

$$\begin{bmatrix}\delta_{11}m_1-\lambda_i & \delta_{12}m_2\\ \delta_{21}m_1 & \delta_{22}m_2-\lambda_i\end{bmatrix}\begin{bmatrix}\varphi_{1i}\\ \varphi_{2i}\end{bmatrix}=0$$

展开得

$$\begin{cases}(\delta_{11}m_1-\lambda_i)\varphi_{1i}+\delta_{12}m_2\varphi_{2i}=0\\ \delta_{21}m_1\varphi_{1i}+(\delta_{22}m_2-\lambda_i)\varphi_{2i}=0\end{cases}$$

则有柔度法振型方程为

$$\hat{\boldsymbol{\varphi}}_i=\begin{bmatrix}\hat{\varphi}_{1i}\\ \hat{\varphi}_{2i}\end{bmatrix}=\begin{bmatrix}1\\ -\dfrac{\delta_{11}m_1-\lambda_i}{\delta_{12}m_2}\end{bmatrix}=\begin{bmatrix}1\\ -\dfrac{\delta_{21}m_1}{\delta_{22}m_2-\lambda_i}\end{bmatrix},\quad i=1,2$$

对比之前的刚度法振型:

$$\hat{\boldsymbol{\varphi}}_i=\begin{bmatrix}1\\ -\dfrac{k_{11}-\omega_i^2m_1}{k_{12}}\end{bmatrix}=\begin{bmatrix}1\\ -\dfrac{k_{21}}{k_{22}-\omega_i^2m_2}\end{bmatrix},\quad i=1,2$$

柔度法避免了直接求解大型刚度矩阵的逆,但其适用性受限于柔度矩阵的存在条件(需刚度矩阵可逆)。在复杂结构中,柔度法的误差可能随自由度增加而累积,需结合数值方法优化。

4.3.4　振型向量的正交性及其应用

振型正交性是振动理论的核心定理,表明不同阶振型在质量与刚度矩阵下彼此独立。本部分通过功的互等定理推导正交性,并阐述其在振型叠加法、模型缩减及损伤检测中的应用。例如,在飞机机翼的模态测试中,正交性可用于验证实验数据的有效性。

已知振型方程为

$$(\boldsymbol{K}-\omega^2\boldsymbol{M})\boldsymbol{\varphi}=0 \tag{4.103}$$

n 个自由度的体系有 n 个振型向量:

$$\boldsymbol{\varphi}=[\boldsymbol{\varphi}_1,\boldsymbol{\varphi}_2,\boldsymbol{\varphi}_3,\cdots,\boldsymbol{\varphi}_n] \tag{4.104}$$

其中

$$\boldsymbol{\varphi}_i=[\varphi_{1i},\varphi_{2i},\varphi_{3i},\cdots,\varphi_{ni}]^{\mathrm{T}} \tag{4.105}$$

将式(4.104)代入振型方程可得

$$\boldsymbol{K}\boldsymbol{\varphi}_i=\omega_i^2\boldsymbol{M}\boldsymbol{\varphi}_i \tag{4.106}$$

两边同乘 $\boldsymbol{\varphi}_j^{\mathrm{T}}$ 得

$$\boldsymbol{\varphi}_j^{\mathrm{T}}\boldsymbol{K}\boldsymbol{\varphi}_i=\omega_i^2\boldsymbol{\varphi}_j^{\mathrm{T}}\boldsymbol{M}\boldsymbol{\varphi}_i \tag{4.107}$$

同理可得

$$\boldsymbol{\varphi}_i^{\mathrm{T}}\boldsymbol{K}\boldsymbol{\varphi}_j = \omega_j^2\boldsymbol{\varphi}_i^{\mathrm{T}}\boldsymbol{M}\boldsymbol{\varphi}_j \tag{4.108}$$

两式相减得

$$(\omega_i^2 - \omega_j^2)\boldsymbol{\varphi}_j^{\mathrm{T}}\boldsymbol{M}\boldsymbol{\varphi}_i = 0 \tag{4.109}$$

一般 $i \neq j$ 时,$\omega_i \neq \omega_j$,所以有:

第一正交关系为

$$\boldsymbol{\varphi}_j^{\mathrm{T}}\boldsymbol{M}\boldsymbol{\varphi}_i = 0(i \neq j) \tag{4.110}$$

第二正交关系为

$$\boldsymbol{\varphi}_j^{\mathrm{T}}\boldsymbol{K}\boldsymbol{\varphi}_i = 0(i \neq j) \tag{4.111}$$

振型向量的正交性:对应不同自振频率的振型向量,对质量矩阵 $\boldsymbol{M}$ 和刚度矩阵 $\boldsymbol{K}$ 正交。

应用一

【例 4.6】 振型检验,检验例 4.3 所求振型是否正确。

解　已知 $\boldsymbol{M} = \begin{bmatrix} 1 & 0 \\ 0 & 1 \end{bmatrix} m_1$,$\boldsymbol{K} = \begin{bmatrix} 48 & -48 \\ -48 & 72 \end{bmatrix} \dfrac{\mathrm{EI}}{l^3}$,$\omega_1 = 10.05\ \mathrm{rad/s}$,$\omega_2 = 32.42\ \mathrm{rad/s}$,$\hat{\boldsymbol{\varphi}}_1 = \begin{bmatrix} 1 \\ 0.780\,8 \end{bmatrix}$,$\hat{\boldsymbol{\varphi}}_2 = \begin{bmatrix} 1 \\ -1.280\,9 \end{bmatrix}$。

计算可得

$$\hat{\boldsymbol{\varphi}}_1^{\mathrm{T}}\boldsymbol{M}\hat{\boldsymbol{\varphi}}_2 = [1 \quad 0.780\,8]\begin{bmatrix} 1 & 0 \\ 0 & 1 \end{bmatrix} m_1 \begin{bmatrix} 1 \\ -1.280\,9 \end{bmatrix} = 0.000\,127 m_1 \approx 0$$

$$\hat{\boldsymbol{\varphi}}_1^{\mathrm{T}}\boldsymbol{K}\hat{\boldsymbol{\varphi}}_2 = [1 \quad 0.780\,8]\begin{bmatrix} 48 & -48 \\ -48 & 72 \end{bmatrix} \frac{\mathrm{EI}}{l^3} \begin{bmatrix} 1 \\ -1.280\,9 \end{bmatrix} = 0.004\,324 \frac{\mathrm{EI}}{l^3} \approx 0$$

$\hat{\boldsymbol{\varphi}}_1^{\mathrm{T}}\boldsymbol{M}\hat{\boldsymbol{\varphi}}_2$ 与 $\hat{\boldsymbol{\varphi}}_1^{\mathrm{T}}\boldsymbol{K}\hat{\boldsymbol{\varphi}}_2$ 均为 0,满足正交条件,说明所求振型正确。

应用二

【例 4.7】 利用已知振型计算自振频率。

无阻尼自由振动方程的通解为

$$\boldsymbol{U}(t) = \sum_{i=1}^{n} C_i\boldsymbol{\varphi}_i\cos(\omega_i t + \alpha_i)$$

将通解代入运动方程 $\boldsymbol{M}\ddot{\boldsymbol{U}} + \boldsymbol{K}\boldsymbol{U} = 0$,得

$$-\boldsymbol{M}\sum_{i=1}^{n} C_i\omega_i^2\boldsymbol{\varphi}_i\cos(\omega_i t + \alpha_i) + \boldsymbol{K}\sum_{i=1}^{n} C_i\boldsymbol{\varphi}_i\cos(\omega_i t + \alpha_i) = 0$$

两边同时左乘 $\boldsymbol{\varphi}_j^{\mathrm{T}}$,可得

$$-\sum_{i=1}^{n} C_i\omega_i^2\boldsymbol{\varphi}_j^{\mathrm{T}}\boldsymbol{M}\boldsymbol{\varphi}_i\cos(\omega_i t + \alpha_i) + \sum_{i=1}^{n} C_i\boldsymbol{\varphi}_j^{\mathrm{T}}\boldsymbol{K}\boldsymbol{\varphi}_i\cos(\omega_i t + \alpha_i) = 0$$

展开上式得

$$-\omega_j^2\boldsymbol{\varphi}_j^{\mathrm{T}}\boldsymbol{M}\boldsymbol{\varphi}_j + \boldsymbol{\varphi}_j^{\mathrm{T}}\boldsymbol{K}\boldsymbol{\varphi}_j = 0$$

则第 j 阶频率的计算公式为

$$\omega_j^2 = \frac{\boldsymbol{\varphi}_j^{\mathrm{T}}\boldsymbol{K}\boldsymbol{\varphi}_j}{\boldsymbol{\varphi}_j^{\mathrm{T}}\boldsymbol{M}\boldsymbol{\varphi}_j}$$

第 j 阶广义刚度：$\boldsymbol{K}_j^* = \boldsymbol{\varphi}_j^{\mathrm{T}}\boldsymbol{K}\boldsymbol{\varphi}_j$，也称“振型刚度”。

第 j 阶广义质量：$\boldsymbol{M}_j^* = \boldsymbol{\varphi}_j^{\mathrm{T}}\boldsymbol{M}\boldsymbol{\varphi}_j$，也称“振型质量”。

第 j 频率可由广义刚度和广义质量计算，即

$$\omega_j^2 = \frac{\boldsymbol{K}_j^*}{\boldsymbol{M}_j^*}$$

【例 4.8】　利用例 4.3 所获得的振型求体系的自振频率。

解　已知 $\boldsymbol{M} = \begin{bmatrix} 1 & 0 \\ 0 & 1 \end{bmatrix} m_1$，$\boldsymbol{K} = \begin{bmatrix} 48 & -48 \\ -48 & 72 \end{bmatrix}\frac{\mathrm{EI}}{l^3}$，$\hat{\boldsymbol{\varphi}}_1 = \begin{bmatrix} 1 \\ 0.780\,8 \end{bmatrix}$，$\hat{\boldsymbol{\varphi}}_2 = \begin{bmatrix} 1 \\ -1.280\,9 \end{bmatrix}$

计算第一阶振型的广义质量和广义刚度为

$$\boldsymbol{M}_1^* = \hat{\boldsymbol{\varphi}}_1^{\mathrm{T}}\boldsymbol{M}\hat{\boldsymbol{\varphi}}_1 = [1 \quad 0.780\,8]\begin{bmatrix} 5\,000 & 0 \\ 0 & 5\,000 \end{bmatrix}\begin{bmatrix} 1 \\ 0.780\,8 \end{bmatrix} = 8\,048.2(\mathrm{kg})$$

$$\boldsymbol{K}_1^* = \hat{\boldsymbol{\varphi}}_1^{\mathrm{T}}\boldsymbol{K}\hat{\boldsymbol{\varphi}}_1 = [1 \quad 0.780\,8]\begin{bmatrix} 48 & -48 \\ -48 & 72 \end{bmatrix}\frac{6\times10^6}{5.0^3}\begin{bmatrix} 1 \\ 0.780\,8 \end{bmatrix} = 813\,019(\mathrm{N/m})$$

则第一阶振型对应自振频率为

$$\omega_1 = \sqrt{\frac{\boldsymbol{K}_1^*}{\boldsymbol{M}_1^*}} = \sqrt{\frac{813\,019}{8\,048.2}} \approx 10.05(\mathrm{rad/s})$$

计算第二阶振型的广义质量和广义刚度为

$$\boldsymbol{M}_2^* = \hat{\boldsymbol{\varphi}}_2^{\mathrm{T}}\boldsymbol{M}\hat{\boldsymbol{\varphi}}_2 = [1 \quad -1.280\,9]\begin{bmatrix} 5\,000 & 0 \\ 0 & 5\,000 \end{bmatrix}\begin{bmatrix} 1 \\ -1.280\,9 \end{bmatrix} = 13\,203.5(\mathrm{kg})$$

$$\boldsymbol{K}_2^* = \hat{\boldsymbol{\varphi}}_2^{\mathrm{T}}\boldsymbol{K}\hat{\boldsymbol{\varphi}}_2 = [1 \quad -1.280\,9]\begin{bmatrix} 48 & -48 \\ -48 & 72 \end{bmatrix}\frac{6\times10^6}{5.0^3}\begin{bmatrix} 1 \\ -1.280\,9 \end{bmatrix} = 1.388\times10^7(\mathrm{N/m})$$

则第二阶振型对应自振频率为

$$\omega_2 = \sqrt{\frac{\boldsymbol{K}_2^*}{\boldsymbol{M}_2^*}} = \sqrt{\frac{1.388\times10^7}{13\,203.5}} \approx 32.42(\mathrm{rad/s})$$

即所求自振频率为

$$\begin{cases} \omega_1 = 10.05(\mathrm{rad/s}) \\ \omega_2 = 32.42(\mathrm{rad/s}) \end{cases}$$

应用三：利用已知振型计算其他振型。

对于 n 个自由度体系，已知 $n-1$ 个振型，求未知振型

以三个自由度体系为例来说明，已知前两阶振型为

$$\boldsymbol{\varphi}_1 = [1 \quad \varphi_{21} \quad \varphi_{31}]^{\mathrm{T}},\quad \boldsymbol{\varphi}_2 = [1 \quad \varphi_{22} \quad \varphi_{32}]^{\mathrm{T}}$$

设未知的第三阶振型为

$$\boldsymbol{\varphi}_3 = [1 \quad \varphi_{23} \quad \varphi_{33}]^{\mathrm{T}}$$

由振型的正交条件 $\boldsymbol{\varphi}_1^{\mathrm{T}}\boldsymbol{M}\boldsymbol{\varphi}_3=0,\boldsymbol{\varphi}_2^{\mathrm{T}}\boldsymbol{M}\boldsymbol{\varphi}_3=0$ 得

$$\begin{bmatrix}1 & \varphi_{21} & \varphi_{31}\end{bmatrix}\begin{bmatrix}m_1 & 0 & 0\\ 0 & m_2 & 0\\ 0 & 0 & m_3\end{bmatrix}\begin{bmatrix}1\\ \varphi_{23}\\ \varphi_{33}\end{bmatrix}=0$$

$$\begin{bmatrix}1 & \varphi_{22} & \varphi_{32}\end{bmatrix}\begin{bmatrix}m_1 & 0 & 0\\ 0 & m_2 & 0\\ 0 & 0 & m_3\end{bmatrix}\begin{bmatrix}1\\ \varphi_{23}\\ \varphi_{33}\end{bmatrix}=0$$

将其展开为

$$\begin{cases}m_1+\varphi_{21}\varphi_{23}m_2+\varphi_{31}\varphi_{33}m_3=0\\ m_1+\varphi_{22}\varphi_{23}m_2+\varphi_{32}\varphi_{33}m_3=0\end{cases}$$

解方程组求出 φ_{23} 与 φ_{33},得到第三阶振型为

$$\boldsymbol{\varphi}_3=\begin{bmatrix}1 & \varphi_{23} & \varphi_{33}\end{bmatrix}^{\mathrm{T}}$$

应用四:振型位移的分解

多自由度体系运动方程的位移可表示为

$$\boldsymbol{U}(t)=\sum_{i=1}^{n}C_i\boldsymbol{\varphi}_i\cos\ (\omega_i t+\alpha_i)$$

$$\boldsymbol{U}=\boldsymbol{\varphi}_1\boldsymbol{\eta}_1+\boldsymbol{\varphi}_2\boldsymbol{\eta}_2+\cdots+\boldsymbol{\varphi}_n\boldsymbol{\eta}_n=\sum_{i=1}^{n}\boldsymbol{\varphi}_i\boldsymbol{\eta}_i$$

体系的位移可分解为各阶振型的线性组合,用矩阵表示为

$$\boldsymbol{U}=\boldsymbol{\varphi}\boldsymbol{\eta}$$

其中,组合系数 $\boldsymbol{\eta}$ 称为广义坐标向量,也称为“正规坐标”或“振型坐标”:

$$\boldsymbol{\eta}=\begin{bmatrix}\boldsymbol{\eta}_1 & \boldsymbol{\eta}_2 & \cdots & \boldsymbol{\eta}_n\end{bmatrix}^{\mathrm{T}}$$

振型矩阵 $\boldsymbol{\varphi}$ 起着将广义坐标转换成几何坐标的作用:

$$\boldsymbol{\varphi}=\begin{bmatrix}\boldsymbol{\varphi}_1 & \boldsymbol{\varphi}_2 & \cdots & \boldsymbol{\varphi}_n\end{bmatrix}$$

以图 4.16 所示三自由度体系为例说明:位移可分解为振型的线性组合。

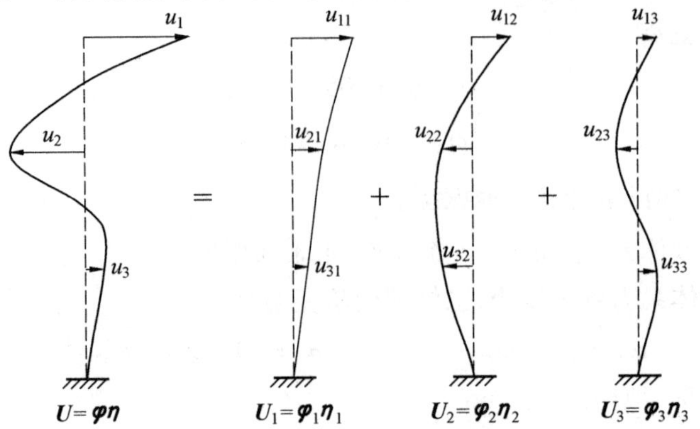

图 4.16　振型线性组合

$$U = U_1 + U_2 + U_3 = \begin{bmatrix} u_{11} \\ u_{21} \\ u_{31} \end{bmatrix} + \begin{bmatrix} u_{12} \\ u_{22} \\ u_{32} \end{bmatrix} + \begin{bmatrix} u_{13} \\ u_{23} \\ u_{33} \end{bmatrix}$$

$$= \begin{bmatrix} \varphi_{11} \\ \varphi_{21} \\ \varphi_{31} \end{bmatrix} \boldsymbol{\eta}_1 + \begin{bmatrix} \varphi_{12} \\ \varphi_{22} \\ \varphi_{32} \end{bmatrix} \boldsymbol{\eta}_2 + \begin{bmatrix} \varphi_{13} \\ \varphi_{23} \\ \varphi_{33} \end{bmatrix} \boldsymbol{\eta}_3 = \sum_{i=1}^{n} \boldsymbol{\eta}_i \boldsymbol{\varphi}_i$$

式中　$\boldsymbol{U}$——位移；

$\boldsymbol{\varphi}$——振型；

$\boldsymbol{\eta}$——振型系数(广义坐标)。

应用五:给定位移向量 $\boldsymbol{U}$,如何求广义坐标向量 $\boldsymbol{\eta}$?

给定位移向量 $\boldsymbol{U}$,广义坐标向量 $\boldsymbol{\eta}$ 可按下式计算:

$$\boldsymbol{U} = \boldsymbol{\varphi\eta}$$

利用正交性求广义坐标向量,将式 $\boldsymbol{U} = \sum_{i=1}^{n} \boldsymbol{\varphi}_i \boldsymbol{\eta}_i$ 两边同时左乘 $\boldsymbol{\varphi}_j^{\mathrm{T}} \boldsymbol{M}$,可得

$$\boldsymbol{\varphi}_j^{\mathrm{T}} \boldsymbol{MU} = \boldsymbol{\varphi}_j^{\mathrm{T}} \boldsymbol{M} \sum_{i=1}^{n} \boldsymbol{\varphi}_i \boldsymbol{\eta}_i$$

利用正交性 $\boldsymbol{\varphi}_j^{\mathrm{T}} \boldsymbol{M} \boldsymbol{\varphi}_i = 0(i \neq j)$,$\boldsymbol{\varphi}_j^{\mathrm{T}} \boldsymbol{M} \boldsymbol{\varphi}_j = \boldsymbol{M}_j^*$,可得 $\boldsymbol{\varphi}_j^{\mathrm{T}} \boldsymbol{MU} = \boldsymbol{M}_j^* \boldsymbol{\eta}_j$,则有广义坐标向量为 $\boldsymbol{\eta}_j = \dfrac{\boldsymbol{\varphi}_j^{\mathrm{T}} \boldsymbol{MU}}{\boldsymbol{M}_j^*}$,进一步 $\dot{\boldsymbol{\eta}}_j = \dfrac{\boldsymbol{\varphi}_j^{\mathrm{T}} \boldsymbol{M} \dot{\boldsymbol{U}}}{\boldsymbol{M}_j^*}$ 为广义坐标向量随时间变化的情况。

【例 4.9】　用振型向量分解位移向量,已知 $\boldsymbol{U} = \begin{bmatrix} 1 \\ 3 \\ 5 \end{bmatrix}$,$\boldsymbol{M} = \begin{bmatrix} 1 & 0 & 0 \\ 0 & 1.5 & 0 \\ 0 & 0 & 1.5 \end{bmatrix} \times 180\ 000$,$\boldsymbol{\varphi} = \begin{bmatrix} 1 & 1 & 1 \\ 2/3 & -2/3 & -3 \\ 1/3 & -2/3 & -4 \end{bmatrix}$。

解　广义坐标表达式为

$$\boldsymbol{\eta}_j = \frac{\boldsymbol{\varphi}_j^{\mathrm{T}} \boldsymbol{MU}}{\boldsymbol{M}_j^*}$$

$$\boldsymbol{M}_1^* = \boldsymbol{\varphi}_1^{\mathrm{T}} \boldsymbol{M} \boldsymbol{\varphi}_1 = [1 \quad 2/3 \quad 1/3] \begin{bmatrix} 1 & 0 & 0 \\ 0 & 1.5 & 0 \\ 0 & 0 & 1.5 \end{bmatrix} \begin{bmatrix} 1 \\ 2/3 \\ 1/3 \end{bmatrix} \times 180\ 000 = 33 \times 10^4 (\mathrm{kg})$$

$$\boldsymbol{\varphi}_1^{\mathrm{T}} \boldsymbol{MU} = [1 \quad 2/3 \quad 1/3] \begin{bmatrix} 1 & 0 & 0 \\ 0 & 1.5 & 0 \\ 0 & 0 & 1.5 \end{bmatrix} \begin{bmatrix} 1 \\ 3 \\ 5 \end{bmatrix} \times 180\ 000 = 117 \times 10^4$$

则可得到

$$\boldsymbol{\eta}_1 = \frac{\boldsymbol{\varphi}_1^{\mathrm{T}} \boldsymbol{MU}}{\boldsymbol{M}_1^*} = \frac{117 \times 10^4}{33 \times 10^4} = 3.545(\mathrm{mm})$$

同理,有

$$M_2^* = \boldsymbol{\varphi}_2^{\mathrm{T}} \boldsymbol{M} \boldsymbol{\varphi}_2 = 42 \times 10^4 \ \mathrm{kg}, \quad M_3^* = \boldsymbol{\varphi}_3^{\mathrm{T}} \boldsymbol{M} \boldsymbol{\varphi}_3 = 693 \times 10^4 (\mathrm{kg})$$

$$\boldsymbol{\varphi}_2^{\mathrm{T}} \boldsymbol{M} \boldsymbol{U} = -126 \times 10^4, \quad \boldsymbol{\varphi}_3^{\mathrm{T}} \boldsymbol{M} \boldsymbol{U} = 315 \times 10^4$$

可得到

$$\boldsymbol{\eta}_2 = \frac{\boldsymbol{\varphi}_2^{\mathrm{T}} \boldsymbol{M} \boldsymbol{U}}{M_2^*} = \frac{-126 \times 10^4}{42 \times 10^4} = -3.0 (\mathrm{mm})$$

$$\boldsymbol{\eta}_3 = \frac{\boldsymbol{\varphi}_3^{\mathrm{T}} \boldsymbol{M} \boldsymbol{U}}{M_3^*} = \frac{315 \times 10^4}{693 \times 10^4} = -0.454\,6 (\mathrm{mm})$$

位移向量 $\boldsymbol{U}$ 的振型分解表达式为

$$\boldsymbol{U} = \sum_{i=1}^{3} \boldsymbol{\eta}_i \boldsymbol{\varphi}_i = 3.545 \times \begin{bmatrix} 1 \\ 2/3 \\ 1/3 \end{bmatrix} - 3.0 \times \begin{bmatrix} 1 \\ -2/3 \\ -2/3 \end{bmatrix} + 0.454\,6 \times \begin{bmatrix} 1 \\ -3 \\ 4 \end{bmatrix}$$

正交性不仅简化了动力方程的求解,还为结构参数识别提供了理论依据。实际应用中,若实测振型不满足正交性,可能暗示结构存在损伤或建模误差。

4.3.5 多自由度体系的无阻尼自由振动分析

无阻尼自由振动分析揭示了系统的固有动态特性,是理解强迫振动的基础。本部分通过振型叠加法,将多自由度系统解耦为多个单自由度振动,并结合初始条件确定响应。例如,桥梁在瞬时冲击荷载下的自由衰减振动可通过本方法预测。

位移向量可以表示为广义坐标的线性组合,即

$$\boldsymbol{U} = \sum_{i=1}^{n} \boldsymbol{\eta}_i \boldsymbol{\varphi}_i \tag{4.112}$$

$$\ddot{\boldsymbol{U}} = \sum_{i=1}^{n} \ddot{\boldsymbol{\eta}}_i \boldsymbol{\varphi}_i \tag{4.113}$$

代入运动方程 $\boldsymbol{M}\ddot{\boldsymbol{U}} + \boldsymbol{K}\boldsymbol{U} = 0$ 中,可得

$$\sum_{i=1}^{n} \ddot{\boldsymbol{\eta}}_i \boldsymbol{M} \boldsymbol{\varphi}_i + \sum_{i=1}^{n} \boldsymbol{\eta}_i \boldsymbol{K} \boldsymbol{\varphi}_i = 0 \tag{4.114}$$

两边同时左乘 $\boldsymbol{\varphi}_j^{\mathrm{T}}$,利用振型的正交性,可得

$$M_j^* \ddot{\boldsymbol{\eta}}_j(t) + K_j^* \boldsymbol{\eta}_j(t) = 0, \quad j = 1, 2, \cdots, n \tag{4.115}$$

式(4.115)为一组互相独立的用广义坐标表示的单自由度体系运动方程。

求解出每个广义坐标 $\boldsymbol{\eta}_j(t)$ 的响应,体系的几何坐标系响应为

$$\boldsymbol{U}(t) = \sum_{i=1}^{n} \boldsymbol{\eta}_i(t) \boldsymbol{\varphi}_i$$

1. 振型分解法的基本概念

(1) 对线性体系而言,时间域的反应过程可以通过不同频率的简谐运动的叠加来合成,而运动的空间模式同样可以由不同的振型叠加来组合,表明多自由度线性体系的振动反应可以通过各个振型运动的叠加来合成。

(2) 振型的重要作用是提供了一种结构动力反应分析方法的基础,即提供了振型叠加(分解)法的基础。

2. 自由振动初值的确定

多自由度体系自由振动的通解为

$$\boldsymbol{U}(t)=\sum_{i=1}^{n}C_i\boldsymbol{\varphi}_i\cos(\omega_i t+\alpha_i) \tag{4.116}$$

$$\dot{\boldsymbol{U}}(t)=-\sum_{i=1}^{n}\omega_i C_i\boldsymbol{\varphi}_i\sin(\omega_i t+\alpha_i) \tag{4.117}$$

其中,待定常数 C_i、α_i 可由初始条件确定。两边同时左乘 $\boldsymbol{\varphi}_j^{\mathrm{T}}\boldsymbol{M}$,利用振型的正交性可得

$$\boldsymbol{\varphi}_j^{\mathrm{T}}\boldsymbol{M}\boldsymbol{U}(t)=C_j\boldsymbol{\varphi}_j^{\mathrm{T}}\boldsymbol{M}\boldsymbol{\varphi}_j\cos(\omega_j t+\alpha_j),\quad j=1,2,\cdots,n \tag{4.118}$$

$$\boldsymbol{\varphi}_j^{\mathrm{T}}\boldsymbol{M}\dot{\boldsymbol{U}}(t)=-\omega_j C_j\boldsymbol{\varphi}_j^{\mathrm{T}}\boldsymbol{M}\boldsymbol{\varphi}_j\sin(\omega_j t+\alpha_j),\quad j=1,2,\cdots,n \tag{4.119}$$

设 $t=0$ 时,有

$$\boldsymbol{U}(0)=\boldsymbol{U}_0,\quad \dot{\boldsymbol{U}}(0)=\dot{\boldsymbol{U}}_0 \tag{4.120}$$

引入符号:

$$\boldsymbol{U}_{Aj}=\boldsymbol{\varphi}_j^{\mathrm{T}}\boldsymbol{M}\boldsymbol{U}_0,\quad \boldsymbol{U}_{Bj}=\boldsymbol{\varphi}_j^{\mathrm{T}}\boldsymbol{M}\dot{\boldsymbol{U}}_0 \tag{4.121}$$

则有

$$\boldsymbol{U}_{Aj}=C_j\boldsymbol{M}_j^*\cos\alpha_j,\quad \boldsymbol{U}_{Bj}=-\omega_j C_j\boldsymbol{M}_j^*\sin\alpha_j \tag{4.122}$$

进一步的,有

$$C_j\cos\alpha_j=\frac{\boldsymbol{U}_{Aj}}{\boldsymbol{M}_j^*},\quad C_j\sin\alpha_j=-\frac{\boldsymbol{U}_{Bj}}{\omega_j\boldsymbol{M}_j^*} \tag{4.123}$$

则可直接求得

$$C_j=\sqrt{\left(\frac{\boldsymbol{U}_{Aj}}{\boldsymbol{M}_j^*}\right)^2+\left(-\frac{\boldsymbol{U}_{Bj}}{\omega_j\boldsymbol{M}_j^*}\right)^2},\quad \alpha_j=\arctan\left(-\frac{\omega_j\boldsymbol{U}_{Aj}}{\boldsymbol{U}_{Bj}}\right) \tag{4.124}$$

3. 静力凝聚法

有时候为了简化计算,可忽略某些惯性效应不是很大的方向的动力效应,造成体系静、动力自由度数目不相等,也即从运动方程的角度导致质量矩阵成为半正定矩阵。

$$\begin{bmatrix}\boldsymbol{M}_{\mathrm{a}} & \boldsymbol{0}\\ \boldsymbol{0} & \boldsymbol{0}\end{bmatrix}\begin{bmatrix}\ddot{\boldsymbol{u}}_{\mathrm{a}}\\ \ddot{\boldsymbol{u}}_{\mathrm{b}}\end{bmatrix}+\begin{bmatrix}\boldsymbol{K}_{\mathrm{aa}} & \boldsymbol{K}_{\mathrm{ab}}\\ \boldsymbol{K}_{\mathrm{ba}} & \boldsymbol{K}_{\mathrm{bb}}\end{bmatrix}\begin{bmatrix}\boldsymbol{u}_{\mathrm{a}}\\ \boldsymbol{u}_{\mathrm{b}}\end{bmatrix}=\begin{bmatrix}\boldsymbol{P}_{\mathrm{a}}\\ \boldsymbol{P}_{\mathrm{b}}\end{bmatrix} \tag{4.125}$$

其中,$\boldsymbol{M}_a$ 为对称正定阵,下标 a 表示有惯性效应的那些自由度,下标 b 表示惯性效应被忽略的那些自由度。

展开式(4.125)可得

$$\boldsymbol{M}_{\mathrm{a}}\ddot{\boldsymbol{u}}_{\mathrm{a}}+\boldsymbol{K}_{\mathrm{aa}}\boldsymbol{u}_{\mathrm{a}}+\boldsymbol{K}_{\mathrm{ab}}\boldsymbol{u}_{\mathrm{b}}=\boldsymbol{P}_{\mathrm{a}} \tag{4.126}$$

$$\boldsymbol{K}_{\mathrm{ba}}\boldsymbol{u}_{\mathrm{a}}+\boldsymbol{K}_{\mathrm{bb}}\boldsymbol{u}_{\mathrm{b}}=\boldsymbol{P}_{\mathrm{b}} \tag{4.127}$$

由式(4.127)可得

$$\boldsymbol{u}_{\mathrm{b}}=-\boldsymbol{K}_{\mathrm{bb}}^{-1}\boldsymbol{K}_{\mathrm{ba}}\boldsymbol{u}_{\mathrm{a}}+\boldsymbol{K}_{\mathrm{bb}}^{-1}\boldsymbol{P}_{\mathrm{b}} \tag{4.128}$$

将式(4.128)代入式(4.126)可得

$$\boldsymbol{M}_{\mathrm{a}}\ddot{\boldsymbol{u}}_{\mathrm{a}}+(\boldsymbol{K}_{\mathrm{aa}}-\boldsymbol{K}_{\mathrm{ab}}\boldsymbol{K}_{\mathrm{bb}}{}^{-1}\boldsymbol{K}_{\mathrm{ba}})\boldsymbol{u}_{\mathrm{a}}+\boldsymbol{K}_{\mathrm{ab}}\boldsymbol{K}_{\mathrm{bb}}{}^{-1}\boldsymbol{P}_{\mathrm{b}}=\boldsymbol{P}_{\mathrm{a}} \tag{4.129}$$

进一步写为

$$\boldsymbol{M}_{\mathrm{a}}\ddot{\boldsymbol{u}}_{\mathrm{a}}+\overline{\boldsymbol{K}}\boldsymbol{u}_{\mathrm{a}}=\overline{\boldsymbol{P}}_{\mathrm{a}} \tag{4.130}$$

$$\overline{\boldsymbol{P}}_{\mathrm{a}}=\boldsymbol{P}_{\mathrm{a}}-\boldsymbol{K}_{\mathrm{ab}}\boldsymbol{K}_{\mathrm{bb}}{}^{-1}\boldsymbol{P}_{\mathrm{b}} \tag{4.131}$$

$$\overline{\boldsymbol{K}}=\boldsymbol{K}_{\mathrm{aa}}-\boldsymbol{K}_{\mathrm{ab}}\boldsymbol{K}_{\mathrm{bb}}{}^{-1}\boldsymbol{K}_{\mathrm{ba}}=\boldsymbol{K}_{\mathrm{aa}}-\boldsymbol{K}_{\mathrm{ba}}{}^{\mathrm{T}}\boldsymbol{K}_{\mathrm{bb}}{}^{-1}\boldsymbol{K}_{\mathrm{ba}} \tag{4.132}$$

其中，$\overline{\boldsymbol{K}}$ 就是经过缩减后的刚度矩阵，这种减少体系自由度的方法称为静力凝聚法。

观察式(4.130)与式(4.131)，此时，矩阵 $\boldsymbol{M}_{\mathrm{a}}$ 与 $\overline{\boldsymbol{K}}$ 保持正定、对称。

【例4.10】　某大型立交桥框架桥墩，质量集中在横梁处，每层质量与层间侧移刚度如图 4.17 所示，求其刚度系数、频率及主振型，并验算各振型的正交性。

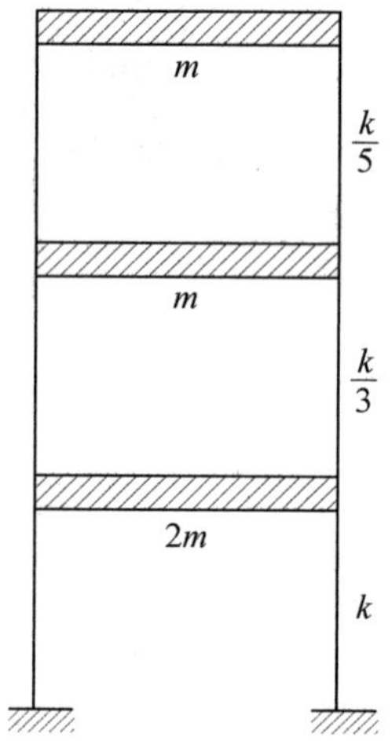

图 4.17　某大型立交桥框架桥墩

解　(1) 求解刚度系数。

刚度矩阵和质量矩阵分别为

$$\boldsymbol{K}=\frac{k}{15}\begin{bmatrix}20 & -5 & 0\\ -5 & 8 & -3\\ 0 & -3 & 3\end{bmatrix}$$

$$\boldsymbol{M}=m\begin{bmatrix}2 & 0 & 0\\ 0 & 1 & 0\\ 0 & 0 & 1\end{bmatrix}$$

(2) 求频率。

将刚度矩阵和质量矩阵代入频率方程 $|\boldsymbol{K}-\omega^2\boldsymbol{M}|=0$，可得

$$\frac{k}{15}\begin{vmatrix}20-2\eta & -5 & 0\\ -5 & 8-\eta & -3\\ 0 & -3 & 3-\eta\end{vmatrix}=0$$

展开得 $2\eta^3-42\eta^2+225\eta-225=0$，解得 $\eta_1=1.293$，$\eta_2=6.680$，$\eta_3=13.027$，则有频率为

$$\omega_1^2=0.086\,2\frac{k}{m},\quad \omega_1=0.293\,6\sqrt{\frac{k}{m}}$$

$$\omega_2^2=0.445\,3\frac{k}{m},\quad \omega_2=0.667\,3\sqrt{\frac{k}{m}}$$

$$\omega_3^2=0.868\,5\frac{k}{m},\quad \omega_3=0.931\,9\sqrt{\frac{k}{m}}$$

(3) 求主振型。

根据振型方程 $(\boldsymbol{K}-\omega^2\boldsymbol{M})\boldsymbol{\varphi}=0$ 得

$$\begin{bmatrix}20-2\eta_i & -5 & 0\\ -5 & 8-\eta_i & -3\\ 0 & -3 & 3-\eta_i\end{bmatrix}\begin{bmatrix}\varphi_{1i}\\ \varphi_{2i}\\ 1\end{bmatrix}=0$$

解得

$$\boldsymbol{\varphi}_1=\begin{bmatrix}0.163\\0.569\\1\end{bmatrix},\quad \boldsymbol{\varphi}_2=\begin{bmatrix}-0.924\\-1.227\\1\end{bmatrix},\quad \boldsymbol{\varphi}_3=\begin{bmatrix}2.760\\-3.342\\1\end{bmatrix}$$

各阶振型如图 4.18 所示。

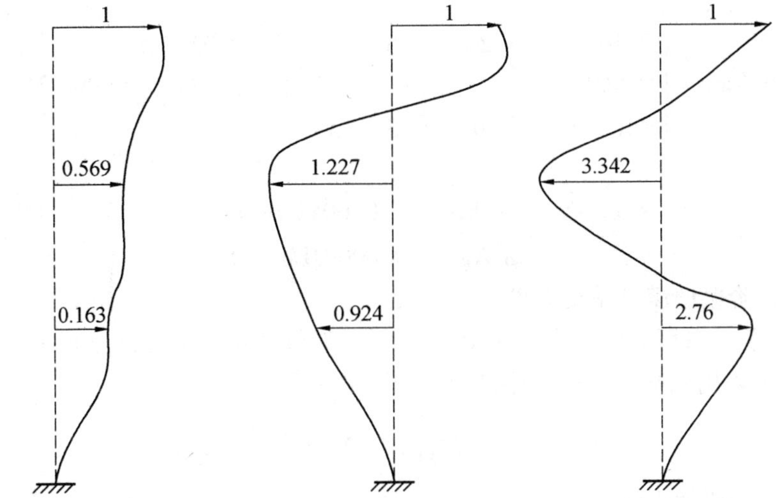

图 4.18　某大型立交桥框架桥墩前三阶振型

若对各振型进行质量归一化，令 $\hat{\boldsymbol{\varphi}}_i=C_i\boldsymbol{\varphi}_i$，则有 $\hat{\boldsymbol{\varphi}}_i^{\mathrm{T}}\boldsymbol{M}\hat{\boldsymbol{\varphi}}_i=1$，将上述得到的振型向量代入可得

$$mC_i^2\begin{bmatrix}\varphi_{1i} & \varphi_{2i} & \varphi_{3i}\end{bmatrix}\begin{bmatrix}2&0&0\\0&1&0\\0&0&1\end{bmatrix}\begin{bmatrix}\varphi_{1i}\\\varphi_{2i}\\\varphi_{3i}\end{bmatrix}=0$$

φ_{ij} 为正时，表示质量 m_i 的运动方向与单位位移方向相同；

φ_{ij} 为负时，表示质量 m_i 的运动方向与单位位移方向相反。

解得

$$\hat{\boldsymbol{\varphi}}_1=\frac{1}{\sqrt{m}}\begin{bmatrix}0.139\\0.485\\0.852\end{bmatrix},\quad \hat{\boldsymbol{\varphi}}_2=\frac{1}{\sqrt{m}}\begin{bmatrix}-0.450\\-0.498\\0.487\end{bmatrix},\quad \hat{\boldsymbol{\varphi}}_3=\frac{1}{\sqrt{m}}\begin{bmatrix}0.527\\-0.638\\0.191\end{bmatrix}$$

（4）验算各振型的正交性。

前三阶振型分别为

$$\boldsymbol{\varphi}_1=\begin{bmatrix}0.163\\0.569\\1\end{bmatrix},\quad \boldsymbol{\varphi}_2=\begin{bmatrix}-0.924\\-1.227\\1\end{bmatrix},\quad \boldsymbol{\varphi}_3=\begin{bmatrix}2.760\\-3.342\\1\end{bmatrix}$$

验算第一正交性，有

$$\boldsymbol{\varphi}_1^{\mathrm{T}}\boldsymbol{M}\boldsymbol{\varphi}_2=\begin{bmatrix}0.163\\0.569\\1\end{bmatrix}^{\mathrm{T}}\begin{bmatrix}2&0&0\\0&1&0\\0&0&1\end{bmatrix}\begin{bmatrix}-0.924\\-1.227\\1\end{bmatrix}m=0.000\,6m\approx 0$$

同理可得

$$\boldsymbol{\varphi}_1^{\mathrm{T}}\boldsymbol{M}\boldsymbol{\varphi}_3=-0.002m\approx 0,\quad \boldsymbol{\varphi}_2^{\mathrm{T}}\boldsymbol{M}\boldsymbol{\varphi}_3=0.000\,2m\approx 0$$

验算第二正交性,有

$$\boldsymbol{\varphi}_1^{\mathrm{T}}\boldsymbol{K}\boldsymbol{\varphi}_2=\begin{bmatrix}0.163\\0.569\\1\end{bmatrix}^{\mathrm{T}}\frac{k}{15}\begin{bmatrix}20&-5&0\\-5&8&-3\\0&-3&3\end{bmatrix}\begin{bmatrix}-0.924\\-1.227\\1\end{bmatrix}=0.000\,3k\approx 0$$

同理可得

$$\boldsymbol{\varphi}_1^{\mathrm{T}}\boldsymbol{K}\boldsymbol{\varphi}_3=-0.001k\approx 0$$

$$\boldsymbol{\varphi}_2^{\mathrm{T}}\boldsymbol{K}\boldsymbol{\varphi}_3=0.000\,01k\approx 0$$

所以前三阶振型满足正交条件。

【例 4.11】 采用柔度法求图 4.19(a)所示等截面简支梁的自振频率与主振型。

解 (1)采用结构力学的图乘法可得到柔度系数为

$$\delta_{11}=\delta_{22}=\frac{4l^3}{243\mathrm{EI}},\quad \delta_{12}=\delta_{21}=\frac{7l^3}{486\mathrm{EI}}$$

柔度矩阵和质量矩阵分别为

$$\boldsymbol{\delta}=\delta_0\begin{bmatrix}8&7\\7&8\end{bmatrix},\quad \boldsymbol{M}=m\begin{bmatrix}1&0\\0&1\end{bmatrix}$$

其中,$\delta_0=\dfrac{l^3}{486\mathrm{EI}}$。

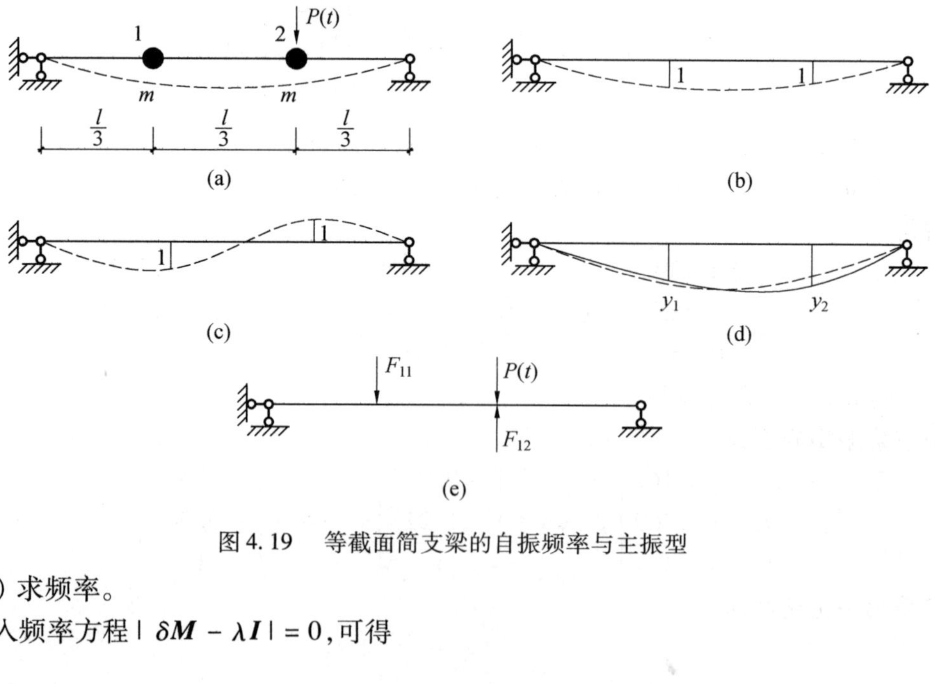

图 4.19　等截面简支梁的自振频率与主振型

(2)求频率。

代入频率方程 $|\boldsymbol{\delta M}-\lambda\boldsymbol{I}|=0$,可得

$$|\delta \boldsymbol{M} - \lambda \boldsymbol{I}| = \delta_0 m \begin{vmatrix} 8-\zeta & 7 \\ 7 & 8-\zeta \end{vmatrix} = 0$$

其中

$$\zeta = \frac{\lambda}{\delta_0 m} = \frac{1}{\delta_0 m \omega^2}$$

展开得

$$\zeta^2 - 16\zeta + 15 = 0$$

解得

$$\zeta_1 = 15, \quad \zeta_2 = 1$$

则两个自振频率为

$$\omega_1 = \sqrt{\frac{486\mathrm{EI}}{15ml^3}} = 5.69\sqrt{\frac{\mathrm{EI}}{ml^3}}, \quad \omega_2 = \sqrt{\frac{486\mathrm{EI}}{ml^3}} = 22.05\sqrt{\frac{\mathrm{EI}}{ml^3}}$$

(3) 求主振型。

将 $\boldsymbol{\lambda}_i$ 代入振型方程式,得

$$\boldsymbol{\varphi}_1 = \begin{bmatrix} 1 \\ 1 \end{bmatrix}, \quad \boldsymbol{\varphi}_2 = \begin{bmatrix} 1 \\ -1 \end{bmatrix}$$

对振型质量进行归一化得

$$\hat{\boldsymbol{\varphi}}_1 = \frac{1}{\sqrt{2m}}\begin{bmatrix} 1 \\ 1 \end{bmatrix}, \quad \hat{\boldsymbol{\varphi}}_2 = \frac{1}{\sqrt{2m}}\begin{bmatrix} 1 \\ -1 \end{bmatrix}$$

振型叠加法通过广义坐标实现方程解耦,显著降低了计算复杂度。其关键在于初始条件的振型分解,例如地震后结构的余振分析需精确匹配初始位移与速度分布。

4.4 强迫振动分析

强迫振动分析是结构动力学中评估系统在外界动态荷载作用下响应的核心内容。实际工程中,结构经常承受风荷载、地震作用、机械振动等周期性或瞬态激励,其动态响应直接影响安全性与功能性。本节以多自由度体系为对象,系统探讨无阻尼与有阻尼条件下的强迫振动分析方法,通过刚度法和柔度法的结合,揭示共振现象的机理及其抑制策略。例如,高层建筑在风荷载下的摆动分析需精确计算位移幅值以避免舒适性问题,而机械设备的周期性激励可能引发共振导致疲劳破坏。学习本节内容,读者将掌握从理论模型到工程实践的完整分析链条。

4.4.1 多自由度无阻尼体系的受迫振动分析

无阻尼受迫振动分析聚焦于外部荷载与系统固有特性的相互作用。本部分以简谐荷载为例,对比直接求解与振型叠加法的效率,并讨论共振条件。例如,旋转机械的基座振动分析需避免荷载频率与系统频率重合。

1. 简谐荷载作用下的响应分析

简谐荷载作用下的多自由度无阻尼体系的运动方程为

$$\boldsymbol{M}\ddot{\boldsymbol{U}}+\boldsymbol{K}\boldsymbol{U}=\boldsymbol{P}_0\sin\theta t \tag{4.133}$$

式中　$\boldsymbol{P}_0$—— 简谐荷载的幅值向量；

θ—— 简谐荷载的频率。

设体系的稳态解的形式为

$$\boldsymbol{U}=\boldsymbol{A}\sin\theta t \tag{4.134}$$

式中　$\boldsymbol{A}$—— 位移幅值向量。

将其代入运动方程得

$$-\boldsymbol{M}\boldsymbol{A}\theta^2\sin\theta t+\boldsymbol{K}\boldsymbol{A}\sin\theta t=\boldsymbol{P}_0\sin\theta t \tag{4.135}$$

$$(\boldsymbol{K}-\theta^2\boldsymbol{M})\boldsymbol{A}=\boldsymbol{P}_0 \tag{4.136}$$

$$\boldsymbol{A}=(\boldsymbol{K}-\theta^2\boldsymbol{M})^{-1}\boldsymbol{P}_0 \tag{4.137}$$

所以体系的稳态解为

$$\boldsymbol{U}=(\boldsymbol{K}-\theta^2\boldsymbol{M})^{-1}\boldsymbol{P}_0\sin\theta t \tag{4.138}$$

如果系数行列式为零，即$|\boldsymbol{K}-\theta^2\boldsymbol{M}|=0$，则体系的影响将无穷大，出现共振现象。注：$n$个自由度的体系，将有 n 个共振点。

【例 4.12】　试推导两自由度体系在简谐荷载下的一般解。

解　对于两自由度体系，有

$$(\boldsymbol{K}-\theta^2\boldsymbol{M})=\begin{bmatrix} k_{11}-\theta^2 m_1 & k_{12} \\ k_{21} & k_{22}-\theta^2 m_2 \end{bmatrix}$$

如果 $\theta\neq\omega_i$，则 $\boldsymbol{A}=(\boldsymbol{K}-\theta^2\boldsymbol{M})^{-1}\boldsymbol{P}_0$，则有

$$\boldsymbol{A}=\begin{bmatrix}\boldsymbol{A}_1\\ \boldsymbol{A}_2\end{bmatrix}=\frac{1}{\boldsymbol{B}_0}\begin{bmatrix} k_{22}-\theta^2 m_2 & -k_{12} \\ -k_{21} & k_{11}-\theta^2 m_1 \end{bmatrix}\begin{bmatrix}\boldsymbol{P}_{01}\\ \boldsymbol{P}_{02}\end{bmatrix}$$

其中，$\boldsymbol{B}_0=|\boldsymbol{K}-\theta^2\boldsymbol{M}|$。

两自由度体系在简谐荷载下的一般解为

$$\boldsymbol{U}(t)=\begin{bmatrix}\boldsymbol{u}_1(t)\\ \boldsymbol{u}_2(t)\end{bmatrix}=\begin{bmatrix}\boldsymbol{A}_1\\ \boldsymbol{A}_2\end{bmatrix}\sin\theta t$$

如果只有一个自由度承受简谐荷载，即 $\boldsymbol{P}_{02}=0$，则

$$\boldsymbol{A}=\begin{bmatrix}\boldsymbol{A}_1\\ \boldsymbol{A}_2\end{bmatrix}=\frac{1}{\boldsymbol{B}_0}\begin{bmatrix} k_{22}-\theta^2 m_2 & -k_{12} \\ -k_{21} & k_{11}-\theta^2 m_1 \end{bmatrix}\begin{bmatrix}\boldsymbol{P}_{01}\\ 0\end{bmatrix}$$

展开上式有

$$\boldsymbol{A}_1=\frac{k_{22}-\theta^2 m_2}{\boldsymbol{B}_0}\boldsymbol{P}_{01},\quad \boldsymbol{A}_2=\frac{-k_{21}}{\boldsymbol{B}_0}\boldsymbol{P}_{01}$$

调整参数，使得

$$k_{22}-\theta^2 m_2=0$$

$$\frac{k_{22}}{m_2}=\theta^2$$

$$\boldsymbol{B}_0 = \begin{vmatrix} k_{11} - \theta^2 m_1 & k_{12} \\ k_{21} & 0 \end{vmatrix} = -k_{12}k_{21}$$

则有 $\boldsymbol{A}_1 = 0, \boldsymbol{A}_2 = \dfrac{\boldsymbol{P}_{01}}{k_{12}}$,此时主结构振动被消除。

应用:主结构上安装一个附加“质量 - 弹簧”系统,如图 4.20 所示。

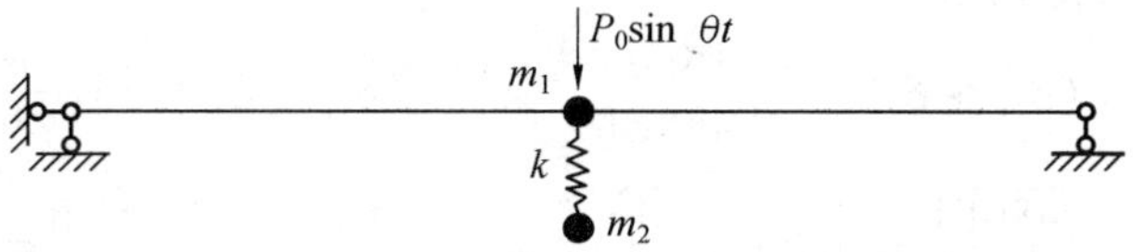

图 4.20　吸振器示意

2. 任意荷载作用下的响应分析

任意荷载作用下的结构运动方程为

$$\boldsymbol{M}\ddot{\boldsymbol{U}} + \boldsymbol{K}\boldsymbol{U} = \boldsymbol{P}(t) \tag{4.139}$$

式(4.139)为 n 阶耦联的运动方程组,利用振型分解法得

$$\boldsymbol{U} = \sum_{i=1}^{n} \boldsymbol{\eta}_i(t)\boldsymbol{\varphi}_i \tag{4.140}$$

$$\sum_{i=1}^{n} \ddot{\boldsymbol{\eta}}_i(t)\boldsymbol{M}\boldsymbol{\varphi}_i + \sum_{i=1}^{n} \boldsymbol{\eta}_i(t)\boldsymbol{K}\boldsymbol{\varphi}_i = \boldsymbol{P}(t) \tag{4.141}$$

两边同时左乘 $\boldsymbol{\varphi}_j^{\mathrm{T}}$,利用振型的正交性,可得

$$\boldsymbol{M}_j^* \ddot{\boldsymbol{\eta}}_j(t) + \boldsymbol{K}_j^* \boldsymbol{\eta}_j(t) = \boldsymbol{P}_j^*(t), \quad j = 1,2,\cdots,n \tag{4.142}$$

其中,$\boldsymbol{P}_j^*(t) = \boldsymbol{\varphi}_j^{\mathrm{T}}\boldsymbol{P}(t)$ 为广义荷载,式(4.142)是一组互相独立的用广义坐标表示的单自由度体系运动方程。

由 Duhamel 积分求解出每个广义坐标 $\boldsymbol{\eta}_j(t)$ 的响应,即

$$\boldsymbol{\eta}_j(t) = \int_0^t \frac{\boldsymbol{P}_j^*(\tau)}{\boldsymbol{M}_j^* \omega_j} \sin \omega_j(t-\tau)\,\mathrm{d}\tau, \quad j = 1,2,\cdots,n \tag{4.143}$$

体系的原始几何坐标响应为

$$\boldsymbol{U}(t) = \sum_{i=1}^{n} \boldsymbol{\eta}_i(t)\boldsymbol{\varphi}_i \tag{4.144}$$

振型叠加法步骤如下。

(1) 自振特性分析:求出各阶自振频率与对应的振型。

(2) 振型分解法:耦联方程组 → 独立振型方程,即解耦。

(3) 计算广义质量和广义荷载。

(4) 由 Duhamel 积分求解每个广义坐标 $\boldsymbol{\eta}_j(t)$ 的响应。

(5) 振型叠加法:计算位移响应向量。

【例 4.13】　求图 4.21 所示结构在质点 2 处受突加荷载时的位移响应。已知 $m_1 = m_2 = m$,EI 为常量。

解　(1) 求自振频率与对应的振型。

求柔度方程 $\delta_{11}=\delta_{22}=\dfrac{4l^3}{243\mathrm{EI}}$，$\delta_{12}=\delta_{21}=\dfrac{7l^3}{486\mathrm{EI}}$。

代入频率方程 $|\delta \boldsymbol{M}-\lambda \boldsymbol{I}|=0$，可得

$$\begin{vmatrix}\delta_{11}m-\lambda & \delta_{12}m \\ \delta_{21}m & \delta_{22}m-\lambda\end{vmatrix}=0$$

求解频率方程，可得频率

$$\lambda_1=(\delta_{11}+\delta_{12})m=\frac{15ml^3}{486\mathrm{EI}},\quad \lambda_2=(\delta_{11}-\delta_{12})m=\frac{ml^3}{486\mathrm{EI}}$$

$$\omega_1=\sqrt{\frac{1}{\lambda_1}}=\sqrt{\frac{486\mathrm{EI}}{15ml^3}}=5.69\sqrt{\frac{\mathrm{EI}}{ml^3}},\quad \omega_2=\sqrt{\frac{1}{\lambda_2}}=\sqrt{\frac{486\mathrm{EI}}{ml^3}}=22.05\sqrt{\frac{\mathrm{EI}}{ml^3}}$$

再用柔度法求振型，有

$$\hat{\boldsymbol{\varphi}}_i=\begin{bmatrix}1 \\ -\dfrac{\delta_{11}m_1-\lambda_i}{\delta_{12}m_2}\end{bmatrix}=\begin{bmatrix}1 \\ -\dfrac{\delta_{21}m_1}{\delta_{22}m_2-\lambda_i}\end{bmatrix},\quad i=1,2$$

$$-\frac{\delta_{11}m_1-\lambda_1}{\delta_{12}m_2}=-\frac{\dfrac{4ml^3}{243\mathrm{EI}}-\dfrac{15ml^3}{486\mathrm{EI}}}{\dfrac{7ml^3}{486\mathrm{EI}}}=1$$

$$-\frac{\delta_{21}m_1}{\delta_{22}m_2-\lambda_2}=-\frac{\dfrac{7ml^3}{486\mathrm{EI}}}{\dfrac{4ml^3}{243\mathrm{EI}}-\dfrac{ml^3}{486\mathrm{EI}}}=-1$$

（2）计算广义质量和广义荷载。

$$\boldsymbol{M}_1^*=\hat{\boldsymbol{\varphi}}_1^{\mathrm{T}}\boldsymbol{M}\hat{\boldsymbol{\varphi}}_1=[1\quad 1]\begin{bmatrix}m & 0 \\ 0 & m\end{bmatrix}\begin{bmatrix}1 \\ 1\end{bmatrix}=2mcc$$

$$\boldsymbol{M}_2^*=\hat{\boldsymbol{\varphi}}_2^{\mathrm{T}}\boldsymbol{M}\hat{\boldsymbol{\varphi}}_2=[1\quad -1]\begin{bmatrix}m & 0 \\ 0 & m\end{bmatrix}\begin{bmatrix}1 \\ -1\end{bmatrix}=2m$$

$$\boldsymbol{P}_1^*(t)=\hat{\boldsymbol{\varphi}}_1^{\mathrm{T}}\boldsymbol{P}(t)=[1\quad 1]\begin{bmatrix}0 \\ \boldsymbol{P}_0\end{bmatrix}=\boldsymbol{P}_0$$

$$\boldsymbol{P}_2^*(t)=\hat{\boldsymbol{\varphi}}_2^{\mathrm{T}}\boldsymbol{P}(t)=[1\quad -1]\begin{bmatrix}0 \\ \boldsymbol{P}_0\end{bmatrix}=-\boldsymbol{P}_0$$

（3）由 Duhamel 积分求解出每个广义坐标 $\boldsymbol{\eta}_j(t)$ 的响应。

$$\boldsymbol{\eta}_j(t)=\int_0^t\frac{\boldsymbol{P}_j^*(\tau)}{\boldsymbol{M}_j^*\omega_j}\sin\omega_j(t-\tau)\mathrm{d}\tau,\quad j=1,2$$

又有 $\boldsymbol{M}_1^*=2m$，$\boldsymbol{M}_2^*=2m$，$\boldsymbol{P}_1^*(t)=\boldsymbol{P}_0$，$\boldsymbol{P}_2^*(t)=-\boldsymbol{P}_0$，所以可得每个广义坐标 $\boldsymbol{\eta}_j(t)$ 的响应为

$$\boldsymbol{\eta}_1(t)=\int_0^t\frac{\boldsymbol{P}_0}{2m\omega_1}\sin\omega_1(t-\tau)\mathrm{d}\tau=\frac{\boldsymbol{P}_0}{2m\omega_1^2}(1-\cos\omega_1 t)$$

$$\boldsymbol{\eta}_2(t)=\int_0^t\frac{-\boldsymbol{P}_0}{2m\omega_2}\sin\omega_2(t-\tau)\mathrm{d}\tau=-\frac{\boldsymbol{P}_0}{2m\omega_2^2}(1-\cos\omega_2 t)$$

(4) 由振型叠加求出体系的位移响应向量。

$$\boldsymbol{U}(t)=\sum_{i=1}^{2}\boldsymbol{\eta}_i(t)\boldsymbol{\varphi}_i=\boldsymbol{\eta}_1(t)\hat{\boldsymbol{\varphi}}_1+\boldsymbol{\eta}_2(t)\hat{\boldsymbol{\varphi}}_2=\begin{bmatrix}\boldsymbol{\eta}_1(t)+\boldsymbol{\eta}_2(t)\\ \boldsymbol{\eta}_1(t)-\boldsymbol{\eta}_2(t)\end{bmatrix}$$

展开形式如下：

$$\begin{aligned}\boldsymbol{u}_1=\boldsymbol{\eta}_1(t)+\boldsymbol{\eta}_2(t)&=\frac{\boldsymbol{P}_0}{2m\omega_1^2}(1-\cos\omega_1 t)-\frac{\boldsymbol{P}_0}{2m\omega_2^2}(1-\cos\omega_2 t)\\&=\frac{\boldsymbol{P}_0}{2m\omega_1^2}\left[(1-\cos\omega_1 t)-\left(\frac{\omega_1}{\omega_2}\right)^2(1-\cos\omega_2 t)\right]\\&=\frac{\boldsymbol{P}_0}{2m\omega_1^2}[(1-\cos\omega_1 t)-0.0667(1-\cos\omega_2 t)]\end{aligned}$$

$$\begin{aligned}\boldsymbol{u}_2=\boldsymbol{\eta}_1(t)-\boldsymbol{\eta}_2(t)&=\frac{\boldsymbol{P}_0}{2m\omega_1^2}(1-\cos\omega_1 t)+\frac{\boldsymbol{P}_0}{2m\omega_2^2}(1-\cos\omega_2 t)\\&=\frac{\boldsymbol{P}_0}{2m\omega_1^2}2(1-\cos\omega_1 t)+\left(\frac{\omega_1}{\omega_2}\right)^2(1-\cos\omega_2 t)\\&=\frac{\boldsymbol{P}_0}{2m\omega_1^2}[(1-\cos\omega_1 t)+0.0667(1-\cos\omega_2 t)]\end{aligned}$$

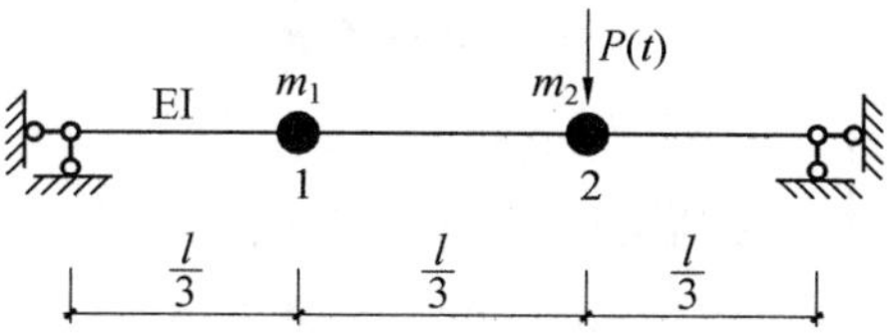

图 4.21　两质点结构

3. 无阻尼结构的动内力计算

无阻尼体系的惯性力向量为

$$\boldsymbol{F}_{\mathrm{I}}=-\boldsymbol{MU}\tag{4.145}$$

简谐荷载作用下的运动方程为

$$\boldsymbol{M}\ddot{\boldsymbol{U}}+\boldsymbol{KU}=\boldsymbol{P}_0\sin\theta t\tag{4.146}$$

简谐荷载作用下的位移响应向量为

$$\boldsymbol{U}=(\boldsymbol{K}-\theta^2\boldsymbol{M})^{-1}\boldsymbol{P}_0\sin\theta t,\quad \ddot{\boldsymbol{U}}=-\theta^2(\boldsymbol{K}-\theta^2\boldsymbol{M})^{-1}\boldsymbol{P}_0\sin\theta t\tag{4.147}$$

惯性力向量为

$$\boldsymbol{F}_{\mathrm{I}}=-\boldsymbol{M}\ddot{\boldsymbol{U}}=\theta^2\boldsymbol{M}(\boldsymbol{K}-\theta^2\boldsymbol{M})^{-1}\boldsymbol{P}_0\sin\theta t\tag{4.148}$$

惯性力与简谐荷载同步：

内力幅值 = 荷载幅值引起的内力 + 惯性力幅值引起的内力

共振现象的分析为结构设计提供了临界频率阈值，吸振器的引入可有效拓宽系统的安全运行范围。实际工程中，荷载频率的频谱分析是预防共振的关键步骤。

4.4.2 多自由度有阻尼体系的受迫振动分析

阻尼是实际结构的固有属性，显著影响振动能量的耗散与响应幅值。本部分引入瑞利阻尼（Rayleigh 阻尼）模型，通过振型叠加法求解有阻尼系统的强迫振动响应。例如，汽车悬架系统的振动分析需考虑阻尼器的非线性特性。

任意荷载下多自由度有阻尼体系的运动方程为

$$\boldsymbol{M}\ddot{\boldsymbol{U}} + \boldsymbol{C}\dot{\boldsymbol{U}} + \boldsymbol{K}\boldsymbol{U} = \boldsymbol{P}(t) \tag{4.149}$$

采用振型分解法，有

$$\boldsymbol{U} = \sum_{i=1}^{n} \boldsymbol{\eta}_i(t)\boldsymbol{\varphi}_i \tag{4.150}$$

$$\sum_{i=1}^{n} \ddot{\boldsymbol{\eta}}_i(t)\boldsymbol{M}\boldsymbol{\varphi}_i + \sum_{i=1}^{n} \dot{\boldsymbol{\eta}}_i(t)\boldsymbol{C}\boldsymbol{\varphi}_i + \sum_{i=1}^{n} \boldsymbol{\eta}_i(t)\boldsymbol{K}\boldsymbol{\varphi}_i = \boldsymbol{P}(t) \tag{4.151}$$

两边同时左乘 $\boldsymbol{\varphi}_j^{\mathrm{T}}$，利用振型的正交性，可得

$$\boldsymbol{M}_j^* \ddot{\boldsymbol{\eta}}_j(t) + \boldsymbol{C}_j^* \dot{\boldsymbol{\eta}}_j(t) + \boldsymbol{K}_j^* \boldsymbol{\eta}_j(t) = \boldsymbol{P}_j^*(t), \quad j = 1,2,\cdots,n \tag{4.152}$$

其中，称 $\boldsymbol{C}_j^* = \boldsymbol{\varphi}_j^{\mathrm{T}}\boldsymbol{C}\boldsymbol{\varphi}_j$ 为广义阻尼系数。

可以看出，利用振型的正交性，从方程（4.151）到（4.152），须有下式（4.153）成立：

$$\begin{cases} \boldsymbol{C}_j^* = \boldsymbol{\varphi}_j^{\mathrm{T}}\boldsymbol{C}\boldsymbol{\varphi}_j \\ \boldsymbol{\varphi}_j^{\mathrm{T}}\boldsymbol{C}\boldsymbol{\varphi}_i = 0 \end{cases} \tag{4.153}$$

为了式（4.153）成立，引入瑞利阻尼（Rayleigh 阻尼），即

$$\boldsymbol{C} = a\boldsymbol{M} + b\boldsymbol{K} \tag{4.154}$$

假设其满足正交条件，则有

$$\boldsymbol{C}_j^* = \boldsymbol{\varphi}_j^{\mathrm{T}}\boldsymbol{C}\boldsymbol{\varphi}_j = \boldsymbol{\varphi}_j^{\mathrm{T}}(a\boldsymbol{M} + b\boldsymbol{K})\boldsymbol{\varphi}_j = a\boldsymbol{M}_j^* + b\boldsymbol{K}_j^* \tag{4.155}$$

$$\boldsymbol{C}_j^* = 2\xi_j\omega_j\boldsymbol{M}_j^*, \quad \boldsymbol{K}_j^* = \omega_j^2\boldsymbol{M}_j^* \tag{4.156}$$

$$2\xi_j\omega_j\boldsymbol{M}_j^* = a\boldsymbol{M}_j^* + b\omega_j^2\boldsymbol{M}_j^* \tag{4.157}$$

可得

$$\xi_j = \frac{1}{2}\left(\frac{a}{\omega_j} + \omega_j b\right) \tag{4.158}$$

根据实测阻尼比和式（4.158）求得两个常数 a 与 b，取两个控制频率，阻尼比认为一致，则有

$$\xi_i = \xi = \frac{1}{2}\left(\frac{a}{\omega_i} + \omega_i b\right) \tag{4.159}$$

$$\xi_j = \xi = \frac{1}{2}\left(\frac{a}{\omega_j} + \omega_j b\right) \tag{4.160}$$

解上述关于 a 与 b 的二元一次方程组，可得

$$\begin{cases} a = \dfrac{2\xi}{\omega_i + \omega_j}\omega_i\omega_j \\ b = \dfrac{2\xi}{\omega_i + \omega_j} \end{cases} \tag{4.161}$$

进而得阻尼矩阵

$$\ddot{\boldsymbol{\eta}}_j(t) + 2\xi_j\omega_j\dot{\boldsymbol{\eta}}_j(t) + \omega_j^2\boldsymbol{\eta}_j(t) = \frac{\boldsymbol{P}_j^*(t)}{\boldsymbol{M}_j^*}, \quad j = 1,2,\cdots,n \tag{4.162}$$

其中,$\boldsymbol{C}_j^* = 2\xi_j\boldsymbol{\omega}_j\boldsymbol{M}_j^*$,这是一组互相独立的用广义坐标表示的单自由度运动方程。

由 Duhamel 积分求解出每个广义坐标的响应为

$$\boldsymbol{\eta}_j(t) = \int_0^t \frac{\boldsymbol{P}_j^*(\tau)}{\boldsymbol{M}_j^*\boldsymbol{\omega}_{\mathrm{D}j}} \mathrm{e}^{-\xi_j\omega_j(t-\tau)} \sin\omega_{\mathrm{D}j}(t-\tau)\,\mathrm{d}\tau, \quad j = 1,2,\cdots,n \tag{4.163}$$

体系的原始几何坐标响应为

$$\boldsymbol{U}(t) = \sum_{j=1}^{n} \boldsymbol{\eta}_j(t)\boldsymbol{\varphi}_j \tag{4.164}$$

振型阻尼比(modal damping ratios):对应于第 n 阶振型反应的阻尼比,记为 ξ_n。

Rayleigh 阻尼:假设结构的阻尼矩阵是质量矩阵和刚度矩阵的结合,即

$$\boldsymbol{C} = a_0\boldsymbol{M} + a_1\boldsymbol{K} \tag{4.165}$$

其中,a_0 与 a_1 是两个待定的常数,可通过给定的两个振型阻尼比值来确定。

将式(4.165)分别左乘振型的转置 $\boldsymbol{\varphi}_n^{\mathrm{T}}$ 和右乘振型 $\boldsymbol{\varphi}_n$,可得

$$\boldsymbol{C}_n = a_0\boldsymbol{M}_n + a_1\boldsymbol{K}_n \tag{4.166}$$

其中,$\boldsymbol{C}_n$、$\boldsymbol{M}_n$、$\boldsymbol{K}_n$ 分别是第 n 阶振型的阻尼系数、振型质量和振型刚度,其表达式为

$$\boldsymbol{C}_n = \boldsymbol{\varphi}_n^{\mathrm{T}}\boldsymbol{C}\boldsymbol{\varphi}_n \tag{4.167}$$

$$\boldsymbol{M}_n = \boldsymbol{\varphi}_n^{\mathrm{T}}\boldsymbol{M}\boldsymbol{\varphi}_n \tag{4.168}$$

$$\boldsymbol{K}_n = \boldsymbol{\varphi}_n^{\mathrm{T}}\boldsymbol{K}\boldsymbol{\varphi}_n \tag{4.169}$$

将 $\boldsymbol{C}_n = 2\xi_n\omega_n\boldsymbol{M}_n$、$\omega_n^2 = \boldsymbol{K}_n/\boldsymbol{M}_n$ 代入(4.166)可得

$$\xi_n = \frac{a_0}{2\omega_n} + \frac{a_1\omega_n}{2} \tag{4.170}$$

将 Rayleigh 阻尼分成两项,即

$$\boldsymbol{C} = \boldsymbol{C}_M + \boldsymbol{C}_K \tag{4.171}$$

其中

$$\boldsymbol{C}_M = a_0\boldsymbol{M} \tag{4.172}$$

$$\boldsymbol{C}_K = a_1\boldsymbol{K} \tag{4.173}$$

相应地,阻尼比也分为两项,即

$$\xi_n = \xi_M + \xi_K \tag{4.174}$$

其中

$$\xi_M = \frac{a_0}{2\omega_n} \tag{4.175}$$

$$\xi_K = \frac{a_1\omega_n}{2} \tag{4.176}$$

当常数 a_0 和 a_1 确定后,ξ_M 和 ξ_K 仅与 ω_n 有关,如图 4.22 所示,可得以下结论。

(1) 当频率趋于零时,阻尼与质量有关的部分变得无穷大,随着频率的增加而迅速减小。

(2) 阻尼与刚度有关的部分,则随频率的增加而线性增大。

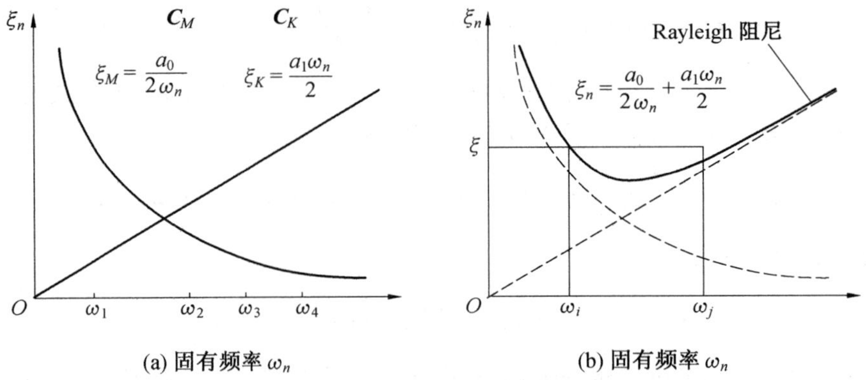

图 4.22　阻尼比与固有频率关系

注:

(1) 实际工程中,一般取各阶振型阻尼比均相同。

(2) 确定 Rayleigh 阻尼的原则:选择的两个用于确定常数 a_0 和 a_1 的频率点 $\boldsymbol{\omega}_i$ 和 $\boldsymbol{\omega}_j$,一般应覆盖结构分析中感兴趣的频段,通常取 $\boldsymbol{\omega}_i=\boldsymbol{\omega}_1$。且计算的阻尼将略小于实际阻尼(各阶阻尼比相同),结构的反应略大于实际反应,计算结果对工程设计而言是偏安全的。

【例 4.14】　如图 4.23 所示三层框架给出了横梁质量、层间刚度、自振频率和振型,假定第一阶和第二阶模态阻尼比为 5%,推导 Rayleigh 阻尼矩阵并计算第三阶模态阻尼比。

解　(1) 建立质量和刚度矩阵。

$$m=\begin{bmatrix}181\,436.9 & & \\ & 181\,436.9 & \\ & & 90\,718.5\end{bmatrix}$$

$$k=106.8\begin{bmatrix}181\,436.9 & & \\ & 181\,436.9 & \\ & & 90\,718.5\end{bmatrix}\times 10^6$$

(2) 求待定系数 a_0 和 a_1。

$$\begin{bmatrix}\frac{1}{12.57} & 12.57\\ \frac{1}{34.33} & 34.33\end{bmatrix}\begin{bmatrix}a_0\\ a_1\end{bmatrix}=2\begin{bmatrix}0.05\\ 0.05\end{bmatrix}$$

$$a_0=0.919\,8,\ a_1=0.002\,1$$

(3) 计算阻尼矩阵。

$$\boldsymbol{c}=a_0\boldsymbol{m}+a_1\boldsymbol{k}=\begin{bmatrix}615 & -224 & 0\\ & 615 & -1.30\\ (sym) & & 308\end{bmatrix}\times 10^3$$

(4) 计算第三阶阻尼比。

$$\xi_3=\frac{0.919\,8}{2\times 46.89}+\frac{0.002\,1\times 46.89}{2}=0.059\,3$$

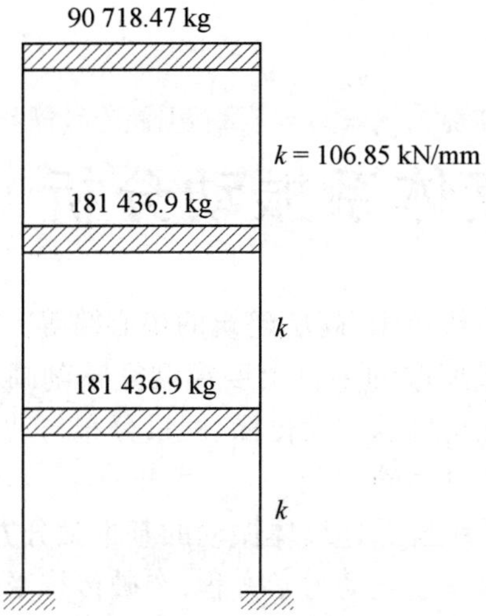

$$\omega_1 = 12.57\ (\text{rad/s})$$
$$\omega_2 = 34.33\ (\text{rad/s})$$
$$\omega_3 = 46.89\ (\text{rad/s})$$
$$\boldsymbol{\varphi}_1 = \begin{bmatrix} 0.401 \\ 0.695 \\ 0.803 \end{bmatrix}, \boldsymbol{\varphi}_2 = \begin{bmatrix} 0.803 \\ 0 \\ -0.803 \end{bmatrix}, \boldsymbol{\varphi}_3 = \begin{bmatrix} 0.401 \\ -0.695 \\ 0.803 \end{bmatrix}$$

图 4.23　三层框架结构

Rayleigh 阻尼模型通过质量与刚度矩阵的线性组合，平衡了计算效率与精度，但其对高频模态阻尼的简化需在设计中谨慎处理。实际应用中，阻尼比的实验标定是确保响应预测精度的关键。

第 5 章　无限自由度体系振动分析

在工程实践中，大多数真实结构（如连续梁、悬索桥拉索、高层建筑的核心筒等）本质上是具有无限自由度的连续体，其动态行为无法仅通过离散的多自由度模型完整刻画。本章聚焦于无限自由度体系的振动分析，从连续介质的视角揭示波动传播、能量分布与动态响应的本质规律，为复杂结构的精细化建模与设计提供理论基础。

本章以杆的轴向振动与梁的弯曲振动为核心，系统推导连续体振动的基本微分方程，并引入变分法这一强有力工具，从能量泛函极值原理出发建立动力学方程，突破传统受力分析的局限性。通过解析解法与近似分析法（如瑞利 - 里兹法）的结合，本章深入探讨连续体系统的固有频率、振型分布及其正交性，并进一步拓展至含轴向力、阻尼及外部激励的复杂工况分析。例如，斜拉桥拉索的振动需考虑轴向张力与弯曲刚度的耦合，而地震作用下连续梁的动力响应则依赖于振型叠加原理的高效求解。

学习本章，读者将从离散的多自由度体系过渡到连续的无限自由度体系，理解波动方程、模态分析及能量原理在连续体动力学中的应用。这些内容不仅是有限元法、谱方法等现代数值技术的理论基础，更为桥梁抗风抗震设计、机械振动控制、航空航天结构动态优化等实际工程问题提供关键分析工具。通过理论与实例的结合，本章旨在架起连续介质力学与工程实践的桥梁，为读者探索更复杂的非线性与耦合振动问题奠定坚实基础。

5.1　基本动力方程

无限自由度体系是实际工程结构（如连续梁、杆件）的真实动力学模型。本节通过建立杆的轴向振动方程、梁的弯曲振动方程（考虑轴向力与阻尼影响）及变分法推导，系统阐述连续体振动分析的数学基础。例如，桥梁主梁的振动分析需同时考虑弯曲与轴向力的耦合效应，而变分法的引入为复杂边界条件的处理提供了灵活工具。本节内容为后续自由与强迫振动分析奠定理论基础。

5.1.1　杆的轴向振动

杆的轴向振动只需考虑轴向平衡，是一维无限自由度体系振动的最简单形式。设有图 5.1 所示结构，取一微元如图 5.2 所示，则有平衡方程

$$-N(x,t)-F_{\mathrm{I}}(x,t)+\left[N(x,t)+\frac{\partial N(x,t)}{\partial x}\mathrm{d}x\right]-q(x,t)\mathrm{d}x=0 \tag{5.1}$$

其中惯性力为

$$F_{\mathrm{I}}(x,t)=m(x)\frac{\partial^2 u(x,t)}{\partial t^2} \tag{5.2}$$

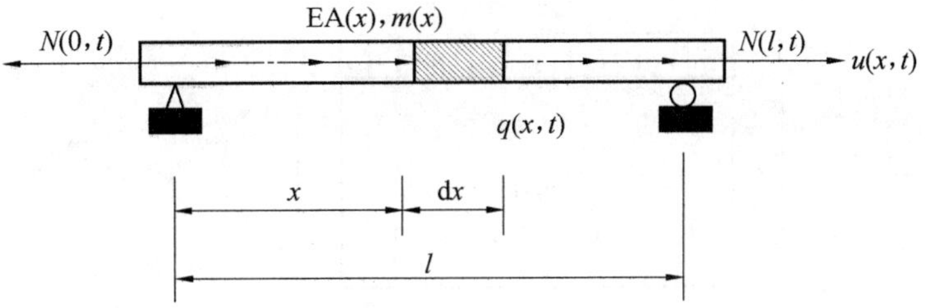

图 5.1　等截面杆在轴向力作用下的受力分析

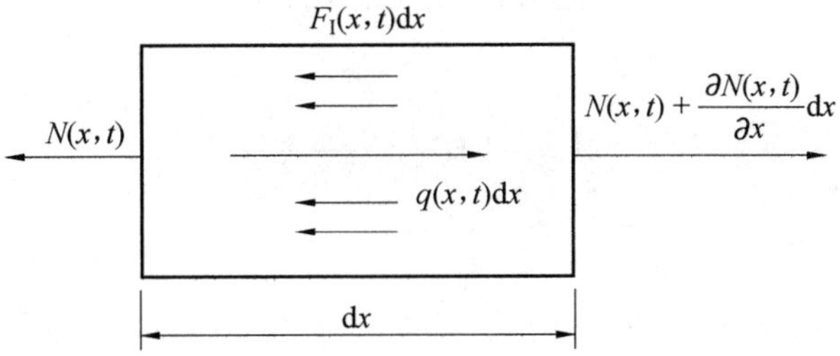

图 5.2　等截面杆微元

轴向力为

$$N(x,t)=\sigma(x,t)A(x)=\varepsilon(x,t)\mathrm{EA}(x)=\frac{\partial u(x,t)}{\partial x}\mathrm{EA}(x) \tag{5.3}$$

则有杆的轴向振动方程为

$$m(x)\frac{\partial^2 u(x,t)}{\partial t^2}-\frac{\partial}{\partial x}\left[\frac{\partial u(x,t)}{\partial x}\mathrm{EA}(x)\right]=q(x,t) \tag{5.4}$$

5.1.2　不考虑轴向力的无阻尼梁弯曲振动

设有一无阻尼梁体系如图 5.3 所示，取一微元如图 5.4 所示，则有微元所受惯性力为

$$F_{\mathrm{I}}(x,t)=m(x)\frac{\partial^2 v(x,t)}{\partial t^2} \tag{5.5}$$

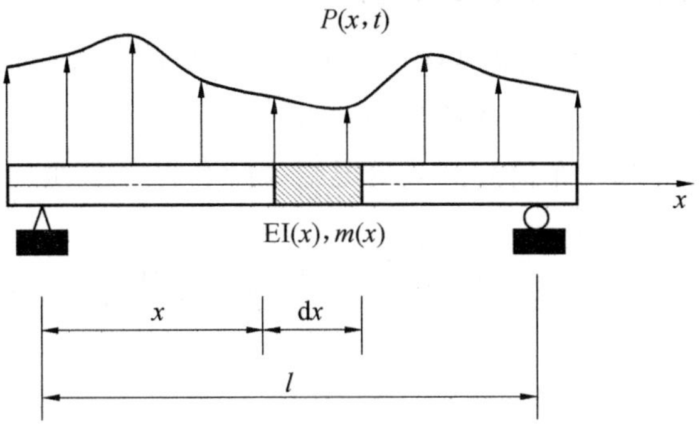

图 5.3　无阻尼梁在分布荷载作用下的受力分析

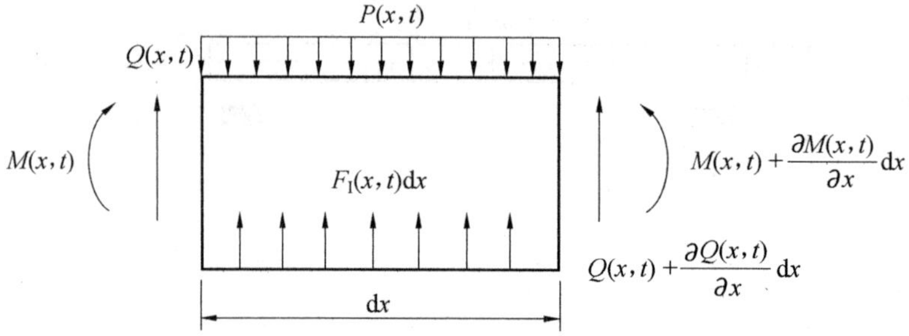

图 5.4　无阻尼梁微元

根据初等梁理论：

$$M = -\mathrm{EI}(x)\frac{\partial^2 v(x,t)}{\partial x^2} \tag{5.6}$$

可得平衡方程 1 为

$$Q(x,t) - \left[P(x,t) - m(x)\frac{\partial^2 v(x,t)}{\partial t^2}\right]\mathrm{d}x - \left[Q(x,t) + m(x)\frac{\partial Q(x,t)}{\partial x}\mathrm{d}x\right] = 0 \tag{5.7}$$

整理式(5.7)得

$$\frac{\partial Q(x,t)}{\partial x} = -P(x,t) + m(x)\frac{\partial^2 v(x,t)}{\partial t^2} \tag{5.8}$$

平衡方程 2 为

$$M(x,t) + Q(x,t)\mathrm{d}x - \frac{1}{2}\left[P(x,t) - m(x)\frac{\partial^2 v(x,t)}{\partial t^2}\right](\mathrm{d}x)^2 - \left[M(x,t) + \frac{\partial M(x,t)}{\partial x}\mathrm{d}x\right] = 0 \tag{5.9}$$

整理,得到无阻尼梁弯曲振动(无轴向力影响)振动方程为

$$m(x)\frac{\partial^2 v(x,t)}{\partial t^2} + \mathrm{EI}(x)\frac{\partial^4 v(x,t)}{\partial x^4} = P(x,t) \tag{5.10}$$

5.1.3　考虑轴向力的无阻尼梁弯曲振动

在桥梁工程中,部分构件不仅承受横向荷载,还同时承受轴向荷载(例如,地震作用下的桥墩,除了承受横向地震作用外,还承受轴压力)。

设有同时承受轴向力和分布荷载的无阻尼梁如图 5.5 所示,取一微元如图 5.6 所示,对微元进行受力分析,则有平衡方程

$$M(x,t) + Q(x,t)\mathrm{d}x + N(x)\frac{\partial v(x,t)}{\partial x}\mathrm{d}x - \frac{1}{2}\left[P(x,t) - m(x)\frac{\partial^2 v(x,t)}{\partial t^2}\right](\mathrm{d}x)^2 - \left[M(x,t) + \frac{\partial M(x,t)}{\partial x}\mathrm{d}x\right] = 0 \tag{5.11}$$

整理可得

$$Q(x,t) = -N(x)\frac{\partial v(x,t)}{\partial x} + \frac{\partial M(x,t)}{\partial x} \tag{5.12}$$

将其代入平衡方程 1 可得无阻尼梁弯曲振动(考虑轴向力)方程,即

$$\frac{\partial^2}{\partial x^2}\left[\mathrm{EI}(x)\frac{\partial^2 v(x,t)}{\partial x^2}\right]-N\frac{\partial^2 v(x,t)}{\partial x^2}+m\frac{\partial^2 v(x,t)}{\partial t^2}=P(x,t) \tag{5.13}$$

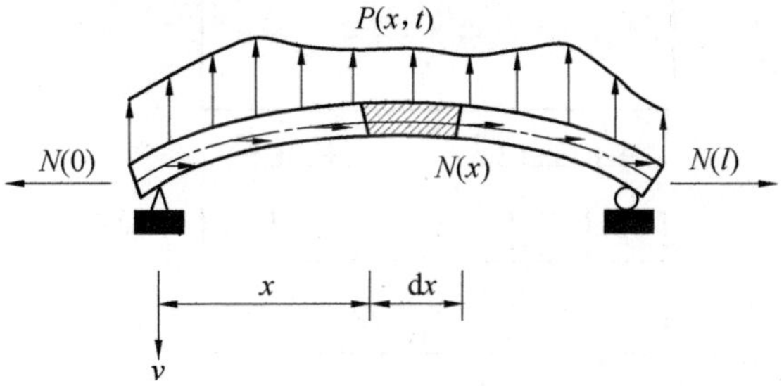

图 5.5　无阻尼梁在轴向力和分布荷载作用下的受力分析

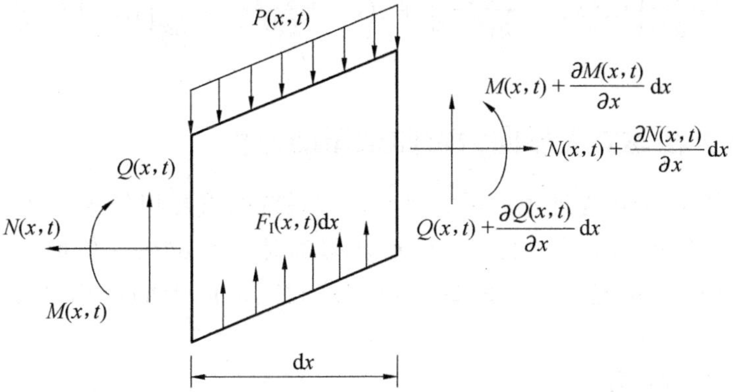

图 5.6　无阻尼梁微元

5.1.4　有阻尼梁弯曲振动

设有阻尼梁体系如图 5.7 所示,取一微元如图 5.8 所示,设阻尼力为

$$F_{\mathrm{D}}(x)=c(x)\frac{\partial v(x,t)}{\partial t} \tag{5.14}$$

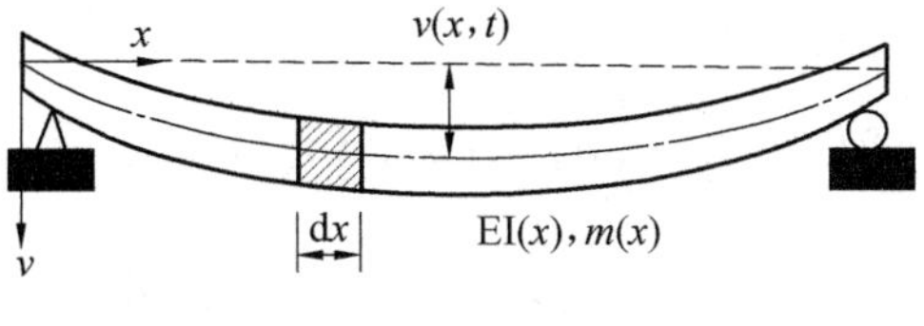

图 5.7　有阻尼梁受力分析

则有无轴向力弯曲振动方程为

$$m(x)\frac{\partial^2 v(x,t)}{\partial t^2}+\frac{\partial^2}{\partial x^2}\left[\mathrm{EI}(x)\frac{\partial^2 v(x,t)}{\partial x^2}\right]+c(x)\frac{\partial v(x,t)}{\partial t}=P(x,t) \tag{5.15}$$

有轴向力方程弯曲振动方程为

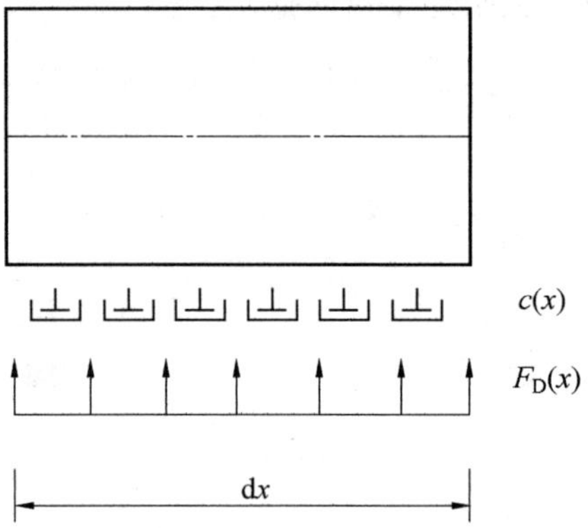

图 5.8　有阻尼梁微元

$$m(x)\frac{\partial^2 v(x,t)}{\partial t^2}+\frac{\partial^2}{\partial x^2}\left[\mathrm{EI}(x)\frac{\partial^2 v(x,t)}{\partial x^2}\right]+c(x)\frac{\partial v(x,t)}{\partial t}-\frac{\partial}{\partial x}\left[N(x)\frac{\partial v(x,t)}{\partial x}\right]=P(x,t) \tag{5.16}$$

5.1.5　变分法建立无轴向力弯曲梁振动方程

哈密尔顿原理:适用于受理想约束的完整保守系统的重要积分变分原理。它指出,受理想约束的保守力学系统从时刻 t_1 的某一位形转移到时刻 t_2 的另一位形的一切可能的运动中,实际发生的运动使系统的拉格朗日函数在该时间区间上的定积分取驻值,大多取极小值。

根据哈密尔顿原理,有

$$\int_{t_1}^{t_2}\delta(T-V)\mathrm{d}t+\int_{t_1}^{t_2}\delta W\mathrm{d}t=0 \tag{5.17}$$

其中,动能和位能分别为

$$T=\frac{1}{2}\int_0^l m(x)\dot{y}^2(x,t)\mathrm{d}x \tag{5.18}$$

$$V=\frac{1}{2}\int_0^l \mathrm{EI}(x)\left[\frac{\partial^2 y(x,t)}{\partial x^2}\right]^2\mathrm{d}x \tag{5.19}$$

在式(5.17) 中,动能的变分为

$$\begin{aligned}\int_{t_1}^{t_2}\delta T\mathrm{d}t&=\int_{t_1}^{t_2}\frac{1}{2}\delta\int_0^l m(x)\dot{y}^2(x,t)\mathrm{d}x\mathrm{d}t\\&=\int_{t_1}^{t_2}\int_0^l m(x)\dot{y}(x,t)\delta\dot{y}(x,t)\mathrm{d}x\mathrm{d}t\\&=-\int_{t_1}^{t_2}\int_0^l m(x)\ddot{y}(x,t)\delta y(x,t)\mathrm{d}x\mathrm{d}t+\\&\quad\int_0^l\int_{t_1}^{t_2}m(x)\frac{\partial}{\partial t}[\dot{y}(x,t)\delta y(x,t)]\mathrm{d}t\mathrm{d}x\end{aligned} \tag{5.20}$$

由于在 t_1、t_2 瞬时的运动已经给定,故有

$$\delta y|_{t_1}=\delta y|_{t_2}=0 \tag{5.21}$$

则式(5. 20) 等号右边第二项为

$$\int_{t_1}^{t_2} \frac{\partial}{\partial t}[\dot{y}(x,t)\delta y(x,t)]\mathrm{d}t = [\dot{y}(x,t)\delta y(x,t)]\mid_{t_1}^{t_2} = 0 \tag{5.22}$$

位能的变分为

$$\begin{aligned}
\int_{t_1}^{t_2}\delta V\mathrm{d}t &= \int_{t_1}^{t_2}\frac{1}{2}\delta\int_0^l \mathrm{EI}(x)\left[\frac{\partial^2 y(x,t)}{\partial x^2}\right]^2\mathrm{d}x\mathrm{d}t \\
&= \int_{t_1}^{t_2}\int_0^l \mathrm{EI}(x)y''(x,t)\delta y''(x,t)\mathrm{d}x\mathrm{d}t \\
&= -\int_{t_1}^{t_2}\int_0^l [\mathrm{EI}(x)y''(x,t)]'\delta y'\mathrm{d}x\mathrm{d}t + \int_{t_1}^{t_2}\int_0^l [\mathrm{EI}(x)y''(x,t)\delta y'(x,t)]'\mathrm{d}x\mathrm{d}t \\
&= -\int_{t_1}^{t_2}\int_0^l [\mathrm{EI}(x)y''(x,t)]'\delta y'\mathrm{d}x\mathrm{d}t + \int_{t_1}^{t_2}\mathrm{EI}(x)y''(x,t)\delta y'(x,t)\mid_0^l\mathrm{d}t \\
&= \int_{t_1}^{t_2}\int_0^l [\mathrm{EI}(x)y''(x,t)]''\delta y\mathrm{d}x\mathrm{d}t - \int_{t_1}^{t_2}\int_0^l \{[\mathrm{EI}(x)y''(x,t)]'\delta y\}'\mathrm{d}x\mathrm{d}t + \\
&\quad \int_{t_1}^{t_2}\mathrm{EI}(x)y''(x,t)\delta y'(x,t)\mid_0^l\mathrm{d}t \\
&= \int_{t_1}^{t_2}\int_0^l [\mathrm{EI}(x)y''(x,t)]''\mathrm{d}y\mathrm{d}x\mathrm{d}t - \int_{t_1}^{t_2}[\mathrm{EI}(x)y''(x,t)]'\delta y\mid_0^l\mathrm{d}t + \\
&\quad \int_{t_1}^{t_2}\mathrm{EI}(x)y''(x,t)\delta y'\mid_0^l\mathrm{d}t
\end{aligned} \tag{5.23}$$

式(5. 17) 左边第二个积分式为除弹性力以外的主动力所做的虚功之和,即

$$\begin{aligned}
\int_{t_1}^{t_2}\delta W\mathrm{d}t &= \int_{t_1}^{t_2}\delta W_{\mathrm{P}}\mathrm{d}t + \int_{t_1}^{t_2}\delta W_s\mathrm{d}t \\
&= \int_{t_1}^{t_2}\int_0^l P(x,t)\delta y\mathrm{d}x\mathrm{d}t + \int_{t_1}^{t_2}(M_0\delta y'_0 - M_l\delta y'_l - Q_0\delta y_0 + Q_l\delta y_l)\mathrm{d}t
\end{aligned} \tag{5.24}$$

将式(5. 20)、式(5. 22)、式(5. 23) 代入式(5. 17),并化简,可得

$$\begin{aligned}
&\int_{t_1}^{t_2}\delta(T-V)\mathrm{d}t + \int_{t_1}^{t_2}\delta W\mathrm{d}t \\
&= -\int_{t_1}^{t_2}\int_0^l \{[\mathrm{EI}(x)y''(x,t)]'' + m(x)\ddot{y}(x,t) - P(x,t)\}\delta y\mathrm{d}x\mathrm{d}t - \\
&\quad \int_{t_1}^{t_2}\{[\mathrm{EI}(x)y''(x,t)]'\mid_0 + Q_0\}\delta y_0\mathrm{d}t + \int_{t_1}^{t_2}[\mathrm{EI}(x)y''(x,t)\mid_0 + M_0]\delta y'_0\mathrm{d}t + \\
&\quad \int_{t_1}^{t_2}\{[\mathrm{EI}(x)y''(x,t)]'\mid_l + Q_l\}\delta y_l\mathrm{d}t - \int_{t_1}^{t_2}[\mathrm{EI}(x)y''(x,t)\mid_l + M_l]\delta y'_l\mathrm{d}t \\
&= 0
\end{aligned} \tag{5.25}$$

要使式(5. 25) 成立,则须满足式(5. 26) 与式(5. 27)

$$\int_0^l \{-m(x)\ddot{y}(x,t) - [\mathrm{EI}(x)y''(x,t)]'' + P(x,t)\}\delta y\mathrm{d}x = 0 \tag{5.26}$$

$$\begin{cases}
\{[\mathrm{EI}(x)y''(x,t)]'\mid_0 + Q_0\}\delta y_0 = 0 \\
[\mathrm{EI}(x)y''(x,t)\mid_0 + M_0]\delta y'_0 = 0 \\
\{[\mathrm{EI}(x)y''(x,t)]'\mid_l + Q_l\}\delta y_l = 0 \\
[\mathrm{EI}(x)y''(x,t)\mid_l + M_l]\delta y'_l = 0
\end{cases} \tag{5.27}$$

由于变分的任意性,因此由式(5.26)可得

$$m(x)\ddot{y}(x,t)+\frac{\partial^2}{\partial x^2}\left[\mathrm{EI}(x)\frac{\partial^2 y(x,t)}{\partial x^2}\right]=P(x,t) \tag{5.28}$$

对于初等梁,式(5.27)显然必须满足,可得梁两端边界条件为

$$\begin{cases} Q_0=-[\mathrm{EI}(x)y''(x,t)]'|_0 \\ M_0=-\mathrm{EI}(x)y''(x,t)|_0 \\ Q_l=-[\mathrm{EI}(x)y''(x,t)]'|_l \\ M_l=-\mathrm{EI}(x)y''(x,t)|_l \end{cases} \tag{5.29}$$

5.1.6　变分法建立有轴向力弯曲梁振动方程

对于考虑轴向力的弯曲梁,其微变形如图5.9所示,简单分析可得

$$(\mathrm{d}x+\mathrm{d}\Delta)^2=(\mathrm{d}x)^2+(\mathrm{d}y)^2 \tag{5.30}$$

忽略高阶项$(\mathrm{d}\Delta)^2$,可得

$$\mathrm{d}\Delta=\frac{1}{2}\left(\frac{\mathrm{d}y}{\mathrm{d}x}\right)^2\mathrm{d}x \tag{5.31}$$

其中,$\mathrm{d}\Delta$为微元段上轴向压力N的作用点在梁弯曲变形后的轴线投影压缩变位。

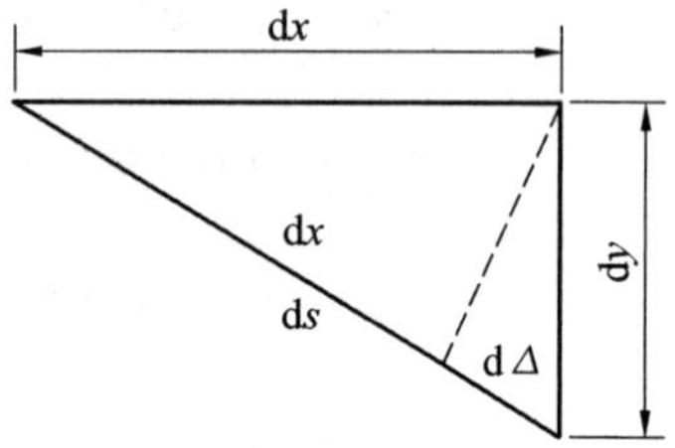

图5.9　弯曲梁微变形

于是轴向压力N在梁轴线上所做的功为

$$W_N=\int_0^l N(x,t)\mathrm{d}\Delta=\frac{1}{2}\int_0^l N(x,t)\left(\frac{\mathrm{d}y}{\mathrm{d}x}\right)^2\mathrm{d}x \tag{5.32}$$

则有

$$\begin{aligned}\delta W_N&=\delta\int_0^l\frac{1}{2}N(x,t)\left(\frac{\mathrm{d}y}{\mathrm{d}x}\right)^2\mathrm{d}x=\int_0^l N(x,t)y'\delta y'\mathrm{d}x\\&=\int_0^l\{[N(x,t)y']\delta y\}'\mathrm{d}x-\int_0^l[N(x,t)y']'\delta y\mathrm{d}x\\&=\{[N(x,t)y']\delta y\}|_0^l-\int_0^l[N(x,t)y']'\delta y\mathrm{d}x\end{aligned} \tag{5.33}$$

对于初等梁,式(5.33)中$\int_0^l\{[N(x,t)y']\delta y\}'\mathrm{d}x$为零。

竖向荷载$P(x,t)$所做的虚功为

$$\delta W_P=\int_0^l P(x,t)\delta y\mathrm{d}x \tag{5.34}$$

将式(5.33)、式(5.34)相加,并将5.1.5节推导出来的动能与位能的变分代入哈密尔顿原理方程,化简可得

$$\int_{t_1}^{t_2}\int_0^l\{-m(x)\ddot{y}-[\mathrm{EI}(x)y'']''-[N(x,t)y']'+P(x,t)\}\delta y\mathrm{d}x\mathrm{d}t=0 \tag{5.35}$$

由于虚位移δy为任意的,故在轴向力作用下梁的竖向弯曲振动方程为

$$m(x)\ddot{y}+\frac{\partial^2}{\partial x^2}\left[\mathrm{EI}(x)\frac{\partial^2 y}{\partial x^2}\right]+N(t)\frac{\partial^2 y}{\partial x^2}=P(x,t) \tag{5.36}$$

从式(5.36)可以看出,附加等效竖向分布荷载等于轴向力乘竖向弯曲曲率。

5.2　自由振动分析

5.2.1　不考虑轴向力的梁弯曲自由振动分析

由 5.1.6 节可知轴向力作用下梁的竖向弯曲振动方程为

$$m(x)\ddot{y}+\frac{\partial^2}{\partial x^2}\left[\mathrm{EI}(x)\frac{\partial^2 y}{\partial x^2}\right]+N(t)\frac{\partial^2 y}{\partial x^2}=P(x,t)$$

令轴力 $N(t)=0$,则可得到无轴向力影响的梁的竖向弯曲振动方程,即

$$m(x)\frac{\partial^2 y(x,t)}{\partial t^2}+\mathrm{EI}(x)\frac{\partial^4 y(x,t)}{\partial x^4}=P(x,t) \tag{5.37}$$

令外荷载 $P(x,t)=0$,则可得到无轴向力影响的梁的自由振动方程为

$$\mathrm{EI}\frac{\partial^4 y(x,t)}{\partial x^4}+m\frac{\partial^2 y(x,t)}{\partial t^2}=0 \tag{5.38}$$

线性偏微分方程用分离变量法求解,需先化为常微分方程,再结合边界条件处理特征值问题确定特征值与特征函数,最后依初始条件确定待定系数。

利用分离变量法处理 $y(x,t)$ 可得

$$y(x,t)=\varphi(x)q(t) \tag{5.39}$$

将式(5.39)代入式(5.38)可得

$$\mathrm{EI}\frac{\mathrm{d}^4 f(x)}{\mathrm{d}x^4}q(t)+m\ddot{q}(t)f(x)=0 \tag{5.40}$$

$$\frac{f^{(4)}(x)}{f(x)}+\frac{m}{\mathrm{EI}}\frac{\ddot{q}(t)}{q(t)}=0 \tag{5.41}$$

其中式(5.41)要成立,须有

$$\frac{-m}{\mathrm{EI}}\frac{\ddot{q}(t)}{q(t)}-C-\frac{\varphi^{(4)}(x)}{\varphi(x)} \tag{5.42}$$

根据动力学知识可知,C 为正实数。

令 $C=\alpha^4,\omega^2=\dfrac{\alpha^4\mathrm{EI}}{m}$,代入式(5.43)有

$$\begin{cases}\ddot{q}(t)+\omega^2 q(t)=0 & ①\\ \dfrac{\mathrm{d}^4\varphi(x)}{\mathrm{d}x^4}-\alpha^4\varphi(x)=0 & ②\end{cases} \tag{5.43}$$

对于常微分方程①,通解为

$$q(t)=C_1\cos\omega t+C_2\sin\omega t=A\sin(\omega t+\theta) \tag{5.44}$$

其中待定系数 C_1、C_2 取决于初始条件:

$$C_1=q(0),\quad C_2=\frac{\dot{q}(0)}{\omega} \tag{5.45}$$

对于常微分方程②,可令 $\varphi(x)=B\mathrm{e}^{rx}$,将其代入微分方程,可得

$$\varphi(x)=B_1e^{i\alpha x}+B_2e^{-i\alpha x}+B_3e^{\alpha x}+B_4e^{-\alpha x} \tag{5.46}$$

将式(5.46)表达为三角函数的形式,即

$$\varphi(x)=A_1\sin\alpha x+A_2\cos\alpha x+A_3\sinh\alpha x+A_4\cosh\alpha x \tag{5.47}$$

其中,待定系数 $A_1\sim A_4$ 取决于以下边界条件。

(1)简支端(位移为0,弯矩为0):

$$\varphi(x)=A_1\sin\alpha x+A_2\cos\alpha x+A_3\sinh\alpha x+A_4\cosh\alpha x=0 \tag{5.48}$$

$$\varphi''(x)=\alpha^2(-A_1\sin\alpha x-A_2\cos\alpha x+A_3\sinh\alpha x+A_4\cosh\alpha x)=0 \tag{5.49}$$

(2)固定端(位移为0,转角为0):

$$\varphi(x)=A_1\sin\alpha x+A_2\cos\alpha x+A_3\sinh\alpha x+A_4\cosh\alpha x=0 \tag{5.50}$$

$$\varphi''(x)=\alpha^2(-A_1\sin\alpha x-A_2\cos\alpha x+A_3\sinh\alpha x+A_4\cosh\alpha x)=0 \tag{5.51}$$

(3)自由端(弯矩为0,剪力为0):

$$\varphi''(x)=\alpha^2(-A_1\sin\alpha x-A_2\cos\alpha x+A_3\sinh\alpha x+A_4\cosh\alpha x)=0 \tag{5.52}$$

$$\varphi'''(x)=\alpha^3(-A_1\cos\alpha x+A_2\sin\alpha x+A_3\cosh\alpha x+A_4\sinh\alpha x)=0 \tag{5.53}$$

根据边界条件,便可解出 $A_1\sim A_4$。

【例5.1】　对如图5.10所示的简支梁进行振动分析。

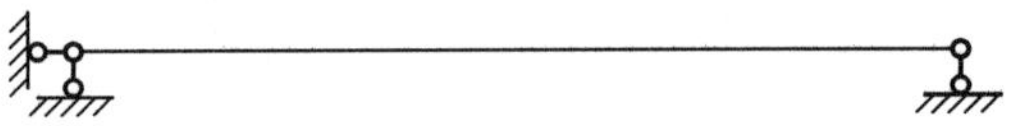

图5.10　简支梁

解　已知$\begin{cases}\varphi(0)=0\\\varphi''(0)=0\end{cases}$,$\begin{cases}\varphi(l)=0\\\varphi''(l)=0\end{cases}$,可得 $A_2=A_4=0$,$\begin{cases}A_1\sin\alpha l+A_3\sinh\alpha l=0\\-A_1\sin\alpha l+A_3\sinh\alpha l=0\end{cases}$,

两式相加,可得:$2A_3\sinh\alpha l=0$,则 $A_3=0$;

两式相减,可得:$2A_1\sin\alpha l=0$,则 $\sin\alpha l=0$,进一步得:$\alpha_n l=n\pi$。

对于等截面梁有:

自振频率:

$$\omega_n=\left(\frac{n\pi}{l}\right)^2\sqrt{\frac{EI}{m}},\quad n=1,2,3,\cdots$$

振型:

$$\varphi_n(x)=A_1\sin\left(\frac{n\pi}{l}x\right),\quad n=1,2,3,\cdots$$

位移:

$$y(x,t)=\sum_n C_n\sin\left(\frac{n\pi x}{l}\right)\sin(\omega_n t+\theta_n)$$

工程频率 $f=\dfrac{1}{T}=\dfrac{\omega}{2\pi}$ 与圆频率 $f=\dfrac{1}{T}=\dfrac{\omega}{2\pi}$ 的关系为

$$f=\frac{1}{T}=\frac{\omega}{2\pi}$$

练习一:等截面悬臂梁(图5.11)振动分析。

练习二:一端固结一端铰支梁(图5.12)振动分析。

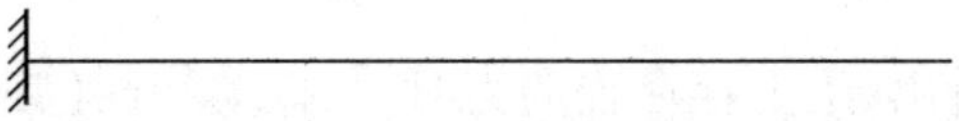

图 5.11　等截面悬臂梁

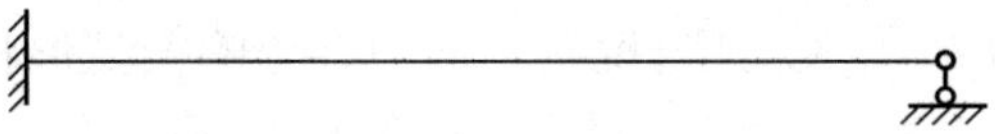

图 5.12　一端固结一端铰支梁

练习三:两端固结梁(图 5.13) 振动分析。

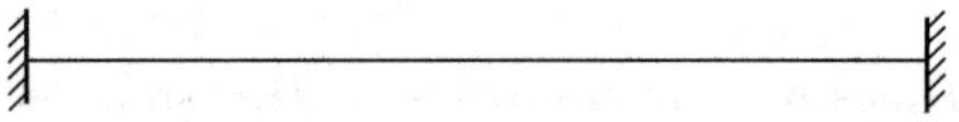

图 5.13　两端固结梁

5.2.2　考虑轴向力的梁弯曲自由振动分析

梁上存在轴向力时,其振动特性(频率和振型) 将会发生显著改变,轴向力作用下梁的竖向弯曲振动方程为

$$\frac{\mathrm{EI}\partial^4 v(x,t)}{\partial x^4} + N\frac{\partial v(x,t)}{\partial x^2} + m\frac{\partial^2 v(x,t)}{\partial t^2} = 0 \tag{5.54}$$

分离变量得

$$\frac{f^{(4)}(x)}{f(x)} + \frac{N}{\mathrm{EI}}\frac{f''(x)}{f(x)} = -\frac{m}{\mathrm{EI}}\frac{\ddot{Y}(t)}{Y(t)} = \alpha^4 \tag{5.55}$$

由此可得两个独立方程

$$\ddot{Y}(t) + \omega^2 Y(t) = 0 \tag{5.56}$$

$$f^{(4)}(x) + g^2 f''(x) - \alpha^4 f(x) = 0 \tag{5.57}$$

其中

$$\omega^2 = \frac{\alpha^4 \mathrm{EI}}{m} \tag{5.58}$$

$$g^2 = \frac{N}{\mathrm{EI}} \tag{5.59}$$

设解的形式为

$$(s^4 + g^2 s^2 - \alpha^4) G e^{sx} = 0 \tag{5.60}$$

则可解得方程的根为

$$s_{1,2} = \pm i\delta, \quad s_{3,4} = \pm\varepsilon \tag{5.61}$$

$$\delta = \sqrt{\left(\alpha^4 + \frac{g^4}{4}\right)^{1/2} + \frac{g^2}{2}}, \quad \varepsilon = \sqrt{\left(\alpha^4 + \frac{g^4}{4}\right)^{1/2} - \frac{g^2}{2}} \tag{5.62}$$

则有三角函数解:

$$f(x) = D_1\cos\delta x + D_2\sin\delta x + D_3\cosh\varepsilon x + D_4\sinh\varepsilon x \tag{5.63}$$

静力屈曲时,$\alpha = 0$,则有 $\delta = g$ 与 $\varepsilon = 0$,此时有

$$f(x) = D_1\cos gx + D_2\sin gx + D_3 x + D_4 \tag{5.64}$$

注：

(1) 由式(5.54) 可看出，梁上存在轴向力时，其振动特性(频率和振型) 将会发生显著改变。

(2) 式(5.56) 与不考虑轴向力时完全一致，说明轴向力不影响梁自由振动的简谐特性；式(5.57) 多了一项与 g^2 有关的项，说明轴向力会影响振型形状和频率。

(3) 若采用的是欧拉公式，令虚部为 0，即可将式(5.60) 转换到式(5.63)。

【例5.2】 受有常数轴向力作用的简支梁的固有振动分析。已知梁振动的振型函数为

$$\varphi(x) = D_1\sin\delta x + D_2\cos\delta x + D_3\sinh\varepsilon x + D_4\cosh\varepsilon x$$

且有

$$\varphi'(x) = \delta(D_1\cos\delta x - D_2\sin\delta x) + \varepsilon(D_3\cosh\varepsilon x + D_4\sinh\varepsilon x)$$

$$\varphi''(x) = -\delta^2(D_1\sin\delta x - D_2\cos\delta x) + \varepsilon^2(D_3\sinh\varepsilon x + D_4\cosh\varepsilon x)$$

解　简支梁边界条件为

$$\varphi(0) = 0,\quad \varphi'(0) = 0,\quad \varphi(l) = 0,\quad \varphi'(l) = 0$$

由边界条件可知

$$D_2 + D_4 = 0,\quad -\delta^2 D_2 + \varepsilon^2 D_4 = 0,\quad D_1\sin\delta l + D_3\sinh\varepsilon l = 0$$

$$-\delta^2 D_1\sin\delta l + \varepsilon^2 D_3\sinh\varepsilon l = 0$$

因为 $D_2 + D_4 = 0$，则有频率方程为

$$\Delta = \begin{vmatrix} \sin\delta l & \sinh\varepsilon l \\ -\delta^2\sin\delta l & \varepsilon^2\sinh\varepsilon l \end{vmatrix} = (\delta^2 + \varepsilon^2)\sin\delta l\sinh\varepsilon l = 0$$

即 $\sin\delta l = 0$，其解为 $\delta l = n\pi(n = 1,2,3,\cdots)$。

将解代入

$$\delta = \sqrt{\sqrt{\alpha^4 + \frac{g^4}{4}} + \frac{g^2}{2}}$$

可得

$$\alpha^4 = \left(\frac{n\pi}{l}\right)^4 - g^2\left(\frac{n\pi}{l}\right)^2 = C = m\omega^2/\mathrm{EI}$$

由此可得

$$\omega_n = \left(\frac{n\pi}{l}\right)^2\sqrt{\frac{\mathrm{EI}}{m}}\sqrt{1 - \frac{N}{n^2\dfrac{\mathrm{EI}\pi^2}{l^2}}} = \omega_n^*\sqrt{1 - \frac{N}{n^2 N_{cr}}}$$

其中，ω_n^* 为无轴向力作用时简支梁的第 n 阶固有频率，$N_{\mathrm{cr}} = \mathrm{EI}\pi^2/l^2$ 为两端铰支压杆的欧拉临界荷载。

由上式看出，轴向压力使频率降低，当 $N \to N_{\mathrm{cr}}$ 时，基频 $\omega_1 \to 0$，处于平衡分支状态。且有如下讨论。

(1) 当 N 为拉力时，有

$$\omega_n = \left(\frac{n\pi}{l}\right)^2\sqrt{\frac{\mathrm{EI}}{m}}\sqrt{1 + \frac{N}{n^2\dfrac{\mathrm{EI}\pi^2}{l^2}}}$$

即轴向拉力可使频率增大。

(2) 若梁的刚度 EI 很小而拉力很大,则上式中第二个根号里的 1 可忽略不计,此时有

$$\omega_n = \frac{n\pi}{l}\sqrt{\frac{N}{m}}$$

此为张紧弦的自振频率,可用于柔性索的索力测试。

(3) 由于 $\sin \delta l = 0$,代入上文第二个边界条件,可得 $D_3 = 0$,因此振型 $\varphi(x)$ 为

$$\varphi(x) = D_1 \sin \frac{n\pi x}{l}$$

由此可知,考虑轴向力作用的简支梁的固有振型与简支梁的固有振型完全相同。

5.2.3　杆轴向自由振动分析

杆轴向自由振动方程为

$$\mathrm{EA}\frac{\partial^2 u(x,t)}{\partial x^2} - m\frac{\partial^2 u(x,t)}{\partial t^2} = 0 \tag{5.65}$$

对 $u(x,t)$ 分离变量,有

$$u(x,t) = f(x)Y(t) \tag{5.66}$$

振动方程满足

$$\frac{f''(x)}{f(x)} = \frac{m}{\mathrm{EA}}\frac{\ddot{Y}(t)}{Y(t)} = -c^2 \tag{5.67}$$

变量分离后振动方程为

$$\ddot{Y}(t) + \omega^2 Y(t) = 0 \tag{5.68}$$

$$f''(x) + c^2 f(x) = 0 \tag{5.69}$$

则有圆频率为

$$\omega^2 = c^2\frac{\mathrm{EA}}{m} \tag{5.70}$$

可得自由振动解为

$$Y(t) = A\cos \omega t + B\sin \omega t \tag{5.71}$$

$$Y(t) = Y(0)\cos \omega t + \frac{\dot{Y}(0)}{\omega}\sin \omega t \tag{5.72}$$

振型函数解为

$$\varphi(x) = C_1\cos cx + C_2\sin cx \tag{5.73}$$

其中,C_1 和 C_2 用以确定振型。考虑两个已知的边界条件,这两个常数中的一个可以用另一个来表示,就得到包含参数 c 的频率方程。

【例 5.3】　求解如图 5.14 所示悬臂杆的频率与振型。

解　已知振型函数

$$\varphi(x) = C_1\cos cx + C_2\sin cx$$

边界条件为

$$\varphi(0) = 0,\quad N(l) = \mathrm{EA}\varphi'(l) = 0$$

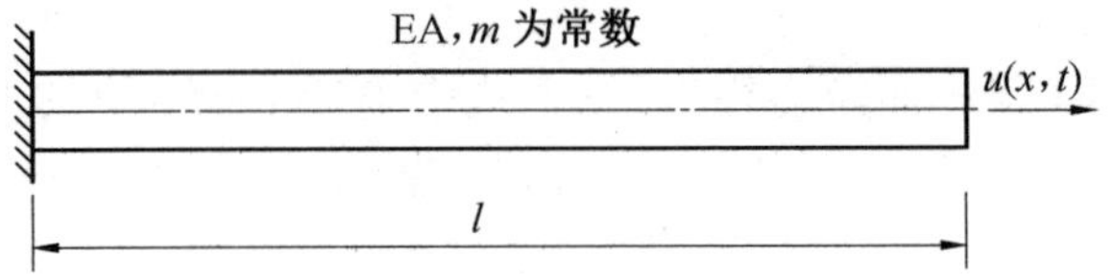

图 5.14　悬臂杆

对第一个边界条件化简可得 $C_1 = 0$。

对第二个边界条件化简后，排除 $C_2 = 0$，可得频率方程 $\cos cl = 0$。

由此可得

$$c_n l = \frac{\pi}{2}(2n - 1)$$

于是，可得悬臂杆的振型为

$$\varphi_n = C_2 \sin\left[\frac{\pi}{2}(2n - 1)\frac{\pi}{l}\right]$$

其中，$n = 1,2,3,\cdots$，C_2 是任意的幅值。

相应的圆频率为

$$\omega_n = c_n\sqrt{\frac{\mathrm{EA}}{m}} = \frac{\pi}{2}(2n - 1)\sqrt{\frac{\mathrm{EA}}{ml^2}},\quad n = 1,2,3,\cdots$$

振型函数为

$$\varphi(x) = C_1 \cos cx + C_2 \sin cx$$

自振频率为

$$\omega^2 = c^2\frac{EA}{m}$$

悬臂杆的前三阶振型如图 5.15 所示。

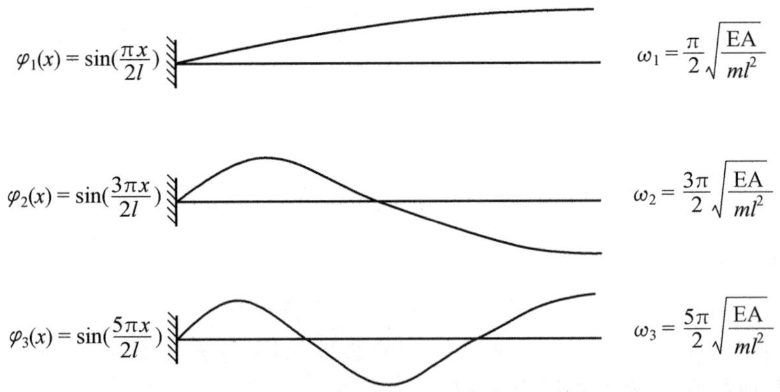

图 5.15　悬臂杆前三阶振型

5.2.4　振型的正交性

基于 Euler 梁弯曲振动方程，令 $P(x,t) = 0$，得自由振动方程为

$$\frac{\partial^2}{\partial x^2}\left(EI\frac{\partial^2 y}{\partial x^2}\right) = -m(x)\ddot{y} \tag{5.74}$$

设 $\varphi_k(x)$ 为第 k 阶振型函数，则 $y(x,t)=\varphi_k(x)\sin(\omega_k t+\theta_k)$，代入式(5.74)，得

$$\frac{d^2}{dx^2}\left[EI\frac{d^2\varphi_k(x)}{dx^2}\right] = m(x)\omega_k^2\varphi_k(x) \tag{5.75}$$

用另一阶振型函数 $\varphi_n(x)$ 乘式(5.75)，并对 x 自 0 到 l 积分，有

$$\int_0^l \varphi_n \frac{d^2}{dx^2}\left(EI\frac{d^2\varphi_k}{dx^2}\right)dx = \omega_k^2\int_0^l m(x)\varphi_k\varphi_n dx \tag{5.76}$$

将式(5.76)左端做两次分部积分，有

$$\begin{aligned}\int_0^l \varphi_n \frac{d^2}{dx^2}\left(EI\frac{d^2\varphi_k}{dx^2}\right)dx &= \left[\varphi_n\frac{d}{dx}\left(EI\frac{d^2\varphi_k}{dx^2}\right)\right]_0^l - \int_0^l \frac{d\varphi_n}{dx}\frac{d}{dx}\left(EI\frac{d^2\varphi_k}{dx^2}\right)dx \\ &= \left[\varphi_n\frac{d}{dx}\left(EI\frac{d^2\varphi_k}{dx^2}\right) - \frac{d\varphi_n}{dx}\left(EI\frac{d^2\varphi_k}{dx^2}\right)\right]_0^l + \\ &\quad \int_0^l EI\frac{d^2\varphi_n}{dx^2}\frac{d^2\varphi_k}{dx^2}dx \end{aligned} \tag{5.77}$$

对于简单梁端边界条件（自由、简支、固定），式(5.77)第一项均为零。因此有

$$\omega_k^2\int_0^l m(x)\varphi_k\varphi_n dx = \int_0^l EI\frac{d^2\varphi_n}{dx^2}\frac{d^2\varphi_k}{dx^2}dx \tag{5.78}$$

同理，有

$$\omega_n^2\int_0^l m(x)\varphi_k\varphi_n dx = \int_0^l EI\frac{d^2\varphi_n}{dx^2}\frac{d^2\varphi_k}{dx^2}dx \tag{5.79}$$

将式(5.78)与式(5.79)相减得

$$(\omega_k^2 - \omega_n^2)\int_0^l m(x)\varphi_k\varphi_n dx = 0 \tag{5.80}$$

只需让 $\omega_k^2 \neq \omega_n^2$，则有

$$\int_0^l m(x)\varphi_k(x)\varphi_n(x)dx = 0,\quad k\neq n \tag{5.81}$$

另外，可得

$$\int_0^l EI\frac{d^2\varphi_n}{dx^2}\frac{d^2\varphi_k}{dx^2}dx = 0,\quad k\neq n \tag{5.82}$$

$$\int_0^l \varphi_n\frac{d^2}{dx^2}\left(EI\frac{d^2\varphi_k}{dx^2}\right)dx = 0,\quad k\neq n \tag{5.83}$$

由式(5.83)可得

$$\int_0^l \varphi_n \frac{d^2}{dx^2}\left(EI\frac{d^2\varphi_k}{dx^2}\right)dx = \left[\varphi_n\frac{d}{dx}\left(EI\frac{d^2\varphi_k}{dx^2}\right) - \frac{d\varphi_n}{dx}\left(EI\frac{d^2\varphi_k}{dx^2}\right)\right]_0^l + \int_0^l EI\frac{d^2\varphi_n}{dx^2}\frac{d^2\varphi_k}{dx^2}dx \tag{5.84}$$

利用式(5.84)可求得自由、简支、固定情况下的振型。

5.2.5 连续梁的自由振动

设有如图 5.16 所示的连续梁体系，连续梁每跨具有均匀分布的质量和刚度。

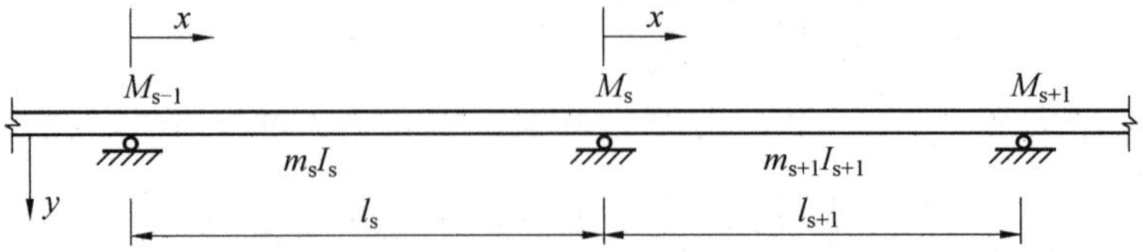

图 5.16 连续梁体系

按欧拉－伯努利梁理论，任意支承条件的梁跨，第 s 跨的第 n 阶振型函数为

$$\varphi_{ns}(x)=A_{ns}\sin\alpha_{ns}x+B_{ns}\cos\alpha_{ns}x+C_{ns}\sinh\alpha_{ns}x+D_{ns}\cosh\alpha_{ns}x \tag{5.85}$$

其中

$$\alpha_{ns}=\sqrt[4]{\frac{m_s\omega_n^2}{\mathrm{EI}_s}} \tag{5.86}$$

则有：

$$\varphi'_{ns}(x)=\alpha_{ns}(A_{ns}\cos\alpha_{ns}x-B_{ns}\sin\alpha_{ns}x+C_{ns}\cosh\alpha_{ns}x+D_{ns}\sinh\alpha_{ns}x) \tag{5.87}$$

$$\varphi''_{ns}(x)=\alpha_{ns}^2(-A_{ns}\sin\alpha_{ns}x-B_{ns}\cos\alpha_{ns}x+C_{ns}\sinh\alpha_{ns}x+D_{ns}\cosh\alpha_{ns}x) \tag{5.88}$$

两相邻跨梁应满足以下边界条件。

在振型中，支点的挠度为零，而且相邻跨在共同支点处的斜率和弯矩必须相等，则有

$$\begin{cases}\varphi_{ns}(0)=0\\ \varphi_{ns}(l_s)=0\\ \varphi'_{ns}(l_s)=\varphi'_{n(s+1)}(0)\\ \mathrm{EI}_s\varphi''_{ns}(l_s)=\mathrm{EI}_{s+1}\varphi''_{n(s+1)}(0)=-M_{ns}\\ \varphi_{n(s+1)}(0)=0\end{cases} \tag{5.89}$$

将振型函数及其导数代入式(5.89)，可得

$$B_{ns}+D_{ns}=0 \tag{5.90}$$

$$A_{ns}\sin\alpha_{ns}l_s+B_{ns}\cos\alpha_{ns}l_s+C_{ns}\sinh\alpha_{ns}l_s+D_{ns}\cosh\alpha_{ns}l_s=0 \tag{5.91}$$

$$A_{ns}\cos\alpha_{ns}l_s-B_{ns}\sin\alpha_{ns}l_s+C_{ns}\cosh\alpha_{ns}l_s+D_{ns}\sinh\alpha_{ns}l_s=\frac{\alpha_{n(s+1)}}{\alpha_{ns}}[A_{n(s+1)}+C_{n(s+1)}] \tag{5.92}$$

$$-A_{ns}\sin\alpha_{ns}l_s-B_{ns}\cos\alpha_{ns}l_s+C_{ns}\sinh\alpha_{ns}l_s+D_{ns}\cosh\alpha_{ns}l_s=\frac{\alpha_{n(s+1)}^2}{\alpha_{ns}^2}\frac{I_{s+1}}{I_s}[-B_{n(s+1)}+D_{n(s+1)}] \tag{5.93}$$

$$B_{n(s+1)}+D_{n(s+1)}=0 \tag{5.94}$$

将式(5.91) 和式(5.93) 相加和相减，并将式(5.94) 代入，则有

$$\begin{cases} C_{ns}\sinh \alpha_{ns}l_s - B_{ns}\cosh \alpha_{ns}l_s = -B_{n(s+1)} \dfrac{\alpha_{n(s+1)}^2}{\alpha_{ns}^2} \dfrac{I_{s+1}}{I_s} \\ A_{ns}\sin \alpha_{ns}l_s + B_{ns}\cos \alpha_{ns}l_s = B_{n(s+1)} \dfrac{\alpha_{n(s+1)}^2}{\alpha_{ns}^2} \dfrac{I_{s+1}}{I_s} \end{cases} \tag{5.95}$$

$$\begin{cases} A_{ns} = \dfrac{-B_{ns}\cos \alpha_{ns}l_s + B_{n(s+1)} \dfrac{\alpha_{n(s+1)}^2}{\alpha_{ns}^2} \dfrac{I_{s+1}}{I_s}}{\sin \alpha_{ns}l_s} \\ C_{ns} = \dfrac{B_{ns}\cosh \alpha_{ns}l_s - B_{n(s+1)} \dfrac{\alpha_{n(s+1)}^2}{\alpha_{ns}^2} \dfrac{I_{s+1}}{I_s}}{\sinh \alpha_{ns}l_s} \end{cases} \tag{5.96}$$

将式(5.96)中的两式相加，得

$$A_{ns} + C_{ns} = B_{ns}G_{ns} - B_{n(s+1)} \frac{\alpha_{n(s+1)}^2}{\alpha_{ns}^2} \frac{I_{s+1}}{I_s} H_{ns} \tag{5.97}$$

其中

$$\begin{cases} G_{ns} = \operatorname{ctanh} \alpha_{ns}l_s - \operatorname{ctan} \alpha_{ns}l_s \\ H_{ns} = \operatorname{csch} \alpha_{ns}l_s - \csc \alpha_{ns}l_s \end{cases} \tag{5.98}$$

将式(5.97)中的下脚标 s 均增加1，并将所得的 $A_n(s+1) + C_n(s+1)$ 代入式(5.92)的右边，式(5.96)及 $D_{ns} = -B_{ns}$ 代入式(5.92)的左边，整理后得

$$B_{ns}H_{ns} - B_{n(s+1)}\left[\frac{\alpha_{n(s+1)}^2}{\alpha_{ns}^2} \frac{I_{s+1}}{I_s} G_{ns} + \frac{\alpha_{n(s+1)}}{\alpha_{ns}} G_{n(s+1)}\right] + B_{n(s+2)} \frac{\alpha_{n(s+2)}^2}{\alpha_{ns}\alpha_{n(s+1)}} \frac{I_{s+2}}{I_{s+1}} H_{n(s+1)} = 0 \tag{5.99}$$

由式(5.89)中的 $EI_s\varphi''_{ns}(l_s) = EI_{s+1}\varphi''_{n(s+1)}(0) = -M_{ns}$ 可得

$$M_{ns} = -EI_{s+1}[-B_{n(s+1)} + D_{n(s+1)}]\alpha_{n(s+1)}^2 \tag{5.100}$$

将 $D_{n(s+1)} = -B_{n(s+1)}$ 代入式(5.100)可得

$$B_{n(s+1)} = \frac{M_{ns}}{2EI_{s+1}\alpha_{n(s+1)}^2} \tag{5.101}$$

最后，将式(5.100)及相应的下脚标 s 增1和减1的式子代入式(5.99)，约去公因子后，得

$$M_{n(s-1)} \frac{H_{ns}}{\alpha_{ns}I_s} - M_{ns}\left[\frac{G_{ns}}{\alpha_{ns}I_s} + \frac{G_{n(s+1)}}{\alpha_{n(s+1)}I_{s+1}}\right] + M_{n(s+1)} \frac{H_{n(s+1)}}{\alpha_{n(s+1)}I_{s+1}} = 0 \tag{5.102}$$

注：

(1) 式(5.102)是用于计算连续梁固有振动频率的三弯矩方程，它相当于"材料力学"静力分析中所用的三弯矩方程，可应用于每一对相邻跨梁。如果边跨端都是铰接的，则该点的弯矩取为零；如果端部是固结的，$M_n(s-1)$ 就是固端弯矩，同时在边支点以外取虚构梁跨的 EI 为无限大。

(2) 用式(5.102)对于每个内支点弯矩均可写出一个方程，全部支点形成一组联立方程式。这些[M]就是按该振型固有振动时产生的弯矩，当然不能唯一确定其值。然而，为

了使任意振动成为可能,[M] 的系数行列式必为零。

(3) 展开之即得连续梁的固有振动频率方程,其根是 $\alpha_{ns}l_s$ 的值,与 ω_n 直接相关。求得频率后,就可将每个根依次代入边界方程中确定振型。此时需要的方程数目比所计算的系数数目少 1。

【例 5.4】 如图 5.17 所示的两跨连续梁的弯曲固有振动分析。

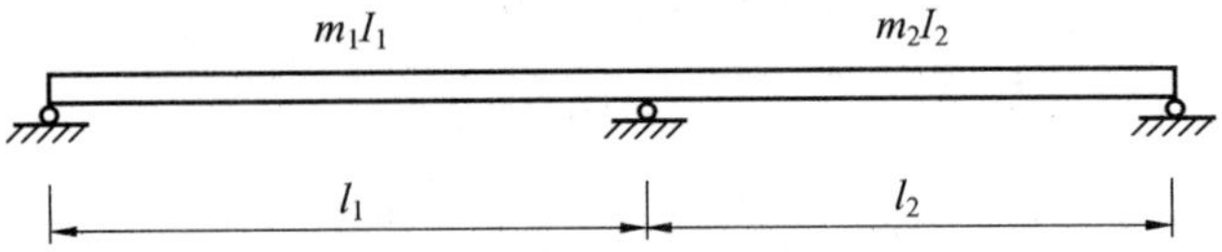

图 5.17 两跨连续梁

解 对于两跨连续梁,$M_{n0}=M_{n2}=0$,只有一个内支承点弯矩 M_{n1},故方程(5.86) 只需写一次

$$-M_{n1}\left(\frac{G_{n1}}{\alpha_{n1}I_1}+\frac{G_{n2}}{\alpha_{n2}I_2}\right)=0$$

频率方程为

$$\frac{G_{n1}}{\alpha_{n1}I_1}+\frac{G_{n2}}{\alpha_{n2}I_2}=0$$

其中

$$G_{n1}=\text{ctanh}\ \alpha_{n1}l_1-\text{ctan}\ \alpha_{n1}l_1$$
$$G_{n2}=\text{ctanh}\ \alpha_{n2}l_2-\text{ctan}\ \alpha_{n2}l_2$$
$$\alpha_{n1}=\sqrt[4]{\frac{m_1\omega_n^2}{\text{EI}_1}},\alpha_{n2}=\sqrt[4]{\frac{m_2\omega_n^2}{\text{EI}_2}}$$

当给出梁的性质后,$\alpha_{n1}l_1$ 和 $\alpha_{n2}l_2$ 有着恒定的关系。通常这种频率方程是不易求解的,必须采用试算的方法。

当梁跨刚度、跨径和质量均相等时,有频率方程:

$$G_{n1}+G_{n2}=0$$

解上式可得两组根

$$\alpha_{n1}l_1=\alpha_{n2}l_2=\pi,2\pi,3\pi,\cdots$$
$$\alpha_{n1}l_1=\alpha_{n2}l_2=3.927,7.069,10.210,\cdots$$

则有以下讨论:

(1) 第一组根(奇次振型) 对应于反对称振型,与单跨简支梁的固有振型相同。如图 5.18 所示。

(2) 第二组根(偶次振型) 对应于对称振型,它相当于一端固定一端简支的单跨梁。如图 5.19 所示。

(3) 与单跨梁振型相似显然是正确的,因为在反对称振型中,在中间支点有一个节点,因而梁跨互不影响。

(4) 在对称振型中,中间支点处不可能转动,这种情形就类似于固端支承。

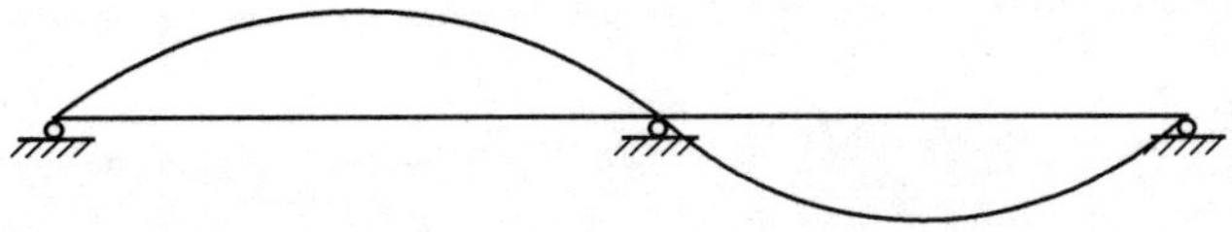

图 5.18　第一阶振型

图 5.19　第二阶振型

进一步推广至多跨等截面等跨径连续梁,可得以下结论:

(1) 对于边跨的外端支点为铰支的任意跨数的等跨径、等截面连续梁,基本振型均与单跨简支梁相同。

(2) 单跨的高阶振型也是多跨的高阶振型,不过这些振型中还夹杂有其他振型。

(3) 含有另外一组在内支点上仅有微小转动的对称振型,这些振动约略相当于单跨固支梁。

(4) 含有上述两种类型的各种不同组合,随着跨数的增加,可能组合的数目也增多。

(5) 工程中更加复杂的变截面多跨连续梁振动特性分析,一般借助于结构动力分析程序来实现。

5.2.6　梁的弯曲固有振动近似分析法

1. 瑞利法

如图 5.20 所示的一变截面梁:单位长度上的质量为 $m(x)=\rho A(x)$,在截面 $x_{m1},x_{m2},\cdots,x_{mj}$ 处有集中质量 $M_1,M_2,\cdots,M_j$,在 $x_{k1},x_{k2},\cdots,x_{ks}$ 处有支承弹簧 $k_1,k_2,\cdots,k_s$。

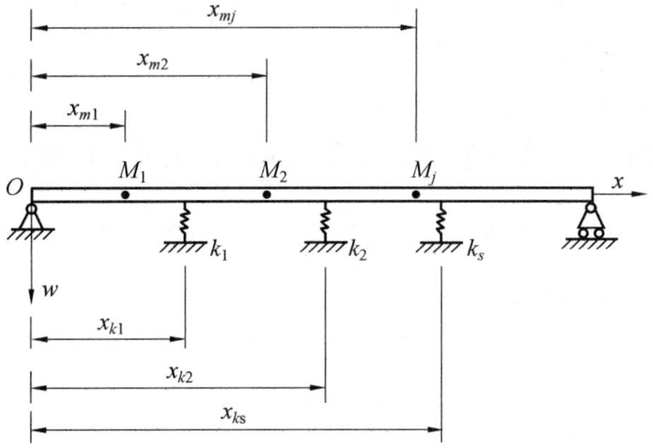

图 5.20　变截面梁

当系统做无阻尼固有振动时,其动能和位能反复交换。

根据能力守恒原理,对于振动保守系统有

$$T+V=C \tag{5.103}$$

式中　T—— 动能；

V—— 位能；

C—— 常数。

对于无阻尼固有振动，梁的动挠度可假设为

$$w(x,t)=\varphi(x)\sin(\omega t+\theta) \tag{5.104}$$

其中，$\varphi(x)$ 为满足梁的位移边界条件的近似振型函数，也称为振型试函数。

动能表达式为

$$\begin{aligned}T&=\frac{1}{2}\int_0^l m(x)\dot{w}^2\mathrm{d}x+\frac{1}{2}\sum_{i=1}^{j}M_i[\dot{w}(x_i,t)]^2\\&=\frac{1}{2}\cos^2(\omega t+\theta)\left[\int_0^l m(x)\varphi^2(x)\mathrm{d}x+\sum_{i=1}^{j}M_i\varphi^2(x_i)\right]\omega^2\end{aligned} \tag{5.105}$$

位能表达式为

$$\begin{aligned}V&=\frac{1}{2}\int_0^l \mathrm{EI}(x)\left(\frac{\partial^2 w}{\partial x^2}\right)^2\mathrm{d}x+\frac{1}{2}\sum_{i=1}^{s}K_i w^2(x_i,t)\\&=\frac{1}{2}\sin^2(\omega t+\theta)\left\{\int_0^l \mathrm{EI}(x)\left[\frac{\mathrm{d}^2\varphi(x)}{\mathrm{d}x^2}\right]^2\mathrm{d}x+\sum_{i=1}^{s}K_i\varphi^2(x_i)\right\}\end{aligned} \tag{5.106}$$

由式(5.105)和式(5.106)可知，位能与动能之和为动能最大值或位能最大值，所以梁的振动的固有频率为

$$\omega^2=\frac{K_{\mathrm{eq}}}{M_{\mathrm{eq}}} \tag{5.107}$$

其中

$$K_{\mathrm{eq}}=\int_0^l \mathrm{EI}(x)\left[\frac{\mathrm{d}^2\varphi(x)}{\mathrm{d}x^2}\right]^2\mathrm{d}x+\sum_{i=1}^{s}K_i\varphi^2(x_i) \tag{5.108}$$

$$M_{\mathrm{eq}}=\int_0^l m(x)\varphi^2(x)\mathrm{d}x+\sum_{i=1}^{j}M_i\varphi^2(x_i) \tag{5.109}$$

式中　K_{eq}—— 梁的等效刚度；

M_{eq}—— 梁的等效质量。

【例 5.5】　用瑞利法计算图 5.21 所示等截面固端梁的一阶固有频率。

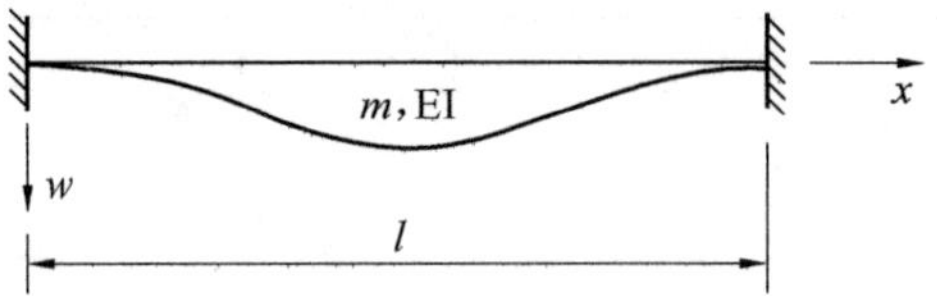

图 5.21　等截面固端梁

解　假定梁的一阶振型函数为

$$\varphi(x)=A\left(\frac{x^2}{l^2}-2\frac{x^3}{l^3}+\frac{x^4}{l^4}\right)$$

上式为取自均布荷载下固端梁的挠曲函数，其中，系数 A 可以取为 1，不影响计算结果。梁的等效刚度和等效质量分别为

$$K_{\mathrm{eq}} = \int_0^l \mathrm{EI}\left[\varphi''(x)\right]^2 \mathrm{d}x = \mathrm{EI}A^2 \frac{4}{5l^3}$$

$$M_{\mathrm{eq}} = \int_0^l m\varphi^2(x)\,\mathrm{d}x = mA^2 \frac{l}{630}$$

可得其固有频率为

$$\omega = \frac{22.45}{l^2}\sqrt{\frac{\mathrm{EI}}{m}}$$

此结果与精确值几乎一致。

注:

(1) 若对于一个特定的振型,已知 $\varphi(x)$ 的正确形式,则计算所得的就是固有频率的精确值。

(2) 瑞利(Rayleigh) 指出,对于一个合理假定的振型函数,必须满足所有的几何边界条件,也就是梁端的挠度和转角条件,则可得到一个较好的固有频率近似值。

(3) 如果假定的振型接近于理论一阶振型,则计算所得基频将略高于精确值,因为做这种振型假定相当于引进了附加约束,提高了体系的刚度。

(4) 满足所有几何条件的振型试函数不是唯一的,可以假设为在不同荷载作用下梁的静力挠度函数等,必然满足几何边界条件。

2. 里兹(Ritz) 法

里兹(Ritz) 法在瑞利法的基础上做了改进,可用以求出更精确的基频,同时也可用来求得更多阶频率及振型的近似值。也称作瑞利 - 里兹(Rayleigh - Ritz) 法。

假设梁的弯曲振型函数 $\varphi(x)$ 为级数,即

$$\varphi(x) = \sum_{n=1}^{N} C_n \varphi_n(x) \tag{5.110}$$

式中　C_n—— 任意的待定系数;

$\varphi_n(x)(n-1,2,3,\cdots,N)$—— 假设的 N 个满足几何边界条件的任意振型试函数,要求各 $\varphi_n(x)$ 之间必须是两两线性无关的。

将上述级数代入,则可得梁的固有频率为

$$\omega^2 = \frac{K_{\mathrm{eq}}}{M_{\mathrm{eq}}} = \frac{\int_0^l \mathrm{EI}\left[\sum_{n=1}^{N} C_n \varphi''_n(x)\right]^2 \mathrm{d}x + \sum_{i=1}^{s} K_i \left[\sum_{n=1}^{N} C_n \varphi_n(x_i)\right]^2}{\int_0^l m\left[\sum_{n=1}^{N} C_n \varphi_n(x)\right]^2 \mathrm{d}x + \sum_{i=1}^{j} M_i \left[\sum_{n=1}^{N} C_n \varphi_n(x_i)\right]^2} = F(C_1, C_2, \cdots, C_n) \tag{5.111}$$

其中,$F(C_1, C_2, \cdots, C_n) = \omega^2$ 为待定系数 $C_1, C_2, \cdots, C_n$ 的函数。

为了尽可能减少附加约束的影响,系数 C_n 的选择应使频率函数为极小值。于是数学上就形成了一个极值条件:

$$\frac{\partial(\omega^2)}{\partial C_k} = 0,\quad k = 1,2,3,\cdots,N \tag{5.112}$$

化简整理,可得

$$\frac{\partial(\omega^2)}{\partial C_k}=\frac{\sum_{n=1}^{N}k_{nk}C_n-\omega^2\sum_{n=1}^{N}m_{nk})C_n}{\int_0^l m[\sum_{n=1}^{N}C_n\varphi_n(x)]^2\mathrm{d}x+\sum_{i=1}^{j}M_i[\sum_{n=1}^{N}C_n\varphi_n(x_i)]^2}=0 \tag{5.113}$$

即

$$\sum_{n=1}^{N}k_{nk}C_n-\omega^2\sum_{n=1}^{N}m_{nk}C_n=0,\quad k=1,2,3,\cdots,N \tag{5.114}$$

其中

$$k_{kn}=k_{nk}=\int_0^l \mathrm{EI}\varphi''_n(x)\varphi''_k(x)\mathrm{d}x+\sum_{i=1}^{s}K_i\varphi_n(x_i)\varphi_k(x_i) \tag{5.115}$$

$$m_{kn}=m_{nk}=\int_0^l m\varphi_n(x)\varphi_k(x)\mathrm{d}x+\sum_{i=1}^{j}M_i\varphi_n(x_i)\varphi_k(x_i) \tag{5.116}$$

写成矩阵形式为

$$([K]-\omega^2[M])[C]=0 \tag{5.117}$$

其中，$[C]$ 为待定系数列向量；$[K]$ 与 $[M]$ 分别为对称形式的等效刚度矩阵和等效质量矩阵；实际上式(5.117) 是关于列向量 $[C]$ 的齐次线性方程组，相应的系数行列式为零，从而可得频率方程。

附加约束：指由于振型函数的假定所带来的约束，附加约束越小越接近真实值。

【例5.6】 如图5.22所示的均质等截面简支梁，在 $x=\xi$ 处有一集中质量 M_0，求该梁的第一、二阶固有频率近似值。

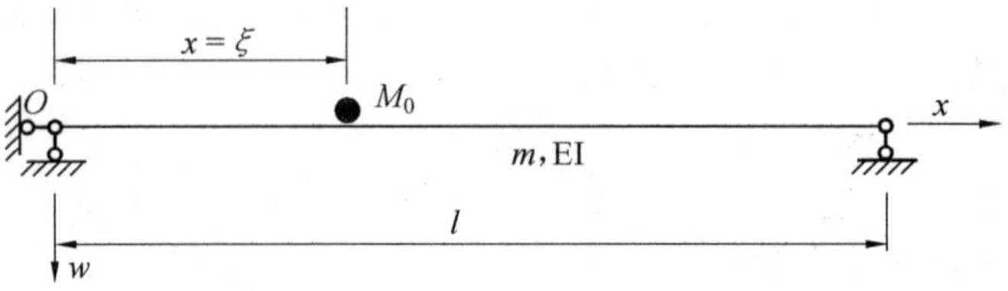

图5.22　均质等截面简支梁

解　取等截面简支梁的前两阶解析振型函数作为试函数，有

$$\varphi(x)=C_1\varphi_1(x)+C_2\varphi_2(x)$$

其中

$$\varphi_n(x)=\sin\frac{n\pi x}{l},\quad n=1,2$$

根据如下两式计算 m_{11}、m_{12}、m_{22}、k_{11}、k_{12}、k_{22}：

$$k_{kn}=k_{nk}=\int_0^l \mathrm{EI}\varphi''_n(x)\varphi''_k(x)\mathrm{d}x+\sum_{i=1}^{s}K_i\varphi_n(x_i)\varphi_k(x_i)$$

$$m_{kn}=m_{nk}=\int_0^l m\varphi_n(x)\varphi_k(x)\mathrm{d}x+\sum_{i=1}^{j}M_i\varphi_n(x_i)\varphi_k(x_i)$$

将其代入矩阵形式 $([K]-\omega^2[M])[C]=0$，可得频率方程

$$\det\begin{bmatrix} EI\left(\frac{\pi}{l}\right)^4\frac{l}{2}-\left[\frac{ml}{2}+M_0\sin^2\frac{\pi\xi}{l}\right]\omega^2 & -M_0\sin\frac{\pi\xi}{l}\sin\frac{2\pi\xi}{l}\omega^2 \\ -M_0\sin\frac{\pi\xi}{l}\sin\frac{2\pi\xi}{l}\omega^2 & EI\left(\frac{2\pi}{l}\right)^4\frac{l}{2}-\left[\frac{ml}{2}+M_0\sin^2\frac{2\pi\xi}{l}\right]\omega^2 \end{bmatrix}=0$$

如集中质量布置在跨中，则频率方程可化简为

$$\det\begin{bmatrix} EI\left(\frac{\pi}{l}\right)^4\frac{l}{2}-\left(\frac{ml}{2}+M_0\right)\omega^2 & 0 \\ 0 & EI\left(\frac{2\pi}{l}\right)^4\frac{l}{2}-\frac{ml}{2}\omega^2 \end{bmatrix}=0$$

求解，得

$$\omega_1=\left(\frac{\pi}{l}\right)^2\sqrt{\frac{EI}{m+\frac{2M_0}{l}}}=\left(\frac{\pi}{l}\right)^2\sqrt{\frac{EI}{m}}\sqrt{\frac{m}{m+\frac{2M_0}{l}}}=\left(\frac{\pi}{l}\right)^2\sqrt{\frac{EI}{m}}\sqrt{\frac{M_{eq}}{M_{eq}+M_0}}$$

$$\omega_2=\left(\frac{2\pi}{l}\right)^2\sqrt{\frac{EI}{m}}$$

式中　M_{eq}——等截面简支梁的跨中等效质量。

【例 5.7】　如图 5.23 所示简支梁，在 $x=\frac{l}{2}$ 处有一集中质量 M_1，在 $x=\xi$ 处有一集中质量 M_2，求该梁的第一、二阶固有频率近似值。

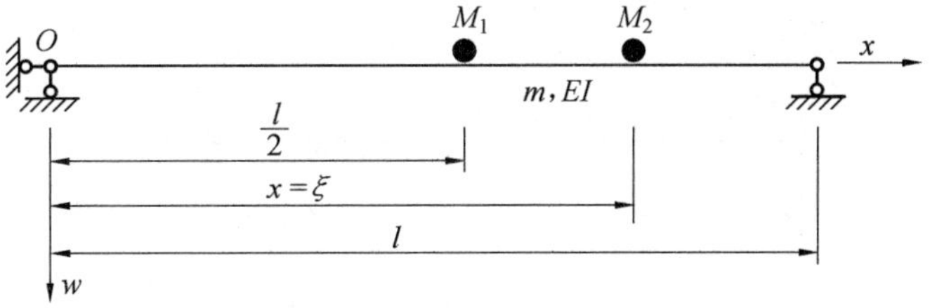

图 5.23　简支梁

解　取等截面简支梁的前两阶解析振型函数作为试函数，有

$$\varphi(x)=C_1\varphi_1(x)+C_2\varphi_2(x)$$

其中

$$\varphi_n(x)=\sin\frac{n\pi x}{l},\quad n=1,2$$

对应的频率方程为

$$\det\begin{bmatrix} EI\left(\frac{\pi}{l}\right)^4\frac{l}{2}-\left[\frac{ml}{2}+M_0\sin^2\frac{\pi\xi}{l}\right]\omega^2 & -M_0\sin\frac{\pi\xi}{l}\sin\frac{2\pi\xi}{l}\omega^2 \\ -M_0\sin\frac{\pi\xi}{l}\sin\frac{2\pi\xi}{l}\omega^2 & EI\left(\frac{2\pi}{l}\right)^4\frac{l}{2}-\left[\frac{ml}{2}+M_0\sin^2\frac{2\pi\xi}{l}\right]\omega^2 \end{bmatrix}=0$$

其中，令

$$\delta_1=1+\frac{2}{lm}\left(M_1+M_2\sin^2\frac{\pi\xi}{l}\right)$$

$$\delta_2 = 1 + \frac{2M_2}{ml}\sin^2\frac{2\pi\xi}{l}$$

$$\varepsilon = \frac{2M_2}{ml}\sin\frac{\pi\xi}{l}\sin\frac{2\pi\xi}{l}$$

则频率方程可化简为

$$\det\begin{bmatrix}\omega_{01}^2 - \delta_1\omega^2 & -\varepsilon\omega^2 \\ -\varepsilon\omega^2 & \omega_{02}^2 - \delta_2\omega^2\end{bmatrix} = 0$$

求解得

$$\omega_1 \approx \frac{\omega_{01}}{\sqrt{\delta_1}} = \frac{\omega_{01}}{\sqrt{1 + \frac{2}{lm}\left(M_1 + M_2\sin^2\frac{\pi\xi}{l}\right)}}$$

$$\omega_2 \approx \frac{\omega_{02}}{\sqrt{\delta_2}} = \frac{\omega_{02}}{\sqrt{1 + \frac{2M_2}{ml}\sin^2\frac{2\pi\xi}{l}}}$$

其中，$\omega_{01} = \left(\frac{\pi}{l}\right)^2\sqrt{\frac{\mathrm{EI}}{m}}$ 与 $\omega_{02} = \left(\frac{2\pi}{l}\right)^2\sqrt{\frac{\mathrm{EI}}{m}}$ 为简支梁前两阶频率。

【例 5.8】 如图 5.24 所示均质等截面悬臂梁，在悬臂端部有一个集中质量 $M = 2ml$。求悬臂梁的前两阶固有频率近似值，并比较瑞利法和里兹法求得近似解的精度。已知精确解为 $\omega_1 = \frac{1.158\,2}{l^2}\sqrt{\frac{\mathrm{EI}}{m}}$，$\omega_2 = \frac{15.861}{l^2}\sqrt{\frac{\mathrm{EI}}{m}}$。

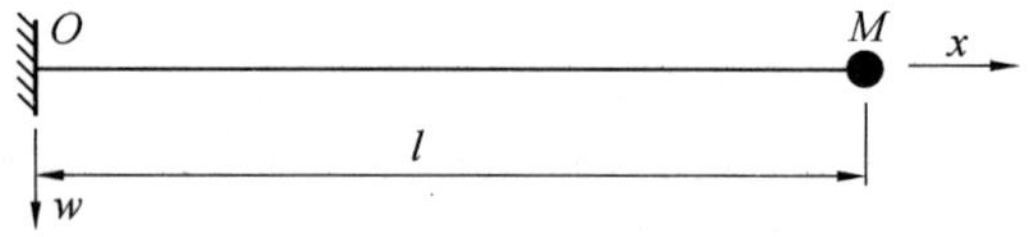

图 5.24　等截面悬臂梁

解　(1) 用瑞利法求第一阶频率。

选择满足几何边界条件的等截面悬臂梁一阶振型试函数为

$$\varphi(x) = C_1\left(1 - \cos\frac{\pi x}{2l}\right)$$

式中　C_1——待定系数。

代入瑞利法的相关公式，可得

$$M_{\mathrm{eq}} = m\int_0^l\left(1 - \cos\frac{\pi x}{2l}\right)^2\mathrm{d}x + M\left(1 - \cos\frac{\pi l}{2l}\right)^2$$

$$= \left(\frac{3}{2} - \frac{4}{\pi}\right)ml + 2ml = \frac{7\pi - 8}{2\pi}ml$$

$$K_{\mathrm{eq}} = \mathrm{EI}\int_0^l\left[\left(\frac{\pi}{2l}\right)^2\cos\frac{\pi x}{2l}\right]^2\mathrm{d}x = \mathrm{EI}\left(\frac{\pi}{2l}\right)^4\frac{l}{2}$$

$$\omega_1^2=\frac{\mathrm{EI}\left(\frac{\pi}{2l}\right)^4\frac{l}{2}}{\frac{7\pi-8}{2\pi}l}=\frac{\pi^5}{16(7\pi-8)}\frac{\mathrm{EI}}{l^4m}$$

$$\omega_1=\frac{1.169\,2}{l^2}\sqrt{\frac{\mathrm{EI}}{m}}$$

解得的一阶频率比精确解大 0.95%。

同理,也可采用悬臂端集中力作用下静挠度函数作为试函数,即

$$\varphi(x)=x^2-\frac{x^3}{3l}$$

采用此试函数计算可得

$$\omega_1=\frac{1.158\,4}{l^2}\sqrt{\frac{\mathrm{EI}}{m}}$$

此结果仅比精确解大 0.02%。

由此说明,静挠度曲线是梁一阶振型的很好近似形状。

(2) 用里兹法求前两阶固有频率。

选择满足几何边界条件的等截面悬臂梁振型试函数为

$$\varphi(x)=C_1\varphi_1(x)+C_2\varphi_2(x)$$

其中,$\varphi_1(x)=1-\cos\frac{\pi x}{2l}$,$\varphi_2(x)=1-\cos\frac{3\pi x}{2l}$。

根据下面两式计算 m_{11}、m_{12}、m_{22}、k_{11}、k_{12}、k_{22}:

$$k_{kn}=k_{nk}=\int_0^l \mathrm{EI}\varphi''_n(x)\varphi''_k(x)\,\mathrm{d}x+\sum_{i=1}^{s}K_i\varphi_n(x_i)\varphi_k(x_i)$$

$$m_{kn}=m_{nk}=\int_0^l m\varphi_n(x)\varphi_k(x)\,\mathrm{d}x+\sum_{i=1}^{j}M_i\varphi_n(x_i)\varphi_k(x_i)$$

将其代入矩阵形式($[K]-\omega^2[M]$)$\lceil C\rceil=0$,可得

$$\begin{bmatrix}\mathrm{EI}\left(\frac{\pi}{2l}\right)^4\frac{l}{2}-\frac{7\pi-8}{2\pi}ml\omega^2 & -\frac{9\pi-4}{3\pi}ml\omega^2\\ -\frac{9\pi-4}{3\pi}ml\omega^2 & \mathrm{EI}\left(\frac{3\pi}{2l}\right)^4\frac{l}{2}-\frac{21\pi+8}{6\pi}ml\omega^2\end{bmatrix}\begin{bmatrix}C_1\\C_2\end{bmatrix}=0$$

引入参数 $\Omega^2=\frac{ml^4\omega^2}{\mathrm{EI}}$,则频率方程可简写为

$$\det\begin{bmatrix}3.044\,03-2.225\,76\Omega^2 & -2.575\,59\Omega^2\\ -2.575\,59\Omega^2 & 246.566\,74-3.924\,41\Omega^2\end{bmatrix}=0$$

求解,可得 $\Omega_1^2=1.344\,70$,$\Omega_2^2=265.149\,19$。

则有

$$\omega_1=\frac{1.159\,6}{l^2}\sqrt{\frac{\mathrm{EI}}{m}},\quad \omega_2=\frac{16.283\,4}{l^2}\sqrt{\frac{\mathrm{EI}}{m}}$$

前两阶固有频率比对应的精确解分别高 0.12% 与 2.7%。

据此例题可得以下结论。

(1) 采用两项振型试函数求得的近似值中，第一阶频率比只采用一项振型试函数的精确度要高，但三角函数形式的振型试函数比静挠度函数精度稍差。

(2) 采用只有两项级数的里兹法，便可使第一阶频率的精度有较大的提高，还可给出第二阶频率很好的近似。

(3) 若在级数中取更多的项，则可得到更高精度的数值解。

【例 5.9】　求解如图 5.25 所示均质等截面简支梁在 $x=\xi$ 处联结一支承弹簧后的振动固有频率。

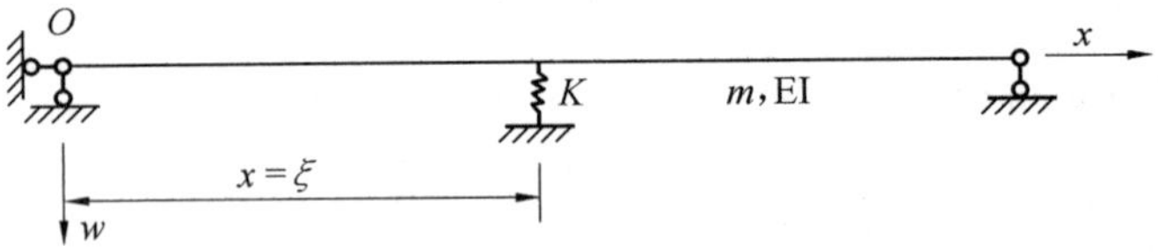

图 5.25　等截面简支梁

解　取等截面简支梁的前两阶解析振型函数作为试函数，有

$$\varphi(x)=C_1\varphi_1(x)+C_2\varphi_2(x)$$

其中，$\varphi_n(x)=\sin\dfrac{n\pi x}{l}(n=1,2)$。

根据下面两式计算 m_{11}、m_{12}、m_{22}、k_{11}、k_{12}、k_{22}：

$$k_{kn}=k_{nk}=\int_0^l \mathrm{EI}\varphi''_n(x)\varphi''_k(x)\mathrm{d}x+\sum_{i=1}^{s}K_i\varphi_n(x_i)\varphi_k(x_i)$$

$$m_{kn}=m_{nk}=\int_0^l m\varphi_n(x)\varphi_k(x)\mathrm{d}x+\sum_{i=1}^{j}M_i\varphi_n(x_i)\varphi_k(x_i)$$

于是，可得频率方程为

$$\det\begin{bmatrix}\mathrm{EI}\left(\dfrac{\pi}{l}\right)^4\dfrac{l}{2}+K\sin^2\dfrac{\pi\xi}{l}-\dfrac{ml}{2}\omega^2 & K\sin\dfrac{\pi\xi}{l}\sin\dfrac{2\pi\xi}{l}\\ K\sin\dfrac{\pi\xi}{l}\sin\dfrac{2\pi\xi}{l} & \mathrm{EI}\left(\dfrac{2\pi}{l}\right)^4\dfrac{l}{2}+K\sin^2\dfrac{2\pi\xi}{l}-\dfrac{ml}{2}\omega^2\end{bmatrix}=0$$

若支承弹簧布置在跨中位置，则可化简为

$$\det\begin{bmatrix}\mathrm{EI}\left(\dfrac{\pi}{l}\right)^4\dfrac{l}{2}+K-\dfrac{ml}{2}\omega^2 & 0\\ 0 & \mathrm{EI}\left(\dfrac{2\pi}{l}\right)^4\dfrac{l}{2}-\dfrac{ml}{2}\omega^2\end{bmatrix}=0$$

求解，可得

$$\omega_1=\left(\frac{\pi}{l}\right)^2\sqrt{\frac{\mathrm{EI}}{m}+\frac{2K}{ml}\left(\frac{l}{\pi}\right)^4}=\left(\frac{\pi}{l}\right)^2\sqrt{\frac{\mathrm{EI}}{m}}\sqrt{1+\frac{\Omega^2}{\omega_{01}^2}}$$

$$\omega_2=\left(\frac{2\pi}{l}\right)^2\sqrt{\frac{\mathrm{EI}}{m}}$$

其中，$\omega_{01}=\left(\dfrac{\pi}{l}\right)^2\sqrt{\dfrac{\mathrm{EI}}{m}}$ 为均质等截面简支梁的一阶固有频率，$\Omega^2=\dfrac{2K}{ml}$ 相当于简支梁跨中等

效质量与支承弹簧系统的固有频率。

3. 伽辽金(Galerkin)法

伽辽金法的基本思想是将待求的函数表示为一组已知基函数的线性组合，然后通过要求余量在某种意义下与基函数正交来确定组合系数。

利用变分法推导所得运动方程基本形式为

$$\int_0^l \{-m(x)\ddot{y}(x,t) - [EI(x)y''(x,t)]'' + P(x,t)\}\delta y \mathrm{d}x = 0 \tag{5.118}$$

令外荷载为零，简谐振动动挠度可表示为

$$w(x,t) = \varphi(x)\sin \omega t \tag{5.119}$$

则有

$$\delta w(x,t) = \delta\varphi(x)\sin \omega t \tag{5.120}$$

将式(5.120)代入运动方程基本形式，可得

$$\int_0^l \{[EI\varphi''(x)]'' - m\omega^2\varphi(x)\}\delta\varphi(x)\mathrm{d}x \sin^2\omega t = 0 \tag{5.121}$$

由于$\sin^2\omega t$的任意性，必须有

$$\int_0^l \{[EI\varphi''(x)]'' - m\omega^2\varphi(x)\}\delta\varphi(x)\mathrm{d}x = 0 \tag{5.122}$$

式(5.122)为动力学的虚功原理，即梁在实际可能的振动过程中，体系的弹性力和惯性力对微小虚位移所做虚功之总和等于零。

引入近似的振型函数：

$$\varphi(x) = \sum_{n=1}^{N} C_n\varphi_n(x) \tag{5.123}$$

其中，$\varphi(x)$为满足几何边界条件和力学边界条件的近似振型函数。

将$\varphi(x)$与$\delta\varphi(x) = \sum_{n=1}^{N}\varphi_n(x)\delta C_n$代入式(5.122)，由于$\delta C_k$的任意性，其可写成$N$个齐次方程式：

$$\int_0^l \sum_{n=1}^{N} C_n[(EI\varphi''_n)'' - m\omega^2\varphi_n]\varphi_k\mathrm{d}x = 0, \quad k = 1,2,\cdots,N \tag{5.124}$$

对于满足全部几何边界条件和力学边界条件的$\varphi_n(x)$可以证明有以下关系成立：

$$\begin{cases} k_{nk} = k_{kn} = \int_0^l [EI\varphi''_n(x)]''\varphi_k(x)\mathrm{d}x = \int_0^l EI\varphi''_n(x)\varphi''_k(x)\mathrm{d}x \\ m_{nk} = m_{kn} = \int_0^l m\varphi_n(x)\varphi_k(x)\mathrm{d}x \end{cases}$$

则式(5.124)可化简为

$$\sum_{n=1}^{N}(k_{nk} - \omega^2 m_{nk})C_n = 0 \tag{5.125}$$

相应的，矩阵形式方程为

$$([K] - \omega^2[M])[C] = 0 \tag{5.126}$$

【例 5.10】　分别用里兹法与伽辽金法求解如图 5.26 所示的具有不对称质量分布简支

梁的前两阶固有频率。

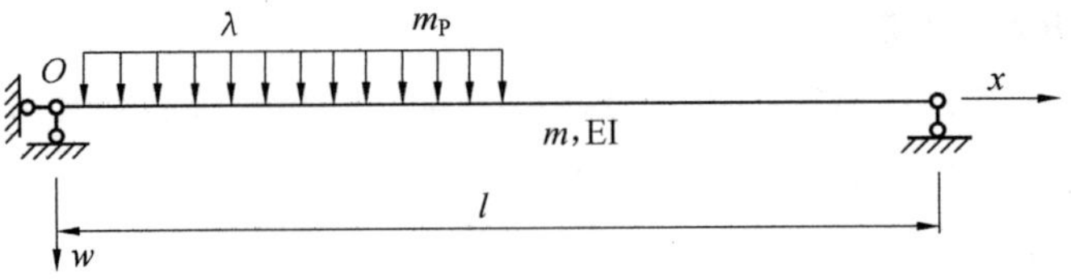

图 5.26 具有不对称质量分布简支梁

解 (1) 里兹法。

取等截面简支梁的前两阶解析振型函数作为试函数,有

$$\varphi(x)=C_1\varphi_1(x)+C_2\varphi_2(x)$$

其中,$\varphi_n(x)=\sin\dfrac{n\pi x}{l}(n=1,2)$。

以 m_{12} 为例:

$$m_{12}=m\int_0^l\sin\frac{\pi x}{l}\sin\frac{2\pi x}{l}\mathrm{d}x+m_P\int_0^\lambda\sin\frac{\pi x}{l}\sin\frac{2\pi x}{l}\mathrm{d}x$$

$$=\frac{m_P l}{2\pi}\left(\sin\frac{\pi\lambda}{l}-\frac{1}{3}\sin\frac{3\pi\lambda}{l}\right)$$

同样,可得频率方程为

$$\det\begin{bmatrix}\dfrac{\omega_{01}^2}{\delta_1\omega^2}-1 & -\dfrac{\varepsilon}{\delta_1}\\ -\dfrac{\varepsilon}{\delta_2} & \dfrac{\omega_{02}^2}{\delta_2\omega^2}-1\end{bmatrix}=0$$

一般情况下,$\dfrac{\varepsilon}{\delta_1}$ 和$\dfrac{\varepsilon}{\delta_2}$ 很小,忽略影响后可近似求得

$$\omega_1\approx\frac{\omega_{01}}{\sqrt{\delta_1}}=\frac{\omega_{01}}{\sqrt{1+\dfrac{m_P}{m}\left(\dfrac{\lambda}{l}-\dfrac{1}{2\pi}\sin^2\dfrac{2\pi\lambda}{l}\right)}}$$

$$\omega_2\approx\frac{\omega_{02}}{\sqrt{\delta_2}}=\frac{\omega_{02}}{\sqrt{1+\dfrac{m_P}{m}\left(\dfrac{\lambda}{l}-\dfrac{1}{4\pi}\sin^2\dfrac{4\pi\lambda}{l}\right)}}$$

此例为火车长于桥梁时,火车缓慢过桥的一种自由振动模型。

(2) 伽辽金法。

用均质等截面简支梁的解析振型构造振型试函数为

$$\varphi(x)=\sum_{n=1}^{N}C_n\sin\frac{n\pi x}{l}$$

将其代入式(5.118),有

$$\int_0^l\left\{\sum_{n=1}^{N}C_n\sin\frac{n\pi x}{l}\left[\mathrm{EI}\left(\frac{n\pi}{l}\right)^4-m\omega^2\right]\right\}\sin\frac{k\pi x}{l}\mathrm{d}x-$$

$$\int_0^{\lambda}\Big[\sum_{n=1}^{N}C_n\sin\frac{n\pi x}{l}m_{\mathrm{P}}\omega^2\Big]\sin\frac{k\pi x}{l}\mathrm{d}x$$
$$=0(k=1,2,3,\cdots)$$

上式的第一项，由下式：

$$\int_0^{l}\sin\frac{n\pi x}{l}\sin\frac{k\pi x}{l}\mathrm{d}x=\begin{cases}l/2, & k=n\\ 0, & k\neq n\end{cases}$$

计算得

$$\int_0^{l}\Big\{\sum_{n=1}^{N}C_n\sin\frac{n\pi x}{l}\Big[\mathrm{EI}\Big(\frac{n\pi}{l}\Big)^4-m\omega^2\Big]\Big\}\sin\frac{k\pi x}{l}\mathrm{d}x=\Big[\mathrm{EI}\Big(\frac{k\pi}{l}\Big)^4-m\omega^2\Big]\frac{l}{2}C_k$$

第二项可化简为

$$\int_0^{\lambda}\Big[\sum_{n=1}^{N}C_n\sin\frac{n\pi x}{l}m_{\mathrm{P}}\omega^2\Big]\sin\frac{k\pi x}{l}\mathrm{d}x=\frac{m_{\mathrm{P}}l\omega^2}{\pi}\sum_{n=1}^{N}C_nS_{kn}$$

将第一项与第二项的化简结果分别代入原表达式，可得

$$\Big[\mathrm{EI}\Big(\frac{k\pi}{l}\Big)^4-m\omega^2\Big]\frac{l}{2}C_k-\frac{m_{\mathrm{P}}l\omega^2}{\pi}\sum_{n=1}^{N}C_nS_{kn}=0,\quad k=1,2,3,\cdots$$

$$\Big[\Big(\frac{k\pi}{l}\Big)^4\frac{\mathrm{EI}}{m}-\omega^2-\frac{2m_{\mathrm{P}}\omega^2}{m\pi}S_{kk}\Big]C_k-\frac{2m_{\mathrm{P}}\omega^2}{m\pi}\sum_{n\neq k}^{N}S_{kn}C_n=0,\quad k=1,2,3,\cdots$$

$$\Big[\omega_{k0}^2-\Big(1+\frac{2m_{\mathrm{P}}}{m\pi}S_{kk}\Big)\omega^2\Big]C_k-\frac{2m_{\mathrm{P}}}{m\pi}\omega^2\sum_{n\neq k}^{N}S_{kn}C_n=0,\quad k=1,2,3,\cdots$$

$$\left[\frac{\omega_{k0}^2}{\omega^2}\frac{1}{\dfrac{2m_{\mathrm{P}}}{m\pi}}-\frac{1+\dfrac{2m_{\mathrm{P}}}{m\pi}S_{kk}}{\dfrac{2m_{\mathrm{P}}}{m\pi}}\right]C_k-\sum_{n\neq k}^{N}S_{kn}C_n=0,\quad k=1,2,3,\cdots$$

$$\frac{1}{\dfrac{2m_{\mathrm{P}}}{m\pi}}\Big(1+\frac{2m_{\mathrm{P}}}{m\pi}S_{kk}\Big)\left[\frac{\omega_{k0}^2}{\omega^2}\frac{1}{1+\dfrac{2m_{\mathrm{P}}}{m\pi}S_{kk}}-1\right]C_k-\sum_{n\neq k}^{N}S_{kn}C_n=0,\quad k=1,2,3,\cdots$$

$$\frac{1}{\beta_k}\Big[\frac{\Omega_k^2}{\omega^2}-1\Big]C_k-\sum_{n\neq k}^{N}S_{kn}C_n=0,\quad k=1,2,3,\cdots$$

其中

$$\Omega_k^2=\omega_{k0}^2\frac{1}{1+\dfrac{2m_{\mathrm{P}}}{m\pi}S_{kk}}$$

$$\frac{1}{\beta_k}=\frac{1}{\dfrac{2m_{\mathrm{P}}}{m\pi}}\Big(1+\frac{2m_{\mathrm{P}}}{m\pi}S_{kk}\Big)$$

$$S_{kn}=\frac{\pi}{l}\int_0^{\lambda}\sin\frac{n\pi x}{l}\sin\frac{k\pi x}{l}\mathrm{d}x$$

当 $k=n$ 时，有

$$S_{kk}=\frac{\pi}{l}\int_0^{\lambda}\sin\frac{n\pi x}{l}\sin\frac{k\pi x}{l}\mathrm{d}x=\frac{\pi}{2}\Big(\frac{\lambda}{l}-\frac{1}{2k\pi}\sin\frac{2k\pi\lambda}{l}\Big)$$

当 $k \neq n$ 时，有

$$S_{kn} = \frac{\pi}{l}\int_0^{\lambda} \sin\frac{n\pi x}{l}\sin\frac{k\pi x}{l}\mathrm{d}x = \frac{1}{2}\left[\frac{1}{n-k}\sin\frac{(n-k)\pi\lambda}{l} - \frac{1}{n+k}\sin\frac{(n+k)\pi\lambda}{l}\right]$$

若近似地取上面化简结果的级数前三项，可得到关于 C_1、C_2 和 C_3 的联立齐次方程组为

$$\begin{bmatrix} \frac{1}{\beta_1}\left(\frac{\Omega_1^2}{\omega^2}-1\right) & S_{12} & S_{13} \\ S_{21} & \frac{1}{\beta_2}\left(\frac{\Omega_2^2}{\omega^2}-1\right) & S_{23} \\ S_{31} & S_{32} & \frac{1}{\beta_3}\left(\frac{\Omega_3^2}{\omega^2}-1\right) \end{bmatrix}\begin{bmatrix} C_1 \\ C_2 \\ C_3 \end{bmatrix} = \begin{bmatrix} 0 \\ 0 \\ 0 \end{bmatrix}$$

其中

$$\Omega_k^2 = \omega_{k0}^2 \frac{1}{1+\frac{m_{\mathrm{P}}}{m}\left(\frac{\lambda}{l} - \frac{1}{2k\pi}\sin\frac{2k\pi\lambda}{l}\right)}$$

$$\beta_k = \frac{\frac{2m_{\mathrm{P}}}{m}}{\pi\left[1+\frac{m_{\mathrm{P}}}{m}\left(\frac{\lambda}{l} - \frac{1}{2k\pi}\sin\frac{2k\pi\lambda}{l}\right)\right]}$$

一般情况下，当 $k \neq n$ 时 S_{kn} 相对较小，可以略去，最后可得第一阶固有频率的近似计算公式为

$$\omega_1 \approx \Omega_1 = \frac{\omega_{10}}{\sqrt{1+\frac{2m_{\mathrm{P}}}{m\pi}S_{11}}} = \left(\frac{\pi}{l}\right)^2\sqrt{\frac{\mathrm{EI}}{m\left[1+\frac{m_{\mathrm{P}}}{m}\left(\frac{\lambda}{l} - \frac{1}{2\pi}\sin\frac{2\pi\lambda}{l}\right)\right]}}$$

可以看出，里兹法相对于伽辽金法显得更简单一些，但从理论上说伽辽金法计算精度会更高。当然，这里的近似计算式一致。

5.3 强迫振动分析

5.3.1 振型叠加原理

1. 无阻尼体系

下面通过简支梁的弯曲振动，说明用振型叠加法求解无阻尼分布参数体系动力反应的原理和方法。

5.2 节已求得分布参数梁的运动方程[式(5.37)]，即

$$m(x)\frac{\partial^2 y(x,t)}{\partial t^2} + \mathrm{EI}(x)\frac{\partial^4 y(x,t)}{\partial x^4} = P(x,t)$$

分离变量可得

$$\sum_{n=1}^{\infty} m(x)\varphi_n(x)\ddot{q}_n(t) + \sum_{n=1}^{\infty}\frac{\mathrm{d}^2}{\mathrm{d}x^2}\left[\mathrm{EI}(x)\frac{\mathrm{d}^2\varphi_n(x)}{\mathrm{d}x^2}\right]q_n(t) = P(x,t) \tag{5.127}$$

将式(5.127)的每一项乘 $\varphi_m(x)$，并积分得

$$\sum_{n=1}^{\infty}\int_0^L \varphi_m(x)m(x)\varphi_n(x)\ddot{q}_n(t)\,\mathrm{d}x+\sum_1 q_n(t)\int_0^L \varphi_m(x)\frac{\mathrm{d}^2}{\mathrm{d}x^2}\left[\mathrm{EI}(x)\frac{\mathrm{d}^2\varphi_n(x)}{\mathrm{d}x^2}\right]\mathrm{d}x$$
$$=\int_0^L \varphi_m(x)P(x,t)\,\mathrm{d}x \tag{5.128}$$

由正交条件，式(5.128)可化简为

$$\ddot{q}_n(t)\int_0^L \varphi_n^2(x)m(x)\,\mathrm{d}x+q_n(t)\int_0^L \varphi_n(x)\frac{\mathrm{d}^2}{\mathrm{d}x^2}\left[\mathrm{EI}(x)\frac{\mathrm{d}^2\varphi_n(x)}{\mathrm{d}x^2}\right]\mathrm{d}x$$
$$=\int_0^L \varphi_n(x)P(x,t)\,\mathrm{d}x \tag{5.129}$$

将下式代入式(5.129)可得式(5.131)：

$$\frac{\mathrm{d}^2}{\mathrm{d}x^2}\left[\mathrm{EI}(x)\frac{\mathrm{d}^2\varphi_n}{\mathrm{d}x^2}\right]=m(x)\omega_n^2\varphi_n(x) \tag{5.130}$$

$$q_n(t)\omega_n^2\int_0^L \varphi_n^2(x)m(x)\,\mathrm{d}x+\ddot{q}_n(t)\int_0^L \varphi_n^2(x)m(x)\,\mathrm{d}x=\int_0^L \varphi_n(x)P(x,t)\,\mathrm{d}x \tag{5.131}$$

记

$$M_n=\int_0^L \varphi_n^2(x)m(x)\,\mathrm{d}x \tag{5.132}$$

$$P_n(t)=\int_0^L \varphi_n(x)P(x,t)\,\mathrm{d}x \tag{5.133}$$

式(5.132)和式(5.133)分别表示第 n 阶振型质量和对应第 n 阶振型力，则式(5.131)可简化为

$$M_n\ddot{q}_n(t)+\omega_n^2M_nq_n(t)=P_n(t) \tag{5.134}$$

2. 有阻尼体系

对于分布参数的有阻尼体系，其运动方程为

$$m(x)\frac{\partial^2u(x,t)}{\partial t^2}+c\frac{\partial u(x,t)}{\partial t}+\frac{\partial^2}{\partial x^2}\left[\mathrm{EI}(x)\frac{\partial^2u(x,t)}{\partial x^2}+c_sI(x)\frac{\partial^3u(x,t)}{\partial x^2\partial t}\right]=P(x,t) \tag{5.135}$$

分离变量可得

$$\sum_{n=1}^{\infty}m(x)\varphi_n(x)\ddot{q}_n(t)+\sum_{n=1}^{\infty}c(x)\varphi_n(x)\dot{q}_n(t)+$$
$$\sum_{n=1}^{\infty}\frac{\mathrm{d}^2}{\mathrm{d}x^2}\left[c_sI(x)\frac{\mathrm{d}^2\varphi_n(x)}{\mathrm{d}x^2}\right]\dot{q}_n(t)+\sum_{n=1}^{\infty}\frac{\mathrm{d}^2}{\mathrm{d}x^2}\left[\mathrm{EI}(x)\frac{\mathrm{d}^2\varphi_n(x)}{\mathrm{d}x^2}\right]q_n(t)=P(x,t) \tag{5.136}$$

将式(5.136)的每一项乘 $\varphi_m(x)$ 并积分，得

$$M_n\ddot{q}_n(t)+\sum_{n=1}^{\infty}\dot{q}_n(t)\int_0^L \varphi_m(x)\left\{c(x)\varphi_n(x)+\frac{\mathrm{d}^2}{\mathrm{d}x^2}\left[c_s(x)I(x)\frac{\mathrm{d}^2\varphi_n(x)}{\mathrm{d}x^2}\right]\right\}\mathrm{d}x+$$
$$\omega_n^2M_nq_n(t)=P_n(t) \tag{5.137}$$

显然，在一般情况下，式(5.137)中的阻尼项相互耦联，因此需要联立方程组求解。但是，如果假定为经典阻尼，则运动方程中的阻尼项解耦，可以直接将运动方程改写为

$$M_n\ddot{q}_n(t) + C_n\dot{q}_n(t) + \omega_n^2 M_n q_n(t) = P_n(t) \tag{5.138}$$

而振型阻尼系数 C_n 可以用振型阻尼比 ζ_n 表示为

$$C_n = 2\zeta_n\omega_n M_n \tag{5.139}$$

则有阻尼振型运动方程为

$$\ddot{q}_n(t) + 2\zeta_n\omega_n\dot{q}_n(t) + \omega_n^2 q_n(t) = \frac{1}{M_n}P_n(t) \tag{5.140}$$

通过振型坐标变换,就可以将质量、阻尼和刚度矩阵由非对角项耦合的 N 个联立运动微分方程转换为 N 个独立的振型坐标方程。对于分布参数体系,可以建立无限多个这样的单自由度方程,每个方程含有一个振型坐标。因此,在计算动力反应时,可按照单自由度体系的解法,首先分别求解每一个振型(正规)坐标的反应 $q_n(t)$,然后按式(5.39)叠加即可得出用原始坐标表示的反应。

可见,体系的总反应等于各个振型贡献的叠加。与离散多自由度体系相同,对于大多数类型的荷载,分布参数体系各个振型所起的作用一般是频率最低的振型最大,高振型则趋向减小。因而在叠加过程中通常不需要包含所有的高振型。当动力反应达到精度要求时,即可舍弃级数的其余各项,从而大大减少了计算工作量。此外,对于复杂结构,其高阶振型的数学建模的可靠性相对较小,在动力反应分析时限定要考虑的振型数也是很必要的。

5.3.2　杆轴向强迫振动分析

设有图 5.27 所示的轴向力作用下的等直杆,其强迫振动方程为

$$\mathrm{EA}\frac{\partial^2 u(x,t)}{\partial x^2} - m\frac{\partial^2 u(x,t)}{\partial t^2} = q(x,t) \tag{5.141}$$

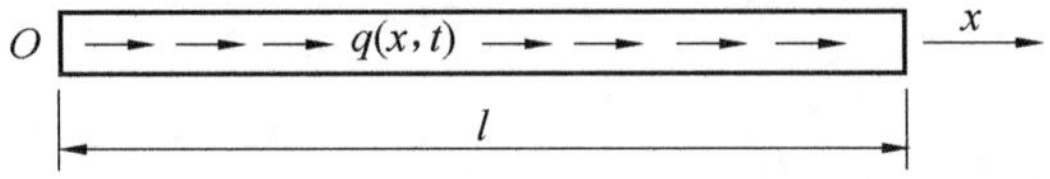

图 5.27　轴向力作用下的等直杆

有初始条件

$$u(x,0) = f_1(x),\quad \left.\frac{\partial u}{\partial t}\right|_{t=0} = f_2(x) \tag{5.142}$$

分离变量可得

$$\sum_{n=1}^{\infty} Y_n\int_0^L \varphi_m(EA\varphi'_n)'\mathrm{d}x - \sum_{n=1}^{\infty}\ddot{Y}_n\int_0^L m\varphi_n\varphi_m\mathrm{d}x = \int_0^L q(x,t)\varphi_m\mathrm{d}x \tag{5.143}$$

求解式(5.143)可得

$$Y_m(t) = Y_m(0)\cos\omega_m t + \frac{\dot{Y}_m(0)}{\omega_m}\sin\omega_m t + \frac{1}{\omega_m}\int_0^L Q_m\sin\omega_m(t-\tau)\mathrm{d}\tau \tag{5.144}$$

5.3.3　梁弯曲强迫振动分析

1. 振型质量计算

对于等截面梁,振型质量通用表达式为

$$M_n = m\int_0^L \varphi_n^2(x)\,\mathrm{d}x \tag{5.145}$$

对于简支梁，振型函数为

$$\varphi_n(x) = A_n \sin\frac{n\pi x}{L},\quad n = 1,2,3,\cdots,\infty \tag{5.146}$$

振型质量为

$$M_n = \int_0^L m\sin^2\frac{n\pi x}{l}\mathrm{d}x = \frac{mL}{2} \tag{5.147}$$

对于悬臂梁、两端固定梁和一端固定一端简支梁，其标准化的振型函数可统一表达为

$$\varphi_n(x) = \sin\alpha_n x - \sinh\alpha_n x + B_n(\cosh\alpha_n x - \cos\alpha_n x) \tag{5.148}$$

其中

$$B_n = \frac{\sin\alpha l + \sinh\alpha l}{\cos\alpha l + \cosh\alpha l} \tag{5.149}$$

对应的振型质量为

$$M_n = \int_0^l m\left[\sin\alpha_n x - \sinh\alpha_n x + B_n(\cosh\alpha_n x - \cos\alpha_n x)\right]^2\mathrm{d}x = ml \tag{5.150}$$

由此可得以下结论。

（1）对于等截面简支梁，各阶振型的振型质量都等于梁总质量的一半。

（2）对于悬臂梁、两端固定梁和一端固定一端简支梁，各阶振型的振型质量都等于梁的总质量。

2. 振型力计算

第一种情况：任意分布荷载作用下，振型力为

$$P_n(t) = \int_0^l \varphi_n(x)P(x,t)\,\mathrm{d}x \tag{5.151}$$

若分布荷载不沿梁的长度变化，则有

$$P_n(t) = \int_0^l \varphi_n(x)P(t)\,\mathrm{d}x = P(t)\int_0^l \varphi_n(x)\,\mathrm{d}x \tag{5.152}$$

对于等截面梁，有

$$P_n(t) = P(t)\int_0^l \sin\frac{n\pi x}{l}\mathrm{d}x = \frac{l}{n\pi}(1 - \cos n\pi)P(t) = \frac{2l}{n\pi}P(t),\quad n = 1,2,3,\cdots,\infty \tag{5.153}$$

对于悬臂梁、两端固定梁和一端固定一端简支梁，有

$$P_n(t) = P(t)\int_0^l \left[\sin\alpha_n x - \sinh\alpha_n x + B_n(\cosh\alpha_n x - \cos\alpha_n x)\right]\mathrm{d}x,\quad n = 1,2,3,\cdots,\infty \tag{5.154}$$

上述积分比较麻烦，表 5.1 给出不同支承条件下等截面梁的前三阶振型的积分结果，表中通过积分得到的振型力也即广义力或广义荷载。

表 5.1　各种支承条件等截面梁的振型积分结果

梁的类型	振型及其对应的振型力		
	1	2	3
简支梁	0. 636 6l	0	0. 212 2l
悬臂梁	0. 783 0l	0. 434 0l	0. 254 4l
两端固定梁	0. 830 8l	0	0. 364 0l
一端简支一端固定梁	0. 860 4l	0. 082 9l	0. 334 3l

注：

(1) 不同类型梁的特征值不一样，积分结果也不同。

(2) 对于等截面简支梁和两端固定梁，均布荷载只对奇数阶振型起作用，偶数阶的振型力为零。

第二种情况：承受集中荷载的等截面简支梁。

设有图 5. 28 所示的承受集中荷载的等截面简支梁。

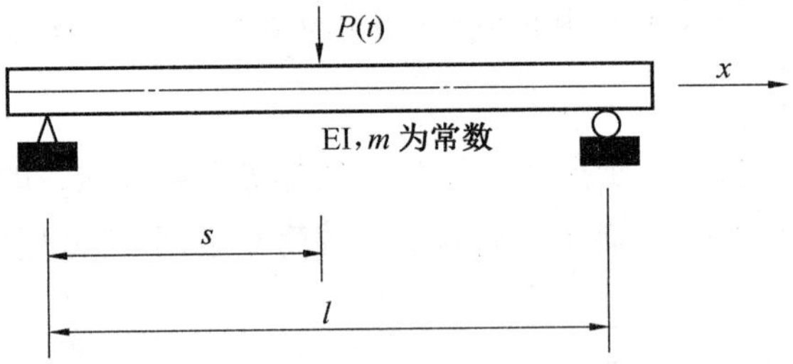

图 5. 28　承受集中荷载的等截面简支梁

外荷载可表示为

$$P(x,t) = \delta(x - s)P(t) \tag{5.155}$$

式中，δ 为 Dirac 函数，具有如下两个重要特性。

特性(1)：

$$\delta(x - s) = \begin{cases} \infty, & x = s \\ 0, & x \neq s \end{cases} \tag{5.156}$$

特性(2)：

$$\int_a^b \delta(x - s)f(x)\,\mathrm{d}x = f(s) \tag{5.157}$$

利用特性(2)，集中荷载下梁的振型力可直接写为

$$P_n(t) = \int_0^l \varphi_n(x)\delta(x - s)P(t)\,\mathrm{d}x = \varphi_n(s)P(t) \tag{5.158}$$

对应等截面梁有

$$P_n(t) = \int_0^l \sin\frac{n\pi x}{l}\delta(x - s)P(t)\,\mathrm{d}x = \sin\frac{n\pi x}{l}P(t), \quad n = 1,2,\cdots \tag{5.159}$$

且有以下讨论：

(1) 当 $s=l/4$ 时，$P_n(t)=\sin\dfrac{n\pi}{4}P(t)=k_nP(t)$。

n 为 4 的整数倍时，$k_n=0$，此时集中力恰好作用在这些振型的节点上，振型力等于零，即对相应振型无影响；

$n=2,6,10,\cdots$ 时，$k_n=\pm1$，此时集中力恰好作用在这些振型的最大值上，即对相应的振型的影响最大。

(2) 当 $s=l/2$ 时，$P_n(t)=\sin\dfrac{n\pi}{2}P(t)=k_nP(t)$。

n 为 2 的整数倍时，$k_n=0$，此时集中力恰好作用在这些振型的节点上，振型力等于零，即对偶数阶振型无影响；

$n=1,3,5,\cdots$ 时，$k_n=\pm1$，此时集中力恰好作用在这些振型的最大值上，即对奇数阶的振型的影响最大。

3. 支座激励振动分析

存在支座激励的梁的总位移等于梁变形的位移和支座运动位移之和，即

$$v^t(x,t)=v(x,t)+v_g(x,t) \tag{5.160}$$

运动方程为

$$m(x)\frac{\partial^2 v(x,t)}{\partial t^2}+\frac{\partial^2}{\partial x^2}\left[\mathrm{EI}(x)\frac{\partial^2 v(x,t)}{\partial x^2}\right]=-m(x)\frac{\mathrm{d}^2 v_g(t)}{\mathrm{d}t^2} \tag{5.161}$$

运动方程右侧可表示为等效外荷载，即

$$P_{\mathrm{eff}}(x,t)=-m(x)\frac{\mathrm{d}^2 v_g(t)}{\mathrm{d}t^2} \tag{5.162}$$

将支承激励转换成等效外荷载，如图 5.29 所示。

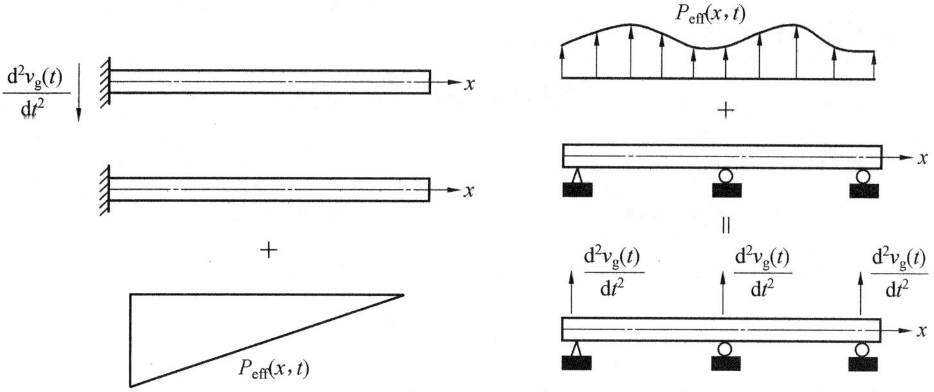

图 5.29　等效外荷载

4. 任意荷载作用下的振动分析(振型叠加法)

广义坐标下的运动方程为

$$\ddot{Y}_n(t)+2\xi_n\omega_n\dot{Y}_n(t)+\omega_n^2Y_n(t)=\frac{1}{M_n}P_n(t) \tag{5.163}$$

通过杜哈梅积分得到的广义坐标在任意荷载作用下的响应解为

$$Y_n(t)=\frac{1}{M_n\omega_{Dn}}\int_0^t P_n(\tau)\mathrm{e}^{-\xi_n\omega_n(t-\tau)}\sin\omega_{Dn}(t-\tau)\mathrm{d}\tau \tag{5.164}$$

将各阶振型的贡献进行叠加，得到结构在位置 x、时刻 t 的总位移为

$$v(x,t)=\sum_{n=1}^{\infty}\frac{1}{M_n\omega_{Dn}}\varphi_n(x)\int_0^t P_n(\tau)\mathrm{e}^{-\xi_n\omega_n(t-\tau)}\sin\omega_{Dn}(t-\tau)\mathrm{d}\tau \tag{5.165}$$

【例 5.11】 对如图 5.30 所示简支梁进行强迫振动分析。

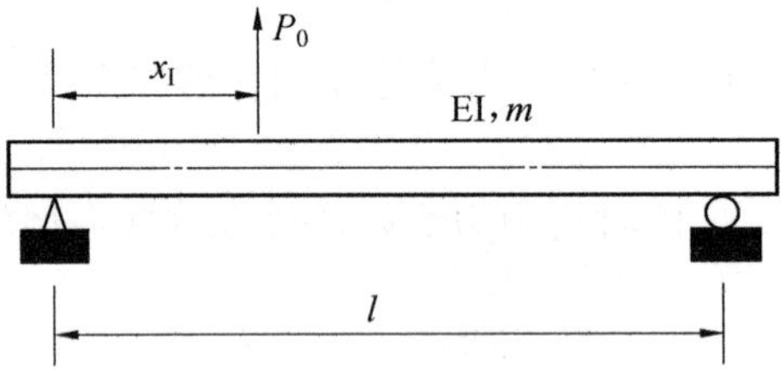

图 5.30 简支梁

解 振型形状为

$$\varphi_n(x)=\sin\frac{n\pi}{l}x,\quad n=1,2,\cdots$$

振型力为

$$P_n(t)=\int_0^l\varphi_n(x)P(x,t)\mathrm{d}x$$

其中

$$P(x,t)=\begin{cases}P_0, & x=x_1\\ 0, & \text{其他}\end{cases}$$

所以振型力可表示为

$$P_n(t)=P_0\sin\frac{n\pi x_1}{l}$$

振型质量为

$$M_n=m\int_0^l\varphi_n^2(x)\mathrm{d}x=m\int_0^l\sin^2\frac{n\pi x}{l}\mathrm{d}x=\frac{ml}{2}$$

将振型力和振型质量代入振型方程，并忽略阻尼影响，得

$$\ddot{Y}_n(t)+\omega_n^2Y_n(t)=\frac{P_0\sin(n\pi x_1/l)}{ml/2}$$

由位移为零和速度为零的初始条件，上式的解为

$$Y_n(t)=\frac{2P_0\sin(n\pi x_1/l)}{\omega_n^2ml}(1-\cos\omega_nt)$$

梁的任一截面处的振型位移为

$$v_n(x,t)=\varphi_n(x)Y_n(t)=\frac{2P_0\sin(n\pi x_1/l)}{\omega_n^2ml}(1-\cos\omega_nt)\sin\frac{n\pi x}{l}$$

总位移为

$$v_n(x,t)=\sum_{n=1}^{\infty}\varphi_n(x)Y_n(t)=\frac{2P_0}{ml}\sum_{n=1}^{\infty}\left[\frac{1}{\omega_n^2}\sin\frac{n\pi x_1}{l}(1-\cos\omega_n t)\sin\frac{n\pi x}{l}\right]$$

当突加荷载位于跨中时，总位移为

$$v_n(x,t)=\sum_{n=1}^{\infty}\varphi_n(x)Y_n(t)=\frac{2P_0}{ml}\sum_{n=1}^{\infty}\left[\frac{1}{\omega_n^2}\sin\frac{n\pi}{2}(1-\cos\omega_n t)\sin\frac{n\pi x}{l}\right]$$

突加荷载位于跨中时的计算结果表明，偶数项振型对任何一点的位移没有影响，这是因为振型均是反对称的，不受对称荷载激励。

第6章　桥梁结构动力特性

桥梁固有频率、振型与阻尼比构成其动力指纹,决定着结构在动荷载作用下的共振风险与能量耗散效率。在进行结构动力分析时,对只有几个自由度的结构体系,只需求一阶或二阶振型就可以求得动力响应的近似解,而对于包含几百或更多个自由度的结构体系,可能有四五十个甚至更多振型对响应有重要影响,此时采用前面介绍的求解频率方程的精确方法,计算工作量很大。从实际的要求来说,特别是求解基本频率时,可以采用一些关于振型和频率的实用计算方法。在阻尼机理层面,揭示黏滞阻尼理论对桥梁支座摩擦效应的表征局限,为桥梁健康监测系统的模态参数识别提供理论依据。

6.1　桥梁结构自振频率

6.1.1　桥梁结构动力特性

表征结构动力性能的一些固有量称为结构的动力特性,又称自振特性。如图6.1所示为单自由度体系有阻尼振动分析的数学模型。模型中包括了以下几种参量元件:表示结构质量和惯性特性的质量块 m、表示结构的恢复力或刚度的弹簧 k、表示结构能量耗散的阻尼系数 c 和用来表示作用于结构体系上的外荷载(激励荷载)$P(t)$。这样一个结构体系在外荷载作用下,其响应的规律必然与结构的质量、刚度及阻尼特性有关;推广到一般的结构体系,在动荷载作用下,结构的动力响应规律也必然与这些参量有关。由上述参量所表征的结构动力特性的一些固有量,称为结构的动力特性,概括起来结构的动力特性主要有以下三个方面。

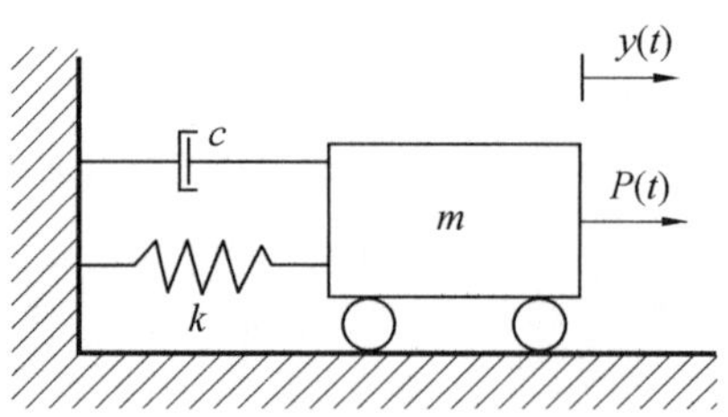

图6.1　单自由度体系有阻尼振动

1. 结构的固有频率

结构受到外部的干扰后会发生振动,但在以后的振动过程中结构不再受到外部的干扰作用,这种振动称为结构的自由振动;如果结构在发生振动以后的振动过程中还不断地受到外部干扰力的作用,则称为强迫振动。质点在运动过程中完成一个完整的循环所需的时间称为周期,单位时间内完成的循环次数称为频率。

结构在自由振动时的频率称为结构的固有频率或自振频率,结构的固有频率只决定于它自身的质量和刚度,所以固有频率反映结构固有的动力特性。对于大部分工程结构而言,结构的固有频率个数与结构的动力自由度数相等。结构的固有频率按照由小到大的顺序排列称为结构的频率谱,不同类型的结构具有不同的频率谱特征。频率谱中最小的频率称为结构的基频。

2. 结构的振型

结构按照频率谱中的某一阶固有频率做自由振动时,其变形形状保持不变,即在振动过程中结构体系中各个质量的位移之比保持一个确定的关系,这种变形形状称为结构的主振型或固有振型,简称振型。结构按照基频做自由振动时的振型称为结构的基本振型或第一阶振型,其余依次称为第二阶振型、第三阶振型、……、第 n 阶振型。一个具有 n 个自由度的线弹性系统有 n 个固有频率和 n 个振型,而且该结构在动荷载作用下的位移响应可用结构振型的线性组合来表示。

3. 结构的阻尼

如果没有能量的耗散,结构的自由振动将永远持续下去,这在实际当中是不可能的。结构自由振动的振幅会随着时间而衰减,由于能量的耗散,结构的振动在经过一段时间以后会停止,结构振动系统的这种能量耗散作用称为阻尼。一般认为能量耗散的原因有结构材料的内摩擦、周围介质,如空气的阻力等。由于结构阻尼的作用机理目前还没有完全研究清楚,因此通常假定振动中结构物所受到的阻尼力与其振动速度成正比,其方向与速度的方向相反,称为黏滞阻尼力。

6.1.2　桥梁结构自振频率计算方法

固有振动反映振动系统的周有特性,是研究一切振动问题的基础。所谓固有振动是指弹性系统在没有外部动力的作用下形成的振动。例如给系统以一个突然的冲击,则当冲击消失后,系统就在弹性力和惯性力的作用下以其固有频率和相应的周有振型进行往复的固有振动。此时,系统的动能和位能反复交换。若存在阻尼,固有振动将随时间衰减。对于能量不会散逸的所谓保守系统,则在理论上固有振动将会无限地延续下去。

具有一个或多个自由度的弹性系统的固有振动,在力学课程中多有所论述。这里先对铅垂振动梁桥来进一步加以讨论。

用有限元方法计算梁桥和其他类型桥梁的固有振动是十分方便的,因而本部分将介绍固有振动计算的有限元方法。固有振动的计算从数学上说,属于求特征值的问题。本部分主要介绍通过动力弹性平衡方法进行频率计算及桥梁中各桥型计算频率实用方法。为了便于说明原理,我们以无荷载($q=0$)或者带有均布静荷载q的等截面梁式桥为例,它可以看成是一个连续的均布质量系统。静力弹性平衡的微分方程为

$$\mathrm{EI}y_0 = q \tag{6.1}$$

当围绕静挠度 y_0 发生振幅为 y 的固有振动时,运用达朗贝尔原理,添加惯性力 $-m\ddot{y}$,写出动力弹性平衡方程为

$$\mathrm{EI}(y_0 + y) = q - m\ddot{y} \tag{6.2}$$

式中　m—— 均布的质量；

q—— 均布的重力；

I—— 均布的截面惯矩。

两式相减后即得固有振动的基本方程为

$$\mathrm{EI}y + m\ddot{y} = 0 \tag{6.3}$$

这是一个常系数的线性齐次偏微分方程，可用分离变量法求解。令

$$y(z,t) = Y(z) \cdot P(t) \tag{6.4}$$

式中　$Y(z)$—— 振型，与时间无关，是系统固有的。代入式 $\mathrm{EI}y + m\ddot{y} = 0$ 后，变量即分离。

$$\frac{\mathrm{EI}y}{mY} = -\frac{\ddot{P}}{P} = \omega^2 \tag{6.5}$$

由此得两个独立的线性齐次常微分方程

$$\begin{cases} \ddot{P} + \omega^2 P = 0 \\ \mathrm{EI}Y - m\omega^2 Y = 0 \end{cases} \tag{6.6}$$

解得

$$\begin{cases} P(t) = A\sin \omega t + B\cos \omega t \\ Y(z) = A\cosh kz + B\sinh kz + C\cos kz + D\sin kz \end{cases} \tag{6.7}$$

其中，$k = \sqrt[4]{\dfrac{\omega^2 m}{\mathrm{EI}}}$；$A$、$B$、$C$、$D$ 为积分常数，由边界条件确定；ω 为固有频率。以简支梁为例，其边界条件为

$$\begin{cases} Y(0) = Y''(0) = 0 \\ Y(l) = Y''(l) = 0 \end{cases} \tag{6.8}$$

则有

$$\begin{cases} A = C = 0 \\ B\sinh kl + D\sin kl = 0 \\ B\sinh kl - D\sin kl = 0 \end{cases} \tag{6.9}$$

进一步简化为

$$\begin{cases} 2B\sinh kl = 0 \\ 2D\sin kl = 0 \end{cases} \tag{6.10}$$

则 $B = 0$，且有 $kl = n\pi (n = 1,2,3,\cdots)$。

对应的固有频率为

$$\omega_n = \left(\frac{n\pi}{l}\right)^2 \sqrt{\frac{\mathrm{EI}}{m}}, \quad n = 1,2,3,\cdots$$

其中，$n = 1$ 时，$\omega_1 = \left(\dfrac{\pi}{l}\right)^2 \sqrt{\dfrac{\mathrm{EI}}{m}}$ 称为第一固有频率或者最低频率，具有重要的工程意义。在工程中，情况会更具复杂性，为了方便计算，下面给出各种桥型基频 ω。

（1）简支梁桥。

$$\omega = \frac{\pi}{2l^2}\sqrt{\frac{EI_c}{m_c}}, \quad m_c = G/g \tag{6.11}$$

式中　l—— 计算跨径，m；

E—— 弹性模量，N/m^2；

I_c—— 跨中截面惯性矩，m^4；

m_c—— 跨中处的单位长度质量，kg/m；

G—— 跨中处延米结构重力，N/m；

g—— 重力加速度，m/s^2。

（2）连续梁桥。

$$\omega_a = \frac{13.616}{2\pi l^2}\sqrt{\frac{EI_c}{m_c}}, \quad \omega_b = \frac{23.651}{2\pi l^2}\sqrt{\frac{EI_c}{m_c}} \tag{6.12}$$

计算连续梁的冲击力引起的正弯矩效应和剪力效应时，采用 ω_a；计算连续梁的冲击力引起的负弯矩效应时采用 ω_b。

（3）拱桥

$$\omega = \frac{\eta}{2\pi l^2}\sqrt{\frac{EI_c}{m_c}} \tag{6.13}$$

其中　η—— 频率系数，可按下列公式计算：

$$\eta = 105 \times \frac{r_1 + r_2 f^2}{r_3 + r_4 f^2 + r_5 f^4} \tag{6.14}$$

其中　r_i—— 系数，按下式确定：

$$r_i = R_i \times n + T_i, \quad i = 1,2,3,\cdots \tag{6.15}$$

式中　n—— 拱厚度变化系数，当主拱为等截面或其他拱桥（如桁架拱、刚架拱等）时 $n = 1$。R_i、T_i 可由表 6.1 查得。

表 6.1　R_i 和 T_i 取值

i	1	2	3	4	5
R_i	3.7	34.3	16.3	364	1 955
T_i	1.7	14.7	0.15	−30	−88

（4）斜拉桥。

① 双塔斜拉桥的竖向弯曲基频 ω_l（l 为斜拉桥主跨跨径）为

$$\begin{cases} \omega = \dfrac{110}{l}, & \text{无辅助墩} \\ \omega = \dfrac{150}{l}, & \text{有辅助墩} \end{cases} \tag{6.16}$$

② 双塔斜拉桥的对称扭转基频为

$$\omega = \frac{C}{\sqrt{l}} \tag{6.17}$$

式中　C—— 斜拉桥扭转基频经验系数,可按照表 6.2 取用。

表 6.2　扭转基频经验系数取值

主梁断面形式	平行索面		斜索面	
	钢桥 / 叠合梁桥	混凝土主梁	钢桥 / 叠合梁桥	混凝土主梁
开口	10	9	12	11
半开口	12	12	14	12
闭口	17	14	21	17

(5) 悬索桥。

① 中跨简支的双塔悬索桥的反对称竖向弯曲基频为

$$\omega = \frac{1}{l}\sqrt{\frac{\mathrm{EI}\left(\frac{2\pi}{l}\right)^2 + 2H_g}{m}} \tag{6.18}$$

式中　ω—— 反对称竖向弯曲基频,Hz;

l—— 悬索桥的主跨跨径,m;

E—— 主梁的弹性模量,Pa;

I—— 加劲梁竖向弯曲刚度,m^4;

H_g—— 恒荷载作用下单根主缆的水平拉力,N;

m—— 桥面系和主缆的单位长度质量,kg/m,对于平行双主缆悬索桥,$m = m_d + 2m_c$;

m_d—— 桥面系单位长度质量,kg/m;

m_c—— 单根主缆与吊杆单位长度质量,kg/m。

② 主跨跨径 500 m 以上的双塔悬索桥的反对称竖向弯曲基频为

$$\omega_1 = \frac{1.16}{\sqrt{f_{sg}}} \tag{6.19}$$

式中　ω_1—— 反对称竖向弯曲基频,Hz;

f_{sg}—— 主缆矢高,m。

③ 中跨简支的双塔悬索桥的对称竖向弯曲基频为

$$\omega_2 = \frac{0.1}{l}\sqrt{\frac{E_c I_c}{m}} \tag{6.20}$$

式中　ω_2—— 对称竖向弯曲基频,Hz;

E_c—— 主缆的弹性模量,Pa;

A_c—— 单根主缆的截面积,m^2。

④ 中跨简支的双塔悬索桥的反对称扭转基频为

$$\omega_3 = \frac{1}{l}\sqrt{\frac{\frac{H_g B_c^2}{2} + GI_d + \mathrm{EI}_\omega\left(\frac{2\pi}{l}\right)^2}{m_d r^2 + m_c\frac{B_c^2}{2}}} \tag{6.21}$$

式中　ω_3—— 反对称扭转基频,Hz;

H_g—— 恒载作用下单根主缆的水平拉力，N；

I_ω—— 主梁约束扭转常数，m^6；

G—— 主梁的剪切模量，Pa；

I_d—— 主梁自由扭转常数，m^4；

r—— 主梁的截面惯性半径，m；

I_m—— 主梁的单位长度质量惯性矩，$kg \cdot m^2/m$；

B_c—— 主缆中心距，m。

⑤ 中跨简支的双塔悬索桥的对称扭转基频为

$$\omega_4 = \frac{1}{2l}\sqrt{\frac{GI_d + 0.052\ 56E_cA_c\left(\frac{B_c^2}{2}\right)^2}{m_dr^2 + m_c\frac{B_c^2}{2}}} \tag{6.22}$$

式中　ω_4—— 对称扭转基频，Hz。

6.2　实用振动分析方法

研究结构的固有特性，即固有频率与固有模态，是结构动力学的主要任务之一，因为研究这个问题就是研究结构振动的内因，研究矛盾的主要方面。对于一些比较简单的结构，可以通过分析的方法获得解析解。在一些只要求有限个模态的问题中，可以通过实验方法来获得结构的某些固有特性。但是，相当多的实际问题，特别是多自由度问题，只能获得数值解，或不得不借助于数值解来分析结构的动力特性。

实用中常常要迅速得到近似结果，作为初步设计和精确计算的依据。因此，寻求简捷而又具有一定精度的近似计算方法具有十分重要的实际意义。

在目前的若干方法中，归纳起来可以分为几大类，即能量法、分解法、迭代法和变换法等。本节并不准备将所有的方法介绍给读者。事实上，科学的发展是无止境的，方法本身也在不断地发展之中。这里只是借一些典型的常用的方法来介绍上述几类方法的特点、理论依据及方法的应用。瑞利法、里兹法及伽辽金法在之前进行了应用，本节不再赘述。系统矩阵数学上的特征值和特征向量对应着物理系统的固有频率和固有振型，因此求解一个结构系统的固有特性就是求解对应的数学系统的特征值问题，本节主要针对于矩阵形式进行求解。

6.2.1　矩阵迭代法

瑞利 - 里兹法的计算准确度与假设振型的近似程度有关，对假设振型的要求较高，困难在于选择合适的假设振型。矩阵迭代法可克服此困难，可粗略假设振型。小型问题可用电子计算器手算，大型问题可编成程序电算。同时，该种方法既可以求体系的基频和振型，又可以求高阶频率和振型。

设桥梁结构的质量矩阵为 $\boldsymbol{M}$、刚度矩阵为 $\boldsymbol{K}$，振动方程为

$$\boldsymbol{M}\ddot{u}(t) + \boldsymbol{K}u(t) = 0 \tag{6.23}$$

式中　$\ddot{u}(t)$——桥梁的加速度；

$u(t)$——位移。

对于简谐振动，假设位移为

$$u(t)=\boldsymbol{\varphi}e^{i\omega t} \tag{6.24}$$

式中　$\boldsymbol{\varphi}$——结构的振型；

ω——固有频率。

代入振动方程后，得到广义特征值问题，即

$$\boldsymbol{K\varphi}=\lambda\boldsymbol{M\varphi} \tag{6.25}$$

式中　λ——广义特征值，通常与固有频率相关，$\lambda=\omega^2$；

$\boldsymbol{\varphi}$——特征向量，代表振型。

接下来的任务是求解这一特征值问题，以获得固有频率和对应的振型。

首先，标准化广义特征值问题，将其转化为一个标准矩阵问题。通过对质量矩阵 $\boldsymbol{M}$ 和刚度矩阵 $\boldsymbol{K}$ 进行标准化，得到

$$\boldsymbol{A}=\boldsymbol{M}^{-1}\boldsymbol{K} \tag{6.26}$$

式中　$\boldsymbol{A}$——标准化后的矩阵。

这个矩阵通常是一个对称矩阵。接下来，利用矩阵迭代法求解特征值和特征向量，首先选择一个初始特征向量 $\boldsymbol{\varphi}_0$，然后迭代更新，有

$$\boldsymbol{\varphi}_{k+1}=\boldsymbol{A\varphi}_k \tag{6.27}$$

每次迭代后，都需要对特征向量进行归一化处理，即

$$\boldsymbol{\varphi}_{k+1}=\frac{\boldsymbol{\varphi}_{k+1}}{\|\boldsymbol{\varphi}_{k+1}\|} \tag{6.28}$$

这样做是为了避免特征向量的数值不稳定性，确保其在每次迭代中的幅度保持不变。每次迭代之后，特征值 λ_k 可以通过瑞利商公式进行计算：

$$\lambda_k=\frac{\boldsymbol{\varphi}_k^{\mathrm{T}}\boldsymbol{A\varphi}_k}{\boldsymbol{\varphi}_k^{\mathrm{T}}\boldsymbol{\varphi}_k} \tag{6.29}$$

式中　λ_k——当前特征值的近似值，代表了当前特征向量 $\boldsymbol{\varphi}_k$ 对应的固有频率的平方。随着迭代次数的增加，λ_k 会逐渐收敛到准确的特征值，特征向量 $\boldsymbol{\varphi}_k$ 会逐渐逼近实际的振型。

为了判断是否已经收敛，可以计算误差 ϵ_k，用以衡量当前迭代解与精确解的偏差，计算式为

$$\epsilon_k=\|\boldsymbol{A\varphi}_k-\lambda_k\boldsymbol{\varphi}_k\| \tag{6.30}$$

当误差小于预设的阈值时，可以认为算法已经收敛，得到了一个精确的固有频率和振型。在求解桥梁结构的固有频率时，通常需要计算多个频率，包括低阶和高阶频率。低阶频率通常与桥梁的基本振动模式相关，而高阶频率则代表了更高次的振动模式。计算高阶频率时，可能会遇到特征值间差异较小的情况，导致收敛变慢。这是因为矩阵的特征值和特征向量之间的间隔较小，迭代的过程中需要较多的步骤才能实现收敛。

为了加速高阶频率的计算，可以采用一些加速技巧，如施密特正交化、瑞利商修正和移位幂迭代法。

当需要计算多个特征值时，通常需要使用施密特正交化方法。该方法确保在每次计算得到的新特征向量 $\boldsymbol{\varphi}_j$ 与之前计算得到的特征向量 $\boldsymbol{\varphi}_1,\boldsymbol{\varphi}_2,\cdots,\boldsymbol{\varphi}_{j-1}$ 正交。这可以避免特征向量的冗余，从而提高计算效率。施密特正交化公式为：

$$\boldsymbol{\varphi}_{j'} = \boldsymbol{\varphi}_j - \sum_{i=1}^{j-1} (\boldsymbol{\varphi}_j^{\mathrm{T}} \boldsymbol{\varphi}_i) \boldsymbol{\varphi}_i \tag{6.31}$$

通过这种方式，每次计算得到的特征向量都与之前的特征向量正交，避免冗余。在迭代过程中，瑞利商修正可以用来提高特征值的计算精度。修正后的特征值公式为

$$\lambda_k = \frac{\boldsymbol{\varphi}_k^{\mathrm{T}} \boldsymbol{K} \boldsymbol{\varphi}_k}{\boldsymbol{\varphi}_k^{\mathrm{T}} \boldsymbol{M} \boldsymbol{\varphi}_k} \tag{6.32}$$

这样可以避免由于矩阵 A 的数值不稳定性带来的误差，尤其是在桥梁结构的质量矩阵和刚度矩阵不对称时，瑞利商修正显得尤为重要。

移位幂迭代法是一种有效的加速收敛的技术。通过选择一个接近目标频率的移位参数 σ，可以使得迭代过程更快地收敛。移位幂迭代法的迭代公式为

$$(\boldsymbol{A} - \sigma \boldsymbol{I}) \boldsymbol{\varphi}_{k+1} = \boldsymbol{\varphi}_k \tag{6.33}$$

这种方法尤其适合当特征值之间的差异较小或者频率接近时，它能有效避免频率间的干扰，加速高阶频率的收敛。

矩阵迭代法的收敛性通常取决于初始特征向量和矩阵 $\boldsymbol{A}$ 的特性。在频率差距较小或矩阵条件较差的情况下，迭代法的收敛可能较慢，特别是在高阶频率的计算中。为了确保收敛，选择适当的初始特征向量和使用加速收敛技术非常重要。

一般来说，低阶频率的计算通常较为简单，收敛较快，因为低阶频率对应的振动模式较为明显，误差较小。而高阶频率由于涉及更高次的振动模式，可能需要更多的迭代步骤才能收敛，且需要更多的数值稳定性措施来保证计算的精度。最终，通过多次迭代，矩阵迭代法能够提供一系列的固有频率，低阶频率通常包含结构的基本振动模式，高阶频率则能够揭示更复杂的振动特性。特征值 λ_k 经过收敛后，可以计算出对应的固有频率为

$$\omega_k = \sqrt{\lambda_k} \tag{6.34}$$

这些固有频率和振型可以为桥梁的设计和安全性评估提供重要的参考，帮助分析桥梁在不同振动模式下的响应，从而优化设计并确保其在实际使用中的安全性和稳定性。

6.2.2　雅可比(Jacobi)迭代法

Jacobi 迭代法主要用于求解对称矩阵的特征值问题，其核心思想是通过旋转矩阵来消除矩阵中的非对角元素，逐步将矩阵对角化，并得到对应的特征值和特征向量。在求解桥梁结构振型和频率时，可以应用这一方法对广义特征值问题进行求解。

将结构动力学方程的矩阵形式转换为广义特征值问题，即

$$\boldsymbol{A}\boldsymbol{\varphi} = \lambda \boldsymbol{\varphi} \tag{6.35}$$

式中　$\boldsymbol{A}$—— 质量矩阵的逆与刚度矩阵的乘积，即 $\boldsymbol{A} = \boldsymbol{M}^{-1}\boldsymbol{K}$；

$\boldsymbol{\varphi}$—— 特征向量(振型)，表示结构的振动模式；

λ—— 特征值，与频率相关，具体为 $\omega^2 = \lambda$，其中 ω 是振动的角频率。

Jacobi 迭代法通过将刚度矩阵 $\boldsymbol{K}$ 和质量矩阵 $\boldsymbol{M}$ 结合在一起，通过解这个广义特征值问

题，逐步逼近结构的固有频率和振型。初始化矩阵 $\boldsymbol{A}$ 和特征向量时，选取一个随机的或单位的初始特征向量 $\boldsymbol{\varphi}$。这种选择确保算法能够从一个较为宽泛的初始状态开始，避免了一开始就假定错误的振动模式，同时也避免了特征值的冗余或错误提取。

Jacobi 迭代法的核心操作是选择矩阵 $\boldsymbol{A}$ 中绝对值最大的非对角元素 a_{pq}，并基于该元素计算旋转角度 θ 来消除它。旋转角度的计算公式为

$$\tan 2\theta = \frac{2a_{pq}}{a_{pp} - a_{qq}} \tag{6.36}$$

式中 a_{pp} 和 a_{qq}——矩阵 $\boldsymbol{A}$ 的对角元素；

a_{pq}——非对角元素；

θ——旋转角度。

这个旋转角度的计算保证了通过旋转矩阵最大限度地消除矩阵中的非对角元素。在选择最大非对角元素时，实际上是基于矩阵的局部性质进行调整，优先消除对特征值和特征向量影响较大的元素。这样选择是为了加速收敛过程，避免过早从小的元素开始旋转，因为它们对最终结果的影响较小。

一旦旋转角度 θ 计算出来，就可以构造旋转矩阵 $\boldsymbol{J}(\theta)$，该矩阵用于调整矩阵 $\boldsymbol{A}$，通过消去选定的非对角元素。旋转矩阵 $\boldsymbol{J}(\theta)$ 的构造形式如下：

$$\boldsymbol{J}(\theta) = \begin{pmatrix} 1 & 0 & \cdots & 0 \\ 0 & \cos(\theta) & \cdots & -\sin(\theta) \\ 0 & \sin(\theta) & \cdots & \cos(\theta) \\ \vdots & \vdots & \vdots & \vdots \\ 0 & 0 & \cdots & 1 \end{pmatrix} \tag{6.37}$$

通过将旋转矩阵 $\boldsymbol{J}(\theta)$ 应用于矩阵 $\boldsymbol{A}$，我们得到更新后的矩阵 $\boldsymbol{A}'$ 为

$$\boldsymbol{A}' = \boldsymbol{J}(\theta)^{\mathrm{T}} \boldsymbol{A} \boldsymbol{J}(\theta) \tag{6.38}$$

这个更新过程逐步消除矩阵 $\boldsymbol{A}$ 中的非对角元素，使其越来越接近对角矩阵。通过这一操作，Jacobi 迭代法成功地将原问题转化为一个易于求解的对角矩阵特征值问题。在每次旋转过程中，矩阵的非对角元素逐步减小，逼近零，从而有效提高计算的精度。

每次旋转矩阵应用后，不仅更新矩阵 $\boldsymbol{A}$，还需要更新特征向量 $\boldsymbol{\varphi}$，使得每次旋转后的特征向量逐渐逼近真实的特征向量。特征向量更新公式为

$$\boldsymbol{\varphi}' = \boldsymbol{J}(\theta)^{\mathrm{T}} \boldsymbol{\varphi} \tag{6.39}$$

这一步与矩阵的更新同样重要，因为它使得特征向量在每一次迭代中都得到了修正，逐渐向真实的振型靠近。随着迭代的继续，矩阵 $\boldsymbol{A}$ 趋近于对角矩阵，对角元素即为特征值 λ_i，而特征向量 $\boldsymbol{\varphi}'$ 则是对应的振型。

在每次迭代后，需要检查矩阵是否已经收敛。Jacobi 迭代法的收敛性标准是矩阵中所有非对角元素的绝对值小于设定的阈值 ϵ，即

$$\max_{p \neq q} | a_{pq} | < \epsilon \tag{6.40}$$

当所有非对角元素的绝对值都小于该阈值时，认为算法已经收敛，可以停止迭代。收敛的判断不仅取决于阈值的设定，还与问题的规模和初始条件有关。通常来说，矩阵越大，收敛过程可能需要的迭代次数也会越多，这时要根据计算资源和精度要求来权衡收敛的速度

与迭代的次数。

最终,当矩阵 $\boldsymbol{A}'$ 收敛为对角矩阵时,矩阵中的对角元素即为特征值 λ_i,它们表示结构的固有频率的平方($\omega_i^2=\lambda_i$)。对应的特征向量 $\boldsymbol{\varphi}'$ 则代表结构在该频率下的振动模式(振型)。特征值和特征向量是描述结构振动行为的核心参数,它们能帮助我们理解结构的动态响应。

Jacobi 迭代法通过逐步消去非对角元素,逐渐将问题转化为对角矩阵形式,最终得到特征值和特征向量。这种迭代过程需要通过精心选择旋转角度和更新矩阵,不断调整直至收敛,最终得到结构的固有频率和振型。在大规模和复杂结构的振动分析中,Jacobi 迭代法为求解复杂的动力学问题提供了有效的数值工具,尤其在精度要求较高的工程应用中,能够提供可靠的计算结果。

6.2.3　子空间迭代法

子空间迭代法是一种高效的求解特征值问题的数值方法,特别适用于处理大规模稀疏矩阵。与矩阵迭代法不同,子空间迭代法通过构造特征向量的子空间并在该子空间内进行迭代来加速收敛,避免了对整个矩阵的直接迭代计算。矩阵迭代法每次迭代计算只能求出系统的一阶固有频率与振型。如果要求 n 个自由度系统的前阶固有频率与振型,就得按顺序逐个迭代计算 S 次,计算量很大。每次迭代计算只限于一个假设振型矢量参与迭代。而子空间迭代法选取 S 阶假设振型矢量同时进行迭代求解一次性迭代就能得出前 S 阶频率与振型。

在结构振动分析中,子空间迭代法能够有效计算桥梁等复杂结构的固有频率和振型。该方法通过逐步构建并扩展特征向量的子空间,避免了直接对矩阵进行反复操作,从而节省了大量计算时间。在实际应用中,子空间迭代法特别适合求解多个特征值和特征向量,因此常常用于复杂的振动分析问题。

子空间迭代法的基本思想是,首先选择一个初始特征向量子空间 $\boldsymbol{\Phi}_0$,该子空间包含多个初始特征向量。每次迭代时,更新该子空间的特征向量,并通过正交化保证子空间内的向量是线性独立的。然后,基于这些特征向量,计算子空间的特征值和特征向量。随着迭代的进行,子空间逐渐逼近系统的固有频率和振型。

首先,给定初始子空间 $\boldsymbol{\Phi}_0$,其中包含 m 个特征向量 $\boldsymbol{\varphi}_1,\boldsymbol{\varphi}_2,\cdots,\boldsymbol{\varphi}_m$,子空间迭代法通过以下公式更新特征向量子空间

$$\boldsymbol{\Phi}_{k+1}=\boldsymbol{A}\boldsymbol{\Phi}_k \tag{6.41}$$

式中　$\boldsymbol{\Phi}_k$——第 k 次迭代中的特征向量子空间。每次迭代后,新的特征向量子空间会被正交化,以确保其线性独立,即

$$\widetilde{\boldsymbol{\Phi}}_k=\boldsymbol{\Phi}_k\left(\boldsymbol{\Phi}_k^{\mathrm{T}}\boldsymbol{\Phi}_k\right)^{-1/2} \tag{6.42}$$

正交化确保了特征向量之间的正交性,从而提高计算精度。通过正交化,特征向量之间不会发生冗余,使得每次迭代得到的特征向量都能有效地增加新的信息。在每次迭代中,通过以下公式计算当前子空间的特征值:

$$\boldsymbol{\Lambda}_k=\boldsymbol{\Phi}_k^{\mathrm{T}}\boldsymbol{A}\boldsymbol{\Phi}_k \tag{6.43}$$

式中　$\boldsymbol{\Lambda}_k$—— 当前子空间中的特征值矩阵,包含了所有计算得到的特征值。

子空间中的每个特征值代表了一个固有频率的平方。为了提高精度,可以使用Rayleigh商修正特征值:

$$\lambda_k = \frac{\boldsymbol{\Phi}_k^{\mathrm{T}}\boldsymbol{A}\boldsymbol{\Phi}_k}{\boldsymbol{\Phi}_k^{\mathrm{T}}\boldsymbol{\Phi}_k} \tag{6.44}$$

子空间迭代法的收敛性通常通过计算误差来判断。误差公式为

$$\epsilon_k = \| \boldsymbol{A}\widetilde{\boldsymbol{\Phi}}_k - \boldsymbol{\Phi}_k\boldsymbol{\Lambda}_k \| \tag{6.45}$$

当误差ϵ_k小于预设的阈值ϵ时,认为子空间迭代法已收敛,得到了稳定的特征值和特征向量。为了加速收敛,可以采用移位子空间迭代法。移位操作通过引入移位参数σ来优化收敛过程:

$$(\boldsymbol{A} - \sigma\boldsymbol{I})\boldsymbol{\Phi}_{k+1} = \boldsymbol{\Phi}_k \tag{6.46}$$

移位参数σ可以选择接近目标特征值的值,以便加速收敛。通过移位操作,可以有效减少计算量并加快特征值的计算速度。

在实际应用中,每次迭代后,子空间的维度m可以逐步增加,从而增加计算的精度。在每次迭代时,子空间的维度可以根据需要扩展,以便更全面地捕捉结构的振动模式:

$$\boldsymbol{\Phi}_{k+1} = \boldsymbol{A}\boldsymbol{\Phi}_k, \quad \boldsymbol{\Phi}_k = [\boldsymbol{\varphi}_1, \boldsymbol{\varphi}_2, \cdots, \boldsymbol{\varphi}_m] \tag{6.47}$$

通过不断扩展子空间,子空间迭代法能够同时计算多个特征值和特征向量,加速求解过程。子空间迭代法相较于矩阵迭代法,能够更高效地处理大规模结构的振动分析问题。通过对子空间进行迭代和更新,可以显著提高计算效率,尤其是在求解多个特征值时。在桥梁的频率分析中,子空间迭代法的优势更加明显,因为它能够高效处理大规模稀疏矩阵,避免了对整个矩阵的重复计算。

然而,子空间迭代法的性能在很大程度上依赖于初始子空间的选择。若初始子空间包含的特征向量过少,收敛可能会较慢,因此合理选择初始子空间并有效扩展子空间维度至关重要。通过适当的初始猜测和扩展策略,可以确保子空间迭代法的高效性和准确性。

总体而言,子空间迭代法提供了一种高效的数值方法,尤其适用于桥梁等大规模复杂结构的固有频率和振型的求解。通过合理设计子空间扩展策略并结合Rayleigh商修正,可以有效提高计算精度并加速收敛过程。

6.3　桥梁结构阻尼

工程实践表明,体系自由振动逐渐衰减,最终停止。强迫振动必须不断地施加外力,才能维持体系的稳态振动。这些说明振动过程中体系的能量不断耗散。从微观上看,结构振动时材料分子间相对运动产生的热效应是不可逆的。同时,由于材料的不均匀性也将产生局部非弹性变形。这些都会导致结构在振动过程中消耗能量。结构连接处(例如钢结构螺栓连接处的摩擦,混凝土裂缝的张开与闭合),往往由于相对运动产生摩擦而消耗能量。结构周围的介质阻止结构振动(例如飞机受到大气的阻力,潜艇受到海水的阻力等),也将耗散振动能量。再者,结构振动能量传递到地基,地基土壤等介质的内摩擦也会耗散能量。引

起体系能量耗散的作用通常称为阻尼，它将以阻尼力的形式作用在振动物体上。

6.3.1　桥梁结构阻尼的成因

桥梁结构的阻尼是确定桥梁振动的重要动力参数之一。阻尼消耗能量，使振动衰减，对桥梁的安全是有利的。阻尼的大小直接关系到桥梁在动荷载作用下振动的强弱。因此，研究桥梁的阻尼规律是提高桥梁动力计算精确度的关键之一。

形成桥梁结构阻尼的因素十分复杂，大致可以认为有两大类，即结构内部材料或周围介质产生的固有阻尼和特别制造的阻尼器加给结构的外加阻尼。

1. 固有阻尼

在桥梁结构中，固有阻尼主要由以下三部分组成：材料的内阻尼，由桥梁振动时其建筑材料分子间的内摩擦力所形成；摩擦阻尼，由桥梁支座及其连接处的摩擦力等所形成，又称干摩擦阻尼或库仑阻尼；其他介质阻尼，由周围空气介质和与桥墩接触的水对桥梁结构运动的阻力所形成，它与前两者比较，微不足道。通常用振动一次的能量消耗率来表示结构阻尼的强弱，称之为能量消耗系数 ϕ，即

$$\phi = \frac{W_1 - W_2}{W_1} \tag{6.48}$$

其中，W_1、W_2 分别为相隔一个周期的振动达到最大振幅时的总能量。由于这时动能为零，位能达最大值并且与振幅的平方成正比，故

$$\begin{cases} W_1 = \dfrac{1}{2}ky_1^2 \\ W_2 = \dfrac{1}{2}ky_2^2 \end{cases} \tag{6.49}$$

其中，y_1、y_2 为相隔一个周期的振幅值，代入(6.48)，则有

$$\phi = 1 - \left(\frac{y_2}{y_1}\right)^2 = 1 - \left(\frac{y_1 - \Delta y}{y_1}\right)^2 \approx 2\frac{\Delta y}{y_1} \tag{6.50}$$

式中　Δy——相邻一个周期的振幅差，$\Delta y = y_1 - y_2$。值得注意的是，在该过程中，忽略了二阶微量$(\Delta y)^2$ 的影响。

(1) 滞变或弹性材料的内阻尼。

由于材料分子间内摩擦力的作用，弹性材料及其结构有简谐振动时的应力应变曲线将形成一个狭长的滞阻圈。滞阻圈的面积即表示每一次循环的能量消耗 ΔW，它与材料总的弹性能之比为内阻尼的能量消耗系数 ϕ_1。ϕ_1 表达式与 ϕ 表达式相同，需要注意的是，ϕ_1 与变形速度、振动频率、应力大小、材料尺寸等均无关系而接近于常数。

(2) 摩擦阻尼。

以简支梁桥活动支座为例，当简支梁发生竖向振动时，活动支座也将左右往复运动一次。其间支座摩擦力近似地保持为常数。支座运动的路程约与梁的振动振幅成正比。因此，每经过一个周期，摩擦力消耗的能量 ΔW 也与振幅成正比。由于振动的总能量与振幅的平方成正比，因此，按量纲分析，摩擦阻尼的能量消耗系数与振幅 y，则成反比，即

$$\phi_2 = 2\frac{\Delta y}{y} = \frac{k}{y}, \quad k \text{ 为常数} \tag{6.51}$$

从式(6.51)可以看出,随着振幅的衰减,能量消耗系数将相对地增长。同时也表明,每隔一个周期,振幅的衰减 Δy 为常数,所以振幅包络线为一根向下倾的直线。

(3)其他的阻尼来源。

一般来说,桥梁结构中阻尼的主要来源是支承点和结构材料。然而,桥梁结构必须在自然环境中工作,这种环境将显著影响到总阻尼。虽然自然环境中空气动力阻尼本身甚小,但对于小阻尼结构,它可能是很重要的。对于深水区域桥墩,同样会受到水的动力阻尼作用。这些小阻尼虽然常常被忽略不计,但它们对结构是有利的。

2. 外加阻尼

如果桥梁结构中的固有阻尼不够大,就可以采用下列两种方法来增加结构阻尼:一种是在桥梁结构上加一个振动阻尼器;另一种是用具有很高阻尼特性的夹层材料来制造结构或结构的一部分。

(1)附加阻尼器和减震器。

大多数阻尼装置可能是靠黏滞、摩擦或滞变效应做成的,其阻尼效果通常都能应用上述理论做出相当好的预计。同时,在许多情况下,它还能进行某种程度的调整。

然而,这些附加阻尼器所起的作用仅在于降低桥梁结构的振动。如果存在特别难办的共振,则应加上一个减震器。减震器就是加在结构上的一个简单的弹簧 - 质量系统,其参数选择旨在使原有共振频率下的结构振幅大大减小甚至消失。减震器的工作机理,已在结构动力学中介绍过,这里不再叙述。

(2)限制(约束)层阻尼。

现有聚合物材料具有很高的阻尼特性,但缺乏足够的刚度,而且也缺乏抗徐变的强度,从而不能用它们制作结构。因此,如取用其高阻尼的优点,就必须使用钢材等刚性材料与层状阻尼材料相黏结的复合构造,这种复合构造一般做成梁或板式结构。将高阻尼材料组合装配起来可用于桥梁结构中,无论如何可作为一部分构件使用,构件中的层状高阻尼黏弹性材料是被黏结在金属层之间的。当复合结构振动时,受限制的阻尼材料层承受剪切效应,它使振动能量被转化为热能,从而耗散能量。

在一块复合结构中,可以用两层、三层、四层、五层或更多层黏弹性材料和金属。每层可以有每层的各自特性、厚度和相对于中性轴的位置,以便作为一个整体复合结构时,具有最理想的结构性能和动力性能。

上述的复合结构往往以支座的形式应用在公路桥梁结构中。

6.3.2 阻尼理论

实际问题中,多种影响阻尼因素往往同时存在,将其分开考虑几乎不可能,在结构振动响应分析中一般采用高度理想化的阻尼力模型。根据不同的耗散机理提出的阻尼理论有不同的阻尼力模型,下面简要介绍三种常用的阻尼理论与阻尼力模型。

1. 黏滞阻尼理论

(1)黏滞阻尼力模型。

黏滞阻尼也称为黏性阻尼,当系统在黏滞性液体中以不大的速度运动时,它所受的阻尼

力大小与速度大小成正比,其方向与速度方向相反,即

$$F_{vd} = -cv \tag{6.52}$$

式中　F_{vd}——黏滞阻尼力;

c——黏滞阻尼系数;

v——速度,式中的负号表示阻尼力的方向恒与速度的方向相反。

黏滞阻尼假设使系统微分方程保持为线性,根据这一理论建立的运动方程易于求解,所以目前动力分析中广泛采用这样的阻尼假定。

(2) 黏滞阻尼存在的问题。

试验表明,黏滞阻尼假设并不完全符合实际结构的能量耗散规律。为分析黏滞阻尼存在的问题,首先考察黏滞阻尼的耗能机理。

在荷载 $P(t) = P_0\sin\overline{\omega}t$ 作用下,单自由度体系的稳态位移响应为

$$u(t) = \rho\sin(\overline{\omega}t - \theta) \tag{6.53}$$

相应的速度为

$$v(t) = \rho\overline{\omega}\cos(\overline{\omega}t - \theta) = \pm\rho\overline{\omega}\sqrt{1 - \sin^2(\overline{\omega}t - \theta)} = \pm\rho\overline{\omega}\sqrt{1 - \left(\frac{u}{\rho}\right)^2} \tag{6.54}$$

阻尼力(为了与其他章节保持一致,这里将黏滞阻尼力写为 F_d),即

$$F_d(t) = -cv = \pm c\rho\overline{\omega}\sqrt{1 - \left(\frac{u}{\rho}\right)^2} \tag{6.55}$$

此式亦可写为

$$\left(\frac{F_d}{c\rho\overline{\omega}}\right)^2 + \left(\frac{u}{\rho}\right)^2 = 1 \tag{6.56}$$

这表示阻尼力 F_d 和位移 u 之间的关系是一个椭圆。此曲线称为滞回曲线或滞变环,它表示黏滞阻尼系统在稳态谐振中的滞回特性。

考查一个振动周期内,阻尼力 F_d 在位移 u 上所做的功。阻尼力 F_d 和位移 u 都随时间而变化,F_d 在一个周期 T 内所做的功(实际上为负功,下式仅计算做功大小)为

$$W_d = \int_0^T F_d\frac{\mathrm{d}u}{\mathrm{d}t}\mathrm{d}t = \int_0^T \dot{v}\dot{v}\mathrm{d}t = c\int_0^T \dot{v}^2\mathrm{d}t = c\rho^2\overline{\omega}^2\int_0^T \cos^2(\overline{\omega}t - \theta)\mathrm{d}t = \pi c\rho^2\overline{\omega} \tag{6.57}$$

容易证明,这个量值就等于椭圆所包围的面积。通常用 U_{vd} 表示黏滞阻尼振动一个周期消耗的能量,称之为耗能,其计算式为

$$U_{vd} = \pi c\rho^2\overline{\omega} \tag{6.58}$$

式(6.58)说明,由黏滞阻尼假设推导出的耗能和荷载频率成正比,即振动越快每周消耗的能量越大。但是,实验证明许多结构振动一个周期的耗能与振动频率无关,也就是说耗能和振动的快慢无关。因此,需要对黏滞阻尼假设给予符合实际情况的修正,或者另行考虑其他的阻尼假设。

(3) 等效黏滞阻尼。

实验表明结构在振动时,阻尼对结构振动的影响程度主要取决于耗能的数值,而与耗能的具体过程关系不大。基于这一点,建立了等效黏滞阻尼的概念。尽管实际结构并非黏滞阻尼系统,但为了能利用黏滞阻尼简化计算的优点,可以假定系统为一个等效黏滞阻尼系

统。等效黏滞阻尼假设系统在一个周期内消耗的能量和实际结构在一个周期内所消耗的能量相等,并且两者具有相等的位移幅值。

2. 滞变阻尼理论

虽然黏滞阻尼模型使运动方程的形式更简便,但试验结果很少与这种类型的能量损失特性相符。在很多试验中,用每周能量损失定义的等效黏滞阻尼概念,可以使理论接近于试验结果。但是,如上所述黏滞阻尼机理依赖于频率的情况与大量试验结果不符,大部分试验结果表明,阻尼力和试验频率几乎是无关的。

滞变阻尼理论提供的数学模型便具有与频率无关的特性,这种阻尼可定义为一种与速度同相而与位移成正比的阻尼力。滞变阻尼能较好地反映材料内摩擦的耗能机理,也称为材料阻尼或结构阻尼。滞变阻尼力 - 位移关系可用下式表达:

$$F_{hd}=\zeta k|u|\frac{v}{|v|} \tag{6.59}$$

式中 F_{hd}—— 滞变阻尼力;

k—— 弹性刚度系数;

$|u|$ —— 位移的绝对值;

v—— 速度;

$|v|$ —— 速度的绝对值;

ζ—— 滞变阻尼系数,它是阻尼力与弹性力大小的比值。

在位移量增大时,阻尼抗力和线性弹性力相似,当位移量减小时,阻尼力的指向与其相反,由这种机理给出的每周滞变能量损失为

$$U_{hd}=2\zeta k\rho^2 \tag{6.60}$$

其与

$$U_{vd}=\pi c\rho^2\overline{\omega} \tag{6.61}$$

不同,滞变阻尼理论给出的每周期滞变能量损失与试验荷载作用频率无关。

3. 摩擦阻尼理论

如体系各构件间做相对运动的摩擦及体系与支承面的摩擦,例如桥梁梁体与支座的摩擦等,这种摩擦力称为干摩擦或库仑摩擦力,假设摩擦力 F_{fd} 与支承面的法向压力大小 N 成正比,其方向与速度方向相反,即

$$F_{fd}=-\mu N\frac{v}{|v|} \tag{6.62}$$

式中 F_{fd}—— 摩擦阻尼力;

μ—— 摩擦系数;

N—— 摩擦接触面间的法向压力的大小;

v—— 速度;

$|v|$ —— 速度的绝对值,负号表示阻尼力的方向与速度方向相反。

实验证明,低速运动过程中,μ 几乎为常数(小于静摩擦系数)。当 μ 为常数时,摩擦力也为常数,与速度无关,这种阻尼称为库仑阻尼。考虑库仑阻尼的体系运动方程的求解比较复杂。

6.3.3　结构阻尼矩阵

阻尼不但对结构的动力反应有重要的影响,而且对计算方法也产生影响。因而结构动力学中阻尼是一个重要的研究课题,目前已经发展了很多阻尼理论和构造结构阻尼矩阵的方法。试图通过从结构的尺度、结构构件尺寸、结构材料阻尼的性质来形成结构刚度阵或质量阵那样来直接构造阻尼矩阵是不现实的(虽然也有给出从材料阻尼系数开始计算阻尼阵的公式)。对连续介质尚可以考虑,但对建筑结构问题影响较大,结构阻尼除材料本身外,构件间摩擦是阻尼的重要来源,对此很难用理论方法确定。结构的阻尼一般都是通过实测得到的,通过统计分析得到不同类型结构阻尼值。由实测得到的阻尼值一般都是振型阻尼比,例如采用前面讲的半功率点法进行分析确定。

大量实际工程案例表明结构阻尼比的大小并不是固定值,而是与结构振动的幅值有关。本节主要介绍阻尼矩阵的构造,特别是 Rayleigh 阻尼,最后介绍非经典阻尼的构造。

1. Rayleigh 阻尼

Rayleigh 阻尼简单、方便,因而在结构动力分析中得到了广泛应用。Rayleigh 阻尼假设结构的阻尼矩阵是质量矩阵和刚度矩阵的组合,即

$$[C] = a_0[M] + a_1[K] \tag{6.63}$$

其中,a_0 和 a_1 是两个比例系数,分别具有 s^{-1} 和 S 的量纲。

结构的振型是关于质量阵和刚度阵正交的,因此,质量矩阵和刚度矩阵的线性组合必定满足正交条件,因此 Rayleigh 阻尼是一种正交阻尼。满足振型正交条件的阻尼也称为经典阻尼。

a_0 和 a_1 是待定的两个常数,可以用实际测量得到的结构阻尼比来确定(实测可直接给出结构的振型阻尼比),或通过给定的两个振型阻尼比的值来确定。

确定 Rayleigh 阻尼的原则是:选择的两个用于确定常数 a_0 和 a_1 的频率点 ω_i 和 ω_j 要覆盖结构分析中感兴趣的频段频率。感兴趣频段的确定要根据作用于结构上的外荷载的频率成分和结构的动力特性综合考虑。

在频段$[\omega_i,\omega_j]$内,阻尼比略小于给定的阻尼比ζ(在i,j点有$\zeta=\zeta_i=\zeta_j$)。这样,在该频段内由于计算的阻尼略小于实际阻尼,结构的反应将略大于实际的反应,这样的计算结果对工程设计而言是安全的。如果 ω_i 和 ω_j 选择得好,则可以保证这种增大程度很小。

在频段$[\omega_i,\omega_j]$以外,其阻尼比将迅速增大,这样频率成分的振动反应会被抑制,其计算值将远远小于实际值,但这一部分不是需要考虑的,或可以忽略的。但是,如果存在对结构设计有重要影响的频率分量,则可能导致严重的不安全。

因此,随意找两个自振频率及相应阻尼比来确定 a_0 和 a_1 的方法是不对的,有可能导致严重的误判。例如,简单地采用前两阶自振频率 ω_1 和 ω_2 及阻尼比 ζ_1 和 ζ_2 来确定常数 a_0 和 a_1 的方法应予纠正。

2. 柯西(Caughey)阻尼

Rayleigh 阻尼仅可能在两个(自振)频率点上满足等于给定的阻尼比,如果希望在更多的频率点上满足等于给定的阻尼比,则必须构造更多项的线性组合。采用如下形式构造的

阻尼矩阵可以达到这一目的,即

$$[C] = a_0[M] + a_1[K] + a_2[K][M]^{-1}[K] + \cdots = [M]\sum_{l=0}^{L-1} a_l\left([M]^{-1}[K]\right)^l \tag{6.64}$$

共有 L 个常数 $a_0, a_1, \cdots, a_{L-1}$ 需要确定。将式(6.64)左乘$[\varphi]_n^{\mathrm{T}}$,右乘$[\varphi]_n$,并利用振型方程:

$$[M]^{-1}[K][\varphi]_n = \omega_n^2[\varphi]_n \tag{6.65}$$

可以得到

$$\zeta_n = \frac{1}{2}\sum_{l=0}^{L-1} a_l \omega_n^{2l-1} \tag{6.66}$$

将 L 个已确定的振型阻尼比 ζ 和自振频率 ω 分别代入式(6.66),则得到 L 个关于系数 $a_0, a_1, \cdots, a_{L-1}$ 的代数方程组。由此代数方程组可以解得 Caughey 阻尼(矩阵)的 L 个待定常数,这样就确定了 Caughey 阻尼。这一阻尼特点是在 L 个给定的频率点上,阻尼比精确等于给定的阻尼比。若 $L = N$,则所有的振型阻尼比都将满足。

3. 非经典阻尼矩阵的构造

如果结构的两部分或更多部分的阻尼存在明显的差异,经典阻尼的假设便不再成立。例如,当需要考虑土-结构动力相互作用时,土的阻尼(比)与结构阻尼(比)明显不同,前者可达15%(中震、中等变形),而后者为3% ~5%,像核电站、大型结构的地震反应问题都要求考虑土-结构动力相互作用。再如结构本身的两部分构成的材料不同,像部分钢结构、部分混凝土结构,明显的例子是悬索桥结构,索和桥面是钢结构,而桥塔是钢筋混凝土结构(例如青马大桥)钢结构的阻尼比为1%,而混凝土的阻尼比为3% ~5%,这时采用前面构造经典阻尼矩阵的方法,例如采用 Rayleigh 阻尼去构造结构的阻尼矩阵,则结构各部分的阻尼(比)均相同。若采用一个折中阻尼,则计算的结果将高估钢筋混凝土桥塔的反应,而低估了钢结构的悬索和桥面的反应,导致较大的计算误差。再一个例子就是在耗能减震结构中,在结构的某些部位要设置高阻尼的耗能构件或阻尼器,其阻尼将大大高于结构的其他部分,从而导致结构阻尼矩阵成为非经典阻尼阵。

当结构体系为非经典阻尼时,不能像经典阻尼那样对整个结构体系建立阻尼矩阵。这时可以先将结构分为几个子结构,每个子结构中阻尼(特性)是相同的,这样,在各子结构部分阻尼是经典的,可以对每一个子结构采用前面介绍的处理经典阻尼的方法,建立其子结构的阻尼矩阵,最后把几个子结构的阻尼矩阵集成得到结构总体阻尼阵。

几点结论:

(1) 构造结构阻尼矩阵的目的是在时域逐步积分法或其他分析方法(例如频域法)中使用。

(2) 前面讲的构造经典阻尼矩阵的方法,不是刻意地去构造一种满足正交条件的阻尼矩阵,而是利用经典阻尼的特点来建立构造阻尼矩阵的公式(或方法)。

(3) 如果已知结构各构件的单元阻尼矩阵,则可以直接生成阻尼矩阵。

(4) 如果采用振型叠加法分析经典阻尼体系,则根本不用生成结构的总体阻尼矩阵。

第7章　车桥耦合振动数值仿真

当车辆经过公路桥梁结构时,车辆的振动会影响桥梁的振动,桥梁的振动也会影响车辆的振动,称之为车辆桥梁耦合振动,简称车桥耦合振动,简称车桥耦合振动。

移动车辆荷载作用下桥梁振动的问题日益突出,主要源于三个方面:新型高强度材料的出现导致桥梁结构趋于轻薄化;既有桥梁设计规范及设计方法的滞后性致使桥梁设计刚度并不能够满足实际运营要求;快速发展的经济使载重车单车质量、整体交通量及车辆行驶速度均有很大幅度的增加。本章介绍车桥耦合振动的基本理论、车辆与桥梁振动分析模型、桥面不平整度模拟、车桥耦合振动方程与数值仿真。

7.1　车桥耦合振动基本理论

7.1.1　车桥耦合振动特征

公路桥梁结构在服役期间必然要承受移动车辆荷载的作用,并且移动车辆荷载是公路桥梁所承担的主要荷载形式。车辆通过桥梁时将引起结构的振动,而桥梁的振动又反过来影响车辆的振动,这种车辆和桥梁之间相互影响的振动就是车桥耦合振动。在移动车辆荷载作用下,桥梁将在竖向、纵向、横向产生振动、冲击等动力效应。这种耦合振动系统通常被视为一个多自由度振动系统。在这个系统中,车辆的振动系统与桥梁的振动系统通过多种方式互相作用。车辆行驶时,荷载通过轮胎与桥面的接触点传递到桥梁,而桥梁的位移响应反过来影响车辆的运动轨迹,进一步激励桥梁振动。这种双向相互作用形成了车桥系统的复杂动力学特性。这种耦合关系需要通过动力学方程进行描述,涉及桥梁结构的刚度、车辆荷载的变化,以及路面不平度等因素。

车桥耦合振动的系统具有显著的非线性特性,这些非线性特性主要来源于以下几个方面。

(1) 几何非线性:桥梁和车辆的振动过程可能伴随较大的变形,尤其是在高速行驶或大跨度桥梁的情况下。大变形可能导致系统响应出现非线性,进而影响振动特性。

(2) 接触非线性:在车辆行驶过程中,轮胎与桥面的接触力是非线性的。摩擦力、接触点脱离以及非线性接触力等因素都会影响车辆与桥梁之间的能量传递和振动特性。接触非线性使得车桥耦合振动的响应更加复杂。

车桥耦合振动的另一重要特征是时变性。在车辆通过桥梁时,由于车辆的行驶位置不断变化,系统的动态特性也随之发生变化。车辆在桥梁上行驶时,由于其位置随时间变化,使得车桥系统的动力学特性不再是恒定的,而是随时间变化的,从而对系统的稳定性产生影响。车辆通过桥梁的过程是一个瞬态过程,过程中桥梁的振动幅值和频率会随时间变化。

尤其在车辆通过桥梁的瞬间,可能引发较大的振动幅值和冲击效应,这种瞬态响应是车桥耦合振动分析中的一个重要因素。

车桥耦合振动系统在特定条件下可能面临共振风险,尤其是在车辆激励频率与桥梁固有频率接近时,共振现象可能导致振动幅值的显著放大,从而威胁桥梁的结构安全。共振会导致系统的振动幅度急剧增大,从而引发结构破坏或严重损害。

7.1.2　引起车桥系统振动的原因

车辆在桥梁上行驶时,所产生的动力冲击作用会引起桥梁结构的振动,这种振动不仅影响桥梁的结构安全性,还会影响到车辆的行驶平稳性与安全性。车辆和桥梁结构之间的相互作用形成了一个复杂的多自由度振动系统,车桥系统的振动不仅受到车辆本身的特性(如车速、车轮缺陷、悬挂系统等)的影响,还受到桥梁结构自身的特性(如桥梁的刚度、阻尼、质量分布等)的作用。

引起车桥系统振动的因素可分为内部激励和外部激励两类。

(1) 内部激励:主要来源于车辆和桥梁的相互作用。车辆以一定速度通过桥梁时,车轮与桥面之间的接触不均匀性,例如桥面不平顺或车轮的缺陷,都会对系统产生强迫激励。桥面不平顺可能导致车辆产生纵向、横向或垂直方向的震动。车轮的缺陷(如轮胎不圆、轮辋损坏等)则会导致局部冲击,进而引发系统的振动。

(2) 外部激励:来源于车桥系统以外的作用力,如地震作用、风荷载和撞击荷载等。地震激励作用能够诱发车桥系统的横向振动,特别是在大跨度桥梁中,由于地震动的空间异性,桥梁的不同部位可能会经历不同的振动响应,这种空间异质性可能会加剧结构的动力响应。风荷载对桥梁的影响也是不可忽视的,风荷载不仅会导致桥梁的整体横向和竖向变形,还会在一定条件下引发桥梁的共振,尤其是在强风或脉动横风作用下,桥梁可能会发生风振现象,这种现象往往会导致结构的疲劳损伤并影响行车安全。此外,风荷载还直接作用于行驶中的车辆,带有横向平均风压的移动车辆会对桥梁产生动态冲击,使得车桥系统的振动更加复杂。

车桥系统的振动问题是一个多因素的动力学问题,车辆的行驶状态、桥梁的结构特性、外部环境共同作用,导致了该系统振动的复杂性。在进行车桥耦合振动分析时,必须综合考虑这些因素的影响。

7.1.3　车桥耦合振动的分析方法

车桥耦合振动受多种因素影响,机理非常复杂。早期主要通过试验方法研究移动车辆作用下桥梁结构的动力行为特点。随着有限元法和计算机技术的高速发展,研究人员提出了众多的车桥耦合振动数值模型和计算方法,对桥梁、车辆及外部因素的模拟更加精细化和符合实际,数值仿真已成为车桥振动研究的主要手段。总体而言,车桥耦合振动研究方法目前主要有解析法、数值模拟法、试验研究法。

(1) 解析法。

解析法是指基于数学和力学上的理论推导,对车桥系统每一构成部分采用理论模型描述。该方法有助于理论上深层理解问题,可为相关验证提供有力参考。然而,解析法的一个主要局限是它往往需要大量的简化和理想化处理，特别是在处理复杂车桥系统时，封闭解往往难以获得。因此，解析法通常适用于较为简单或理想化的车桥系统。

（2）数值模拟法。

数值模拟法包括有限元法、边界元法及混合方法等。该类方法可以通过数值计算模拟各部分的响应，具有较强的适用性和灵活性。尤其是在模型构建和精细化上，数值模拟可以对复杂的车辆、桥梁及外部环境进行精确模拟。但需要通过实验验证来确保模型的有效性、合理性和精确性。

（3）试验研究法。

试验研究法主要通过现场或原型试验来获得车桥系统的动态响应。这种方法能够直接反映实际情况，但试验需要大量的资金和时间投入，且试验数据的收集难度较大。

目前开展车桥耦合振动相关问题的研究时通常采用理论分析（解析法和数值模拟法）与试验相结合的方法，以试验结果验证理论方法的正确性，利用验证过的、正确的理论方法进行车桥振动有关研究。

理论分析法可分为时域法和频域法两种，车桥耦合振动系统是一个时变系统，因此大多采用时域法。

（1）时域法。

根据所建立系统方程不同，时域法可大致分为整体法和分离迭代法。整体法是将车辆与桥梁的所有自由度耦联在一起，建立统一的方程组，进行同步求解。车桥系统方程的系数矩阵将随着车辆在桥上位置的不同而发生变化，导致在每一时间步必须重新生成与分解；同时，随着上桥车辆数目的增加，耦联的自由度也越来越多，使得计算工作量增大，求解起来较为困难。分离迭代法是将车桥系统以车轮接触处为界，分为车辆与桥梁两个子系统，分别建立车辆与桥梁的运动方程，两者之间通过车轮接触处的位移协调条件与车桥相互作用力的平衡关系相联系，采用迭代法求解系统响应。由于采用分离的车辆与桥梁运动方程，通过求解各自的运动方程，用迭代过程来满足车轮间的几何相容条件和相互作用力平衡条件，可以避免在每一时间步长都重新计算对应时刻的系统质量矩阵、阻尼矩阵和刚度矩阵，减少计算工作量，加快计算速度，所以，这种方法被大量采用。

（2）频域法。

频域法是指求出车桥系统的频响函数，以激励力的功率谱作为输入，求系统在频域内的动力响应，计算结果可直接用于统计分析。该方法可大大减少工作量，但为近似分析，不能处理非线性。

本章后续将介绍时域法中的分离迭代法，即将整个车桥系统在车轮接触处划分为车辆与桥梁两个子系统，采用分离的车辆和桥梁运动方程，建立单自由度或多自由度的车辆空间振动分析模型；同时采用空间梁格单元建立桥梁的动力分析模型，并给出车桥系统的控制方程。

7.1.4　车桥耦合振动的简化模型

为了更加清楚地认识影响桥梁动力响应的主要参数，有必要建立车辆桥梁耦合振动的简化模型进行分析。因此本小节针对简支梁桥，将车辆荷载分别简化为匀速移动常量力、匀速移动简谐力、匀速移动弹簧质量块及匀速移动双轴汽车荷载等四种简化模型进行分析。

1. 匀速移动常量力的作用

相对于桥梁结构而言，当车辆质量较小，即车辆惯性力可忽略不计只考虑车辆重力时，移动车辆荷载作用下桥梁结构振动模型可简化为常量力经过简支梁模型。单个常量力 P 以速度 v 匀速经过简支梁桥，其计算跨径为 L，单位长度质量为 m，截面惯性矩为 I，材料弹性模量为 E，计算模型如图 7.1 所示。

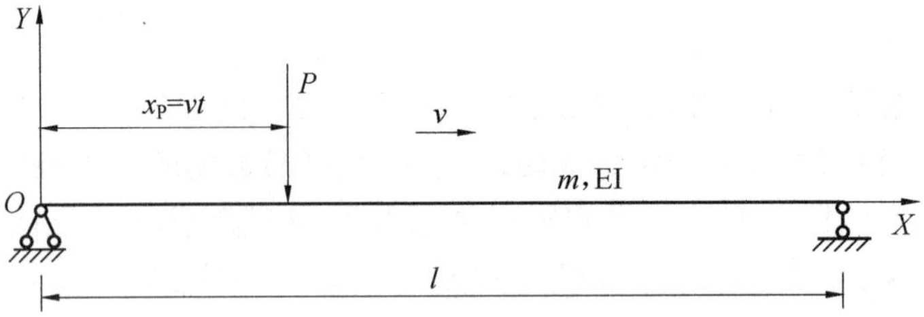

图 7.1　单个常量力匀速经过简支梁桥模型

根据结构动力学相关理论，其运动方程为

$$\mathrm{EI}\frac{\partial^4 u_b(x,t)}{\partial x^4}+m_b\frac{\partial^2 u_b(x,t)}{\partial t^2}+c_b\frac{\partial u_b(x,t)}{\partial t}=P\delta(x-vt),\quad 0\leqslant vt\leqslant l \tag{7.1}$$

其中，δ 为 Dirac 函数，其特性可以用下面三个表达式说明：

$$\delta(x-\eta)=\begin{cases}\infty, & x=\eta\\ 0, & x\neq\eta\end{cases} \tag{7.2}$$

$$\int_{-\infty}^{\infty}\delta(x-\eta)f(x)\mathrm{d}x=f(\eta) \tag{7.3}$$

$$\int_a^b\delta(x-\eta)f(x)\mathrm{d}x=\begin{cases}0, & \eta<a<b\\ f(\eta), & a\leqslant\eta\leqslant b\\ 0, & a<b<\eta\end{cases} \tag{7.4}$$

式(7.1) 为偏微分方程，可以运用振型分解法求解该方程，即

$$u_b(x,t)=\sum_{i=1}^{n}\varphi_i(x)\cdot q_i(t) \tag{7.5}$$

其中，$q_i(t)$ 为振型的广义坐标，$\varphi_i(x)$ 为主振型函数。（该方法已经在第 4.3.5 节中介绍，此处不再赘述）

结构的任一变形的振型分量可以用振型的正交性得到。为了计算第 n 阶振型的挠度 $u_b(x,t)$，将式(7.5) 两边乘上 $\varphi_n(x)$ 并沿梁长进行积分，得到

$$\int_0^l\varphi_n(x)u_b(x,t)\mathrm{d}x=\sum_{i=1}^{n}q_i(t)\int_0^l\varphi_n(x)\varphi_i(x)\mathrm{d}x \tag{7.6}$$

根据振型的正交性，当 $i\neq n$ 时，等式右侧的积分为 0，故可以得到第 n 阶振型的广义坐标表达式为

$$q_n(t)=\frac{\int_0^l\varphi_n(x)u_b(x,t)\mathrm{d}x}{\int_0^l\varphi_n^2(x)\mathrm{d}x} \tag{7.7}$$

按照该方法对式(7.1)简支梁的振动方程进行分解,可以得到

$$\mathrm{EI}q_n(t)\int_0^l \varphi_n(x)\frac{\mathrm{d}^4\varphi_n(x)}{\mathrm{d}x^4}\mathrm{d}x + m_\mathrm{b}\frac{\mathrm{d}^2q_n(t)}{\mathrm{d}t^2}\int_0^l\varphi_n^2(x)\mathrm{d}x + c_\mathrm{b}\frac{\mathrm{d}q_n(t)}{\mathrm{d}t}\int_0^l\varphi_n^2(x)\mathrm{d}x$$

$$= \int_0^l P\delta(x - vt)\varphi_n(x)\mathrm{d}x \tag{7.8}$$

假设简支梁无初始振动(位移与速度均为零),其振型为正弦函数,表示为

$$\varphi_n(x) = \sin\frac{n\pi x}{l} \tag{7.9}$$

将振型函数代入式(7.8),可以得到

$$\int_0^l \sin^2\frac{n\pi x}{l}\mathrm{d}x \equiv \frac{l}{2} \tag{7.10}$$

$$\int_0^l P\delta(x - vt)\sin\frac{n\pi x}{l}\mathrm{d}x = P\sin\frac{n\pi vt}{l} \tag{7.11}$$

积分后得到

$$\frac{l}{2}\mathrm{EI}\frac{n^4\pi^4}{l^4}q_n(t) + \frac{l}{2}m_\mathrm{b}\frac{\mathrm{d}^2q_n(t)}{\mathrm{d}t^2} + \frac{l}{2}c_\mathrm{b}\frac{\mathrm{d}q_n(t)}{\mathrm{d}t} = P\sin\frac{n\pi vt}{l} \tag{7.12}$$

设 ξ_{bn} 为简支梁第 n 阶振型对应阻尼比($\xi_{\mathrm{b}n} = c_\mathrm{b}/2m_\mathrm{b}\omega_{\mathrm{b}n}$),$\omega_{\mathrm{b}n}$ 和 $\omega_{\mathrm{c}n}$ 分别为简支梁第 n 阶无阻尼与有阻尼自振频率,$\omega_{\mathrm{d}n}$ 为与速度有关的对简支梁第 n 阶振型的扰动频率,并引入无量纲参数 α_n,存在如下关系

$$\omega_{\mathrm{b}n} = \left(\frac{n\pi}{l}\right)^2\sqrt{\frac{\mathrm{EI}}{m_\mathrm{b}}} \tag{7.13}$$

$$\omega_{\mathrm{c}n} = \omega_{\mathrm{b}n}\sqrt{1 - \xi_{\mathrm{b}n}^2} \tag{7.14}$$

$$\omega_{\mathrm{d}n} = \frac{n\pi v}{l} \tag{7.15}$$

$$\alpha_n = \frac{\omega_{\mathrm{d}n}}{\omega_{\mathrm{b}n}} = \frac{n\pi v}{\omega_{\mathrm{b}n}l} \tag{7.16}$$

对式(7.12)进行改写,可以得到移动力作用下的简支梁第 n 阶振型平衡动力方程的标准形式

$$\ddot{q}_n(t) + 2\xi_{\mathrm{b}n}\omega_{\mathrm{b}n}\dot{q}_n(t) + \omega_n^2q_n(t) = \frac{2}{m_\mathrm{b}l}P\sin\frac{n\pi vt}{l} \tag{7.17}$$

这是一个常系数线性微分方程,通过 Duhamel 积分,可以得到各阶振型广义坐标的特解为

$$q_n(t) = \frac{2}{m_\mathrm{b}l\omega_{cn}}\int_0^t P\sin n\omega_{dn}\tau\mathrm{e}^{-\xi_{bn}\omega_{bn}(t-\tau)}\sin\omega_{cn}(t - \tau)\mathrm{d}\tau \tag{7.18}$$

进而利用简支梁边界条件(支点挠度与弯矩均为零),通过积分求解可得简支梁任意截面动挠度的精确解为

$$u_\mathrm{b}(x,t) = \sum_{n=1}^{N}\frac{1}{n^4}\frac{2Pl^3/(\pi^4\mathrm{EI})\sin\frac{n\pi x}{l}}{(2\xi_{\mathrm{b}n}\alpha_n)^2 + (1 - \alpha_n^2)^2}\{(1 - \alpha_n^2)\sin\omega_{\mathrm{d}n}t - 2\xi_{\mathrm{b}n}\alpha_n\cos\omega_{\mathrm{d}n}t +$$

$$2e^{-\xi_{bn}\omega_{bn}t}\xi_{bn}\alpha_n\cos\omega_{cn}t+(2\xi_{bn}^2+\alpha_n^2-1)e^{-\xi_{bn}\omega_{bn}t}\frac{\alpha_n}{\sqrt{1-\xi_{bn}^2}}\sin\omega_{cn}t\}\tag{7.19}$$

若不计阻尼，则简支梁各截面动挠度为

$$u_b(x,t)=\sum_{n=1}^{N}\frac{1}{n^4}\frac{2Pl^3/(\pi^4 EI)}{1-\alpha_n^2}\sin\frac{n\pi x}{l}[\sin\omega_{dn}t-\alpha_n\sin\omega_{bn}t]\tag{7.20}$$

可以看出，单个常量力经过简支梁桥，其动挠度由两部分组成，分别为与移动速度有关的受迫振动和结构的自由振动。

当常量力移动速度 $v=0$ 时，保留受迫振动项，则可得常量力位于 x_P 时简支梁截面 x 处的静挠度为

$$u_s(x,x_P)=\sum_{n=1}^{N}\frac{1}{n^4}\frac{2Pl^3}{\pi^4 EI}\sin\frac{n\pi x}{l}\sin\frac{n\pi x_P}{l}\tag{7.21}$$

上述所得解均基于简支梁振型为正弦函数而来。运用结构静力学理论，可得到常量力位于 x_P 时简支梁截面 x 处的静挠度精确解为

$$u_s(x,x_P)=\begin{cases}\dfrac{Pl^3}{48EI}\times 8\times\left(1-\dfrac{x_P}{l}\right)\left[1-\left(1-\dfrac{x_P}{l}\right)^2-\left(\dfrac{x}{l}\right)^2\right]\dfrac{x}{l}, & 0\leqslant x\leqslant x_P\\ \dfrac{Pl^3}{48EI}\times 8\times\left[\left(\dfrac{x}{l}-\dfrac{x_P}{l}\right)^3+\left(1-\dfrac{x_P}{l}\right)\left(2-\dfrac{x_P}{l}\right)\dfrac{x_P}{l}\dfrac{x}{l}-\left(\dfrac{x}{l}\right)^3\right], & x_P<x\leqslant l\end{cases}\tag{7.22}$$

2. 匀速移动简谐力的作用

由于桥面不平整度或桥头跳车等激励，移动车辆经过桥梁时，往往会以车辆的固有频率发生振动，此时，车辆上部分（即车身）的惯性力就是一种移动的简谐力。那么，桥梁在移动车辆荷载作用下的动力响应包括两部分，分别为该简谐力与移动常量力 P_0（车辆自重），即

$$P=P_0+P_c\sin\omega_P t\tag{7.23}$$

简支梁在常量力激励下的动力响应计算方法已在匀速移动常量力的作用时论述，下面主要论述简谐力部分的作用。

根据结构动力学理论，在简谐力 $P_c\sin\omega_P t$ 作用下，其运动方程为

$$EI\frac{\partial^4 u_b(x,t)}{\partial x^4}+m_b\frac{\partial^2 u_b(x,t)}{\partial t^2}+c_b\frac{\partial u_b(x,t)}{\partial t}=P_c\sin\omega_P t\delta(x-vt),\quad 0\leqslant vt\leqslant l\tag{7.24}$$

为了便于表述，引入如下参数

$$\begin{cases}r_1=\omega_P+\omega_{dn}=\omega_P+\dfrac{n\pi v}{l}\\ r_2=\omega_P-\omega_{dn}=\omega_P-\dfrac{n\pi v}{l}\end{cases}\tag{7.25}$$

运用同样的方法，可得简支梁任意截面动挠度为

$$u_{\mathrm{b}}(x,t)=\sum_{n=1}^{N}\frac{P_{\mathrm{c}}}{ml}\sin\frac{n\pi x}{l}\left\{\begin{aligned}&\frac{1}{(\omega_{bn}^{2}-r_{2}^{2})^{2}+(2\xi_{n}\omega_{bn}r_{2})^{2}}\\&\left[\begin{aligned}&(\omega_{bn}^{2}-r_{2}^{2})(\cos r_{2}t-\mathrm{e}^{-\xi_{m}\omega_{bn}t}\cos\omega_{cn}t)+\\&2\xi_{n}\omega_{bn}r_{2}\sin r_{2}t-\frac{\xi_{n}}{\sqrt{1-\xi_{n}^{2}}}(\omega_{bn}^{2}+r_{2}^{2})\mathrm{e}^{-\xi_{mn}\omega_{bn}t}\sin\omega_{cn}t\end{aligned}\right]\\&-\frac{1}{(\omega_{bn}^{2}-r_{1}^{2})^{2}+(2\xi_{n}\omega_{bn}r_{1})^{2}}\\&\left[\begin{aligned}&(\omega_{bn}^{2}-r_{1}^{2})(\cos r_{1}t-\mathrm{e}^{-\xi_{m}\omega_{bn}t}\cos\omega_{cn}t)+\\&2\xi_{n}\omega_{bn}r_{1}\sin r_{1}t-\frac{\xi_{n}}{\sqrt{1-\xi_{n}^{2}}}(\omega_{bn}^{2}+r_{1}^{2})\mathrm{e}^{-\xi_{m}\omega_{bn}t}\sin\omega_{cn}t\end{aligned}\right]\end{aligned}\right. \tag{7.26}$$

若不计阻尼，则各截面动挠度为

$$u_{\mathrm{b}}(x,t)=\sum_{n=1}^{N}\frac{P_{\mathrm{c}}}{ml}\sin\frac{n\pi x}{l}\left\{\frac{1}{(\omega_{bn}^{2}-r_{2}^{2})^{2}}(\cos r_{2}t-\cos\omega_{bn}t)-\frac{1}{(\omega_{bn}^{2}-r_{2}^{2})^{2}}(\cos r_{1}t-\cos\omega_{bn}t)\right\} \tag{7.27}$$

同理，当作用余弦荷载 $P_{\mathrm{c}}\cos\omega_{\mathrm{P}}t$ 时，不计阻尼，各截面动挠度为

$$u_{\mathrm{b}}(x,t)=\sum_{n=1}^{N}\frac{P_{\mathrm{c}}}{ml}\sin\frac{n\pi x}{l}\left\{\frac{1}{(\omega_{bn}^{2}-r_{1}^{2})^{2}}\left(\sin r_{1}t-\frac{r_{1}}{\omega_{bn}}\sin\omega_{bn}t\right)-\frac{1}{(\omega_{bn}^{2}-r_{2}^{2})^{2}}\left(\sin r_{2}t-\frac{r_{2}}{\omega_{bn}}\sin\omega_{bn}t\right)\right\} \tag{7.28}$$

可以看出，单个移动简谐力经过简支梁，其动挠度由三部分组成，分别为结构的自由振动、频率为 $\omega_{\mathrm{P}}+n\pi v/l$ 的强迫振动、频率为 $\omega_{\mathrm{P}}-n\pi v/l$ 的强迫振动；且注意当荷载形式为余弦函数时，强迫振动与自由振动的振幅不相等。

当将正弦荷载 $P_{\mathrm{c}}\sin\omega_{\mathrm{P}}t$ 固定于跨中截面位置时，各截面动挠度为

$$u_{\mathrm{b}}(x,t)=\frac{2P_{\mathrm{c}}}{ml}\sum_{n=1}^{N}\sin\frac{n\pi x}{l}\sin\frac{n\pi}{2}\frac{1}{\omega_{bn}^{2}-\omega_{\mathrm{P}}^{2}}\left(\sin\omega_{\mathrm{P}}t-\frac{\omega_{\mathrm{P}}}{\omega_{bn}}\sin\omega_{bn}t\right) \tag{7.29}$$

当将余弦荷载 $P_{\mathrm{c}}\cos\omega_{\mathrm{P}}t$ 固定于跨中截面位置时，各截面动挠度为

$$u_{\mathrm{b}}(x,t)=\frac{2P_{\mathrm{c}}}{ml}\sum_{n=1}^{N}\sin\frac{n\pi x}{l}\sin\frac{n\pi}{2}\frac{1}{\omega_{bn}^{2}-\omega_{\mathrm{P}}^{2}}(\cos\omega_{\mathrm{P}}t-\cos\omega_{bn}t) \tag{7.30}$$

可以看出，当正弦荷载的频率 $\omega_{\mathrm{P}}=\omega_{dn}=n\pi v/l$ 时，针对跨中截面，式(7.29)和(7.30)完全相同，即

$$u_{\mathrm{b}}\left(\frac{l}{2},t\right)=\sum_{n=1}^{N}\frac{1}{n^{4}}\frac{2Pl^{3}/(\pi^{4}\mathrm{EI})}{1-\alpha_{n}^{2}}[\sin\omega_{dn}t-\alpha_{n}\sin\omega_{bn}t] \tag{7.31}$$

由此说明，对于跨中截面动挠度而言，移动常量力经过简支梁与在简支梁跨中作用适当频率的正弦荷载，二者是等效的。其原因是，跨中截面挠度影响线与正弦函数曲线极为相似。

同理,若较为关心移动常量力作用下跨中截面的弯矩,则根据弯矩影响线,与跨中截面作用三角形荷载的效果是相同的,如图 7.2 所示。

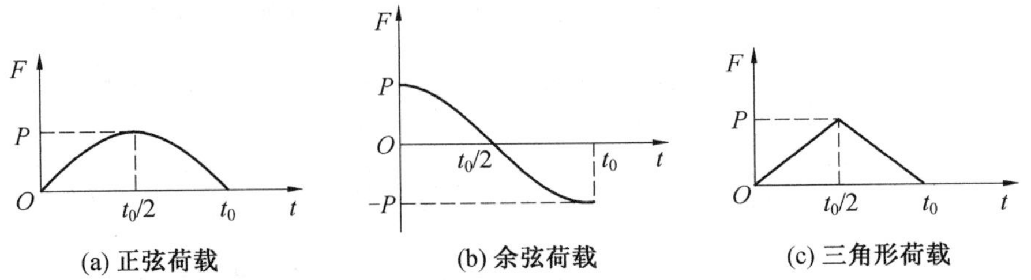

图 7.2　不同荷载形式

因此,在运用有限元软件对移动车辆荷载作用下桥梁结构响应计算时,当跨径较大且车辆桥梁质量比较小时,可将车辆简化为单个常量力,然后通过给出适当的跨中作用简谐荷载表达式的方法来实现不同参数对其桥梁动挠度影响规律分析。其中,简谐荷载可表示为

$$F = P(t)\sin(\omega_d t + \theta_b) = [P + P_c \sin(\omega_v t + \theta_v)]\sin(\omega_d t + \theta_b) \tag{7.32}$$

式中　P—— 车辆自重;

P_c—— 由于车辆弹簧系统而周期变化荷载的幅值;

$P(t)$—— 车辆对桥梁的作用力;

ω_v—— 车辆自振频率;

ω_d—— 与车辆行驶速度有关的扰动频率,而相位角 θ_v 与 θ_b 可分别用来模拟车辆与桥梁的初始振动状态。

3. 匀速移动弹簧质量块的作用

不管是单个常量力还是单个简谐力经过简支梁的分析,由于忽略了车辆质量,因此并没有涉及车辆桥梁耦合振动作用。

为了充分考虑车辆与桥梁之间的相互作用,将车辆简化为单个弹质量块车辆质量由两部分组成,分别为车体质量 m_v 与轮轴质量 m_t,轮轴与车体之间由一个刚度为 k 的弹簧与一个阻尼系数为 c 的阻尼器连接,并假设轮轴与桥梁始终保持密切接触。另外,假定桥梁以一阶振型 $\varphi(x)$ 振动,其位移记作 u_b,初始振动状态为零,并且不计桥梁阻尼。其简化模型如图 7.3 所示。其计算式为

$$\varphi(x) = \sin\frac{\pi x}{l} \tag{7.33}$$

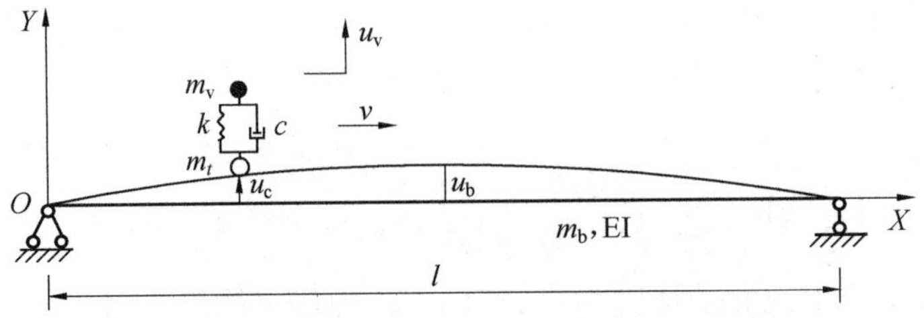

图 7.3　匀速移动弹簧质量块经过简支梁桥模型

根据简支梁按照一阶振型振动的假设,可得接触点的位移为

$$u_c(t) = u_b(t)\sin\frac{\pi vt}{l} \tag{7.34}$$

车体位移 $u_v(t)$ 由静平衡位置算起,则车体 m_v 的振动方程为

$$m_v\ddot{u}_v + c(\dot{u}_v - \dot{u}_c) + k(u_v - u_c) = 0 \tag{7.35}$$

另外,简支梁的振动方程为

$$m^*\ddot{u}_b + k^*u_b = p^* \tag{7.36}$$

其中,m^*、k^*、P^* 分别为广义质量、广义刚度与广义荷载,即

$$m^* = \int_0^l m\varphi^2(x)\mathrm{d}x = \frac{1}{2}ml \tag{7.37}$$

$$k^* = \int_0^l \mathrm{EI}\,[\varphi''(x)]^2\mathrm{d}x = \frac{\pi^4\mathrm{EI}}{2l^3} \tag{7.38}$$

$$P^* = \int_0^l P\varphi(x)\mathrm{d}x \tag{7.39}$$

$$P = k(u_v - u_c) + c(\dot{u}_v - \dot{u}_c) - m_t g - m_t\ddot{u}_c - m_v g \tag{7.40}$$

$$\dot{u}_c = \frac{\pi v}{l}u_b\cos\frac{\pi vt}{l} + \dot{u}_b\sin\frac{\pi vt}{l} \tag{7.41}$$

$$\ddot{u}_c = -\left(\frac{\pi v}{l}\right)^2 u_b\sin\frac{\pi vt}{l} + 2\frac{\pi v}{l}\dot{u}_b\cos\frac{\pi vt}{l} + \ddot{u}_b\sin\frac{\pi vt}{l} \tag{7.42}$$

将式(7.37)~(7.42)代入式(7.36),将式(7.35)与式(7.36)联立可得

$$\begin{bmatrix} m_v & 0 \\ 0 & \dfrac{ml}{2} + m_t\sin^2\dfrac{\pi vt}{l} \end{bmatrix}\begin{bmatrix}\ddot{u}_v \\ \ddot{u}_b\end{bmatrix} +$$
$$\begin{bmatrix} c & -c\sin\dfrac{\pi vt}{l} \\ -c\sin\dfrac{\pi vt}{l} & \dfrac{\pi v}{l}\sin\dfrac{\pi vt}{l}\left(c\sin\dfrac{\pi vt}{l} + 2m_t\cos\dfrac{\pi vt}{l}\right) \end{bmatrix}\begin{bmatrix}\dot{u}_v \\ \dot{u}_b\end{bmatrix} +$$
$$\begin{bmatrix} k & -k\sin\dfrac{\pi vt}{l} - c\dfrac{\pi v}{l}\cos\dfrac{\pi vt}{l} \\ -k\sin\dfrac{\pi vt}{l} & \sin\dfrac{\pi vt}{l}\left[\left(k - m_t\left(\dfrac{\pi v}{l}\right)^2\right)\sin\dfrac{\pi vt}{l} + c\dfrac{\pi v}{l}\cos\dfrac{\pi vt}{l}\right] + \dfrac{\pi^4\mathrm{EI}}{2l^3} \end{bmatrix}\begin{bmatrix}u_v \\ u_b\end{bmatrix}$$
$$= \begin{bmatrix} 0 \\ -(m_t + m_v)g\sin\dfrac{\pi vt}{l} \end{bmatrix} \tag{7.43}$$

根据结构动力学知识,桥梁与车辆自振频率可表示为

$$\omega_b = \sqrt{k^*/m^*} \tag{7.44}$$

$$\omega_v = \sqrt{k/m_v} \tag{7.45}$$

另外,桥梁与车辆各自最大静位移表达式为

$$u_{bs,\max} = m_v g/k^* \tag{7.46}$$

$$u_{vs,\max}=m_v g/k \tag{7.47}$$

那么,可引入车辆与桥梁各自的最大动挠度与最大静挠度之比,即

$$D_b=\frac{u_b}{m_v g/k^*}=\frac{u_b\omega_b^2}{2\kappa g}=1+\mu_b \tag{7.48}$$

$$D_v=\frac{u_v}{m_v g/k}=\frac{u_v\omega_v^2}{g}=1+\mu_v \tag{7.49}$$

式中　μ_b、μ_v—— 桥梁与车辆的冲击系数;

κ—— 车辆桥梁质量比参数($\kappa=m_v/m_b$);

m_b—— 桥梁质量($m_b=ml$)。

为了更加明确桥梁冲击系数的影响因素,将上述参数代入式(7.43),则

$$\begin{bmatrix}\frac{1}{\omega_v^2} & 0\\ 0 & \frac{2\kappa\gamma^4}{\omega_v^2}\end{bmatrix}\begin{bmatrix}\ddot{D}_v\\ \ddot{D}_b\end{bmatrix}+\begin{bmatrix}1 & -2\kappa\gamma^2\sin\frac{\alpha\omega_v t}{\gamma}\\ -2\kappa\gamma^2\sin\frac{\alpha\omega_v t}{\gamma} & 4\kappa^2\gamma^4\sin^2\frac{\alpha\omega_v t}{\gamma}+2\kappa\gamma^2\end{bmatrix}\begin{bmatrix}D_v\\ D_b\end{bmatrix}=\begin{bmatrix}0\\ -2\kappa\gamma^2\sin\frac{\alpha\omega_v t}{\gamma}\end{bmatrix} \tag{7.50}$$

其中,α 为扰动频率与桥梁频率之比,γ 为车辆频率与桥梁频率之比,即

$$\alpha=\frac{\omega_d}{\omega_b}=\frac{\pi v/l}{\omega_b} \tag{7.51}$$

$$\gamma=\frac{\omega_v}{\omega_b} \tag{7.52}$$

式(7.50)表明,桥梁冲击系数主要控制参数有四个,即车辆自振频率ω_v、车辆桥梁质量比κ、扰动频率与桥梁频率之比α,以及车辆频率与桥梁频率之比γ。观察发现,车辆自振频率ω_v在式(7.50)中的影响表现在两处,分别是质量矩阵中的$1/\omega_v^2$、刚度矩阵中的$\omega_v t$。显然,当车辆自振频率ω_v发生变化时,由于正弦函数出现最大值时刻对应的$\omega_v t$为常数,因此只是改变了响应出现最大值时刻t,而对响应本身大小无影响。

另外,根据式(7.43),对于确定值κ、α、γ,车辆与桥梁冲击系数取最大值时,对应的加速度为

$$\ddot{u}_b=A\omega_v^2 u_b \tag{7.53}$$

$$\ddot{u}_v=B\omega_v^2 u_v \tag{7.54}$$

其中,常数A、B是关于κ、α、γ的函数。

那么,质量矩阵与加速度向量的乘积可表示为一个不依赖于ω_v的矩阵与位移向量的乘积,即最终响应与ω_v无关。

综上所述,影响桥梁冲击系数的主要参数有三个,分别是车辆桥梁质量比κ、扰动频率与桥梁频率之比α,以及车辆频率与桥梁频率之比γ。

4. 匀速移动双轴汽车荷载的作用

对于移动车辆经过桥梁动力响应问题,当跨径较小时,一般在桥梁跨径范围内只有单辆

车，但车辆各轴之间的相互作用不可忽略，并非简单的叠加；而当跨径较大时，每辆车可以近似看作单个常量力或者单个弹簧质量块，但往往会有多辆车同时出现在桥梁上，则仍需要考虑多车辆之间的相互作用。本节仅考虑两个常量力经过简支梁的情况，间距为 s，其简化模型如图 7.4 所示。

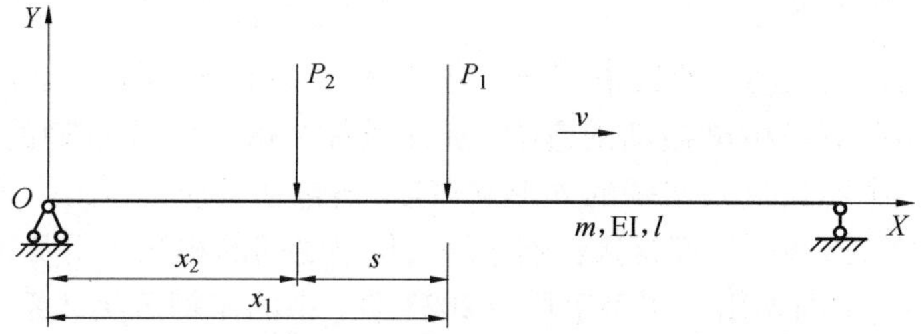

图 7.4　匀速移动双轴汽车荷载经过简支梁桥模型

同样，运用振型叠加法求解该问题，且假设简支梁振型函数仍为正弦函数。那么，若不计阻尼，简支梁各阶振型的强迫振动方程可写为

$$\ddot{q}_n(t)+\omega_n^2 q_n(t)=\begin{cases}Q_{n1}(t), & 0\leqslant t\leqslant \dfrac{s}{v}\\ Q_{n2}(t), & \dfrac{s}{v}\leqslant t\leqslant \dfrac{l}{v}\\ Q_{n3}(t), & \dfrac{l}{v}\leqslant t\leqslant \dfrac{l+s}{v}\end{cases} \tag{7.55}$$

其中，$Q_{ni}(t)\,(i=1,2,3)$ 为广义扰动力，即

$$Q_{n1}(t)=\frac{\int_0^l P_1\delta(x-vt)\varphi_n(x)\,\mathrm{d}x}{\int_0^l m\varphi_n^2(x)\,\mathrm{d}x}=\frac{2P_1}{ml}\sin\frac{n\pi vt}{l} \tag{7.56}$$

$$\begin{aligned}Q_{n2}(t)&=\frac{\int_0^l P_1\delta(x-vt)\varphi_n(x)\,\mathrm{d}x+\int_0^l P_2\delta[x-(vt-s)]\varphi_n(x)\,\mathrm{d}x}{\int_0^l m\varphi_n^2(x)\,\mathrm{d}x}\\&=\frac{2P_1}{ml}\sin\frac{n\pi vt}{l}+\frac{2P_2}{ml}\sin\frac{n\pi(vt-s)}{l}\end{aligned} \tag{7.57}$$

$$Q_{n3}(t)=\frac{\int_0^l P_2\delta[x-(vt-s)]\varphi_n(x)\,\mathrm{d}x}{\int_0^l m\varphi_n^2(x)\,\mathrm{d}x}=\frac{2P_2}{ml}\sin\frac{n\pi(vt-s)}{l} \tag{7.58}$$

可以看出，上述每个方程均可以根据不同的时间段，按照单个常量力经过简支梁的方法进行计算。

通过对前三种车辆桥梁耦合振动简化模型的理论推导，可大概判断出其影响桥梁动力响应的重要参数；而第四种简化模型，则可用于分析车辆轴距或间距与行驶速度对桥梁动力响应的影响。

7.2　车辆振动分析模型

7.2.1　车辆分类

在汽车与桥梁耦合振动的研究中，车辆模型的构建是至关重要的环节之一。为了更精确地模拟不同类型车辆对桥梁振动的影响，研究通常会依据实际车辆的特点对其进行分类。车辆分类的依据不仅仅是车辆的外形和用途，还包括其质量、轴距、车轮配置、悬挂系统、动力特性等参数，这些因素都直接影响车辆与桥梁之间的相互作用及其对桥梁结构的动力响应。经过参考《中国乘用车车型手册》(2022 版) 中的车辆分类体系，同时结合道路管理部门的车型划分标准，对车辆按照轴数进行划分，共有 13 种车型。具体车辆类型及特征见表 7. 1。

表 7. 1　车辆类型及特征

<table>
<tr><th>轴数</th><th>车型</th><th>性质</th><th>图式(轴距单位为 mm，轴重单位为 kg)</th></tr>
<tr><td rowspan="5">2</td><td>V1</td><td>小车</td><td>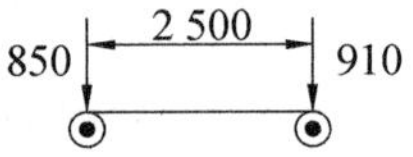
</td></tr>
<tr><td>V2</td><td>越野</td><td>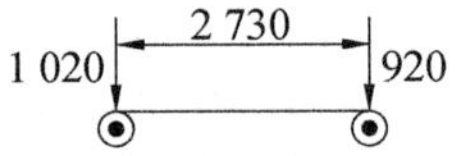
</td></tr>
<tr><td>V3</td><td>中客</td><td>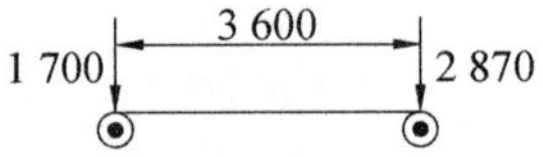
</td></tr>
<tr><td>V4</td><td>中货</td><td>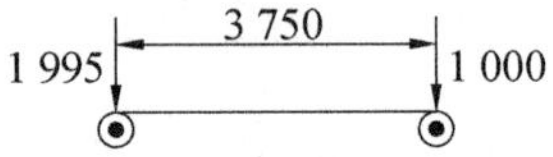
</td></tr>
<tr><td>V5</td><td>大客</td><td>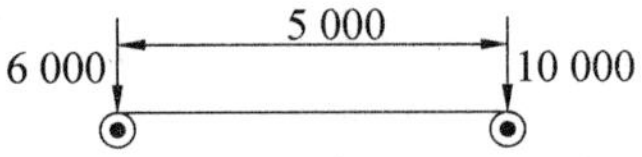
</td></tr>
<tr><td rowspan="4">3</td><td>V6</td><td>大货</td><td>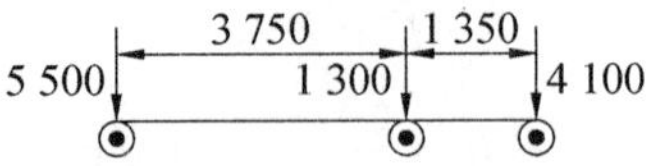
</td></tr>
<tr><td>V7</td><td>大客</td><td>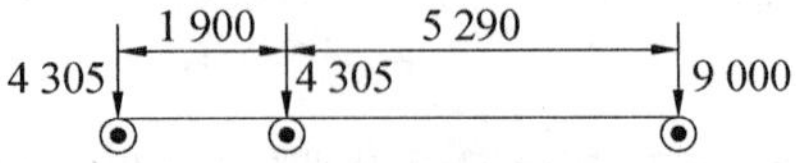
</td></tr>
<tr><td>V8</td><td>大货</td><td>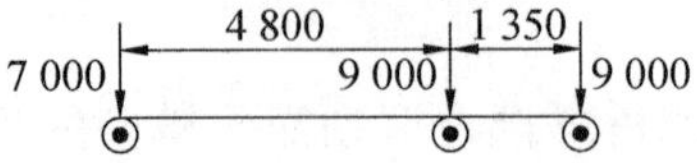
</td></tr>
<tr><td>V9</td><td>拖挂</td><td>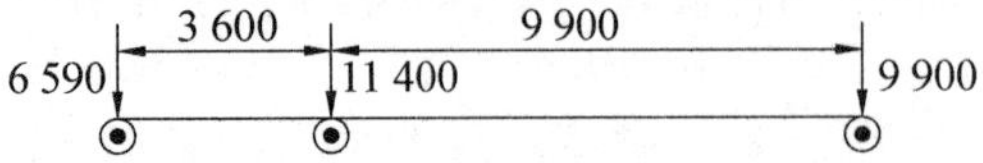
</td></tr>
</table>

续表 7.1

轴数	车型	性质	图式(轴距单位为 mm,轴重单位为 kg)
4	V10	大货	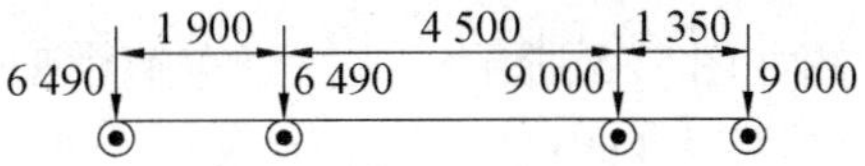
	V11	拖挂	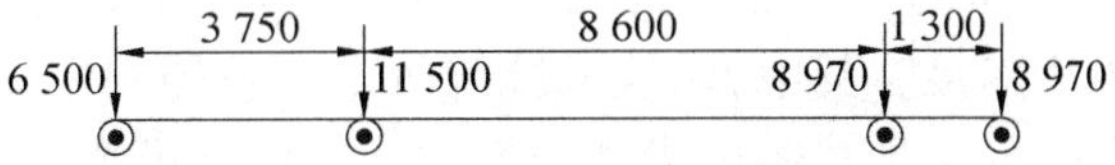
5	V12	拖挂	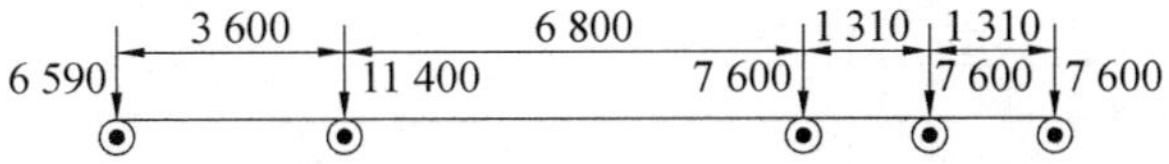
6	V13	拖挂	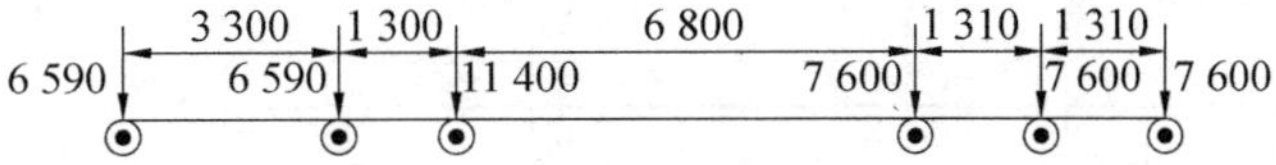

7.2.2　计算模型基本假定

在进行车桥耦合振动的研究时,准确构建车辆的动力学模型是至关重要的。汽车的动力学特性可以通过一系列假设来简化,以便于建立一个可用于分析的车辆模型。汽车由车体、悬挂装置、车轴和轮胎组成。在建模过程中,车辆的质量集中在车体和车轴上,悬挂装置和轮胎由弹簧和阻尼器来模拟。

所建立的车辆动力分析模型应服从以下基本假定。

(1) 车辆做等速运动,不考虑其顺桥向力作用的影响,且轮胎始终与桥面紧密接触。

(2) 轮对和车体做小位移振动。

(3) 轮对和车体均假定为有质量的刚体,它们之间由弹簧和阻尼器连接。汽车悬架刚度、轮胎刚度为相对位移的线性函数,悬架阻尼、轮胎阻尼为相对速度的线性函数。

(4) 在桥梁结构中,车轮与桥面接触点的横桥向位移对车的振动影响很小,并且接触点的横向位移较竖向位移要小得多,因此,分析中只考虑接触点竖向位移对车辆振动的影响,忽略接触点横向位移的影响。

由上述假定,将车辆简化成为由质量块、弹簧和阻尼器连接的振动系统。该振动系统有平动自由度位移和转动自由度位移。平动自由度位移在重力平衡位置位移为零,与整体坐标系一致为正;转动自由度位移在水平无转角时位移为零,逆时针为正。力的方向与各自由度位移的方向相反为正。

车辆分析模型的动力方程可通过集成法或能量法建立。集成法是直接集成车辆系统的质量、刚度和阻尼矩阵,构建车辆系统的动力学方程。通过求解该方程,可以获得车辆在不同条件下的振动响应。这种方法的优点是直接且可以较为准确地描述车辆的动态行为,但通常需要处理较大的矩阵运算。能量法是通过考虑系统的动能和势能,应用拉格朗日方程或哈密尔顿原理建立车辆的动力学方程。能量法通常通过计算系统的能量变化来求解动力学问题,尤其适用于描述复杂耦合系统的动力响应。该方法的优势在于其较为简洁,能够高效地处理复杂的车辆动力学问题。

7.2.3　车辆运动方程推导

车辆模型示意图如图 7.5 所示。该三维车辆模型可以考虑任意轴数。采用的车辆模型假定车体为刚体,具有三个自由度,分别为沉浮、点头与侧翻;而每个车轮具有一个竖向自由度;即 n 轴车辆模型的自由度数目为 $2n+3$。车体与车轮之间,以及车轮与桥面之间,均通过弹簧及阻尼器相连接。其中,悬挂系统与各个车轮的刚度、阻尼均假定为线性的,研究表明,这样的假定完全可满足车辆桥梁耦合振动问题的精度要求。

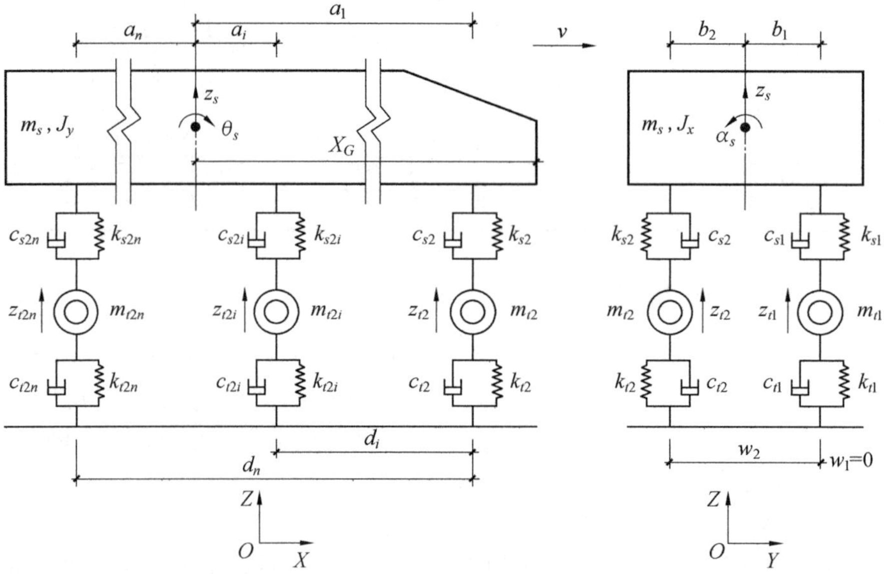

图 7.5　车辆模型示意图

根据结构动力学知识,任何轴数车辆的动力平衡方程均可表示为

$$[M_V][\ddot{U}_V]+[C_V][\dot{U}_V]+[K_V][U_V]=[P_V] \tag{7.59}$$

式中　$[M_V]$—— 车辆模型的质量矩阵;

$[C_V]$—— 车辆模型的阻尼矩阵;

$[K_V]$—— 车辆模型的刚度矩阵;

$[P_V]$—— 车辆桥梁结构耦合振动系统中车辆所受荷载向量;

$[U_V]$—— 车辆模型的位移向量。

车辆模型的质量矩阵为

$$[M_V]=\mathrm{diag}\,[m_s,J_y,J_x,m_{t1},m_{t2},m_{t3},\cdots,m_{t2n}] \tag{7.60}$$

式中　m_s—— 车辆模型的车体质量;

J_y—— 车辆模型的车体纵向摆动惯性矩;

J_x—— 车辆模型的车体横向摆动惯性矩;

m_{ti}—— 车辆模型的第 i 个车轮的质量。

车辆模型的位移向量为

$$[U_V]=\mathrm{col}\,[U_s,\theta_s,\alpha_s,U_{t1},U_{t2},\cdots,U_{t2n}] \tag{7.61}$$

式中　U_s—— 车辆模型的车体竖向振动自由度；

θ_s—— 车辆模型的车体点头自由度；

α_s—— 车辆模型的车体横摆振动自由度；

U_{ti}—— 车辆模型的第 i 个车轮竖向振动自由度。

车辆模型的荷载向量为

$$[P_V]=\mathrm{col}[0,0,0,k_{t1}\Delta_1+c_{t1}\dot{\Delta}_1,k_{t2}\Delta_2+c_{t2}\dot{\Delta}_2,\cdots,k_{t2n}\Delta_{2n}+c_{t2n}\dot{\Delta}_{2n}] \tag{7.62}$$

式中　k_{ti}—— 车辆模型的第 i 个车轮的弹簧刚度系数；

c_{ti}—— 车辆模型的第 i 个车轮的阻尼系数；

Δ_i—— 车辆模型的第 i 个车轮与桥面接触点的相对位移。

以车辆模型的车体与车轮交界线为界，将车辆模型的阻尼矩阵进行分块处理，此处分为四个分块矩阵，即

$$[C_V]=\begin{bmatrix} C_{V11} & C_{V12} \\ C_{V21} & C_{V22} \end{bmatrix} \tag{7.63}$$

$$[C_{V11}]=\begin{bmatrix} \sum\limits_{i=1}^{n} c_{s2i-1}+c_{s2i} & -\sum\limits_{i=1}^{n} a_i(c_{s2i-1}+c_{s2i}) & -\sum\limits_{i=1}^{n}(b_1c_{s2i-1}+b_2c_{s2i}) \\ -\sum\limits_{i=1}^{n} a_i(c_{s2i-1}+c_{s2i}) & \sum\limits_{i=1}^{n} a_i^2(c_{s2i-1}+c_{s2i}) & -\sum\limits_{i=1}^{n}(b_1a_ic_{s2i-1}+b_2a_ic_{s2i}) \\ -\sum\limits_{i=1}^{n}(b_1c_{s2i-1}+b_2c_{s2i}) & -\sum\limits_{i=1}^{n}(b_1a_ic_{s2i-1}+b_2a_ic_{s2i}) & \sum\limits_{i=1}^{n}(b_1^2c_{s2i-1}+b_2^2c_{s2i}) \end{bmatrix} \tag{7.64}$$

$$[C_{V12}]=\begin{bmatrix} -c_{s1} & -c_{s2} & \cdots & -c_{s2n} \\ a_1c_{s1} & a_1c_{s2} & \cdots & a_nc_{s2n} \\ -b_1c_{s1} & -b_2c_{s2} & \cdots & -b_2c_{s2n} \end{bmatrix} \tag{7.65}$$

$$[C_{V21}]=\begin{bmatrix} -c_{s1} & a_1c_{s1} & -b_1c_{s1} \\ -c_{s2} & a_1c_{s2} & -b_2c_{s2} \\ \vdots & \vdots & \vdots \\ -c_{s2n} & a_nc_{s2n} & -b_2c_{s2n} \end{bmatrix} \tag{7.66}$$

$$[C_{V22}]=\begin{bmatrix} c_{s1}+c_{t1} & 0 & \cdots & 0 \\ 0 & c_{s2}+c_{t2} & \cdots & 0 \\ \vdots & \vdots & \ddots & \vdots \\ 0 & 0 & \cdots & c_{s2n}+c_{t2n} \end{bmatrix} \tag{7.67}$$

式中　c_{si}—— 车辆模型的第 i 个车轮对应悬挂装置的阻尼系数；

k_{si}—— 车辆模型的第 i 个车轮对应悬挂装置的弹簧系数。

类似地，计算车辆模型的刚度矩阵时，只需将阻尼矩阵计算公式中的 C、c 分别改为 K、k 即可，此处不再赘述。

当多辆车同时作用时，需要对上述车辆模型系数矩阵进行重组，得到所有车辆模型的整体质量矩阵、刚度矩阵和阻尼矩阵。假设车辆总数为 N，可将多辆车等效为多轴的单辆车，对应轴数为

$$n_{\text{all}} = \sum_{i=1}^{N} n_i \tag{7.68}$$

式中 n_{all}—— 整个车队的总车轴数目；

n_i—— 车队中第 i 辆车对应的车轴数目。

为了便于后处理，在建立上述车队整体系统的系数矩阵时，将车队的所有车体与所有车轮自由度分别考虑。其中，各辆车的车体自由度均取为 3，而车轮的自由度数则与车轴数有关。

7.3　桥梁振动分析模型

7.3.1　桥梁建模基本原则

结构振动受其动力特性和外部激励控制，精确合理模拟结构自身动力特性至关重要，其关键在于合理模拟结构质量、刚度分布和边界条件。桥梁是上部、下部结构和基础组成的复杂空间结构，完全按实际构造建模既不可行也无必要。应对实际桥梁做出符合实际状况的假定和简化，简化后计算图式称为分析模型。

桥梁结构简化的基本原则如下。

(1) 计算模型应符合实际结构构造特点和受力特点，保证分析结果真实性。

(2) 保证体系几何不变性，避免施加与实际结构受力不符的多余约束。

(3) 本构关系应能真实反映材料的性质。

(4) 合理模拟的前提下，尽量减少节点和未知量数目，以降低计算规模。

在进行结构分析时，根据结构的构造特点和计算需求，通常选择不同类型的计算模型。常见的模型有杆系模型、板壳模型、实体模型和混合模型等。单元选择应根据结构的类型、形状特征、应力和变形特点精度要求和硬件条件等因素综合考虑。

杆系模型适用于由长度远大于截面高度和宽度的杆件组成的结构。典型的例子包括桥梁、塔架等。杆系模型简化了复杂的几何特征，能够有效地描述结构的整体振动特性，尤其适用于分析较低阶整体振动模态和整体失稳模态。

板壳模型适用于厚度远小于长度和宽度的板件结构。板壳结构常用于描述薄板、薄壳等结构形式，如桥面板、船体、航空航天结构等。该模型可以更精确地捕捉结构的局部振动特性，尤其是在关注局部应力和变形，或局部振动模态和失稳模态时，板壳模型则显得尤为重要。实体模型适用于描述三维方向尺度相近的块体结构。

实体模型考虑了结构的全面特性，可以为需要精确捕捉应力、变形及复杂边界条件的分析提供支持。例如，在大型复杂建筑物或桥梁的分析中，实体模型能够提供更为细致的解析。

混合模型或多尺度模型也可以根据实际需要进行采用，尤其是当结构尺寸非常大或复

杂时。混合模型将不同的模型类型结合在一起，以便更高效、更精确地分析大规模结构。而多尺度模型则可以在不同尺度层次上进行分析，从宏观到微观逐层推进，适应复杂的工程需求。

在选择合适的计算模型时，可以依据分析目标来决定。如果关注整体振动特性，如较低阶整体振动模态和整体失稳模态，则可采用杆系模型。若研究目标涉及局部振动特性，如连续刚构桥0号块、钢－混结合段、钢－混组合梁应力或变形，或局部振动模态和局部失稳模态，则应采用更加精细的板壳模型或实体模型。对于超大型结构，可以采用混合模型或多尺度模型。

计算模型常省略一些次要构件，如桁架节点板等，常造成计算模型与实际自重不等，需进行修正。考虑单元类型、构件连接、边界条件与自重等的初始模型建立之后需进行模型修正。可根据灵敏度分析或经验选取修正系数，依据试验实测数据进行模型修正进行优化和迭代。

模型建立后需进行单元网格划分。单元网格划分涉及尺寸大小、单元形状。单元最长与最短尺度之间的比率称为形态比。一般应力和挠度的形态比不宜超过3∶1和10∶1。形态比限值受单元位移函数阶数、刚度数值积分格式、材料行为(线性或非线性)、挠度甚至应力解形式影响。度量形态比界限的有效方法是看该单元是否有能力模拟一个给定问题的挠度和应力梯度。

7.3.2　桥梁构件模拟方法

根据不同类型桥梁构件的受力特点，需选取不同的模拟单元。桥梁主要构件模拟单元选取见表7.2。

表7.2　桥梁主要构件模拟单元选取

单元类型	单元内力	节点自由度数	模拟对象
梁单元	弯矩、剪力、轴向力、扭矩	① 空间梁单元:3个线位移,3个转动位移 ② 平面梁单元:2个线位移,1个转动位移	梁、拱、墩、塔、桩基和横向连接系、刚性横梁等
杆单元	拉力、压力	① 空间杆单元:3个线位移 ② 平面杆单元:2个线位移	桁架、预应力筋等
索单元	拉力	3个线位移(空间)、2个线位移(平面)、无转动位移	主缆、斜拉索、吊杆、系杆、扣索、锚索等
板壳单元	弯矩、剪力、扭矩	3个线位移,2个转动位移	箱梁、*T*形梁翼缘板等
实体单元		3个线位移,无转动位移	承台、基础、0号块等
连接单元	弯矩、剪力、轴向力、扭矩	3个线位移,3个转动位移	支座、地基土弹簧等

7.3.3 桥梁运动方程

根据结构动力学知识,任何结构形式的桥梁动力平衡方程均可表示为

$$[M_b][\ddot{U}_b]+[C_b][\dot{U}_b]+[K_b][U_b]=[P_b] \tag{7.69}$$

式中 $[M_b]$—— 经典坐标系下桥梁结构质量矩阵;

$[C_b]$—— 经典坐标系下桥梁结构阻尼矩阵;

$[K_b]$—— 经典坐标系下桥梁结构刚度矩阵;

$[P_b]$—— 经典坐标系下桥梁结构由于移动车辆引起的荷载向量;

$[U_b]$—— 经典坐标系下桥梁结构由于移动车辆引起的节点位移向量。

总阻尼矩阵$[C_b]$一般按照 Rayleigh 阻尼确定,即

$$[C_b]=\frac{2\xi\omega_1\omega_2}{\omega_1+\omega_2}[M_b]+\frac{2\xi}{\omega_1+\omega_2}[K_b] \tag{7.70}$$

式中 ξ—— 阻尼比;

ω_1、ω_2—— 前两阶整体振型对应圆频率。

在建立桥梁振动方程时可采用直接刚度法和模态综合法两种方法。直接刚度法是将振动微分方程在时间上离散,化成对时间的差分格式,根据初始条件利用直接积分方法求解出一系列时刻上的相应值,该方法可考虑非线性。模态综合法是将各模态坐标下动力响应叠加得到结构动力响应,该方法在保证精度需要前提下降低计算代价,适用于各种桥型,应用广泛,但不能考虑非线性问题。下面以模态综合法为例建立桥梁振动方程。

从有限元的角度来理解,式(7.69)和式(7.70)显然较为直接。为了减少自由度,可采用模态综合法,则桥梁结构位移可采用振型叠加的方法来表示,即

$$[U_b]=[\varphi'][q] \tag{7.71}$$

式中 $[\varphi']$—— 桥梁结构振型组成的矩阵;

$[q]$—— 正则坐标系下桥梁结构的坐标。

将式(7.71)代入桥梁动力平衡方程式,得到其在正则坐标下的投影为

$$[M_B][\ddot{q}]+[C_B][\dot{q}]+[K_B][q]=[P_B] \tag{7.72}$$

式中 $[M_B]$—— 正则坐标下桥梁结构质量矩阵;

$[C_B]$—— 正则坐标下桥梁结构阻尼矩阵;

$[K_B]$—— 正则坐标下桥梁结构刚度矩阵;

$[P_B]$—— 正则坐标下桥梁结构外荷载向量。

需要注意的是,为了便于计算,当得到桥梁结构计算模型矩阵时,应对其进行质量归一化处理,即

$$[M_B]=[\varphi]^T[M_b][\varphi]=[I] \tag{7.73}$$

式中 $[I]$—— 单位矩阵;

$[\varphi]$—— 经过质量归一处理的桥梁结构振型矩阵。

类似地,桥梁结构的阻尼矩阵、刚度矩阵和外荷载向量分别为

$$[C_B] = \begin{bmatrix} 2\xi_1\omega_1 & \cdots & 0 \\ \vdots & \ddots & \vdots \\ 0 & \cdots & 2\xi_n\omega_n \end{bmatrix} \tag{7.74}$$

$$[K_B] = \begin{bmatrix} \omega_1^2 & \cdots & 0 \\ \vdots & \ddots & \vdots \\ 0 & \cdots & \omega_n^2 \end{bmatrix} \tag{7.75}$$

$$[P_B] = [\varphi]^T\{P_b\} \tag{7.76}$$

式中　ξ_n—— 第 n 阶振型阻尼比；

ω_n—— 第 n 阶振型的自振频率(圆频率)。

7.4　桥面不平整度模拟

桥面铺装由自然环境、交通荷载和施工误差等因素导致的不平整称为桥面不平顺，是影响车桥耦合振动的一个重要因素。桥面随机平整度可由两种方法获得：试验测试和数值模拟。试验测试是指现场采用相关仪器得到实测不平度样本，包括位移和垂直加速度检测，得出不平度指数 IRI。下面将介绍数值模拟桥面不平整度的方法。

通常，桥面不平整度采用随机振动理论中的统计参数来描述，功率谱密度函数(power spectral density, PSD) 是作为平稳随机过程桥面不平顺最重要和最常用的统计函数。通过傅里叶变换得到桥面竖向不规则沿纵桥向分布函数。桥面障碍可采用在路面竖向不规则分布函数中插入障碍的高度值来实现。

假设桥面不平整度为利用功率谱密度函数表示的随机过程，则典型的功率谱密度函数为

$$S(\gamma) = \alpha\gamma^{-\beta}, \quad \gamma_l < \gamma < \gamma_u \tag{7.77}$$

式中　$S(\gamma)$—— 功率谱密度函数；

α—— 桥面不平整度系数；

β—— 频率指数，表示路面谱的频率组成，为双对数坐标上斜线的斜率，取值范围为 1.36 ~ 2.28；

γ—— 空间频率，m^{-1}；

γ_l、γ_u—— 空间频率的下限与上限。

桥面不平整度被模拟为稳态高斯随机过程。

将式(7.77) 进行傅里叶逆变换可得

$$X(t) = \sum_{i=1}^{N} \sqrt{4S(\gamma_i)\Delta\gamma}\cos(\gamma_i t - \theta_i) \tag{7.78}$$

式中　θ_i—— 随机相位角，其取值范围为$[0, 2\pi]$，且服从均匀分布。

在编制给定不平度等级的随机桥面不平度样本的模拟程序时，其主要计算过程为

$$\Delta\gamma = (\gamma_u - \gamma_l)/N \tag{7.79}$$

$$\gamma_k = \gamma_l + (k - 1/2)\Delta\gamma, \quad k = 1, 2, \cdots, N \tag{7.80}$$

$$S(\gamma_k) = \alpha\gamma_k^{-\beta} \tag{7.81}$$

$$a_k^2 = 4S(\gamma_k)\Delta\gamma \tag{7.82}$$

$$h(x) = \sum_{k=1}^{N} a_k \cos(2\pi\gamma_k x - \theta_k) \tag{7.83}$$

其中,x 为桥面纵向坐标;需要输入的参数包括桥面不平整度系数 α、空间频率下限 γ_1 与上限 γ_u,以及采样点数 N。

7.5 车桥耦合振动方程

7.5.1 车桥耦合振动方程的建立

在车桥耦合振动系统中,桥梁结构对车轮的作用力为

$$F_{ti} = -k_{ti}\Delta_i - c_{ti}\dot{\Delta}_i \tag{7.84}$$

式中 F_{ti}——桥梁对第 i 个车轮的作用力;

Δ_i——第 i 个车轮与桥面接触点的相对位移。

另外,第 i 个车轮与桥面接触点的相对位移和速度为

$$\begin{cases} \Delta_i = U_{ti}(t) - U_{bi}(x,t) - r_i(x) \\ \dot{\Delta}_i = \dot{U}_{ti} - U'_{bi}\dot{x} - \dot{U}_{bi} - r'_i\dot{x} = \dot{U}_{ti} - U'_{bi}V - \dot{U}_{bi} - r'_iV \end{cases} \tag{7.85}$$

式中 U_{ti}——车辆模型的第 i 号车轮竖向位移;

U_{bi}——车辆模型的第 i 号车轮 - 桥梁接触点处的桥梁挠度;

U'_{bi}——车辆模型的第 i 号车轮 - 桥梁接触点处的桥梁转角位移;

r_i——车辆模型的第 i 号车轮 - 桥梁接触点处的桥面的不平整度;

V——车辆模型的第 i 号车轮运行的速度。

$$U_{bi} = \sum_{j=1}^{nm} \phi_j^i q_j \tag{7.86}$$

其中

$$U'_{bi} = \sum_{j=1}^{nm} \phi_j^{'i} q_j \tag{7.87}$$

式中 nm——桥梁结构模态采用阶数;

q_j——正则坐标系下桥梁在第 j 阶频率对应的坐标;

ϕ_j^i——车轮 i 位置由于桥梁第 i 阶振型引起的桥梁竖向位移值;

$\phi_j^{'i}$——车轮 i 位置由于桥梁第 i 阶振型引起的桥梁转角位移值。

显然,在车辆运行过程中,车轮并不总是位于主梁的节点上,那么就需要首先判断出车轮所在单元,然后根据单元的节点位移和选择的形函数计算出车轮处对应桥梁振型的竖向和转角位移。

车轮对桥梁的作用力为

$$F_{bi} = F_{Gi} - F_{ti} \tag{7.88}$$

式中　F_{bi}—— 车辆模型的第 i 个车轮对桥梁的作用力；

F_{Gi}—— 车辆的自重分配到第 i 个车轮上的重力与该车轮自重之和。

正则坐标下桥梁第 L 阶模态自由度受到的外荷载为

$$F_{BL} = \sum_{i=n}^{m} \phi_L^{(i)} F_{bi} \tag{7.89}$$

式中　F_{BL}—— 桥梁第 L 阶模态自由度受到的由于车辆引起的外荷载；

$\phi_L^{(i)}$—— 桥梁第 L 阶振型在车轮 i 位置对应的桥梁竖向位移值。

m 与 n 之差即为桥梁上的车辆数目。

若桥梁阻尼矩阵正交，则桥梁在第 L 阶模态下的动力平衡方程为

$$\begin{aligned} & M_{BL}\bar{q}_L + C_{BL}\bar{q}_L + K_{BL}q_L = \\ & -\sum_{i=n}^{m} \phi_L^{(i)}(Vt)(m_{st} + m_{ti})g + \sum_{i=n}^{m} \phi_L^{(i)}(Vt)\{k_{ti}[U_{ti} - (\phi_1^{(i)}q_1 + \cdots + \phi_{nm}^{(i)}q_{nm}) - r_i]\} + \\ & \sum_{i=n}^{m} \phi_L^{(i)}(Vt)\{c_{ti}[\overline{U}_{ti} - V(\phi_1^{(i)}q_1 + \cdots + \phi_{nm}^{(i)}q_{nm}) - (\phi_1^{(i)}\bar{q}_1 + \cdots + \phi_{nm}^{(i)}\bar{q}_{nm}) - Vr'_i]\} \end{aligned} \tag{7.90}$$

式中　M_{BL}—— 正则坐标下桥梁在第 L 阶模态上的质量；

C_{BL}—— 正则坐标下桥梁在第 L 阶模态上的阻尼；

K_{BL}—— 正则坐标下桥梁在第 L 阶模态上的刚度。

根据上述建立的桥梁模型振动方程与车辆模型振动方程，即可得到车辆桥梁结构耦合振动系统对应的方程，即

$$\begin{aligned} & \begin{bmatrix} [M_{vs}]_{ns\times ns} & [M_{vst}]_{ns\times nt} & [0]_{ns\times nm} \\ [M_{vts}]_{nt\times ns} & [M_{vt}]_{nt\times nt} & [0]_{nt\times nm} \\ [0]_{nm\times ns} & [0]_{nm\times nt} & [M_B]_{nm\times nm} \end{bmatrix} \begin{Bmatrix} [\ddot{U}_s]_{ns} \\ [\ddot{U}_t]_{nt} \\ [\ddot{q}]_{nm} \end{Bmatrix} + \\ & \begin{bmatrix} [C_{vs}]_{ns\times ns} & [C_{vst}]_{ns\times nt} & [0]_{ns\times nm} \\ [C_{vts}]_{nt\times ns} & [C_{vt}]_{nt\times nt} & [C_{Bt}]_{nt\times nm} \\ [0]_{nm\times ns} & [C_{Bt}]^{\mathrm{T}}_{nm\times nt} & [C_B + C_{BV}]_{nm\times nm} \end{bmatrix} \begin{Bmatrix} [\dot{U}_s]_{ns} \\ [\dot{U}_t]_{nt} \\ [\dot{q}]_{nm} \end{Bmatrix} + \\ & \begin{bmatrix} [K_{vs}]_{ns\times ns} & [K_{vst}]_{ns\times nt} & [0]_{ns\times nm} \\ [K_{vts}]_{nt\times ns} & [K_{vt}]_{nt\times nt} & [K_{Bt2}]_{nt\times nm} \\ [0]_{nm\times ns} & [K_{Bt1}]_{nm\times nt} & [K_B + K_{BV}]_{nm\times nm} \end{bmatrix} \begin{Bmatrix} [U_s]_{ns} \\ [U_t]_{nt} \\ [q]_{nm} \end{Bmatrix} \\ & = \{F\}_{nv+nm} \end{aligned} \tag{7.91}$$

式中　nm—— 进行计算时取的桥梁振型数目；

nv—— 桥上所有车辆的自由度之和，$nv = ns + nt$；

ns—— 所有车辆的车体自由度之和；

nt—— 所有车辆的车轮自由度之和。

$$[C_{Bt}]=\begin{bmatrix}\phi_1^{(1)}c_{t1} & \phi_2^{(1)}c_{t1} & \cdots & \phi_{nm}^{(1)}c_{t1}\\ \phi_1^{(2)}c_{t2} & \phi_2^{(2)}c_{t2} & \cdots & \phi_{nm}^{(2)}c_{t2}\\ \vdots & \vdots & \ddots & \vdots\\ \phi_1^{(nt)}c_{tnt} & \phi_2^{(nt)}c_{tnt} & \cdots & \phi_{nm}^{(nt)}c_{tnt}\end{bmatrix} \tag{7.92}$$

$$[C_B+C_{BV}]=\begin{bmatrix}C_1+\sum_{i=n}^{m}\phi_1^{(i)}c_{ti}\phi_1^{(i)} & \sum_{i=n}^{m}\phi_1^{(i)}c_{ti}\phi_2^{(i)} & \cdots & \sum_{i=n}^{m}\phi_1^{(i)}c_{ti}\phi_{nm}^{(i)}\\ \sum_{i=n}^{m}\phi_2^{(i)}c_{ti}\phi_1^{(i)} & C_2+\sum_{i=n}^{m}\phi_2^{(i)}c_{ti}\phi_2^{(i)} & \cdots & \sum_{i=n}^{m}\phi_2^{(i)}c_{ti}\phi_{nm}^{(i)}\\ \vdots & \vdots & \ddots & \vdots\\ \sum_{i=n}^{m}\phi_{nm}^{(i)}c_{ti}\phi_1^{(i)} & \sum_{i=n}^{m}\phi_{nm}^{(i)}c_{ti}\phi_2^{(i)} & \cdots & C_{nm}+\sum_{i=n}^{m}\phi_{nm}^{(i)}c_{ti}\phi_{nm}^{(i)}\end{bmatrix} \tag{7.93}$$

$$[K_{Bt1}]=-\begin{bmatrix}\phi_1^{(1)}k_{t1} & \phi_2^{(1)}k_{t1} & \cdots & \phi_{nm}^{(1)}k_{t1}\\ \phi_1^{(2)}k_{t2} & \phi_2^{(2)}k_{t2} & \cdots & \phi_{nm}^{(2)}k_{t2}\\ \vdots & \vdots & \ddots & \vdots\\ \phi_1^{(nt)}k_{tnt} & \phi_2^{(nt)}k_{nt} & \cdots & \phi_{nm}^{(nt)}k_{tnt}\end{bmatrix} \tag{7.94}$$

$$\begin{aligned}[K_{Bt2}]&=[K_{Bt1}]^{\mathrm{T}}-V\begin{bmatrix}\phi_1^{'(1)}c_{t1} & \phi_2^{'(1)}c_{t1} & \cdots & \phi_{nm}^{'(1)}c_{t1}\\ \phi_1^{'(2)}c_{t2} & \phi_2^{'(2)}c_{t2} & \cdots & \phi_{nm}^{'(2)}c_{t2}\\ \vdots & \vdots & \ddots & \vdots\\ \phi_1^{'(nt)}c_{tnt} & \phi_2^{'(nt)}c_{tnt} & \cdots & \phi_{nmt}^{'(nt)}c_{tnt}\end{bmatrix}\\ &=-\begin{bmatrix}\phi_1^{(1)}k_{t1}+V\phi_1^{'(1)}c_{t1} & \phi_1^{(1)}k_{t2}+V\phi_2^{'(1)}c_{t1} & \cdots & \phi_1^{(1)}k_{tnt}+V\phi_{nm}^{'(1)}c_{t1}\\ \phi_2^{(1)}k_{t1}+V\phi_1^{'(2)}c_{t2} & \phi_2^{(1)}k_{t2}+V\phi_2^{'(2)}c_{t2} & \cdots & \phi_2^{(1)}k_{tnt}+V\phi_{nm}^{'(2)}c_{t2}\\ \vdots & \vdots & \ddots & \vdots\\ \phi_{nmn}^{(1)}k_{t1}+V\phi_1^{'(nt)}c_{tnt} & \phi_{nmn}^{(1)}k_{t2}+V\phi_2^{'(nt)}c_{tnt} & \cdots & \phi_{nmn}^{(1)}k_{tnt}+V\phi_{nm}^{'(nt)}c_{tnt}\end{bmatrix}\end{aligned} \tag{7.95}$$

$$[K_B+K_{BV}]=\begin{bmatrix}K_1+\sum_{i=n}^{m}\phi_1^{(i)}(k_{ti}\phi_1^{(i)}+Vc_{ti}\phi_1^{'(i)}) & \cdots & \sum_{i=n}^{m}\phi_1^{(i)}(k_{ti}\phi_{rm}^{(i)}+Vc_{ti}\phi_{rmn}^{'(i)})\\ \vdots & \ddots & \vdots\\ \sum_{i=n}^{m}\phi_{rn}^{(i)}(k_{ti}\phi_1^{(i)}+Vc_{ti}\phi_1^{'(i)}) & \cdots & K_{nm}+\sum_{i=n}^{m}\phi_{nm}^{(i)}(k_{ti}\phi_{rnm}^{(i)}+Vc_{ti}\phi_{nm}^{'(i)})\end{bmatrix} \tag{7.96}$$

$$
[F]=\begin{bmatrix} [0]_{ns} \\ k_{t1}r_1+Vc_{t1}r'_1 \\ \vdots \\ k_{tnt}r_1+Vc_{tnt}r'_{nt} \\ -\sum_{i=n}^{m}\phi_1^{(i)}[(m_{si}+m_{ti})g+k_{ti}r_i+Vc_{ti}r'_i] \\ -\sum_{i=n}^{m}\phi_2^{(i)}[(m_{si}+m_{ti})g+k_{ti}r_i+Vc_{ti}r'_i] \\ \vdots \\ -\sum_{i=n}^{m}\phi_{nm}^{(i)}[(m_{si}+m_{ti})g+k_{ti}r_i+Vc_{ti}r'_i] \end{bmatrix} \tag{7.97}
$$

7.5.2 车桥耦合振动方程求解

1. 逐步积分法

车桥耦合振动方程属时变系数二阶线性微分方程组，求解该类方程组最有效的方法为逐步积分法，具体包括线性加速度法、Wilson - θ 法和 Newmark - β 法。

(1) 线性加速度法：

$$
\ddot{u}(\tau)=\ddot{u}_i+\frac{\tau}{\Delta t}(\ddot{u}_{i+1}-\ddot{u}_i) \tag{7.98}
$$

(2) Wilson - θ 法：

$$
\ddot{u}(t_i+\tau)=\ddot{u}(t_i)+\frac{\tau}{\theta\Delta t}[\ddot{u}(t_i+\theta\Delta t)-\ddot{u}(t_i)] \tag{7.99}
$$

(3) Newmark - β 法：

$$
\begin{cases} \dot{u}_{i+1}=\dot{u}_i+(1-\gamma)\Delta t\ddot{u}_i+\gamma\Delta t\ddot{u}_{i+1} \\ u_{i+1}=u_i+\dot{u}_i\Delta t+\left(\frac{1}{2}-\beta\right)(\Delta t)^2\ddot{u}_i+\beta(\Delta t)^2\ddot{u}_{i+1} \end{cases} \tag{7.100}
$$

前文已经对这三种方法进行推导分析，本处便不再阐述。

除逐步积分法外，车桥耦合振动方程的求解还可以使用时间步内迭代法和全过程迭代法。

2. 时间步内迭代法

如前述推导，车辆和桥梁运动方程的右端项 F_v、F_b 分别为车辆、桥梁子系统运动状态的函数，可在每个时间步内通过两个子系统的迭代，得到满足运动状态和作用力关系的解。当给定时间内第 n 迭代步与第 $n+1$ 步的运动状态差值足够小时，则可以认为其收敛。

3. 全过程迭代法

假定桥梁子系统为刚性，以桥面不平整度为激励，求解车辆方程得到车辆运动和车轮作用力时程，由前一迭代过程得到的作用力时程加到桥梁上，求解桥梁方程得到桥梁运动状态，将桥梁运动时程与桥面不平整度叠加作为新的车辆激励，进行下一步的迭代。计算得到的车轮力时程同前一迭代过程中的车轮力的误差，若误差满足收敛判断，则结束计算，否则继续迭代计算。

传统方法需建立车辆整体动力矩阵，车辆较多时内存消耗大、计算时间长。时间步内迭代法需要得到桥梁子系统的质量、阻尼和刚度矩阵显示表达式，导致对于大型桥梁计算存储困难。全过程迭代时，可利用通用有限元软件计算给定外荷载时程下的动力响应，突破传统车桥分析需自编程序的限制，可单独求解各车动力方程，各车间不耦联，无须计算全部车队动力矩阵，计算效率高。

7.6　车桥耦合振动仿真软件

7.6.1　车桥耦合振动仿真软件的介绍

车桥耦合振动分析是研究车辆与桥梁系统之间相互作用及其动态行为的一个重要课题，涉及多物理场的耦合问题，包括结构力学、车辆动力学、接触力学等。为了进行这一类复杂分析，许多有限元（FEA）软件提供了强大的建模、分析和求解功能。以下是一些常用的有限元软件，它们具有进行车桥耦合振动分析的能力。

1. ANSYS

ANSYS 是全球领先的工程模拟软件，广泛应用于结构力学、流体力学、电磁场等多个领域。在车桥耦合振动分析中，ANSYS 具有强大的有限元建模能力，能够精确模拟车辆与桥梁之间的动力学相互作用，适合多学科综合分析，具有较强的求解能力，适用于静态和动态分析，但其计算需求较高且建模过程较复杂。其包括以下特点。

（1）多物理场耦合分析：支持结构力学、流体力学、接触力学等的耦合，能够处理车辆、桥梁及其相互作用的复杂问题。

（2）动态分析功能：ANSYS 提供了时域分析、频域分析、模态分析等多种动态分析方法，可以精确模拟车辆与桥梁之间的动态响应。

（3）接触建模：ANSYS 能够模拟轮胎与桥梁桥面之间的接触行为，包括摩擦、分离等非线性问题，这对于车桥耦合分析至关重要。

（4）APDL 脚本支持：用户可以使用 ANSYS 的 APDL（ANSYS parametric design language）脚本语言来自动化模型构建、分析设置和结果处理，适应复杂的计算需求。

2. ABAQUS

ABAQUS 是由达索系统（Dassault Systèmes）开发的有限元分析软件，特别擅长处理非线性问题，包括大变形、大应变和接触问题，尤其适用于复杂的车桥耦合振动分析。ABAQUS 在车桥耦合振动分析中的应用包括以下特点。

（1）强大的非线性分析能力：ABAQUS 在处理复杂非线性问题方面表现优异，特别适合车桥耦合振动分析中涉及的大变形、材料非线性和接触问题。

（2）动态分析：ABAQUS 支持时域和频域的动态分析，能够分析车辆通过桥梁时的瞬态响应和桥梁的频率响应。

（3）精细网格划分：ABAQUS 能够进行非常精细的网格划分，适合模拟桥梁结构和车辆细节，如悬挂系统、轮胎和车体的动力学响应。

（4）复杂接触建模：ABAQUS 支持多种接触模型，能够精确模拟车桥系统中轮胎和桥面之间的复杂接触力学。

3. LS - DYNA

LS - DYNA 是一款由 Livermore Software Technology Corporation（LSTC）开发的显式有限元分析软件，专门用于处理复杂的动力学问题，尤其擅长模拟高速碰撞、爆炸、冲击等瞬态问题，但不适用于静态分析。其在车桥耦合振动分析中的应用包括以下特点。

（1）快速动态分析能力：LS - DYNA 是一款非常适合进行瞬态动力学分析的工具，特别适用于高速碰撞、爆炸等非线性、瞬态事件的仿真。在车桥耦合振动分析中，LS - DYNA 能够快速处理动态载荷和非线性接触问题，适合高车速下的振动响应分析。

（2）复杂接触建模：LS - DYNA 能够处理复杂的接触问题，包括车轮与桥面之间的接触、滑移、摩擦等。

（3）车辆碰撞模拟：虽然 LS - DYNA 通常用于碰撞分析，但其对高速动力学和非线性行为的处理能力也非常适合车桥耦合振动分析，尤其在研究高速行驶条件下的振动响应时表现突出。

（4）适应性强：LS - DYNA 能够处理非常复杂的接触问题，尤其在涉及碰撞、破坏等事件时，它的表现特别出色。

4. COMSOL Multiphysics

COMSOL Multiphysics（以下简称 COMSOL）是一款集成的多物理场仿真软件，在多物理场耦合分析方面具有独特优势，适用于较为复杂的多场景分析，但对于大规模模型和复杂非线性问题的处理能力较弱。COMSOL 在车桥耦合振动分析中的应用包括以下特点。

（1）多物理场耦合能力：COMSOL 的最大优势之一是其强大的多物理场耦合分析能力，能够轻松进行结构、流体、热和电磁等多个领域的耦合分析。在车桥耦合振动分析中，可以同时考虑桥梁的结构响应、车辆的动力学行为及环境因素的影响。

（2）简便的模型创建与优化：COMSOL 提供了直观的图形界面，用户可以通过简单的拖放操作创建模型，适合快速原型设计和优化。

（3）灵活的接触建模：COMSOL 支持多种接触和摩擦模型，适合模拟轮胎与桥面之间的动态接触行为。

（4）精细的网格划分：COMSOL 支持精细的网格划分，并提供灵活的后处理工具，适合对车桥耦合振动进行深入的分析和结果展示。

7.6.2　应用仿真软件进行平桥耦合振动分析的方程求解过程

在处理不平整度样本和车辆刚度、质量、阻尼矩阵时，由于其数据量巨大且复杂，故一般使用 MATLAB 和有限元软件结合的方式进行分析。下面以 ANSYS 与 MATLAB 相结合的方式为例，介绍进行车桥耦合振动分析时车辆运动方程求解的过程。

1. 不平度样本输入

道路不平顺数据以文件形式（如 dat/txt 格式）存储，作为车辆 - 桥梁系统的外部激励源。

2. 车辆参数矩阵构建

在 MATLAB 中建立车辆的动力学模型，定义刚度矩阵、质量矩阵和阻尼矩阵，并基于车辆运动学方程推导行车运动方程。

3. 移动力时程计算

将道路不平度作为时变荷载项代入车辆运动方程，通过数值积分（如 Newmark - β 法）求解车辆对桥梁的动态作用力时程。

4. 移动力时程输出

将计算得到的移动力时程（如前后轮集中力）存入文件（如. txt），供后续 ANSYS 桥梁分析使用。

5. 桥梁模型加载与瞬态分析

在 ANSYS 中打开桥梁有限元模型，并将 MATLAB 生成的移动力时程作为时变荷载施加到桥梁对应节点上，进行瞬态动力分析。

6. 桥梁响应提取与叠加处理

计算车辆移动过程中桥梁各关键位置的位移和速度响应，将其与原始道路不平度数据叠加，形成新的激励数据文件。

7. 车辆 - 桥梁耦合反馈

将 ANSYS 输出的桥梁等效变形文件（含位移和速度）导入 MATLAB，重新求解车辆动力方程，更新车辆对桥的作用力时程。

8. 迭代收敛性检验

对比前后两次迭代中每个时间步、每个耦合点处的前后轮集中力差值，计算其变化率。若所有耦合点的力变化率均小于收敛标准（如 0.001），则认为计算收敛；否则需继续迭代。

9. 结果后处理或迭代更新

若结果收敛则采用最终迭代结果进行桥梁和车辆的振动响应后处理分析（如应力、加速度频谱等）；若结果未收敛则将新生成的作用力时程文件更新至 ANSYS 工作目录，重新启动桥梁瞬态分析，直至满足收敛条件。

7.6.3　车桥耦合振动数值仿真的几个关键问题

车桥耦合振动在采用仿真软件进行数值仿真的过程中，积分时间步长、初始条件、参与振型等的设定比较关键，下面将逐一介绍。

1. 积分时间步长的选取

积分时间步长 Δt 的大小不仅影响到计算效率，而且会影响到瞬态动力分析求解的精度和收敛性。时间步长越小,精度越高。太大的积分时间步长会影响较高阶模态的响应,太小的积分时间步长将增加分析的费用。最优的时间积分步长与下面三个因素有关。

(1) 结构的响应频率。

结构的动力响应可以看作各阶模态响应的组合,Δt 应小到能够解出对结构整体响应有贡献的最高阶模态。积分时间步长 Δt 应为

$$\Delta t = \frac{1}{20f} \tag{7.101}$$

式中　f—— 结构响应的最高阶频率,Hz。

(2) 荷载的变化。

响应总是倾向滞后所施加的荷载,特别是对于阶跃荷载。阶跃荷载在发生阶跃的时间点附近要求采用较小 Δt 以精确地描述荷载的变化。要描述阶跃载荷,Δt 应取 $1/(180f)$ 左右。

(3) 接触。

在涉及接触或碰撞的问题中,Δt 应小到足以捕捉到两个接触表面之间的动量传递,否则将发生明显的能量损失,导致碰撞不是完全弹性的。Δt 可用下式确定:

$$\Delta t = \frac{1}{Nf_c} \tag{7.102}$$

$$f_c = \frac{\sqrt{k/m}}{2\pi} \tag{7.103}$$

式中　k—— 间隙刚度;

m—— 作用在间隙上的有效质量;

N—— 每周的点数。

要使能量损失最小,N 应大于30。如果要得到加速度结果,可能要取更大的 N 值。对缩减法和模态叠加法,N 至少为 7 以确保求解的稳定性。如果接触时间和接触质量比整个瞬态过程时间和系统质量小得多,则可取 N 小于 30,因为此时能量损失对总响应的影响很小。

大部分非线性问题中,当 Δt 满足上述四个准则时,就可捕捉到非线性行为,但也有少数例外情形,如当结构在荷载作用下趋于刚化,则必须求解被激活的高阶模态。在用合适的准则计算出 Δt 后,在分析中应该用最小的步长值。同时应避免使用过小的时间步长,特别是建立初始条件时,因为过小的数值可能引起数值计算困难。

2. 初始条件的确定

在进行车桥耦合振动分析时,需要设定合理的初始位移和初始速度。对于车桥耦合分析,初始条件通常根据车辆的运动状态(速度、位移与加速度)和桥梁的初始状态(如静态变形或预应力)来设定。错误的初始条件会导致振动模式的失真,进而影响整个分析的可靠性。对于车辆进入桥梁时初始状态的确定,通常方法是上桥前车辆在同样路面状况下先运行一段距离 l,桥梁则为稳定状态。

在进行动态仿真时,车辆和桥梁之间的初始相对位置需要准确设定,尤其是考虑车辆通过桥梁的情况。如果车辆的位置与桥梁的接触条件不合理,则可能会导致不准确的振动响

应。初始条件还包括边界条件(如桥梁的支座位置、车辆轮胎的接触点等)和初始荷载(如桥梁自重、车辆载荷)。这些条件对振动分析结果有重要影响。

3. 参与振型的合理选取

振型的选取与分析与结构响应类型和位置情况有关。低阶振型主要反应整体,高阶振型主要反应局部。通常,车辆振动会激发桥梁的不同振型,而桥梁的振动模式又反过来影响车辆的动态行为。正确选择车辆与桥梁的耦合模态至关重要,可以通过模态分析来确定系统的固有频率和振型,帮助识别车桥系统的共振频率范围。参与振型阶数的最低限应参考地震响应分析的原则,按照振型贡献率不小于90% 或更高标准来控制。

第 8 章　车桥耦合振动工程实例

车桥耦合振动是桥梁工程中一个非常重要的研究领域，其研究对于桥梁设计、维护及车辆行驶的安全性至关重要。本章将通过具体的工程实例，采用 ANSYS 软件建立简支梁桥、连续梁桥、连续刚构桥、拱桥、斜拉桥和悬索桥的动力响应分析模型，分别选择单个常量力、单个弹簧质量块、空间车辆模型经过六种不同的桥型进行工程实例分析。研究不同类型桥梁在车辆行驶过程中产生的耦合振动特征，重点讨论各类型桥梁在车桥耦合振动中的自振频率、振型与动力响应。

8.1　简支梁桥的动力响应分析

8.1.1　有限元模型建立

以跨径为 8 m 的简支梁桥为例，截面为 0.5 m × 0.4 m($b \times h$) 的矩形，截面面积为 0.2 m^2，所用材料弹性模量为30 GPa，密度为2 600 kg/m^3，泊松比为0.167。运用ANSYS建立桥梁有限元模型，其中，梁单元采用 Beam3，全桥共划分 20 个单元。简支梁桥有限元模型如图 8.1 所示。

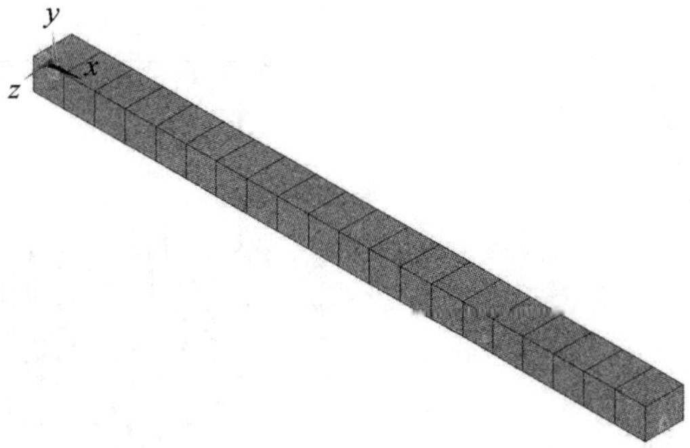

图 8.1　简支梁桥有限元模型

8.1.2　动力响应分析

1. 模态分析

模态分析选用 ANSYS 中的迭代兰佐斯(Lanczos) 法，通过 ANSYS 的后处理功能，能够清晰地观察到每一阶振型的变形情况，振型模态数为10 阶，选取前四阶振型如图8.2 所示。

2. 单个常量力经过简支梁

外荷载 P = 10 kN，速度 v = 10 m/s。提取简支梁桥跨中竖向位移时程曲线及加速度时程曲线，ANSYS 分析结果如图 8.3 所示。

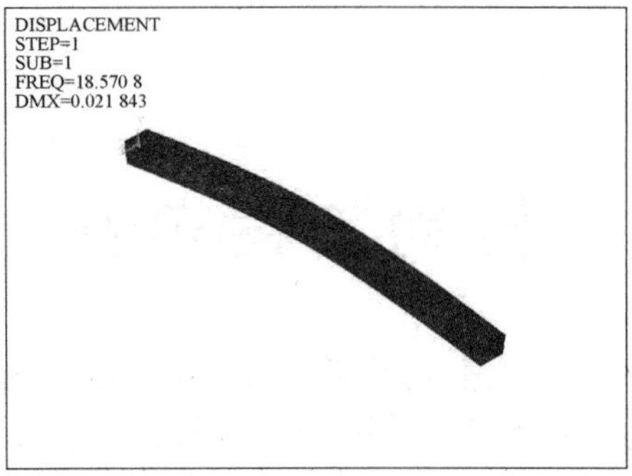

(a) 一阶振型 f=18.57

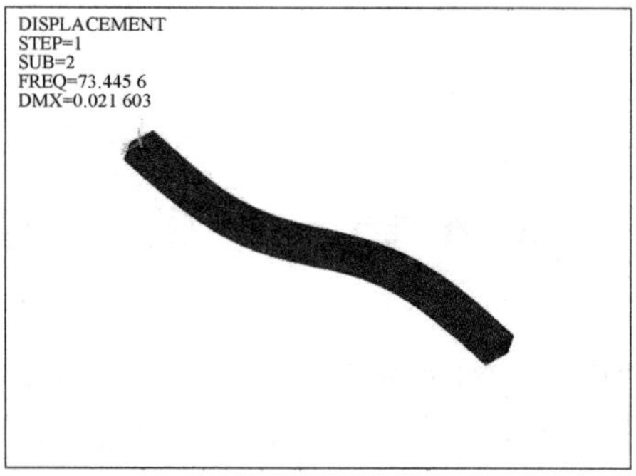

(b) 二阶振型 f=76.44

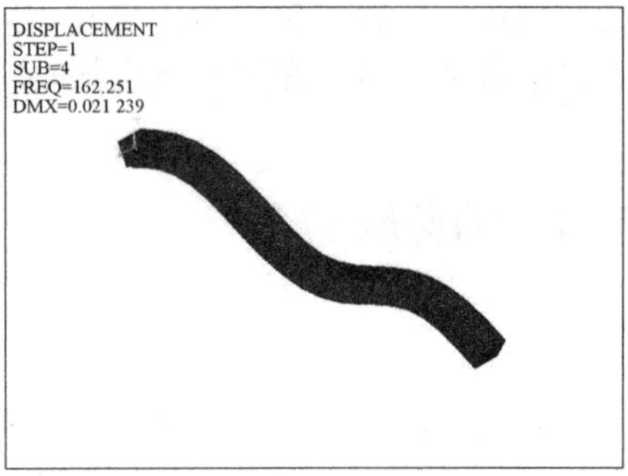

(c) 三阶振型 f=162.25

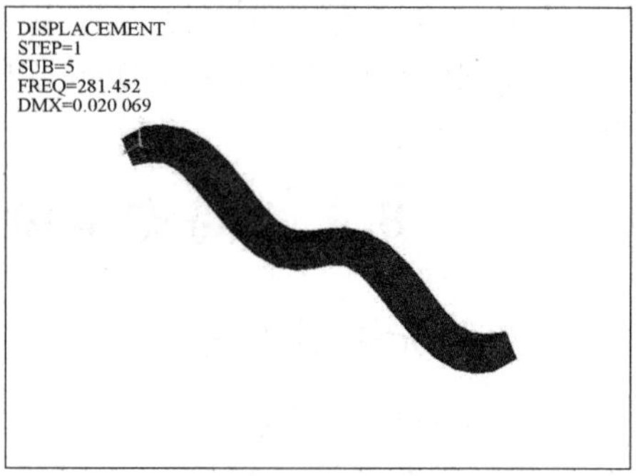

(d) 四阶振型 f=281.45

图 8.2　简支梁桥结构振型

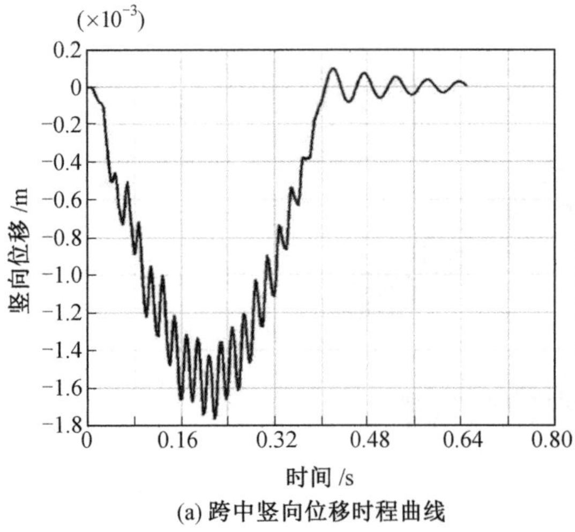

(a) 跨中竖向位移时程曲线

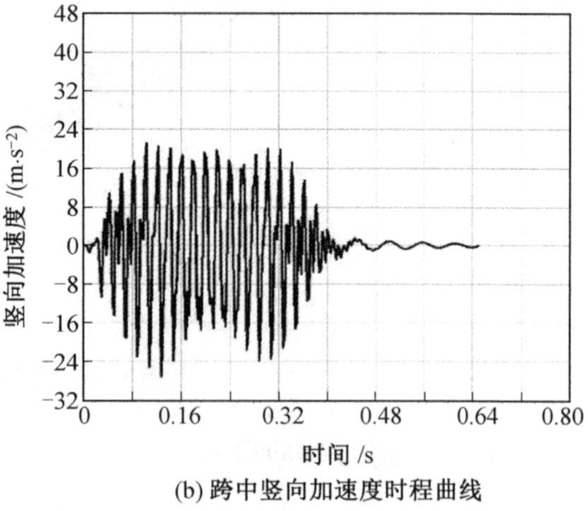

(b) 跨中竖向加速度时程曲线

图 8.3　单个常量力经过简支梁 ANSYS 分析结果

3. 单个弹簧质量块经过简支梁

弹簧质量块的质量 m = 5 750 kg，弹簧刚度取 1 595 × 10^3 N/m，速度 v = 27.78 m/s。提取简支梁桥跨中竖向位移时程曲线及加速度时程曲线，ANSYS 分析结果如图 8.4 所示。

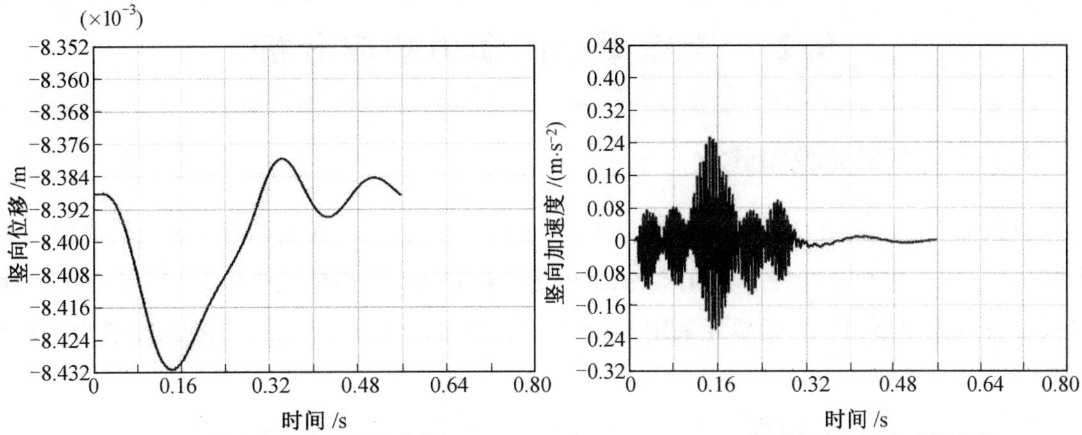

(a) 跨中竖向位移时程曲线　(b) 跨中竖向加速度时程曲线

图 8.4　单个弹簧质量块经过简支梁 ANSYS 分析结果

4. 空间车辆模型经过简支梁

车辆模型示意图见 7.2.3 节，车辆参数见表 8.1，车速 $v = 8$ m/s，后文不再做重复叙述。提取简支梁桥跨中竖向位移时程曲线及加速度时程曲线，ANSYS 分析结果如图 8.5 所示。

表 8.1　双轴空间车辆模型基本参数

参数名称	数值	参数名称	数值
车体质量 /kg	1 460	轮胎刚度系数 /($N \cdot m^{-1}$)	351
前后转动惯量 /($kg \cdot m^2 \cdot rad^{-1}$)	1 516	轮胎黏滞阻尼系数 /($N \cdot s \cdot m^{-1}$)	800
左右转动惯量 /($kg \cdot m^2 \cdot rad^{-1}$)	449	前轮质量 /kg	800
悬架刚度系数 /($N \cdot m^{-1}$)	399 000	后轮质量 /kg	710
前悬架黏滞阻尼系数 /($N \cdot s \cdot m^{-1}$)	23 210	行车向重心 - 前轴距离 /m	0.931
后悬架黏滞阻尼系数 /($N \cdot s \cdot m^{-1}$)	5 180	行车向重心 - 后轴距离 /m	1.729
		行车向重心 - 左右车轮距离 /m	0.75

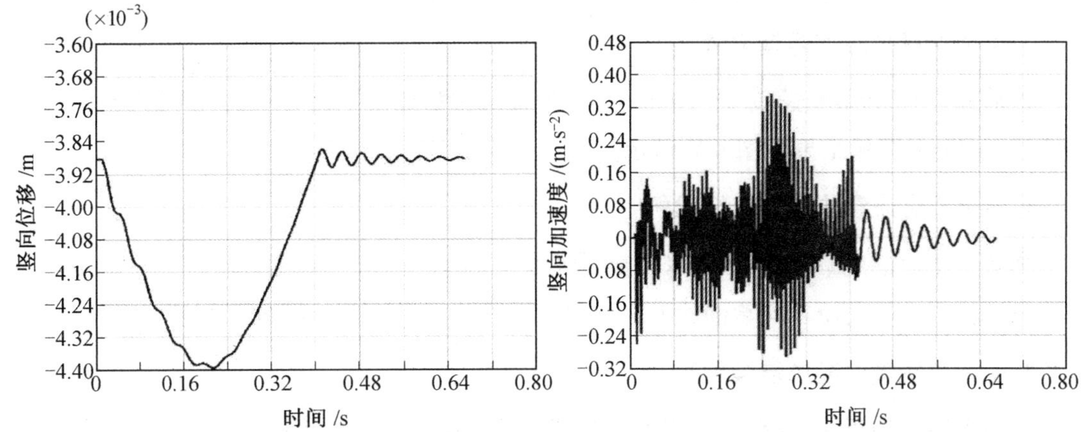

(a) 跨中竖向位移时程曲线　(b) 跨中竖向加速度时程曲线

图 8.5　空间车辆模型经过简支梁 ANSYS 分析结果

8.2 连续梁桥的动力响应分析

8.2.1 有限元模型建立

以跨径为 2 m × 30 m 的连续梁桥为例，截面为矩形截面，截面面积为 0.87 m^2，惯性矩为 0.42 m^4。所用材料弹性模量为 30 GPa，密度为 2 400 kg/m^3，泊松比为 0.2。运用 ANSYS 建立桥梁有限元模型，其中，梁单元采用 Beam3，全桥共划分 30 个单元。有限元模型如图 8.6 所示。

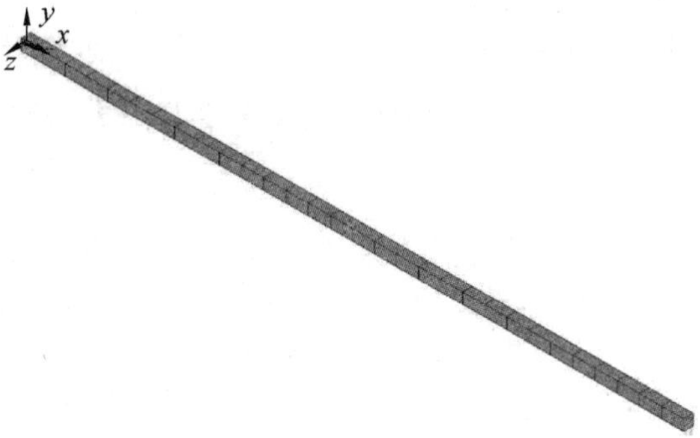

图 8.6 连续梁桥有限元模型

8.2.2 动力响应分析

1. 模态分析

模态分析选用 ANSYS 中的迭代兰佐斯（Lanczos）法，通过 ANSYS 的后处理功能，能够清晰地观察到每一阶振型的变形情况，振型模态数为 10 阶，选取前四阶振型如图 8.7 所示。

2. 单个常量力经过连续梁桥

外荷载 $P = 300$ kN，速度 $v = 10$ m/s。提取连续梁桥跨中竖向位移时程曲线及加速度时程曲线，ANSYS 分析结果如图 8.8 所示。

3. 单个弹簧质量块经过连续梁桥

弹簧质量块的质量 $m = 294.3$ kg，弹簧刚度取 $2\ 000 \times 10^3$ N/m，速度 $v = 27.78$ m/s。提取连续梁桥跨中竖向位移时程曲线及加速度时程曲线，ANSYS 分析结果如图 8.9 所示。

4. 空间车辆模型经过连续梁桥

空间车辆模型车速 $v = 8$ m/s，提取连续梁桥跨中竖向位移时程曲线及加速度时程曲线，ANSYS 分析结果如图 8.10 所示。

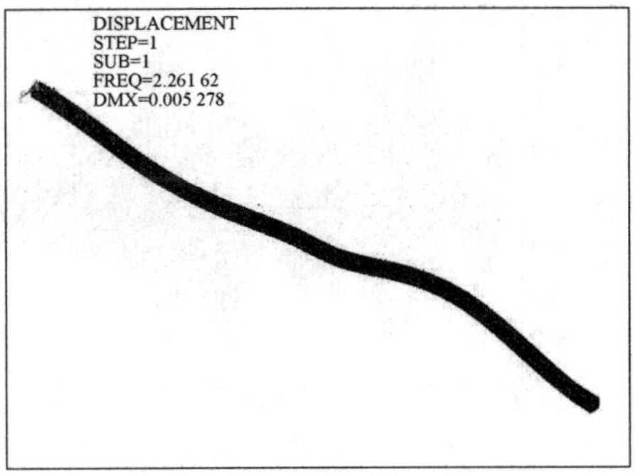

(a) 一阶振型，f=2.26

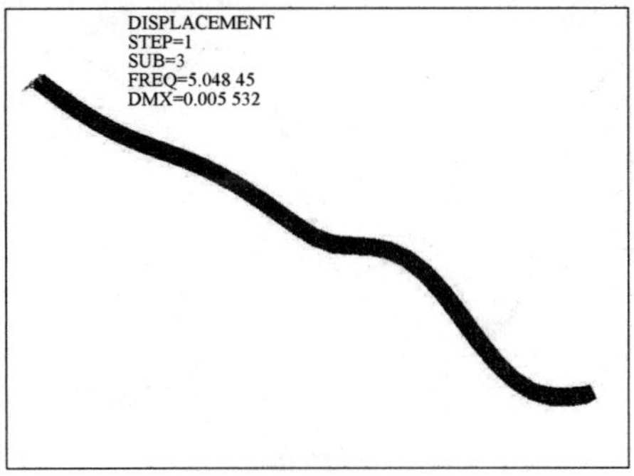

(b) 二阶振型，f=6.23

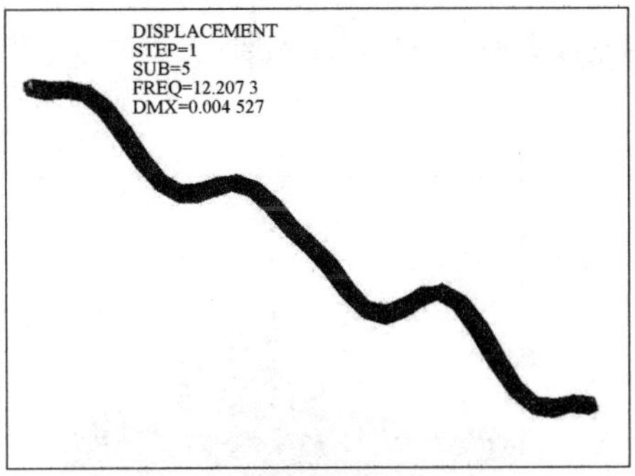

(c) 三阶振型，f=12.20

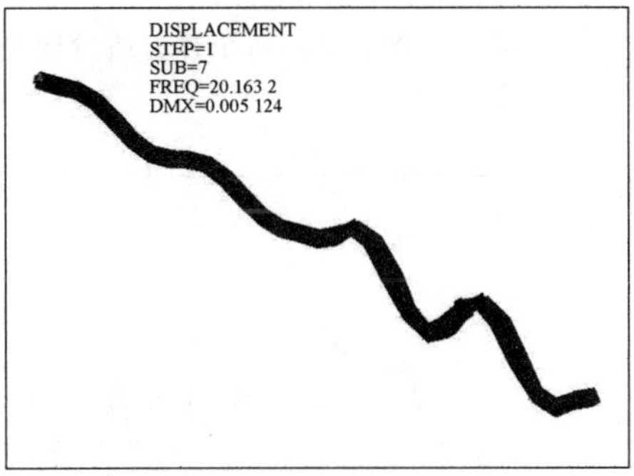

(d) 四阶振型，f=20.16

图 8.7　连续梁桥结构振型

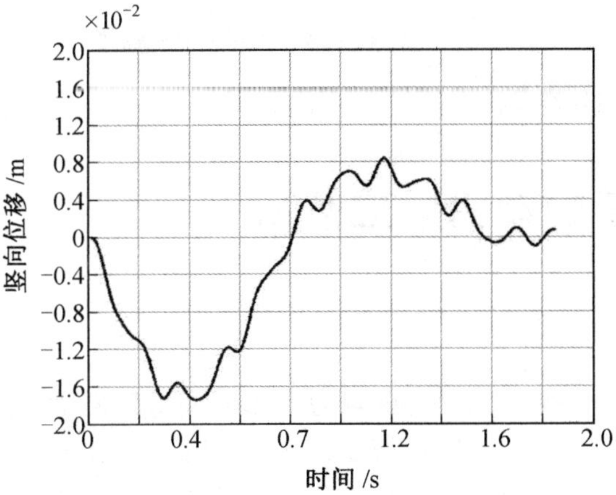

(a) 跨中竖向位移时程曲线

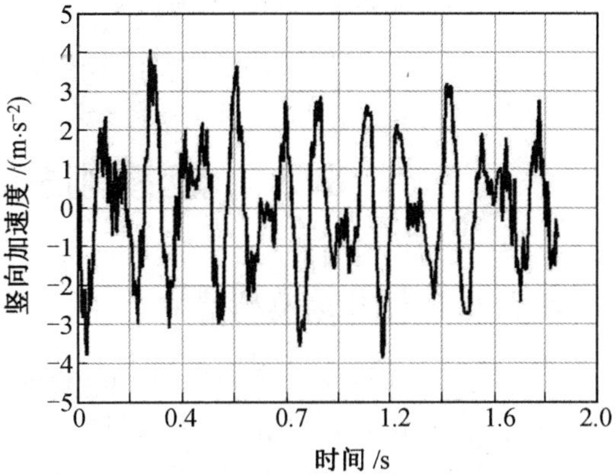

(b) 跨中竖向加速度时程曲线

图 8.8　单个常量力经过连续梁桥 ANSYS 分析结果

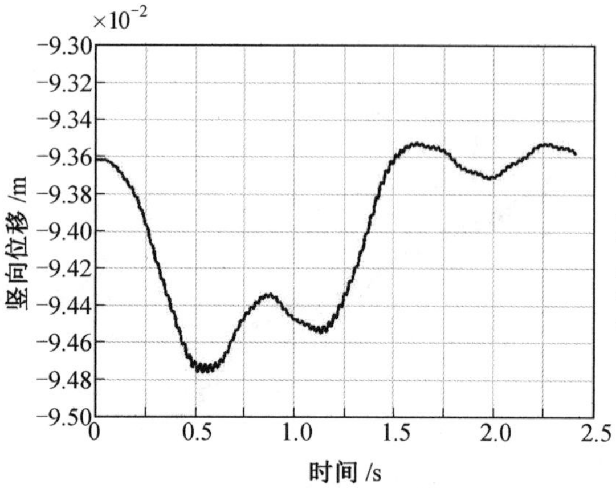

(a) 跨中竖向位移时程曲线

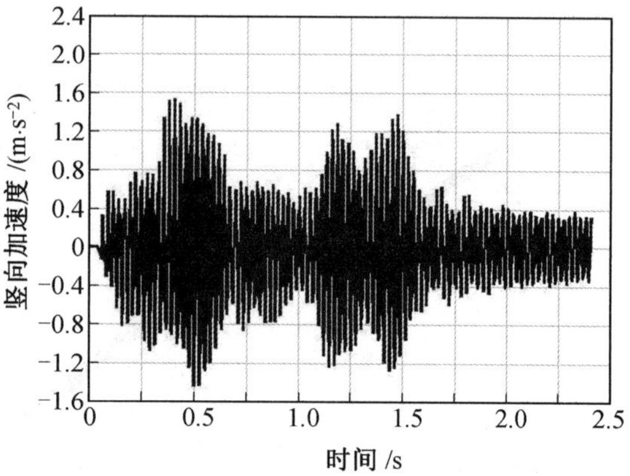

(b) 跨中竖向加速度时程曲线

图 8.9　单个弹簧质量块经过连续梁桥 ANSYS 分析结果

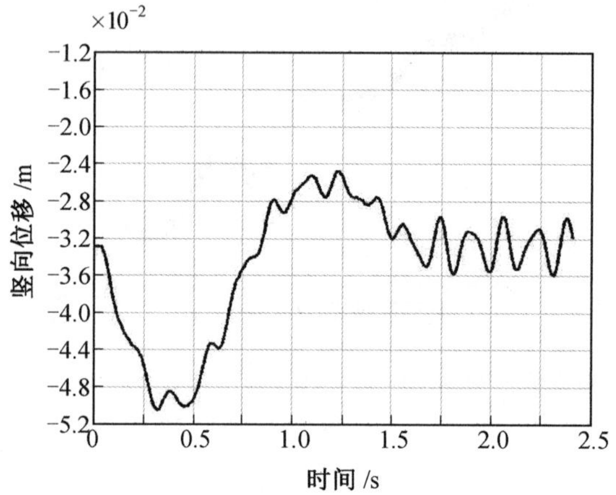

(a) 跨中竖向位移时程曲线

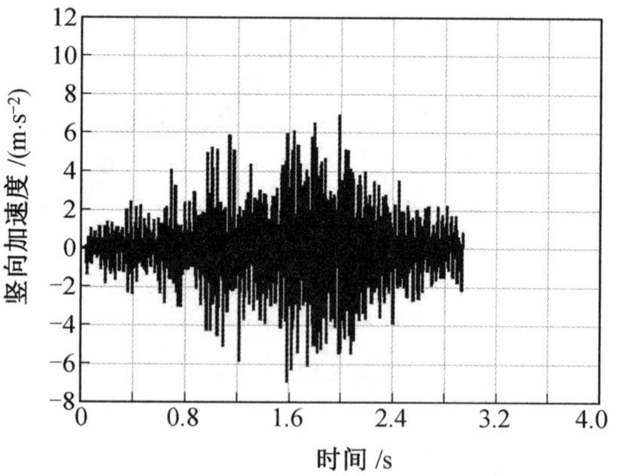

(b) 跨中竖向加速度时程曲线

图 8.10　空间车辆模型经过连续梁桥 ANSYS 分析结果

8.3　连续刚构桥的动力响应分析

8.3.1　有限元模型建立

以跨径为 55 m + 145 m + 55 m 的连续刚构桥为例，截面为矩形截面，截面面积为 0.87 m^2，惯性矩为 0.42 m^4。所用材料弹性模量为 30 GPa，密度为 2 400 kg/m^3，泊松比为 0.2。运用 ANSYS 建立桥梁有限元模型。对于桥面和梁部分，使用梁单元 BEAM4，可以模拟梁的弯曲、轴向、剪切等作用；墩柱使用实体单元 SOLID185 进行建模；使用接触单元 CONTACT 174 定义接触界面，在梁和墩柱的连接处可以将它们的自由度共享，以模拟固结的行为，模拟墩柱与梁之间的接触行为。全桥共划分为 30 个单元。有限元模型如图8.11所示。

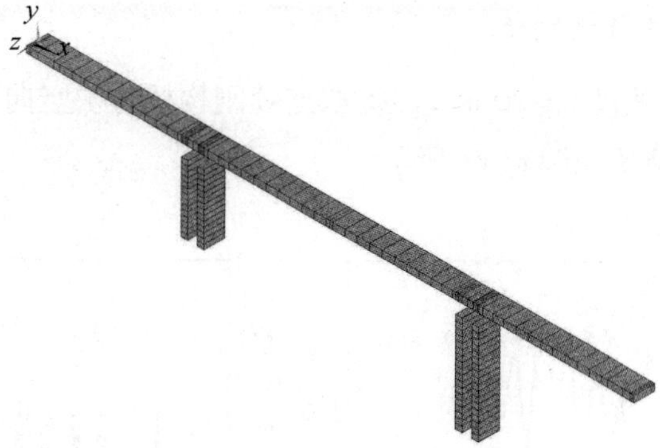

图 8.11　连续刚构桥有限元模型

8.3.2　动力响应分析

1. 模态分析

模态分析选用 ANSYS 中的迭代兰佐斯(Lanczos)法,通过 ANSYS 的后处理功能,能够清晰地观察到每一阶振型的变形情况,振型模态数为 10 阶,选取前四阶振型如图 8.12 所示。

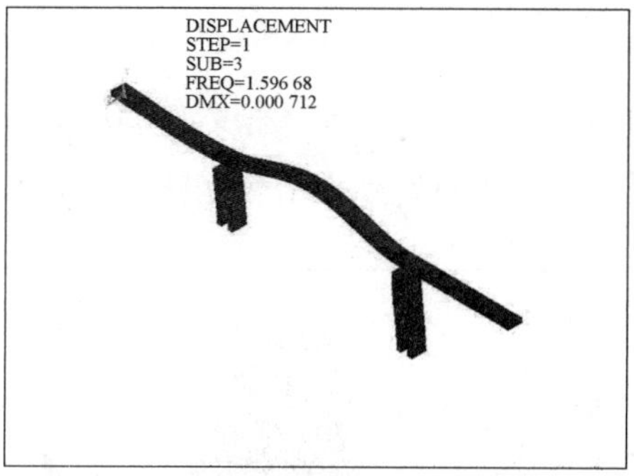

(a) 一阶振型 f=1.59

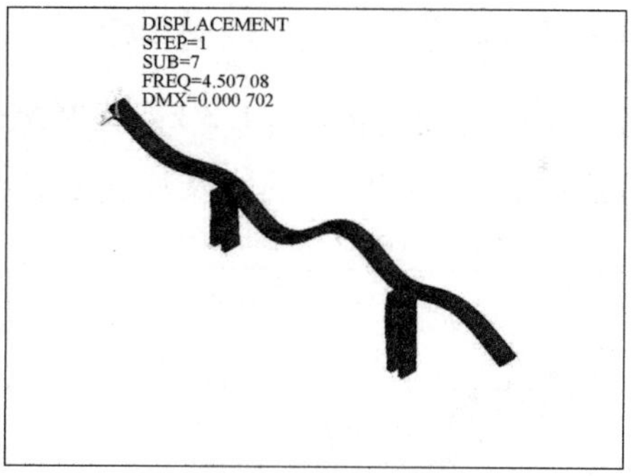

(b) 二阶振型 f=4.50

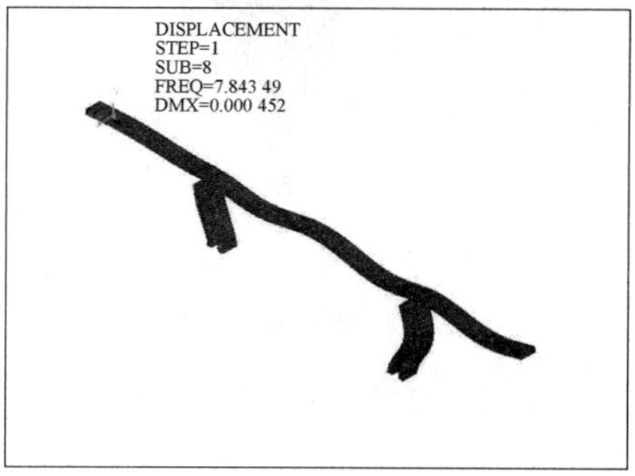

(c) 三阶振型 f=7.84

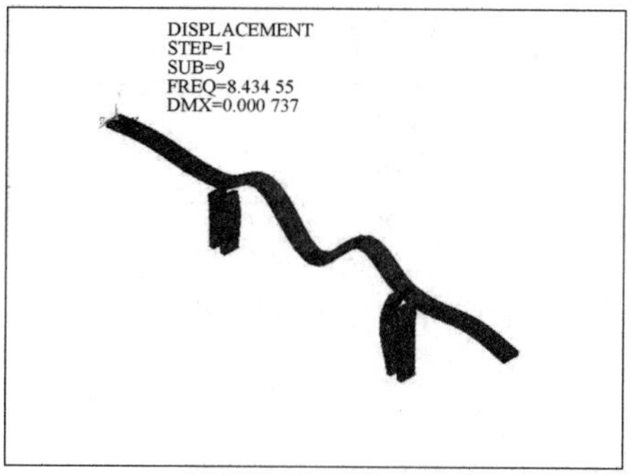

(d) 四阶振型 f=8.43

图 8.12　连续刚构桥前四阶振型

2. 单个常量力经过连续刚构桥

外荷载 $P = 300$ kN,速度 $v = 20$ m/s。提取连续刚构桥跨中竖向位移时程曲线及加速度时程曲线,ANSYS 分析结果如图 8.13 所示。

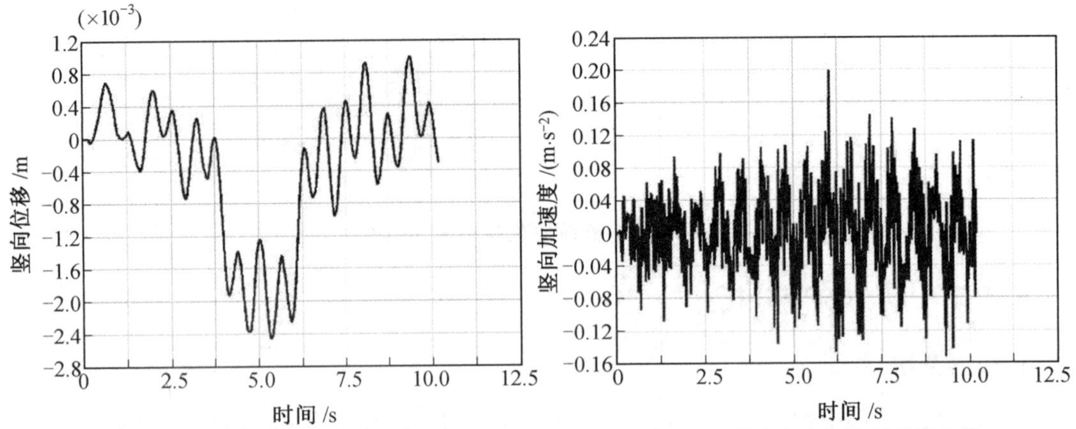

(a) 跨中竖向位移时程曲线　(b) 跨中竖向加速度时程曲线

图 8.13　单个常量力经过连续刚构桥 ANSYS 分析结果

3. 单个弹簧质量块经过连续刚构桥

弹簧质量块的质量 $m = 294.3$ kg,弹簧刚度取 $2\,000 \times 10^3$ N/m,速度 $v = 20$ m/s。提取连续刚构桥跨中竖向位移时程曲线及加速度时程曲线,ANSYS 分析结果如图 8.14 所示。

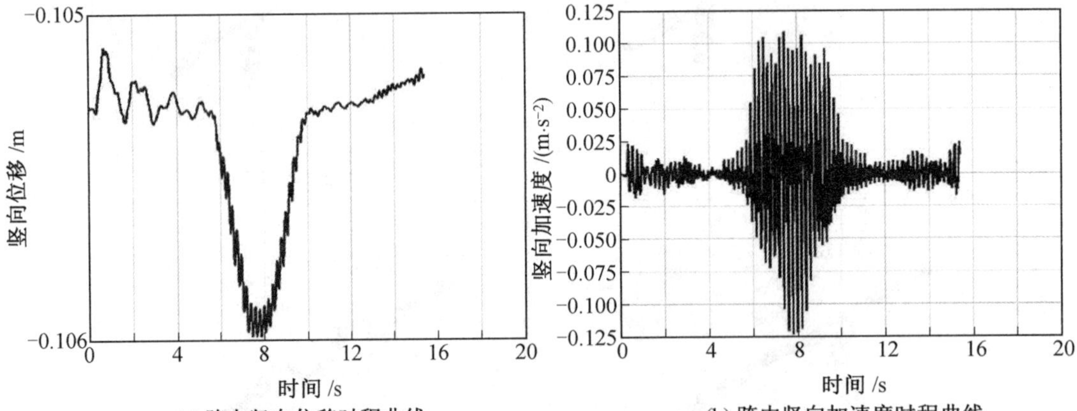

(a) 跨中竖向位移时程曲线　(b) 跨中竖向加速度时程曲线

图 8.14　单个弹簧质量块经过连续刚构桥 ANSYS 分析结果

4. 空间车辆模型经过连续刚构桥

空间车辆模型车速 $v = 8$ m/s,提取连续刚构桥跨中竖向位移时程曲线及加速度时程曲线,ANSYS 分析结果如图 8.15 所示。

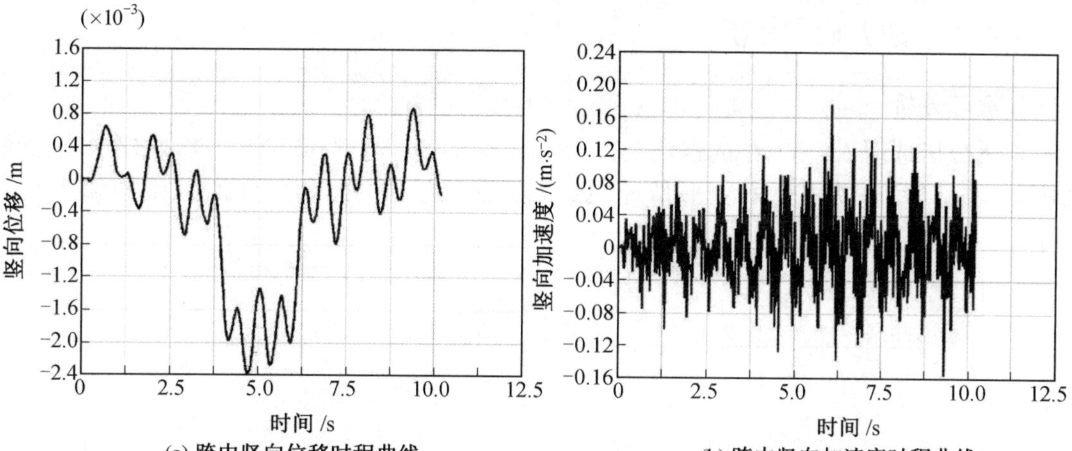

(a) 跨中竖向位移时程曲线　(b) 跨中竖向加速度时程曲线

图 8.15　空间车辆模型经过连续刚构桥 ANSYS 分析结果

8.4　拱桥的动力响应分析

8.4.1　有限元模型建立

以跨径为72 m下承式系杆拱桥为例,拱肋截面为1.0 m × 0.6 m($b \times h$) 的矩形,截面面积为0.6 m^2;系梁截面为1.0 m × 1.2 m($b \times h$) 的矩形;吊杆截面为直径为0.065 m的圆形;横梁截面为0.75 m × 1.0 m($b \times h$) 的矩形。系梁材料为 C50 混凝土,横梁材料为 C40 混凝土。运用 ANSYS 建立桥梁有限元模型。对于拱肋及主梁部分,使用梁单元 BEAM4,能够模拟拱肋的弯曲和轴向力传递。根据拱肋的几何形状,可以在模型中设置合适的曲线;系杆使用梁单元 BEAM188 来建模;拱脚部分使用接触单元 CONTACT174 模拟拱肋和支座之间的接触。全桥共划分为 293 个单元。有限元模型如图 8.16 所示。

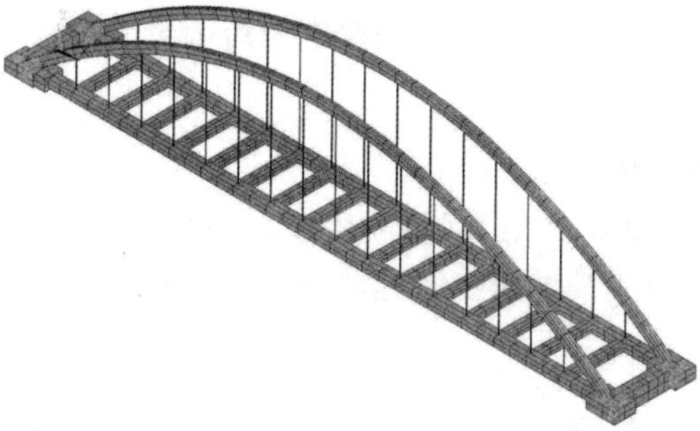

图 8.16　拱桥有限元模型

8.4.2　动力响应分析

1. 模态分析

模态分析选用 ANSYS 中的迭代兰佐斯(Lanczos) 法,通过 ANSYS 的后处理功能,能够清晰地观察到每一阶振型的变形情况,振型模态数为 10 阶,选取前四阶振型如图 8.17 所示。

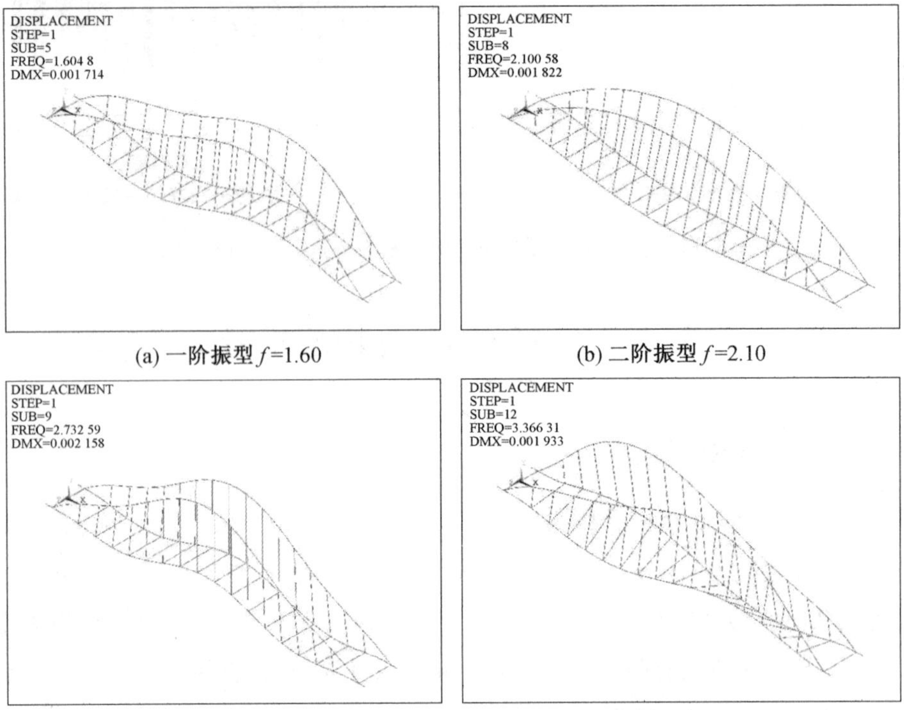

(a) 一阶振型 f=1.60　(b) 二阶振型 f=2.10

(c) 三阶振型 f=2.73　(d) 四阶振型 f=3.37

图 8.17　拱桥前四阶振型

2. 单个常量力经过拱桥

外荷载 $P=300$ kN,速度 $v=10$ m/s。提取拱桥跨中竖向位移时程曲线及加速度时程曲线,ANSYS 分析结果如图 8.18 所示。

3. 单个弹簧质量块经过拱桥

弹簧质量块的质量 $m=294.3$ kg,弹簧刚度取 $2\ 000\times10^3$ N/m,速度 $v=27.78$ m/s。提取拱桥跨中竖向位移时程曲线及加速度时程曲线,ANSYS 分析结果如图 8.19 所示。

4. 空间车辆模型经过拱桥

空间车辆模型车速 $v=8$ m/s,提取拱桥跨中竖向位移时程曲线及加速度时程曲线,ANSYS 分析结果如图 8.20 所示。

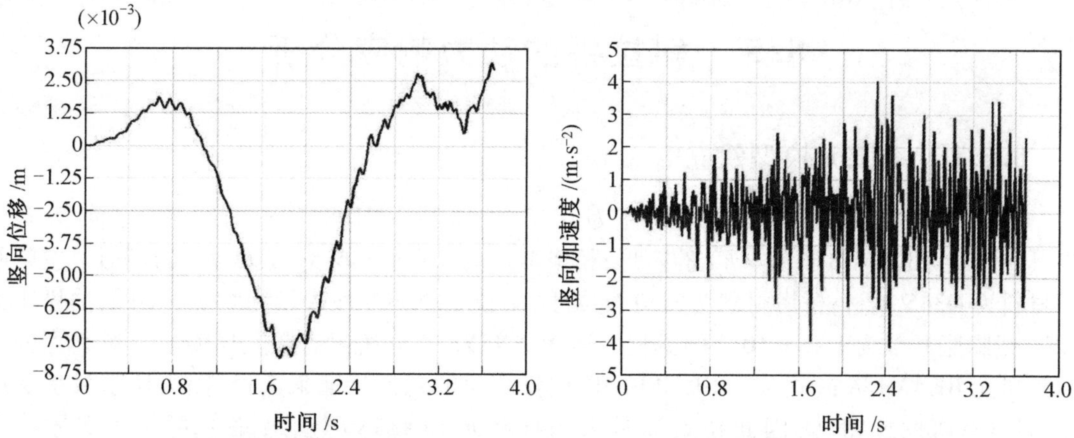

(a) 跨中竖向位移时程曲线　(b) 跨中竖向加速度时程曲线

图 8.18　单个常量力经过拱桥 ANSYS 分析结果

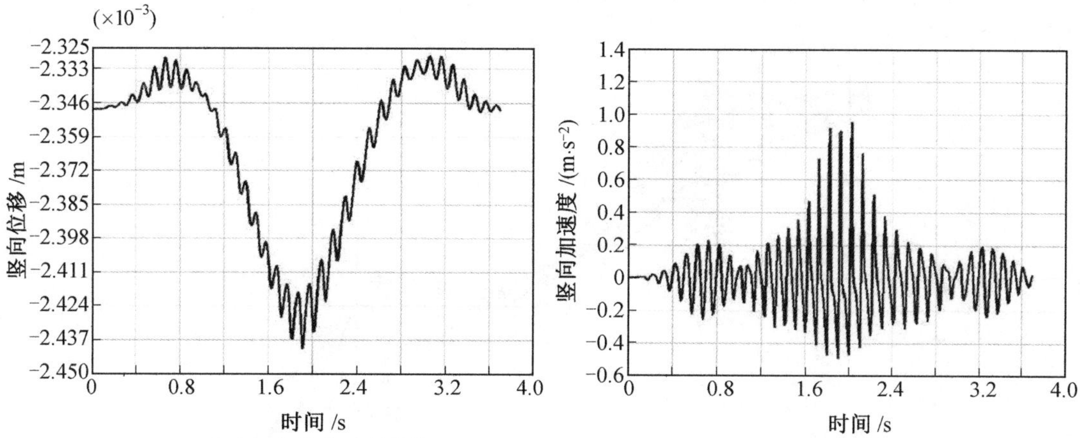

(a) 跨中竖向位移时程曲线　(b) 跨中竖向加速度时程曲线

图 8.19　单个弹簧质量块经过拱桥 ANSYS 分析结果

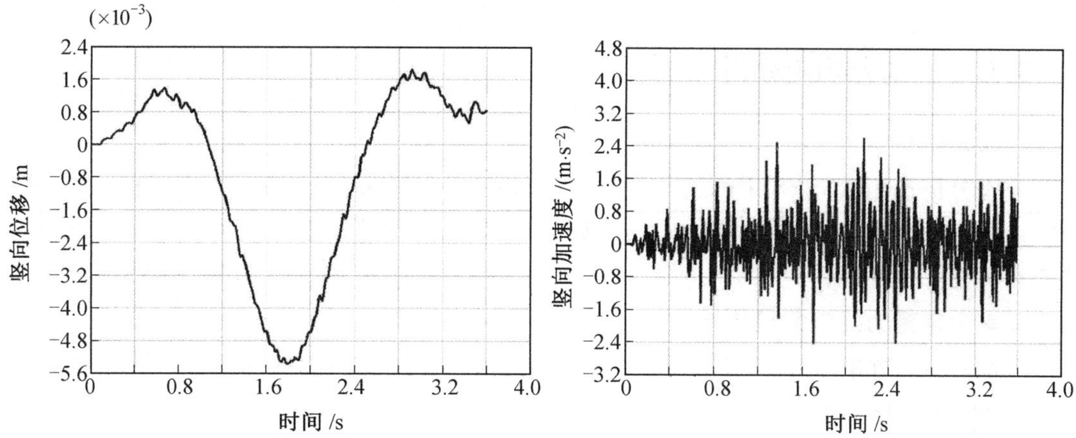

(a) 跨中竖向位移时程曲线　(b) 跨中竖向加速度时程曲线

图 8.20　空间车辆模型经过拱桥 ANSYS 分析结果

8.5　斜拉桥的动力响应分析

8.5.1　有限元模型建立

以某大桥为例，拉索截面是直径为 0.073 0 m ～ 0.108 7 m 的圆形，主梁截面为 33.109 9 m ×3.214 8 m($b \times h$) 的矩形；桥塔截面为5.0 m × 6.8 m($b \times h$) 的矩形。主梁所用材料为 Q345 钢材；桥塔材料为 C50 混凝土；斜拉索材料弹性模量为0.206 GPa，泊松比为0.3，线膨胀系数为 1.2×10^{-5} 的钢材。运用 ANSYS 建立桥梁有限元模型。主桥梁部分使用梁单元 BEAM188 或壳单元 SHELL181，根据桥梁的几何特征来选择；因为拉索只承受拉力，且没有弯曲或扭转，因此拉索通常采用杆单元 LINK180 建模；塔柱可使用实体单元 SOLID185 或 SOLID186 进行建模；支座部分通过接触单元 CONTACT174、TARGET170 或者弹性支座单元来模拟其与桥梁的相互作用。全桥共划分为824 个单元。有限元模型如图8.21 所示。

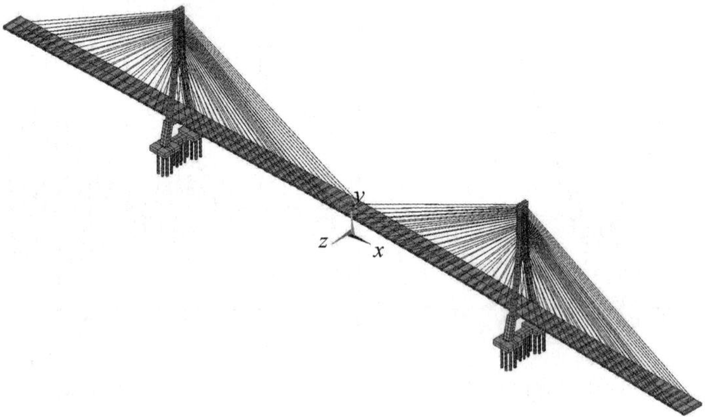

图 8.21　斜拉桥有限元模型

8.5.2　动力响应分析

1. 模态分析

模态分析选用 ANSYS 中的迭代兰佐斯(Lanczos) 法，通过 ANSYS 的后处理功能，能够清晰地观察到每一阶振型的变形情况，振型模态数为 10 阶，选取前四阶振型如图 8.22 所示。

2. 单个常量力经过斜拉桥

外荷载 $P = 300$ kg，速度 $v = 10$ m/s。提取斜拉桥跨中竖向位移时程曲线及加速度时程曲线，ANSYS 分析结果如图 8.23 所示。

3. 单个弹簧质量块经过斜拉桥

弹簧质量块的质量 $m = 294.3$ kg，弹簧刚度取 $2\ 000 \times 10^3$ N/m，速度 $v = 27.78$ m/s。提

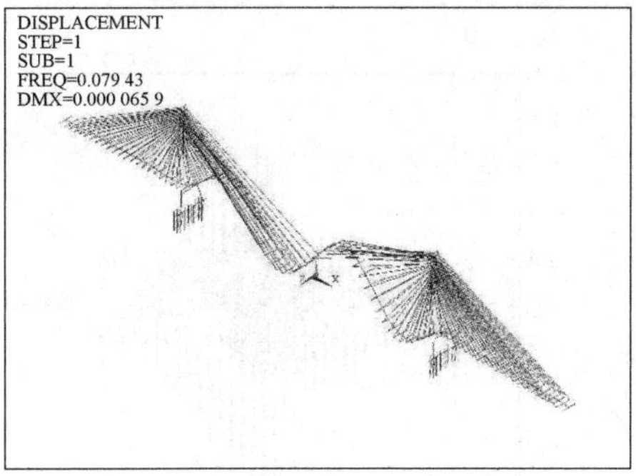

(a) 一阶振型 f=0.079

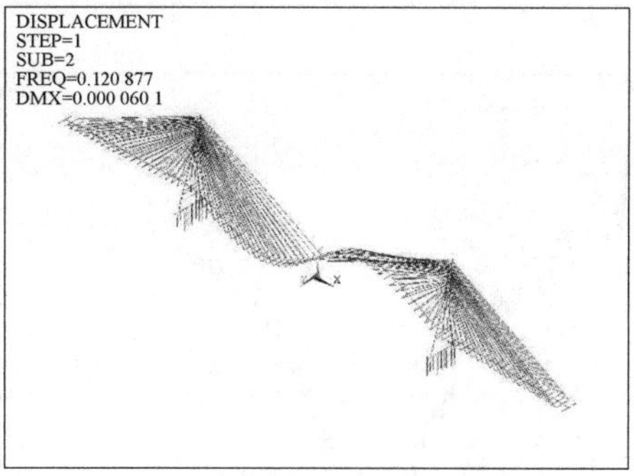

(b) 二阶振型 f=0.120

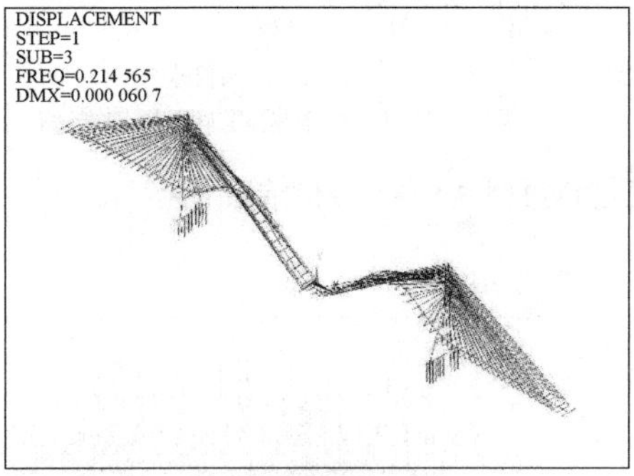

(c) 三阶振型 f=0.215

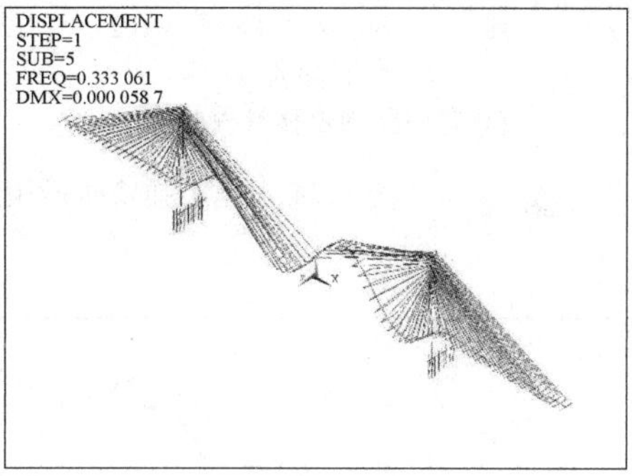

(d) 四阶振型 f=0.333

图 8.22　斜拉桥前四阶振型

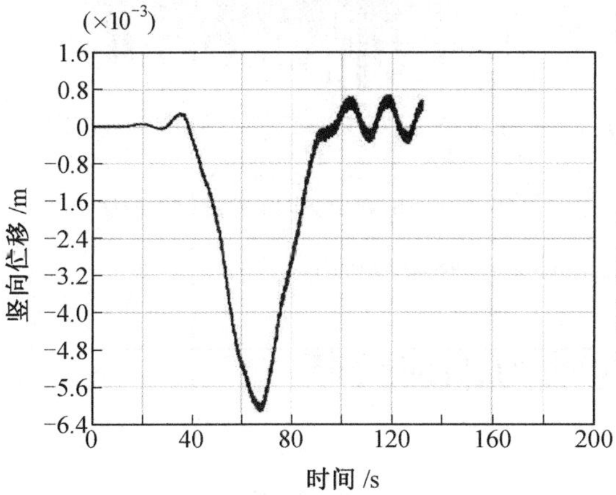

(a) 跨中竖向位移时程曲线

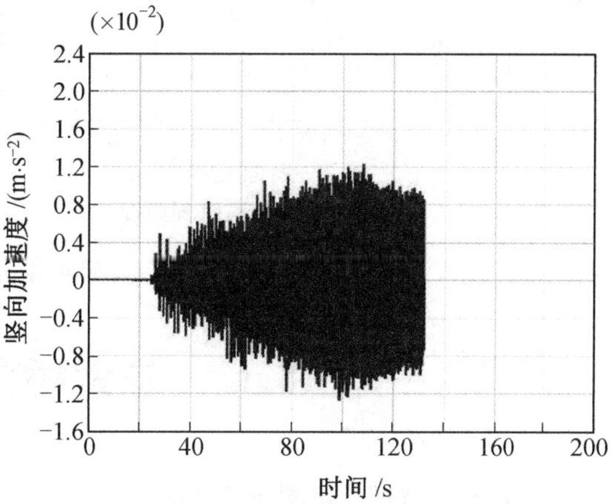

(b) 跨中竖向加速度时程曲线

图 8.23　单个常量力经过斜拉桥 ANSYS 分析结果

取斜拉桥跨中竖向位移时程曲线及加速度时程曲线,ANSYS 分析结果如图 8.24 所示。

4. 空间车辆模型经过斜拉桥

空间车辆模型车速 v = 8 m/s,提取斜拉桥跨中竖向位移时程曲线及加速度时程曲线,ANSYS 分析结果如图 8.25 所示。

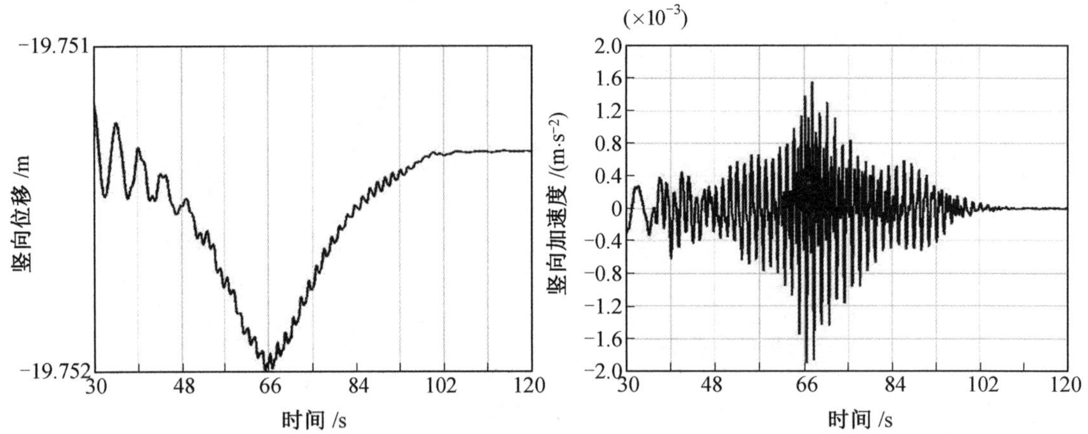

(a) 跨中竖向位移时程曲线　　(b) 跨中竖向加速度时程曲线

图 8.24　单个弹簧质量块经过斜拉桥 ANSYS 分析结果

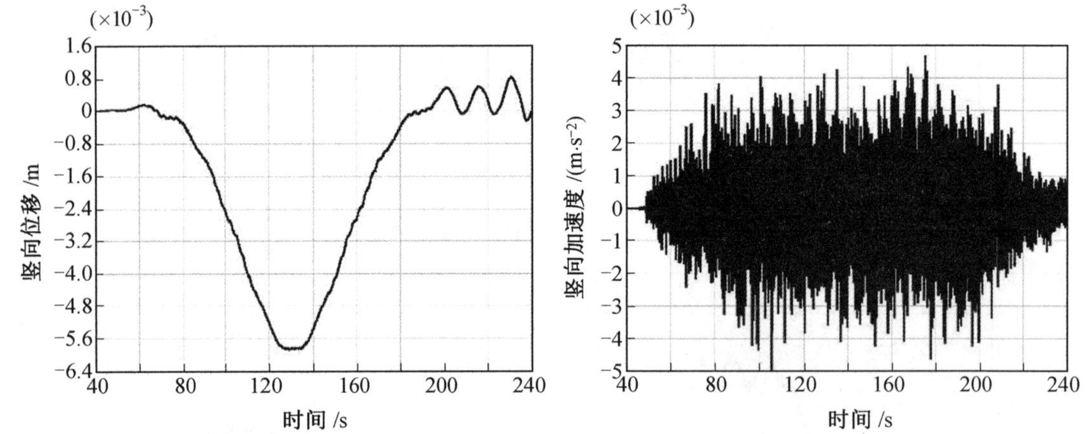

(a) 跨中竖向位移时程曲线　　(b) 跨中竖向加速度时程曲线

图 8.25　空间车辆模型经过斜拉桥 ANSYS 分析结果

8.6　悬索桥的动力响应分析

8.6.1　有限元模型建立

选取大连市一地锚式双层钢桁架悬索桥作为研究对象，跨径组合为 180 m + 460 m + 180 m，该悬索桥采用半漂浮体系，塔高为 112.4 m，桥面宽度为 24.8 m，分为上下两层，上层还设有人行道。其主梁采用钢桁架结构，材料为 Q345qE，通过整体节点的构造方式实现连接。锚碇部分采用沉箱基础碎石基床混凝土重力式锚碇，采用 C35 水下混凝土。加劲梁采用钢桁架结构，桥面板选用了正交异性钢材质，通过支座与主钢桁架相连接。主缆的设计由多股平行钢丝制成的成品索组成，按照抛物线的形态布置。吊索采用垂直吊索形式，采用预制平行钢丝束股。索塔为门式框架结构，为钢筋混凝土结构，采用 C50 高性能混凝土。

采用 ANSYS 软件建立全桥三维动力精细化非线性有限元分析模型，如图 8.26 所示。采用BEAM188 单元来模拟钢桁架梁和桥塔。考虑到主缆和吊索初应力对刚度的影响，采用 LINK10 单元来模拟主缆、吊索。采用 MASS21 单元来模拟桥面板的质量，质量施加在钢桁架的节点上。采用COMBIN14 单元根据实际支座的刚度来模拟钢桁架梁与桥塔的约束。采用 COMBIN37 单元模拟黏滞性阻尼器。

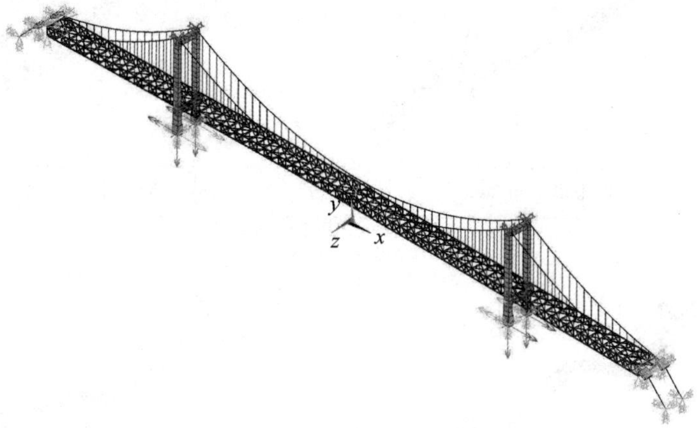

图 8.26　悬索桥有限元模型

8.6.2　动力响应分析

1. 模态分析

模态分析选用 ANSYS 中的迭代兰佐斯(Lanczos) 法，通过 ANSYS 的后处理功能，能够清晰地观察到每一阶振型的变形情况，振型模态数为 10 阶，选取前四阶振型如图 8.27 所示。

2. 单个常量力经过悬索桥

外荷载 $P = 300$ kN，速度 $v = 10$ m/s。提取悬索桥跨中竖向位移时程曲线及加速度时程曲线，ANSYS 分析结果如图 8.28 所示。

3. 单个弹簧质量块经过悬索桥

弹簧质量块的质量 $m = 294.3$ kg，弹簧刚度取 $2\ 000 \times 10^3$ N/m，速度 $v = 20$ m/s。提取悬索桥跨中竖向位移时程曲线及加速度时程曲线，ANSYS 分析结果如图 8.29 所示。

4. 空间车辆模型经过悬索桥

空间车辆模型车速 $v = 8$ m/s，提取悬索桥跨中竖向位移时程曲线及加速度时程曲线，ANSYS 分析结果如图 8.30 所示。

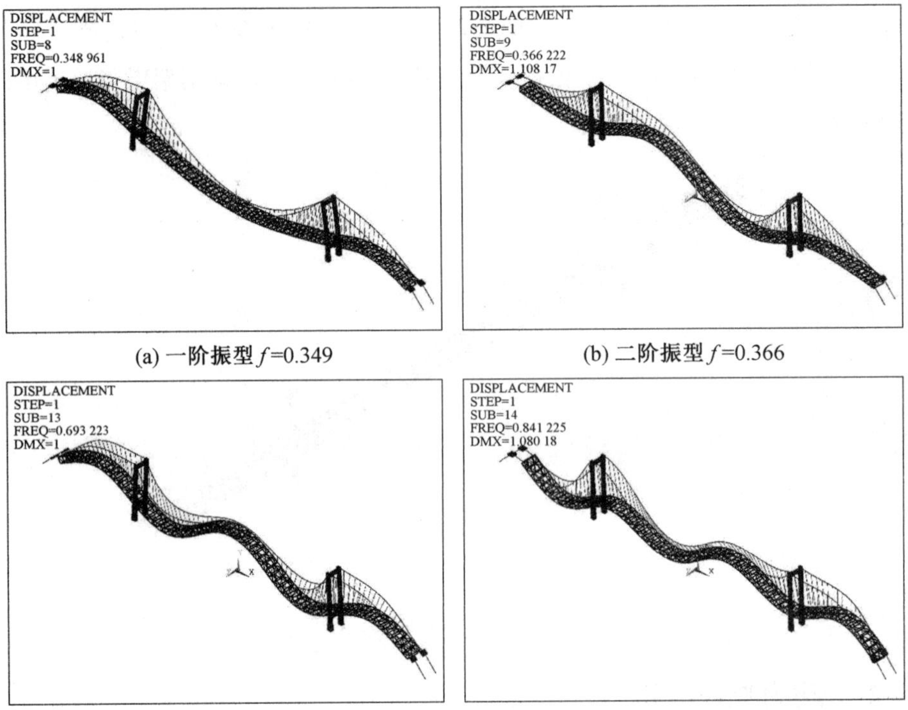

(a) 一阶振型 f=0.349　(b) 二阶振型 f=0.366

(c) 三阶振型 f=0.693　(d) 四阶振型 f=0.841

图 8.27　悬索桥前四阶振型

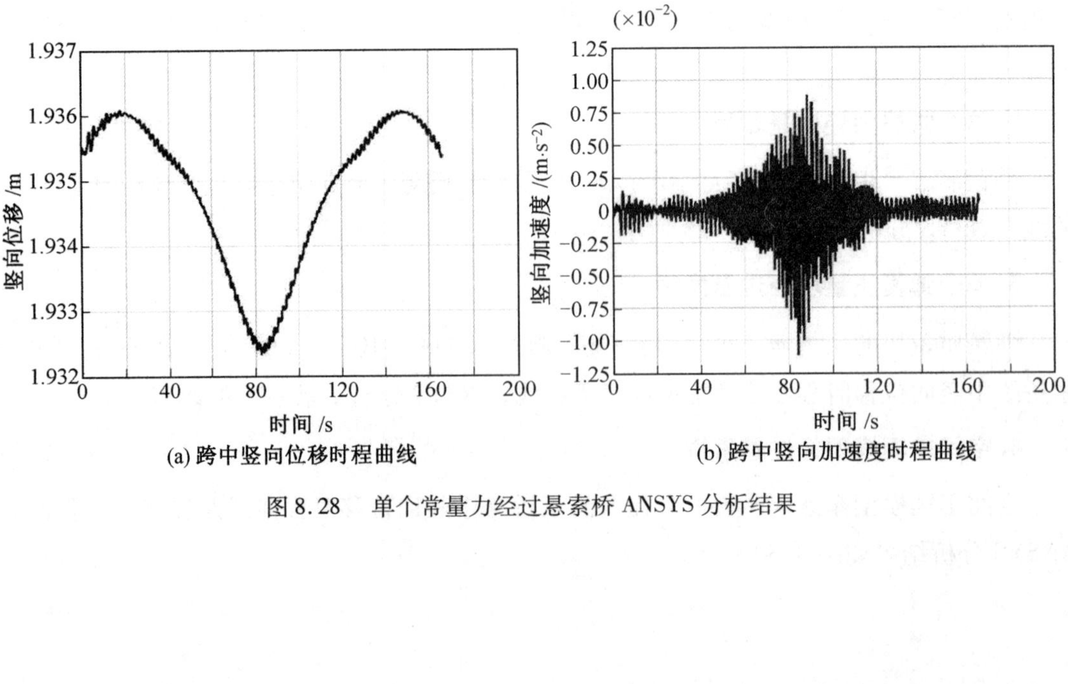

(a) 跨中竖向位移时程曲线　(b) 跨中竖向加速度时程曲线

图 8.28　单个常量力经过悬索桥 ANSYS 分析结果

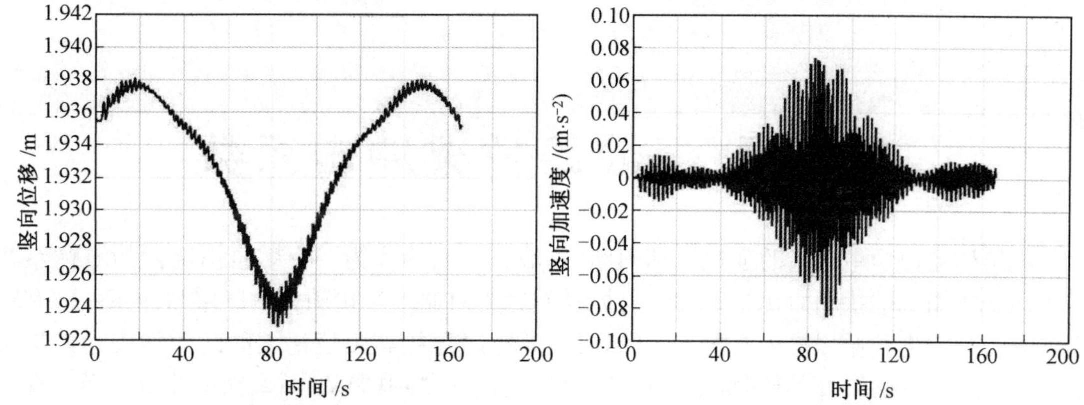

(a) 跨中竖向位移时程曲线　(b) 跨中竖向加速度时程曲线

图 8.29　单个弹簧质量块经过悬索桥 ANSYS 分析结果

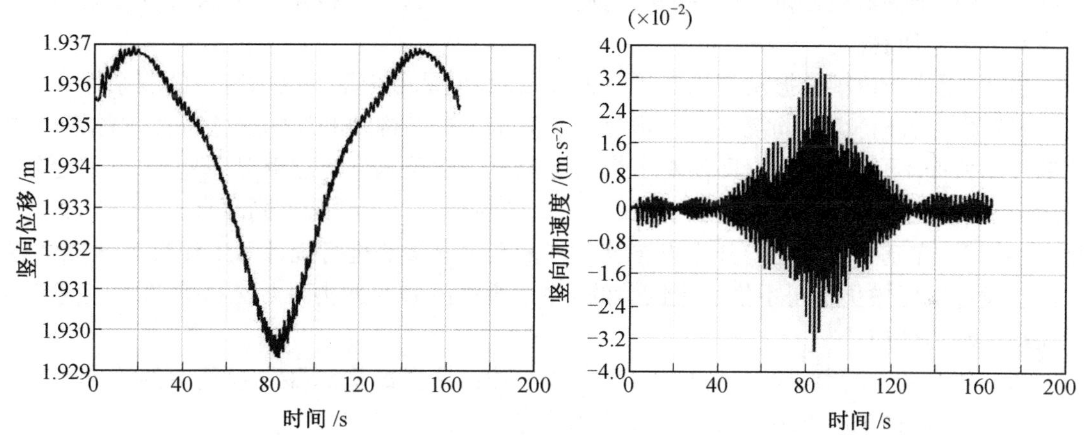

(a) 跨中竖向位移时程曲线　(b) 跨中竖向加速度时程曲线

图 8.30　空间车辆模型经过悬索桥 ANSYS 分析结果

第 9 章　公路桥梁冲击系数

在结构动力学中讨论的强迫振动问题，一般是以结构作为一个多自由度的质点体系在位置固定的周期性扰动力作用下的强迫振动问题为对象。当扰动力的频率与体系的固有频率相等时则发生共振。描述共振发生的条件、共振时振幅与阻尼比之间的数学表达式都比较明确，也易于接受。而研究桥梁在移动车辆荷载下的强迫振动问题，在前几章已经发现是相当困难的。由于荷载是移动的，而且车辆荷载本身也是一个带有质量的振动系统，使桥梁 - 车辆耦合系统的动力特性随荷载位置的移动而不断变化，达到共振条件只能在短时间内满足，并且车辆荷载在桥上通过的时间也是有限的。这正是桥梁的车辆荷载激振问题的特点和复杂性所在。

虽然，现代车桥耦合振动理论有了很大的发展，但是由于车辆动力特性的复杂性和参数的不确定性，公路桥梁钢筋混凝土或预应力混凝土承重结构动刚度的变化特性，桥梁阻尼的离散性和桥面不平的随机性，即使对于桥跨上只有一辆载重汽车的情况，要想通过理论分析的途径来解决动力效应的计算问题也还有一定的困难。对于桥跨上同时有多于一辆车的更复杂的情况，在基于概率论的分析方法及对许多有关的参数进行统计等工作没有解决之前，人们在设计实践中仍不得不借助于试验的方法，通过经验的冲击系数公式来近似地考虑车辆荷载的动力效应。

本章将介绍动荷载试验研究成果，引出桥梁冲击系数的概念并对规范中的冲击系数进行分析评价，以便更准确地对公路桥梁进行动力设计。

9.1　桥梁冲击系数概念

自从 1876 年法国工程师 Dupuy 发明了第一个测量动应变的自动记录仪后，德国的 Fankel 教授又陆续制成了应变计（1881）、位移计（1884）和地震仪（1891）等动态记录仪器。在 1849 年 Wilis 的模型试验约 30 年后，由于欧洲及美洲许多铁路桥梁在 1878 ~ 1895 年间的相继失事，其开始了对铁路桥梁在列车通过时的振动测试，从振动记录中明确了荷载的动力效应，建立了冲击作用的概念。冲击系数定义为最大动态位移和最大静态位移之比，即

$$\varphi = 1 + \mu = \frac{A_{\mathrm{dyn}}}{A_{\mathrm{st}}} \tag{9.1}$$

或动态增量

$$\mu = \frac{A_{\mathrm{dyn}} - A_{\mathrm{st}}}{A_{\mathrm{st}}} = \varphi - 1 \tag{9.2}$$

式中　A_{dyn}—— 当车辆荷载过桥时桥梁跨中挠度的峰值；

A_{st}—— 同一车辆荷载静力作用时跨中挠度的最大值。

旨在建立铁路桥梁"冲击系数曲线"的系统试验,即用不同车速、不同车型,在不同类型和跨径的梁式桥中进行大规模的振动试验,约在 1907 ~ 1921 年间在欧美各国相继进行,其中也包括著名的成立于 1880 年的瑞士联邦材料科学与技术实验室(EMPA)。

用冲击系数 φ 代表移动车辆荷载对桥梁的动力效应的方式很快就得到了广泛的承认。世界各国根据试验结果发现了冲击系数随桥梁跨径递减的趋势,制定了作为跨径 l 的递减函数的桥梁效应动态增量公式,其典型形式为

$$\mu = \frac{a}{b + l} \tag{9.3}$$

与铁路桥的冲击作用相比,公路桥梁的车辆振动问题并不严重,但激励机制却更为复杂。第一次采用振动记录进行公路桥梁荷载动力试验的是法国工程师 M. Deslandres,该试验于 1982 年在巴黎附近的 Pontoies 桥上完成。美国在 1910 年也做了若干公路桥梁的振动测试,以了解荷载的冲击作用。对公路桥梁荷载动力效应的系统研究开始于 1930 年。1931 年英国土木工程师协会根据一系列的简支梁桥的实测数据制定了最早的公路桥梁荷载冲击系数。

自 1931 年以来的数十年间,各国的冲击系数公式经过了多次修改。图 9.1 表示一些主要国家的现行公路桥梁荷载冲击系数。

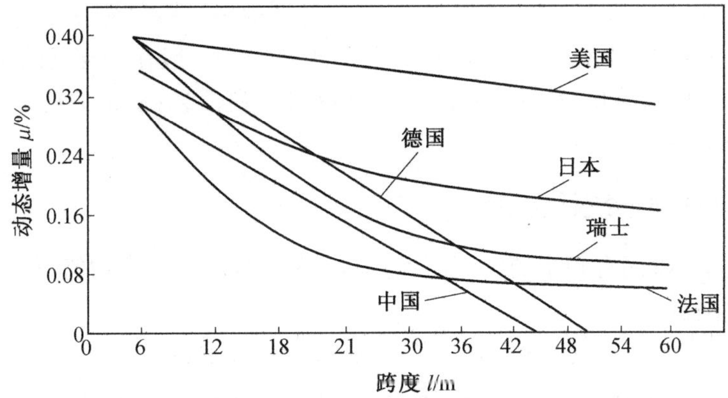

图 9.1　主要国家公路桥梁荷载冲击系数比较

可以看出各国规范相差很大,这说明影响公路桥梁荷载冲击系数的因素是十分复杂的。试验数据的离散性也很大,因而可以认为仅用跨径 l 一个参数来概括是不够充分的。

随着数字计算机的飞速发展及有限元法和数值分析方法的广泛应用,自 20 世纪 70 年代起的现代车桥耦合振动研究可以更精确地考虑桥梁模型、车辆模型及它们之间的耦合振动。对于引起激励的路面不平、车辆加速和制动减速效应等复杂的随机因素都进行了研究。除了简支梁桥以外,对连续梁桥、悬索桥和斜拉桥也进行了一些理论分析和实验研究。

应当特别指出,瑞士的 EMPA 自 1924 年以来对移动荷载的冲击系数进行了十分深入和系统的试验研究。基于大量的实测数据,他们指出车辆振动本质上是一种强迫共振现象,用放大谱,即把冲击系数定义为桥梁固有频率的函数,来代替现行的按跨径递减的冲击系数公式可能更为合理。1979 年加拿大安大略省的规范率先接受了这一新概念,建立了放大谱的新规定,1982 年又根据新的实测资料做了进一步的修改。目前,欧洲和德国规范正在做修

改冲击系数的研究工作。由于理论分析手段和试验方法的进步，在21世纪初，世界各国的冲击系数规范都以新的面貌出现，并且必将更为合理地反映车辆－桥梁耦合振动的实际。

9.2　动载试验方法

世界各国在制定荷载的冲击系数时都进行过一定的桥梁动态荷载试验。瑞士EMPA于1924年起对于公路桥梁荷载的动力效应进行了60余年的试验研究，积累了丰富的资料，其中特别是在1958～1981年间对226座各类公路梁式桥所进行的试验，得到了一些十分有价值的成果和结论。

9.2.1　试验方法

动态试验是在一辆满载的双轴军车以各种车速通过桥梁时进行的。车辆的总重力为110～193 kN，平均158 kN（相当于15 t的载重车），50%的车辆的总重为160 ±5 kN。车辆的前后轴距为3.4～6.0 m，平均值为4.4 m，70%的轴距为4.5 ±0.12 m（稍大于我国规范的车辆轴距4 m）。试验时车辆的行驶速度为10～80 km/h，平均速度为47 km/h。试验分为以匀速通过桥面及跳过设在跨中的50 mm × 300 mm × 500 mm板条（模拟路面不平的冲击作用）两种情况。

被测桥梁的跨径在11.0～118.8 m，平均为39.5 m。一般在简支梁的跨中或连续梁大跨的跨中进行振动位移测量，从动力响应中可以获得下列信息：桥梁的前几阶频率、与行驶速度有关的动态增量。

9.2.2　固有频率统计分析

224座桥梁的一阶固有频率的实测值为$f = 1.23 \sim 14.0$ Hz，平均值$f_m = 3.62$ Hz。频率对于跨长的回归函数为

$$f = 95.4l^{-0.933} \quad (\sigma_f = \pm 0.81\ \text{Hz}) \tag{9.4}$$

如果从224个实测值中去掉一些特殊结构的点，从保留的100个数据中得到的回归函数为

$$f = 90.6l^{-0.923} \quad (\sigma_f = \pm 0.61\ \text{Hz}) \tag{9.5}$$

9.2.3　桥梁阻尼统计分析

桥梁阻尼是一个重要但十分复杂的参数，它由材料阻尼、结构阻尼和系统阻尼（上下部结构之间的相对运动和下部结构振动耗能产生）所组成。EMPA的试验结果表明：桥梁阻尼的离散性很大。211座钢筋混凝土桥梁的实测值为

$$\delta_{\min} = 0.014 \quad (\xi = 0.22\%)$$

$$\delta_{\max} = 0.36 \quad (\xi = 5.73\%)$$

$$\text{平均值}\ \delta_m = 0.080 \quad (\xi = 1.27\%)$$

出现的最高频率集中在$\delta = 0.05$（$\zeta = 0.8\%$），小于一些资料所报告的桥梁阻尼比变化范围（$\zeta = 1\% \sim 3\%$）。从统计中还发现有下列规律。

对于总长 ≥ 125 m 的直线、窄的和闭口横截面的长桥，有

$$\delta_m = 0.048(\xi = 0.76\%)$$

对于总长 < 75 m 的曲线、宽的和开口截面的短桥，有

$$\delta_m = 0.100(\xi = 1.6\%)$$

应当指出的是上列数值都是在弹性、小振幅范围内测得的，并且是对应于基频的阻尼值。对于桥梁的阻尼问题的研究还有许多工作要做。

9.2.4　动态增量分析

EMPA 将 73 座钢筋混凝土梁桥在通过一辆载重车时的动态增量的实测值和跨径的关系表示在一张图上(图 9.2)，并和现行瑞士规范的冲击系数公式做对比。图 9.3 则表示从 69 座桥上测得的当载重车跳过一个板条时的动态增量。

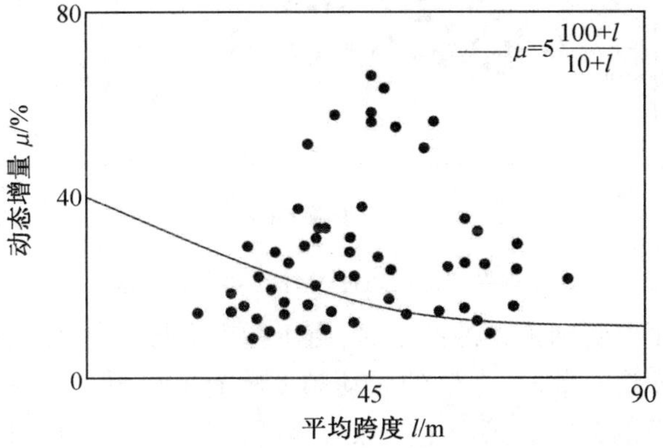

图 9.2　路面平坦时的动态增量

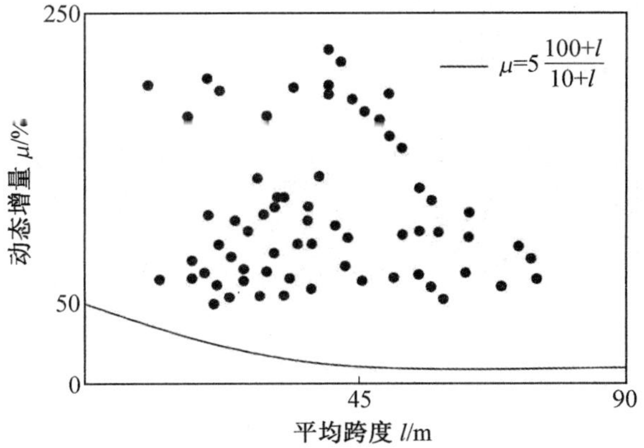

图 9.3　路面不平时的动态增量

从图 9.2 和图 9.3 中可以得出以下几点结论。

(1) 动态增量 μ 和跨径之间并没有明显的递减关系，而且实测结果和现行规范不符。

(2) 当桥面平坦(不设板条)时，最大的动态增量为65%，最小为2%，平均为26%；而当桥面不平坦(设板条)时，最大动态增量增大至227%，最小为 58%，平均 123%，增大 4 ~ 5

倍。可见,桥面的平整与否对动态增量的影响极大。

(3) 在桥面平坦(无板条冲击)的情况下,最大的动态增量(50% ~ 70%)发生在基频为2.5 ~ 4 Hz的桥梁上。图9.4表示动态增量和桥梁基频的关系,即动力放大谱。一般的两轴载重车在平坦的桥面上行驶时,其悬挂弹簧因摩擦力未被克服而很少参与变形,此时车辆的竖直振动频率约为3 ~ 3.5 Hz。因此,基频为2.5 ~ 4 Hz的桥梁将因共振发生最大的动态增量。

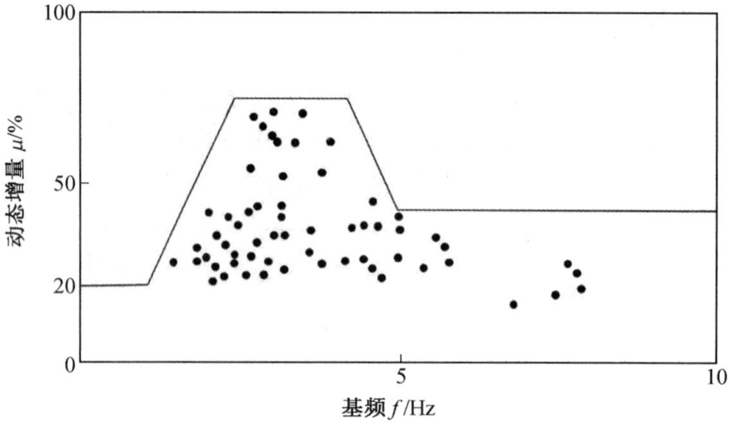

图9.4　无板条冲击时的动力放大谱

(4) 当车轮在桥面上受到板条的冲击时,由于弹簧上振动加大,悬挂弹簧的摩擦装置将被克服而和轮胎一起变形。此时,车辆的振动频率将有所降低。图9.5表示受板条冲击时的动态增量和桥梁基频的关系。第一个共振峰值区在2.5 ~ 3.3 Hz的范围内。第二个共振峰值区在大于7 Hz的范围内,相当于车辆的高阶频率。

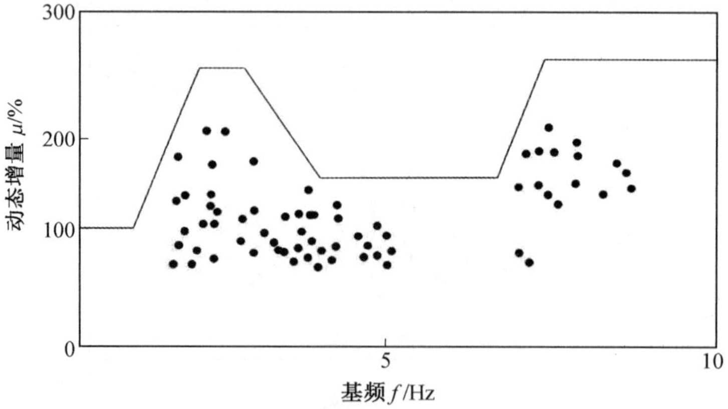

图9.5　受板条冲击时的放大谱

9.3　不同规范取值方法

世界各国现行桥梁设计规范中的冲击系数公式,除了加拿大安大略省规范已改用放大谱,即把冲击系数定义为桥梁基频的函数,以及瑞士 EMPA 对 SIA 瑞士规范提出了类似的修改建议外,大多数国家仍沿用按跨经 l 的递减函数的冲击系数公式。其中几个主要国家的动态增量公式如下。

1. 美国 AASHTO1973 年公路桥梁设计规范

钢桥、混凝土桥:

$$\mu = \frac{50}{125 + 3.3l}(\mu \leqslant 0.3)$$

2. 德国 DIN1072 规范

钢桥、混凝土桥:

$$\mu = 0.4 - 0.08l$$

3. 法国(Fascicule special 60 - 17bis)规范

钢桥、混凝土桥:

$$\mu = \frac{0.5}{1 + 0.2l} + \frac{0.6}{1 + \frac{G}{P}}$$

式中　G—— 恒载;

P—— 活载。

4. 英国 BS5400 规范

在制定设计荷载时已包含了25% 的冲击效应。

5. 日本 1972 年公路桥梁规范

钢桥:

$$\mu - \frac{20}{50 + l}$$

预应力混凝土桥:

$$\mu = \frac{10}{50 + l}$$

钢筋混凝土桥:

$$\mu = \frac{7}{20 + l}$$

6. 苏联 1962 年规范

钢桥：

$$\mu = \frac{15}{37.5 + \lambda}$$

式中　λ——跨径或加载长度。

钢筋混凝土梁式桥：

$$\mu = \frac{10}{20 + \lambda} \geqslant 0.15$$

钢筋混凝土拱桥：

$$\mu = \frac{A}{100 + l}\left(1 + 0.4\frac{l}{f}\right)$$

7. 中国 1985 年规范

钢桥（除吊桥外）：

$$\mu = \frac{15}{37.5 + l}$$

吊桥：

$$\mu = \frac{50}{70 + l}$$

钢筋混凝土梁桥：

$$\begin{cases} l \leqslant 5m, & \mu = 0.3 \\ l \geqslant 45m, & \mu = 0 \end{cases}$$

钢筋混凝土拱桥：

$$\begin{cases} l \leqslant 20m, & \mu = 0.2 \\ l \geqslant 70m, & \mu = 0 \end{cases}$$

可以看出，冲击系数在 $l \to 0$ 时最大值都在 0.3 ~ 0.4，是相近的。但 μ 随 l 的递减关系却相差很大，这说明冲击系数和跨径的关系离散性很大，并且公路桥梁荷载的冲击作用机制不同于铁路荷载，沿用 $\mu = \frac{a}{b + l}$ 的递减关系并不能正确地反映公路桥梁中车辆荷载动力效应的内在规律。因此，加拿大安大略省规范率先提出的用放大谱的形式来代替传统的冲击系数公式是一个合理的趋势。图 9.6 表示 1979 年制定的加拿大安大略省规范及 1982 年根据 1980 年的试验结果重新修订的放大谱。动态增量的最大值为 0.40，发生在基频为2.5 ~ 4.5 Hz 的范围内，并向两边分别递减为 0.2 和 0.25。

如果按 $f = \frac{l}{100}$ 的近似关系将放大谱 $\mu - f$ 转换为 $\mu - l$ 曲线并和我国现行规范加以对比（图 9.7），可以看出我国规范对于冲击系数的估计较低。因此，有必要制定我国公路桥梁荷载的放大谱。

当影响线的加载长度可以容纳两辆以上的载重车辆时，如果按现行规范同时乘以相同的冲击系数是过于保守了。加拿大安大略省规范根据概率分析建议用下列修正系数的方法对冲击系数进行折减，表示为两辆车为 0.7，三辆车为 0.6，多于三辆车为 0.5。

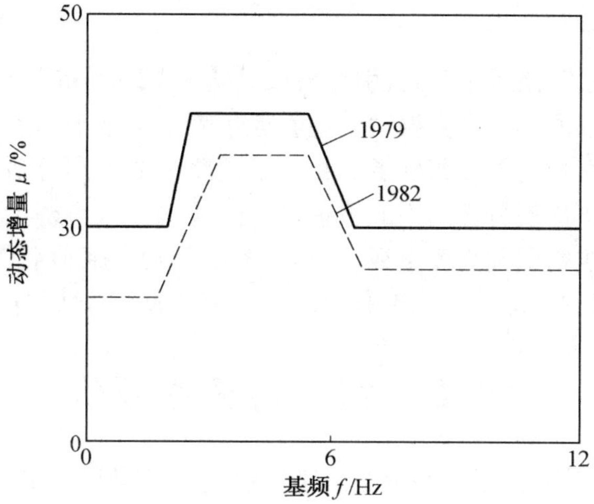

图 9.6　加拿大安大略省规范

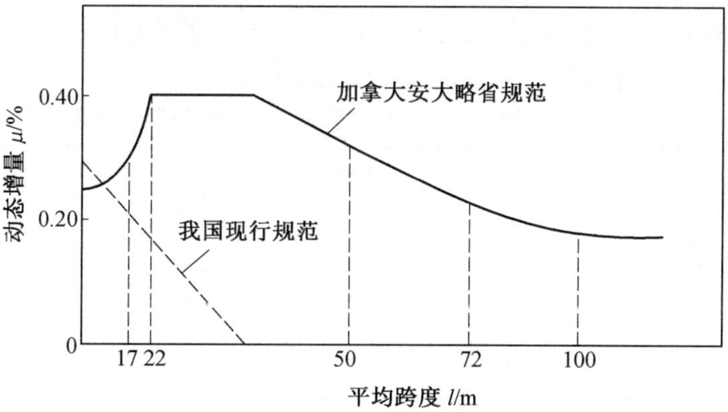

图 9.7　加拿大规范与我国现行规范对比

第 10 章　舒适性评价方法

移动车辆荷载经过公路桥梁时，会引起桥梁结构的振动；同时，桥梁结构的振动及桥面不平整度的激励都会加剧车辆自身振动。随着近年来生活水平的不断提高，人们对桥梁的要求也不再是结构安全性的单一指标了。相比于道路上的行车舒适性，更多的出行者希望车辆驶过桥梁结构时不出现特殊的不舒适感；另外，较多的城市桥梁设置有人行道，车辆经过对桥上行人的影响也需引起高度重视。因此，关于移动车辆荷载作用下桥上行人与行车舒适性问题的研究，显得尤为重要。本章介绍了常用行人舒适性和行车舒适性评价方法。

10.1　行人舒适性评价

城市桥梁一般都会布置人行道，汽车激励下引起的桥梁振动将对过桥行人舒适性产生影响。各国设计规范和研究中对于人行桥行人舒适性的评价指标可分为桥梁振动频率和振动响应的限值两类，本书主要关注汽车诱发桥梁振动条件下的行人振动舒适性评价，因此选取振动响应作为标准。在既有相关研究成果中，本书选取德国人行桥设计规范（EN03 - 8，2007）给出的评价标准（表 10.1）用于行人舒适性评价。

表 10.1　EN03 - 8 中给出的行人振动舒适性评价标准

等级	舒适性	竖向加速度/($m \cdot s^{-2}$)	横向加速度/($m \cdot s^{-2}$)
CL1	很舒适	< 0.50	< 0.10
CL2	中度舒适	0.50 ~ 1.00	0.10 ~ 0.30
CL3	不舒适	1.00 ~ 2.50	0.30 ~ 0.80
CL4	不可忍受	> 2.50	> 0.80

10.2　行车舒适性评价

10.2.1　评价指标

常用的汽车行车舒适性评价方法主要有 ISO 2631 评定法、等舒适度评定法、平稳性指标评定法和 Dieckman 指标评定法等。目前应用较多的是 ISO 2631 给出的标准和评价方法，故下面仅对该评价方法进行介绍。

汽车振动对人的影响取决于振动频率与强度、作用方向和持时等因素，且个体对振动的敏感程度也存在很大差异，公认的评价方法和指标一直很难获得。直到 1974 年，国际标准化组织(ISO)基于大量的人体振动相关研究成果制定了国际标准《人体承受全身振动评价指南》(ISO 2631),后经修订形成《人体承受全身振动评价指南》(ISO 2631:1982),又于1997年发布了《人体承受全身振动评价第一部分:通用要求》(ISO 2631—1:1997(e))。该标准在评价长时随机振动和多向振动对人体的影响时与人们的主观感觉符合得较好,因此得到了很多国家的参照执行,用于评价汽车行驶中振动和冲击对乘员舒适性的影响。我国在相应标准修订的基础上颁布了《汽车平顺性试验方法》(GB/T 4970—2009)。

ISO 2631—1:1997(e)规定了人体坐姿受振模型,并指出人体对不同频率振动的敏感度存在差异。当评价振动对人体舒适性的影响时需考虑 x,y,z 三个方向,且两水平轴向加权系数取1.4,垂直轴向取1.0。我国《汽车平顺性试验方法》(GB/T 4970—2009)中评价汽车平顺性采用考虑椅面 x,y,z 三个轴向振动的方法;就振动对人体健康、舒适性、振动知觉、运动疾病影响四个方面分别提出了人体承受全身振动的评价标准,前三项频率范围为0.5 ~ 80 Hz,第四项频率范围为0.1 ~ 0.5 Hz;未具体规定人体承受全身振动的界限和极限定量指标,提出以加权加速度均方根值作为基本评价方法。

10.2.2　评价方法

ISO 2631—1:1997(e)规定,当振动波形峰值因数小于9(峰值因数定义为加权加速度时程峰值与加权加速度均方根值的比值)时,可用基本评价方法加权加速度均方根值来评价振动对人体舒适性的影响。根据测量,各种汽车正常行驶工况下均适用该方法。

该方法的加速度均方根值计算带宽采用标准的1/3倍频程。汽车机械振动频率范围一般为1 ~ 80 Hz,将该频率范围划成若干小区段,称为频程、频段或频带。频程有上限频率 f_u、下限频率 f_l 和中心频率 f_c(该频段上、下限频率的比例中项,$f_c=\sqrt{f_u f_l}$)。上、下限频率的中间区称为频带宽度(带宽)Δf。频程则由公式 $f_u/f_l=2^n$ 予以规定,汽车振动测量中通常采用1/3倍频程($n=1/3$),此时带宽 Δf 按下式计算:

$$\Delta f=f_u-f_l=(2^{1/3}-1)f_l=0.26f_l \tag{10.1}$$

我国标准推荐采用总加权加速度均方根指标对人体承受的振动进行评价,该评价方法主要步骤如下。

1. 计算各单轴向加权加速度均方根值 a_w

具体有以下三种计算方法。

(1)由等带宽频谱分析得到的加速度自功率谱密度函数 $G_a(f)$ 计算 a_w。

先按下式计算1/3倍频带加速度均方根谱值:

$$a_j=\left[\int_{f_{lj}}^{f_{uj}}G_a(f)\,\mathrm{d}f\right]^{\frac{1}{2}} \tag{10.2}$$

式中　a_j——中心频率 f_j 的第 $j(j=1,\cdots,20)$ 个1/3倍频带加速度均方根谱值,$\mathrm{m/s^2}$;

f_{lj}、f_{uj}——1/3倍频带的中心频率 f_j 的下、上限频率,具体可参考《汽车平顺性试验方法》(GB/T4970—2009)中附表A1确定。

然后按下式计算 a_w:

$$a_{\mathrm{w}} = [\sum_{j}(w_j a_j)^2]^{\frac{1}{2}} \tag{10.3}$$

式中　w_j—— 第 j 个 1/3 倍频带的加权系数，可参考《汽车平顺性试验方法》(GB/T 4970—2009) 中附表 A2 确定；

a_{w}—— 单轴向加权加速度均方根值。

也可以通过 $G_{\mathrm{a}}(f)$ 直接积分计算 a_{w}，即

$$a_{\mathrm{w}} = [\int_{0.9}^{90} W^2(f) G_{\mathrm{a}}(f) \mathrm{d}f]^{\frac{1}{2}} \tag{10.4}$$

式中　$W(f)$—— 频率加权函数，可用以下公式表示：

$$x, y \text{ 轴向}: \quad W(f) = \begin{cases} 1.0, & 0.9\ \mathrm{Hz} < f \leqslant 2\ \mathrm{Hz} \\ \dfrac{2}{f}, & f > 2\ \mathrm{Hz} \end{cases}$$

$$x, y \text{ 轴向}: \quad W(f) = \begin{cases} 0.5\sqrt{f}, & 0.9\ \mathrm{Hz} < f \leqslant 4\ \mathrm{Hz} \\ 1.0, & 4\ \mathrm{Hz} < f \leqslant 8\ \mathrm{Hz} \\ \dfrac{8}{f}, & f > 8\ \mathrm{Hz} \end{cases} \tag{10.5}$$

通过频率加权函数，将人体敏感的频率范围以外的各频带加速度均方根值折算为等效于4 ~ 8 Hz(垂直振动2轴方向)、0.9 ~ 2 Hz(水平振动 x, y 轴方向)的人体最敏感的频率范围加权加速度均方根值。

(2) 对于采集的加速度时程 $a(t)$，通过频率加权函数 $W(f)$ 或《汽车平顺性试验方法》(GB/T 4970—2009) 中的附表 A2 规定的频率加权滤波网络得到加权加速度时程 $a_{\mathrm{w}}(t)$，进而由下式计算加权加速度均方根值：

$$a_{\mathrm{w}} = \left[\frac{1}{T}\int_{0}^{\mathrm{T}} a_{\mathrm{w}}^2(t)\,\mathrm{d}t\right]^{\frac{1}{2}} \tag{10.6}$$

式中　T—— 振动统计持续时间。

(3) 由 1/3 倍频带均方根谱值计算 a_{w}。如果数据处理仪器可对记录的加速度时程进行处理后直接得到 1/3 倍频带加速度均方根谱 a_j，则可直接由式(10.4) 计算 a_{w}。

2. 计算总加权加速度均方根值 a_{w0}

按下式计算：

$$a_{\mathrm{w0}} = [(k_x a_{\mathrm{w}x})^2 + (k_y a_{\mathrm{w}y})^2 + (k_z a_{\mathrm{w}z})^2]^{\frac{1}{2}} \tag{10.7}$$

式中　$a_{\mathrm{w}x}$、$a_{\mathrm{w}y}$、$a_{\mathrm{w}z}$—— 座椅位置纵向、横向和垂直方向加速度的加权均方根值。

相应的加权系数为 $k_x = 1.4$，$k_y = 1.4$ 和 $k_z = 1.0$。有些人体振动测量仪采用加权振级 $L_{a\mathrm{w}}$，与加权加速度均方根值 a_{w} 可按下式进行换算：

$$L_{a\mathrm{w}} = 20\lg\frac{a_{\mathrm{w}}}{a_0} \tag{10.8}$$

式中　a_0—— 参考加速度均方根值，$a_0 = 10^{-6}\ \mathrm{m/s^2}$。

加权加速度均方根指标和加权振级与人的主观感觉的关系见表 10.2,可作为舒适性的评价标准。

表 10.2　加权加速度均方根值和加权振级与人的主观感觉的关系

加权加速度均方根值 $a_{w0}/(m \cdot s^{-2})$	加权振级 L_{aw}/dB	人的主观感觉
< 0.315	110	没有不舒适
0.315 ~ 0.63	110 ~ 116	有些不舒适
0.5 ~ 1	114 ~ 120	相当不舒适
0.8 ~ 1.6	118 ~ 124	不舒适
1.25 ~ 2.5	112 ~ 128	很不舒适
> 2.0	126	极不舒适

附录 A　动力学普遍原理

动力学是研究物体的机械运动与作用力相互关系的科学,其中结构动力学的核心在于描述系统在随时间变化的荷载或激励下的相应规律。

本附录将系统阐述几个常用的原理:达朗贝尔原理、拉格朗日方程、虚功原理和哈密尔顿原理。这些原理从不同视角揭示了动力学系统的内在规律,为复杂问题的建模与分析提供了统一框架。

A.1　达朗贝尔原理

A.1.1　原理表述

达朗贝尔原理的本质是将动力学问题转化为静力学问题。其核心思想是:在质点、质点系运动的每一瞬间,实际作用于每一质点的主动力(包括外荷载、阻尼力和弹性恢复力)和约束反力外与虚构的惯性力构成瞬时平衡,称之为动力平衡状态。

需要指出,对质点来说惯性力是假想中施加的,而非实际作用于质点上的力。但对施力物体而言,则是为了克服质点的惯性所需的力,因此,惯性力是作用于施力物体之上的。

用达朗贝尔原理建立质点系运动方程的方法称为"动静法"或"惯性力法"。其数学的一般表达为

$$F_i + F_{Ii} + S_i = 0,\quad i = 1,2,\cdots,N \tag{A.1}$$

式中　F_i—— 主动力;

F_{Ii}—— 惯性力;

S_i—— 约束反力。

A.1.2　数学推导

1. 质点的达朗贝尔原理

在一个质量为 m,相对于惯性参考系的加速度矢量为 $\ddot{u}$,作用在质点的主动力为 F、约束反力为 S,根据牛顿第二定理有

$$F + S = m\ddot{u} \tag{A.2}$$

改写为平衡形式,有

$$F + S - m\ddot{u} = 0 \tag{A.3}$$

则得到质点力平衡方程为

$$F + S + F_I = 0 \tag{A.4}$$

其中，$F_I = -m\ddot{u}$ 与质点惯性相关，称为作用于质点的惯性力，方向与质点加速度的方向相反。

2. 质点系的达朗贝尔原理

假设系统由 N 个质点组成，每个质点 i 的质量为 m_i，加速度为 $\ddot{u}_i$，质点 i 受到的外力为 $F_i^{(e)}$，内力为 $F_i^{(i)}$。这些质点都加上虚构的惯性力 $F_{Ii} = -m_i\ddot{u}_i$，根据牛顿第二定律有

$$F_i^{(e)} + F_i^{(i)} + F_{Ii} = 0 \tag{A.5}$$

为满足力系平衡，应满足力系的主矢和对任意点的主矩分别为零，即

$$\sum F_i^{(e)} + \sum F_i^{(i)} + \sum F_{Ii} = 0 \tag{A.6}$$

$$\sum M_o(F_i^{(e)}) + \sum M_o(F_i^{(i)}) + \sum M_o(F_{Ii}) = 0 \tag{A.7}$$

由于质点系的内力总是成对的，且彼此等值反向，因此有

$$\sum F_i^{(e)} + \sum F_{Ii} = 0 \tag{A.8}$$

$$\sum M_o(F_i^{(e)}) + \sum M_o(F_{Ii}) = 0 \tag{A.9}$$

其中，质点系所受的外力包括主动力和约束反力，因此式(A.8)可写为式(A.1)。式(A.1)是达朗贝尔原理在质点系中的推广形式，它为描述质点系的运动提供了基础。

A.1.3　应用案例详解

达朗贝尔原理建立运动方程的具体步骤如下。

(1) 分析体系各质量所受的主动力、惯性力、约束反力。

(2) 沿质量的各自由度方向列动平衡方程。

【例 A.1】　质量 m 上受外力 $P(t)$ 作用如图 A.1 所示，试列出体系的运动方程。

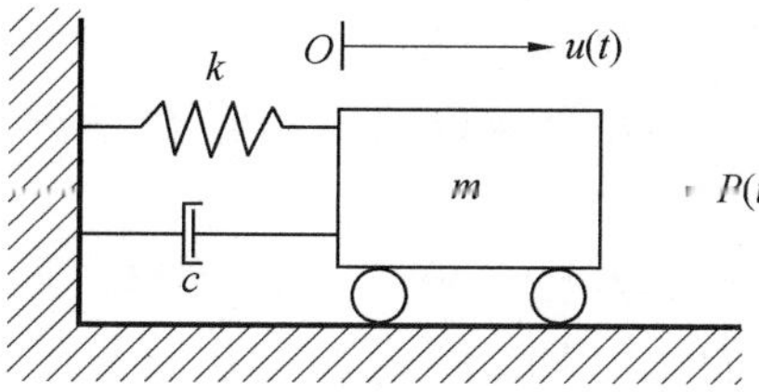

图 A.1

解　质量 m 只能做水平运动，因此，该体系为单自由度体系。设 $u(t)$ 为质量块 m 的位移坐标，则质量块 m 所受的主动力为

$$F(t) = -ku(t) - c\dot{u}(t) + P(t)$$

惯性力为

$$F_I(t) = -m\ddot{u}(t)$$

对于约束反力不做功的理想约束体系，由于约束限制了体系的运动，因此，在列运动方程时，仅考虑运动方向上的受力，此时约束反力自然是没有的。

将上面两式代入式(A.1)，有

$$m\ddot{u}(t) + c\dot{u}(t) + ku(t) = P(t)$$

【例 A.2】 两质点动力体系如图 A.2 所示,求运动方程。

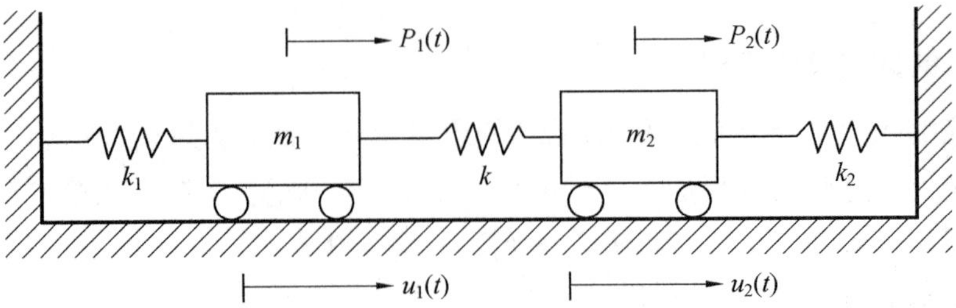

图 A.2

对两物体进行力的分析,如图 A.3 所示。

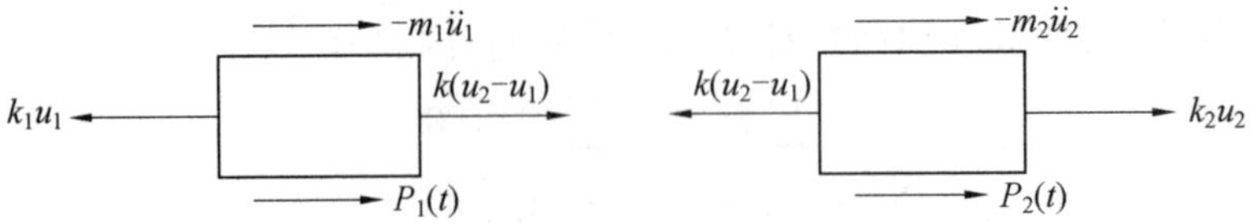

图 A.3

m_1 上所受的主动力和惯性力分别为

$$F_1(t)=P_1(t)+k[u_2(t)-u_1(t)]-k_1u_1(t)$$

$$F_{I1}(t)=-m_1\ddot{u}_1(t)$$

m_2 上所受的主动力和惯性力分别为

$$F_2(t)=P_2(t)-k[u_2(t)-u_1(t)]-k_2u_2(t)$$

$$F_{I2}(t)=-m_2\ddot{u}_2(t)$$

代入动力平衡方程,可得

$$P_1(t)+k[u_2(t)-u_1(t)]-k_1u_1(t)-m_1\ddot{u}_1(t)=0$$

$$P_2(t)-k[u_2(t)-u_1(t)]-k_2u_2(t)-m_2\ddot{u}_2(t)=0$$

整理后写成矩阵形式为

$$[M][\ddot{u}]+[K][u]=\{P\}$$

$$[M]=\begin{bmatrix} m_1 & 0 \\ 0 & m_2 \end{bmatrix},\quad [K]=\begin{bmatrix} k_1+k & -k \\ -k & k_2+k \end{bmatrix},$$

$$\{u\}=[u_1\quad u_2]^{\mathrm{T}},\quad [\ddot{u}]=[\ddot{u}_1\quad \ddot{u}_2]^{\mathrm{T}},\quad [P]=[P_1\quad P_2]^{\mathrm{T}}$$

【例 A.3】 具有 n 个集中质量的无重简支动力体系如图 A.4 所示,列出其运动方程(忽略阻尼力)。

解 设第 i 个质点的位移为 $u_i(t)$,若假定 k_{ij}(j 坐标单位位移所引起的对应于 i 坐标的力,可由结构力学方法求得)已知,则质点 m_i 上所受主动力与惯性力分别为

$$F_i=P_i(t)-k_{i1}u_1-k_{i2}u_2-\cdots-k_{in}u_n$$

$$F_{Ii}(t)=-m_i\ddot{u}_i$$

将上面两式代入动平衡方程有

$$m_i\ddot{u}_i+k_{i1}u_1+k_{i2}u_2+\cdots+k_{in}u_n=P_i(t)$$

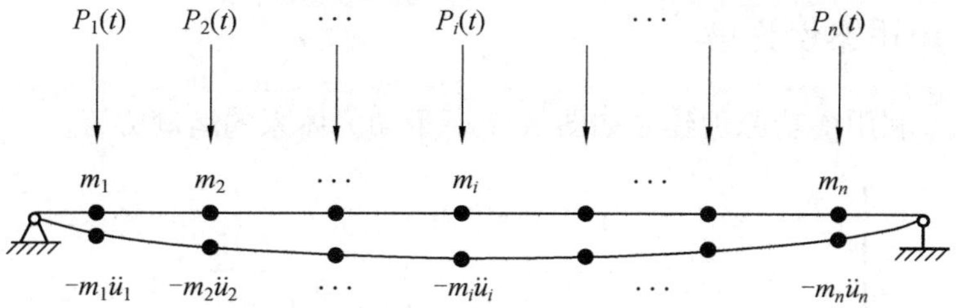

图 A.4

对于具有 n 个质点的体系来说，相应地可建立 n 个独立方程写成矩阵形式为

$$[M][\ddot{u}]+[K][u]=[P]$$

$$[M]=\begin{bmatrix} m_1 & 0 & 0 & \cdots & 0 \\ 0 & m_2 & 0 & \cdots & 0 \\ 0 & 0 & m_3 & \cdots & 0 \\ \vdots & \vdots & \vdots & & \vdots \\ 0 & 0 & 0 & \cdots & m_n \end{bmatrix},\quad [K]=\begin{bmatrix} k_{11} & k_{12} & k_{13} & \cdots & k_{1n} \\ k_{21} & k_{22} & k_{23} & \cdots & k_{2n} \\ k_{31} & k_{32} & k_{33} & \cdots & k_{3n} \\ \vdots & \vdots & \vdots & & \vdots \\ k_{n1} & k_{n2} & k_{n3} & \cdots & k_{nn} \end{bmatrix}$$

$$[P]=[P_1(t),P_2(t),\cdots,P_n(t)]^{\mathrm{T}}$$

A.2　虚功原理

A.2.1　原理表述

虚功原理的核心为：具有理想约束的质点系运动时，在任意瞬时，主动力和惯性力在任意虚位移上所做虚功之和等于零。而虚位移的定义为：在某一瞬时，系统在约束允许下的任意无限小假想位移，与时间无关且不破坏约束。

A.2.2　数学表达

在任意虚位移 δu_i 下，约束反力 S_i 所做虚功之和恒等于零，即约束反力不做功：

$$\sum_{i=1}^{N} S_i\delta u_i=0 \tag{A.10}$$

设体系中的质点 i 所受的主动力合力为 F_i，惯性力为 $F_{\mathrm{I}i}=-m_i\ddot{u}_i$，虚位移为 δu_i，由虚功原理写出虚功方程为

$$\sum_{i=1}^{N}(F_i-m_i\ddot{u}_i)\delta u_i=0 \tag{A.11}$$

由于虚位移 δu_i 的任意性，式(A.11)得以满足的充要条件为

$$F_i-m_i\ddot{u}_i=0,\quad i=1,2,\cdots,N \tag{A.12}$$

通过式(A.12)可知，虚功原理和动静法是等价的。且虚功原理的特点为：虚功为标量，可以按照代数方式相加；对于不便于直接列动平衡方程的复杂体系，采用虚功原理的方法比动静法方便。

A.2.3　应用案例详解

【例 A.4】　利用虚功原理建立如图 A.5 所示动力体系的运动方程。

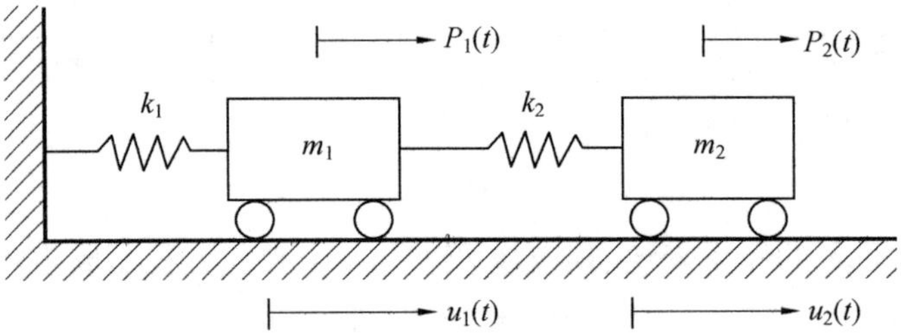

图 A.5

对两物体进行力的分析，如图 A.6 所示。

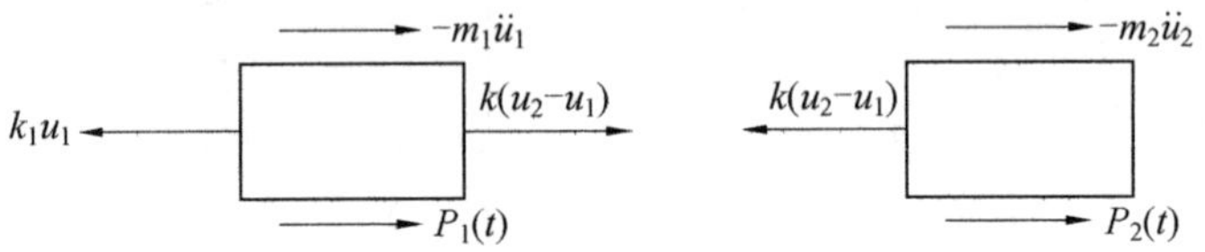

图 A.6

解　两自由度体系，对应的虚位移分别为 δu_1 与 δu_2。

m_1 上所受的主动力和惯性力分别为

$$F_1(t) = P_1(t) + k_2(u_2 - u_1) - k_1u_1$$

$$F_{I1}(t) = -m_1\ddot{u}_1(t)$$

m_2 上所受的主动力和惯性力分别为

$$F_2(t) = P_2(t) - k_2(u_2 - u_1)$$

$$F_{I2}(t) = -m_2\ddot{u}_2(t)$$

列虚功方程：

$$[P_1(t) + k_2(u_2 - u_1) - k_1u_1 - m_1\ddot{u}_1]\delta u_1 + [P_2(t) - k_2(u_2 - u_1) - m_2\ddot{u}_2]\delta u_2 = 0$$

由于虚位移的任意性，于是有

$$\begin{cases} P_1(t) + k_2(u_2 - u_1) - k_1u_1 - m_1\ddot{u}_1 = 0 \\ P_2(t) - k_2(u_2 - u_1) - m_2\ddot{u}_2 = 0 \end{cases}$$

整理后写成矩阵形式为

$$\begin{bmatrix} m_1 & 0 \\ 0 & m_2 \end{bmatrix}\begin{bmatrix} \ddot{u}_1 \\ \ddot{u}_2 \end{bmatrix} + \begin{bmatrix} k_1 + k_2 & -k_2 \\ -k_2 & k_2 \end{bmatrix}\begin{bmatrix} u_1 \\ u_2 \end{bmatrix} = \begin{bmatrix} P_1 \\ P_2 \end{bmatrix}$$

A.3　拉格朗日方程

A.3.1　数学推导

设质点系的动力自由度为 n,有 N 个质点,则对于完整约束的质点系,任意质点的坐标可用 n 个广义坐标表示为

$$u_i = u_i(q_1, q_2, \cdots, q_n; t), \quad i = 1, 2, \cdots, N \tag{A.13}$$

假定这些函数对于 $q_j(j = 1, 2, \cdots, n)$ 是二次可微函数,则有

$$\dot{u}_i = \frac{\mathrm{d}u_i}{\mathrm{d}t} = \sum_{j=1}^{n} \frac{\partial u_i}{\partial q_j}\dot{q}_j + \frac{\partial u_i}{\partial t} \tag{A.14}$$

式(A.14)的右边是 $q_1, q_2, \cdots, q_n, \dot{q}_1, \dot{q}_2, \cdots, \dot{q}_n$ 的函数,其中,$\dot{q}_1, \dot{q}_2, \cdots, \dot{q}_n$ 是广义坐标的时间变化率,称为广义速度。

分析动力学中,把各 $q_j, \dot{q}_j$ 看作相互独立的变量,那么由式(A.14)可以得到

$$\frac{\partial \dot{u}_i}{\partial \dot{q}_j} = \frac{\partial u_i}{\partial q_j} \tag{A.15}$$

$$\frac{\partial \dot{u}_i}{\partial q_j} = \sum_{k=1}^{n} \frac{\partial^2 u_i}{\partial q_k \partial q_j}\dot{q}_k + \frac{\partial^2 u_i}{\partial t \partial q_j} \tag{A.16}$$

另外,有

$$\frac{\mathrm{d}}{\mathrm{d}t}\left(\frac{\partial u_i}{\partial q_j}\right) = \sum_{k=1}^{n} \frac{\partial}{\partial q_k}\left(\frac{\partial u_i}{\partial q_j}\right)\dot{q}_k + \frac{\partial}{\partial t}\left(\frac{\partial u_i}{\partial q_j}\right) \tag{A.17}$$

比较式(A.16)和式(A.17),有

$$\frac{\mathrm{d}}{\mathrm{d}t}\left(\frac{\partial u_i}{\partial q_j}\right) = \frac{\partial \dot{u}_i}{\partial q_j} \tag{A.18}$$

根据达朗贝尔原理,质点 m_i 在广义坐标下的运动方程为

$$\tilde{Q}_j + R_j + F_{\mathrm{I}j} = 0, \quad j = 1, 2, \cdots, n \tag{A.19}$$

广义主动力为

$$\tilde{Q}_j = \sum_{i=1}^{N} F_i \frac{\partial u_i}{\partial q_j} \tag{A.20}$$

广义约束力为

$$R_j = \sum_{i=1}^{N} S_i \frac{\partial u_i}{\partial q_j} \tag{A.21}$$

广义惯性力为

$$\begin{aligned} F_{\mathrm{I}j} &= \sum_{i=1}^{N} (-m_i \ddot{u}_i) \frac{\partial u_i}{\partial q_j} = -\sum_{i=1}^{N} m_i \frac{\mathrm{d}\dot{u}_i}{\mathrm{d}t} \frac{\partial u_i}{\partial q_j} \\ &= -\frac{\mathrm{d}}{\mathrm{d}t}\left(\sum_{i=1}^{N} m_i \dot{u}_i \frac{\partial u_i}{\partial q_j}\right) + \sum_{i=1}^{N} m_i \dot{u}_i \frac{\mathrm{d}}{\mathrm{d}t}\left(\frac{\partial u_i}{\partial q_j}\right) \end{aligned} \tag{A.22}$$

式中　S_i—— 作用于质点 i 的约束反力;

$-m_i\ddot{u}_i$—— 质点 i 惯性力。

将式(A.15) 和式(A.18) 代入式(A.22),可以得到

$$F_{Ij} = -\frac{\mathrm{d}}{\mathrm{d}t}\left(\sum_{i=1}^{N} m_i\dot{u}_i \frac{\partial \dot{u}_i}{\partial \dot{q}_j}\right) + \sum_{i=1}^{N} m_i\dot{u}_i \frac{\partial \dot{u}_i}{\partial q_j} \tag{A.23}$$

考虑到质点系的动能为

$$T = \frac{1}{2}\sum_{i=1}^{N} m_i\dot{u}_i^2 \tag{A.24}$$

广义惯性力可以表示为

$$F_{Ij} = -\frac{\mathrm{d}}{\mathrm{d}t}\left(\frac{\partial T}{\partial \dot{q}_j}\right) + \frac{\partial T}{\partial q_j} \tag{A.25}$$

代入式(A.19) 可以得到完整点系的拉格朗日广义坐标运动微分方程为

$$\frac{\mathrm{d}}{\mathrm{d}t}\left(\frac{\partial T}{\partial \dot{q}_j}\right) - \frac{\partial T}{\partial q_j} - \tilde{Q}_j - R_j = 0 \tag{A.26}$$

具有理想约束的质点系,$R_j = 0$。

如果系统的主动力分为两部分,一部分为有势力,另一部分为非有势力,即存在势函数 $V = V(q_1, q_2, \cdots, q_n)$ 使得

$$\tilde{Q}_j = -\frac{\partial V}{\partial q_j} + Q_j \tag{A.27}$$

$$Q_j = \sum_{i=1}^{N}\left(F_{ix}\frac{\partial x_i}{\partial q_j} + F_{iy}\frac{\partial y_i}{\partial q_j} + F_{iz}\frac{\partial z_i}{\partial q_j}\right) \tag{A.28}$$

其中,Q_j 为非有势力对应于广义坐标 q_j 的广义力函数,则上述拉格朗日运动方程可写为

$$\frac{\mathrm{d}}{\mathrm{d}t}\left(\frac{\partial T}{\partial \dot{q}_j}\right) - \frac{\partial T}{\partial q_j} + \frac{\partial V}{\partial q_j} = Q_j, \quad j = 1, 2, \cdots, n \tag{A.29}$$

A.3.2　应用案例详解

【例 A.5】　针对图 A.7 中的两自由度体系,利用拉格朗日运动方程建立关于广义坐标 φ_1、φ_2 的运动方程。(假设 φ_1、φ_2 为微小量,即体系线性微振)

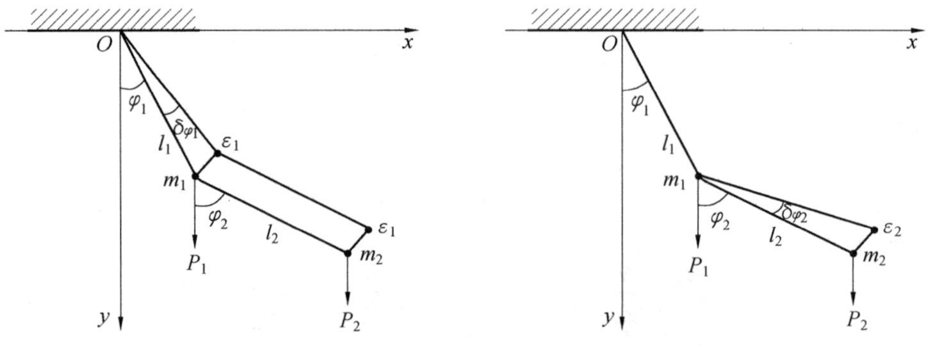

图 A.7

解　物理坐标与广义坐标的关系为

$$x_1 = l_1 \sin \varphi_1, \quad y_1 = l_1 \cos \varphi_1$$

$$x_2 = l_1 \sin \varphi_1 + l_2 \sin \varphi_2, \quad y_2 = l_1 \cos \varphi_1 + l_2 \cos \varphi_2$$

广义力求解：

$$F_{1x} = 0, \quad F_{2x} = 0, \quad F_{1z} = 0, \quad F_{2z} = 0, \quad F_{1y} = P_1, \quad F_{2y} = P_2$$

$$\frac{\partial y_1}{\partial \varphi_1} = - l_1 \sin \varphi_1, \quad \frac{\partial y_1}{\partial \varphi_2} = 0, \quad \frac{\partial y_2}{\partial \varphi_1} = - l_1 \sin \varphi_1, \quad \frac{\partial y_2}{\partial \varphi_2} = - l_2 \sin \varphi_2$$

$$Q_1 = F_{1y} \frac{\partial y_1}{\partial \varphi_1} + F_{2y} \frac{\partial y_2}{\partial \varphi_1} = - P_1 l_1 \sin \varphi_1 - P_2 l_1 \sin \varphi_1$$

$$Q_2 = F_{1y} \frac{\partial y_1}{\partial \varphi_2} + F_{2y} \frac{\partial y_2}{\partial \varphi_2} = - P_2 l_2 \sin \varphi_2$$

动能与势能的求解：

质点 m_1 的动能为

$$T_1 = \frac{1}{2} m_1 (\dot{x}_1^2 + \dot{y}_1^2) = \frac{1}{2} m_1 l_1^2 \dot{\varphi}_1^2$$

质点 m_2 的动能为

$$\begin{aligned} T_2 &= \frac{1}{2} m_2 (\dot{x}_2^2 + \dot{y}_2^2) \\ &= \frac{1}{2} m_2 [(l_1 \dot{\varphi}_1 \cos \varphi_1 + l_2 \dot{\varphi}_2 \cos \varphi_2)^2 + (l_1 \dot{\varphi}_1 \sin \varphi_1 + l_2 \dot{\varphi}_2 \sin \varphi_2)^2] \\ &= \frac{1}{2} m_2 [l_1^2 \dot{\varphi}_1^2 + l_2^2 \dot{\varphi}_2^2 + 2 l_1 l_2 \dot{\varphi}_1 \dot{\varphi}_2 \cos (\varphi_1 - \varphi_2)] \end{aligned}$$

总动能：$T = T_1 + T_2$；总势能：$V = V_1 + V_2$。

假设 $\varphi_1 = 0$、 $\varphi_2 = 0$ 时 m_2 所在位置为零势能点，则质点 m_1 与质点 m_2 的势能分别为：

$$V_1 = m_1 g (l_1 + l_2 - y_1) = m_1 g [l_1 (1 - \cos \varphi_1) + l_2]$$

$$V_2 = m_2 g (l_1 + l_2 - l_1 \cos \varphi_1 - l_2 \cos \varphi_2)$$

可以得到

$$\frac{\partial T}{\partial \dot{\varphi}_1} = m_1 l_1^2 \dot{\varphi}_1 + m_2 l_1^2 \dot{\varphi}_1 + m_2 l_1 l_2 \dot{\varphi}_2 \cos (\varphi_1 - \varphi_2)$$

$$\frac{\mathrm{d}}{\mathrm{d}t} \left(\frac{\partial T}{\partial \dot{\varphi}_1} \right) = (m_1 + m_2) l_1^2 \ddot{\varphi}_1 + m_2 l_1 l_2 [\ddot{\varphi}_2 \cos (\varphi_1 - \varphi_2) - \dot{\varphi}_2 (\dot{\varphi}_1 - \dot{\varphi}_2) \sin (\varphi_1 - \varphi_2)]$$

$$\frac{\partial T}{\partial \varphi_1} = - m_2 l_1 l_2 \dot{\varphi}_1 \dot{\varphi}_2 \sin (\varphi_1 - \varphi_2)$$

$$\frac{\partial V}{\partial \varphi_1} = (m_1 + m_2) g l_1 \sin \varphi_1$$

$$\frac{\partial T}{\partial \dot{\varphi}_2} = m_2 l_2^2 \dot{\varphi}_2 + m_2 l_1 l_2 \dot{\varphi}_1 \cos (\varphi_1 - \varphi_2)$$

$$\frac{\mathrm{d}}{\mathrm{d}t} \left(\frac{\partial T}{\partial \dot{\varphi}_2} \right) = m_2 l_2^2 \ddot{\varphi}_2 + m_2 l_1 l_2 [\ddot{\varphi}_1 \cos (\varphi_1 - \varphi_2) - \dot{\varphi}_1 (\dot{\varphi}_1 - \dot{\varphi}_2) \sin (\varphi_1 - \varphi_2)]$$

$$\frac{\partial T}{\partial \varphi_2} = m_2 l_1 l_2 \dot{\varphi}_1 \dot{\varphi}_2 \sin(\varphi_1 - \varphi_2)$$

$$\frac{\partial V}{\partial \varphi_2} = m_2 g l_2 \sin \varphi_2$$

将以上各式代入拉格朗日运动方程，再根据 φ_1、φ_2 为微小量，有

$$\sin \varphi_1 = \varphi_1, \quad \sin \varphi_2 = \varphi_2, \quad \cos \varphi_1 = \cos \varphi_2 = 1$$

略去二阶微小量，最后得到体系微幅运动方程为

$$(m_1 + m_2) l_1^2 \ddot{\varphi}_1 + m_2 l_1 l_2 \ddot{\varphi}_2 + (m_1 + m_2) g l_1 \varphi_1 = -(P_1 + P_2) l_1 \varphi_1$$

$$m_2 l_1 l_2 \ddot{\varphi}_1 + m_2 l_2^2 \ddot{\varphi}_2 + m_2 g l_2 \varphi_2 = -P_2 l_2 \varphi_2$$

写成矩阵形式为

$$\begin{bmatrix} (m_1 + m_2) l_1^2 & m_2 l_1 l_2 \\ m_2 l_1 l_2 & m_2 l_2^2 \end{bmatrix} \begin{bmatrix} \ddot{\varphi}_1 \\ \ddot{\varphi}_2 \end{bmatrix} + \begin{bmatrix} (P_1 + P_2 + m_1 g + m_2 g) l_1 & 0 \\ 0 & (P_2 + m_2 g) l_2 \end{bmatrix} \begin{bmatrix} \varphi_1 \\ \varphi_2 \end{bmatrix} = \begin{bmatrix} 0 \\ 0 \end{bmatrix}$$

A.4 哈密尔顿原理

A.4.1 数学推导

对于理想约束的质点系，系统的动能函数可以表示为广义坐标和广义速度的函数，即

$$T = T(q_1, q_2, \cdots, q_n, \dot{q}_1, \dot{q}_2, \cdots, \dot{q}_n, t) \tag{A.30}$$

于是动能函数的变分可写为

$$\delta T = \sum_{j=1}^{n} \left(\frac{\partial T}{\partial q_j} \delta q_j + \frac{\partial T}{\partial \dot{q}_j} \delta \dot{q}_j \right) \tag{A.31}$$

从 t_0 时刻到 t_1 时刻的区间上对式(A.31)积分，有

$$\int_{t_0}^{t_1} (\delta T) \mathrm{d}t = \int_{t_0}^{t_1} \sum_{j=1}^{n} \frac{\partial T}{\partial q_j} \delta q_j \mathrm{d}t + \int_{t_0}^{t_1} \sum_{j=1}^{n} \frac{\partial T}{\partial \dot{q}_j} \delta \dot{q}_j \mathrm{d}t \tag{A.32}$$

根据变分运算法则 $\delta \mathrm{d}y = \mathrm{d}\delta y$，式(A.32)最后一项可以写为

$$\int_{t_0}^{t_1} \sum_{j=1}^{n} \frac{\partial T}{\partial \dot{q}_j} \delta \dot{q}_j \mathrm{d}t = \int_{t_0}^{t_1} \sum_{j=1}^{n} \frac{\partial T}{\partial \dot{q}_j} \left(\frac{\mathrm{d}}{\mathrm{d}t} \delta q_j \right) \mathrm{d}t = \sum_{j=1}^{n} \frac{\partial T}{\partial \dot{q}_j} \delta q_j \Bigg|_{t_0}^{t_1} - \int_{t_0}^{t_1} \sum_{j=1}^{n} \left(\frac{\mathrm{d}}{\mathrm{d}t} \frac{\partial T}{\partial \dot{q}_j} \right) \delta q_j \mathrm{d}t \tag{A.33}$$

将式(A.33)代入式(A.32)，并根据端点处 $\delta q_j = 0$，得到

$$\int_{t_0}^{t_1} (\delta T) \mathrm{d}t = \int_{t_0}^{t_1} \sum_{j=1}^{n} \left(\frac{\partial T}{\partial q_j} - \frac{\mathrm{d}}{\mathrm{d}t} \frac{\partial T}{\partial \dot{q}_j} \right) \delta q_j \mathrm{d}t \tag{A.34}$$

根据拉格朗日方程(A.29)，可以得到

$$\int_{t_0}^{t_1} \left(\delta T - \sum_{j=1}^{n} \frac{\partial V}{\partial q_j} \delta q_j + \sum_{j=1}^{n} Q_j \delta q_j \right) \mathrm{d}t = 0 \tag{A.35}$$

由于

$$\sum_{j=1}^{n} \frac{\partial V}{\partial q_j} \delta q_j = \delta V \tag{A.36}$$

同时记

$$\sum_{j=1}^{n} Q_j \delta q_j = \delta W_{nc} \tag{A.37}$$

将式(A.36)和式(A.36)代入式(A.35)得到

$$\int_{t_0}^{t_1} \delta(T - V)\,\mathrm{d}t + \int_{t_0}^{t_1} \delta W_{nc}\,\mathrm{d}t = 0 \tag{A.38}$$

式中　T—— 体系的总动能；

V—— 保守力产生的体系的势能；

W_{nc}—— 作用于体系上的非保守力所做的功；

δ—— 指定时段内所取的变分。

A.4.2　应用案例详解

【例 A.6】　用哈密尔顿原理建立如图 A.8 所示体系的运动方程。

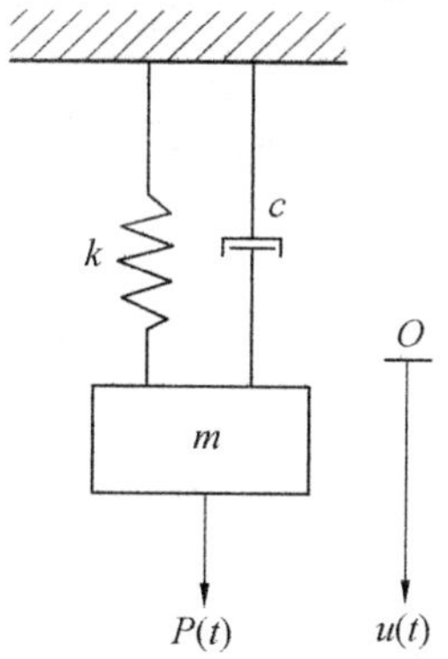

图 A.8

解　质量 m 的动能为

$$T = \frac{1}{2} m\dot{u}^2$$

体系的势能(保守力)为

$$V = \frac{1}{2} k u^2$$

非保守力做功的变分等于非保守力在位移变分上 δu 做的功,即

$$\delta W_{nc} = P\delta u - c\dot{u}\delta u$$

将以上各式都代入哈密尔顿原理,得

$$\int_{t_1}^{t_2} (m\dot{u}\delta\dot{u} - ku\delta u + P\delta u - c\dot{u}\delta u)\,\mathrm{d}t = 0$$

又因为

$$\int_{t_1}^{t_2} m\dot{u}\delta\dot{u}\,\mathrm{d}t = \int_{t_1}^{t_2} m\dot{u}\,\frac{\mathrm{d}(\delta u)}{\mathrm{d}t}\mathrm{d}t = m\dot{u}\delta u \Big|_{t_1}^{t_2} - \int_{t_1}^{t_2} m\ddot{u}\delta u\,\mathrm{d}t = -\int_{t_1}^{t_2} m\ddot{u}\delta u\,\mathrm{d}t$$

所以有

$$\int_{t_1}^{t_2} (-m\ddot{u} - c\dot{u} - ku + P)\delta u\,\mathrm{d}t = 0$$

由于 δu 的任意性，有：$m\ddot{u} + c\dot{u} + ku = P$。

A.5　四种方法对比

表 A.1　四种动力学方程建立方法对比

<table>
<tr><th>方法</th><th>特点</th><th>其他</th></tr>
<tr><td>达朗贝尔原理</td><td>矢量方法，直观，建立了动平衡概念</td><td>使得在结构静力分析中的一些建立控制方程的方法可以直接推广到动力问题</td></tr>
<tr><td>虚功原理</td><td>半矢量法，可处理复杂分布质量和弹性问题</td><td>获得体系虚功后，可采用标量运算建立体系的运动方程</td></tr>
<tr><td>哈密尔顿原理</td><td>标量方法，表达简洁</td><td rowspan="2">如果不考虑非保守力做的功（主要是阻尼力），则是完全的标量运算</td></tr>
<tr><td>拉格朗日方程</td><td>标量方法，运用面广</td></tr>
</table>

附录 B　特征值问题求解方法

在结构动力学中为求解实际问题所建立的数学模型，从高度简化的仅有几个自由度的系统，到高度复杂的具有几百甚至几千个自由度的有限元模型，其中可能多达50 ~ 100个振型对反应有不可忽视的影响。为了有效地处理这些实际问题，本章介绍 Rayleigh 法、Rayleigh - Ritz 法、向量迭代法及子空间迭代法，这些方法是许多实际振动问题或特征值问题求解的基础。

B.1　特征值问题的求解

N - DOF 系统的固有振动分析归结为求解式(B.1) 所示的特征值问题：

$$\boldsymbol{K}\boldsymbol{\varphi}_n = \boldsymbol{\lambda}_n\boldsymbol{M}\boldsymbol{\varphi}_n \tag{B.1}$$

其中，特征值 $\lambda_n \equiv \omega_n^2(n = 1,\cdots,N)$ 是如下特征方程的根：

$$f(\boldsymbol{\lambda}) = |\boldsymbol{K} - \boldsymbol{\lambda}\boldsymbol{M}| = 0 \tag{B.2}$$

显然，特征多项式 $f(\boldsymbol{\lambda})$ 是一个 N 次代数多项式。$(\boldsymbol{\lambda}_n,\boldsymbol{\varphi}_n)$ 称为系统的第 n 阶特征对，它们满足式(B.1)。

特征多项式 $f(\boldsymbol{\lambda})$ 可以通过对矩阵 $\boldsymbol{K} - \boldsymbol{\lambda}\boldsymbol{M}$ 进行三角分解求得，即

$$f(\boldsymbol{\lambda}) = |\boldsymbol{K} - \boldsymbol{\lambda}\boldsymbol{M}| = |\boldsymbol{L}\boldsymbol{d}\boldsymbol{L}^{\mathrm{T}}| = \prod_{i=1}^{N} d_{ii} \tag{B.3}$$

式中　$\boldsymbol{L}$—— 对角元素为 1 的下三角矩阵；

$\boldsymbol{d}$—— 对角元素为 d_{ii} 的对角矩阵；

$\boldsymbol{L}\boldsymbol{d}\boldsymbol{L}^{\mathrm{T}}$—— 矩阵 $\boldsymbol{K} - \boldsymbol{\lambda}\boldsymbol{M}$ 的三角分解。

与特征值问题式(B.1) 相对应的第 m 阶约束特征值问题为

$$\boldsymbol{K}^{(m)}\boldsymbol{\varphi}^{(m)} = \boldsymbol{\lambda}^{(m)}\boldsymbol{M}^{(m)}\boldsymbol{\varphi}^{(m)}, \quad m = 1,\cdots,N-1 \tag{B.4}$$

其中，$\boldsymbol{K}^{(m)}$ 和 $\boldsymbol{M}^{(m)}$ 分别是矩阵 $\boldsymbol{K}$ 和 $\boldsymbol{M}$ 删去各自后面的 m 行 m 列而得到的 $(N-m)$ 阶方阵。于是，式(B.4) 的特征多项式变为

$$f^{(m)}(\boldsymbol{\lambda}^{(m)}) = |\boldsymbol{K}^{(m)} - \boldsymbol{\lambda}^{(m)}\boldsymbol{M}^{(m)}| \tag{B.5}$$

由特征多项式 $f(\boldsymbol{\lambda}), f^{(1)}(\boldsymbol{\lambda}^{(1)}),\cdots,f^{(N-1)}(\boldsymbol{\lambda}^{(N-1)})$ 构成的序列称为 Sturm 序列。Sturm 序列有一个重要的性质，亦即在矩阵 $\boldsymbol{K} - \boldsymbol{\mu}\boldsymbol{M}$ 的三角分解 $\boldsymbol{L}\boldsymbol{d}\boldsymbol{L}^{\mathrm{T}}$ 中，对角阵 $\boldsymbol{d}$ 中负元素的个数等于 $\boldsymbol{K}\boldsymbol{\varphi} = \boldsymbol{\lambda}\boldsymbol{M}\boldsymbol{\varphi}$ 中小于 μ 的特征值个数。

直接采用公式(B.1) 性质的方法称为向量迭代法。根据迭代收敛于最低阶还是最高阶的固有振型和频率，向量迭代法可分为逆迭代法和正迭代法，以及移位(移轴) 的逆迭代法和移位的正迭代法等。变换法则构成求解特征值问题的第二类方法，它们采用了振型的正交性质，即

$$\boldsymbol{\psi}^{\mathrm{T}}\boldsymbol{K}\boldsymbol{\psi}=\boldsymbol{\Lambda},\boldsymbol{\psi}^{\mathrm{T}}\boldsymbol{M}\boldsymbol{\psi}=\boldsymbol{I} \tag{B.6}$$

其中，$\boldsymbol{\psi}$ 为正则振型矩阵，谱矩阵 $\boldsymbol{\Lambda}=\mathrm{diag}[\boldsymbol{\lambda}_1,\cdots,\boldsymbol{\lambda}_n]$。变换法又包括 Jacobi 法、Lanczos 法及 Householder QR 逆迭代法等。

多项式迭代法是特征值问题求解的第三类方法，它利用牛顿法、弦截法和抛物线法等方程求根方法来寻求特征方程 $f(\boldsymbol{\lambda})=0$ 的根，然后用移位向量迭代法求解相应的特征向量。Sturm 序列法则是特征值问题求解的另一类方法，它先根据 $\boldsymbol{K}-\mu\boldsymbol{M}$ 矩阵和 $\boldsymbol{K}-\boldsymbol{\eta}\boldsymbol{M}$ 的三角分解中对角阵 $\boldsymbol{d}$ 的负对角元素的个数来判断系统位于 $\boldsymbol{\mu}$ 和 $\boldsymbol{M}$ 之间的特征值个数，然后用二分法或 0.618 法识别各特征值所在的区间，最后用多项式迭代法求解特征值，用向量迭代法求解相应的特征向量。此外，为了分析大型复杂系统，可以将属于同一类或不同类的两种或多种方法联合应用，行列式搜索法和子空间迭代法就是这种联合应用的两个典型例子。

从本质上来说，所有求解特征值问题的方法都必须迭代。求解特征值问题 $\boldsymbol{K}\boldsymbol{\varphi}=\boldsymbol{\lambda}\boldsymbol{M}\boldsymbol{\varphi}$ 等价于寻求特征多项式 $f(\boldsymbol{\lambda})=0$ 的根，当 $N>4$ 时，这些根没有显式的形式，因而需要通过迭代法求解。为了寻找特征对 $(\boldsymbol{\lambda}_n,\boldsymbol{\varphi}_n)$，只需要对其中一个采用迭代计算，而另一个不需要迭代即可得到。例如，如果 $\boldsymbol{\varphi}_n$ 采用迭代确定，则 $\boldsymbol{\lambda}_n$ 可以通过计算 Rayleigh 商得到；如果 $\boldsymbol{\lambda}_n$ 采用迭代确定，则 $\boldsymbol{\varphi}_n$ 可以通过求解代数方程 $(\boldsymbol{K}-\boldsymbol{\lambda}_n\boldsymbol{M})\boldsymbol{\varphi}_n=0$ 得到。因此，选择先求解 $\boldsymbol{\lambda}_n$ 还是 $\boldsymbol{\varphi}_n$，或者二者同时求解，不得不考虑哪种方法最适合问题的类型。最直接影响选择特征解的因素有：① 刚度矩阵和质量矩阵的特性，如矩阵的阶数 N，刚度矩阵 $\boldsymbol{K}$ 的带宽，质量矩阵 $\boldsymbol{M}$ 是对角的还是带状的；② 所需特征值与特征向量的个数。

在以下的几节里，将主要介绍 Rayleigh 法、Rayleigh - Ritz 法、向量迭代法及子空间迭代法的基本原理和计算方法。

B.2　瑞利法

瑞利（Rayleigh）法能够以单自由度系统近似表示具有分布柔性的系统（连续系统），同时应用能量守恒原理计算系统的基本固有频率（基频）。同时，Rayleigh 法也可以将以离散坐标表示的多自由度系统简化为单自由度系统，并根据 Rayleigh 商计算多自由度系统的基频。本节给出 Rayleigh 商及其特性，同时介绍两种改进的 Rayleigh 法。

B.2.1　瑞利商

为了应用 Rayleigh 法，必须用假设的形状向量和广义坐标幅值来表示系统的位移。对于一个具有 N 自由度的无阻尼系统，其自由振动的位移可以表示为

$$\boldsymbol{u}(t)=\boldsymbol{\psi}z(t)=\boldsymbol{\psi}z_0\sin(\omega t+\theta) \tag{B.7}$$

式中　$\boldsymbol{\psi}$——假设的形状向量；

z_0——广义坐标 $z(t)$ 的幅值。

于是，自由振动中的速度向量为

$$\dot{\boldsymbol{u}}(t)=\boldsymbol{\psi}z_0\omega\cos(\omega t+\theta) \tag{B.8}$$

系统的最大动能和最大势能分别为

$$T_{\max} = \frac{1}{2}\dot{\boldsymbol{u}}_{\max^{\mathrm{T}}}\boldsymbol{M}\dot{\boldsymbol{u}}_{\max} = \frac{1}{2}\dot{z}_0^2\omega^2\boldsymbol{\psi}^{\mathrm{T}}\boldsymbol{M}\boldsymbol{\psi} \tag{B.9}$$

$$V_{\max} = \frac{1}{2}\boldsymbol{u}_{\max^{\mathrm{T}}}\boldsymbol{K}\boldsymbol{u}_{\max} = \frac{1}{2}z_0^2\boldsymbol{\psi}^{\mathrm{T}}\boldsymbol{K}\boldsymbol{\psi} \tag{B.10}$$

根据 Rayleigh 能量原理,使最大动能等于最大势能可求得频率

$$R_0(\boldsymbol{\psi}) = \omega^2 = \frac{\boldsymbol{\psi}^{\mathrm{T}}\boldsymbol{K}\boldsymbol{\psi}}{\boldsymbol{\psi}^{\mathrm{T}}\boldsymbol{M}\boldsymbol{\psi}} \tag{B.11}$$

式(B.11)定义的商称为 Rayleigh 商。Rayleigh 商具有以下特性。

(1)当假设的形状向量恰好是第 n 阶固有振型时,Rayleigh 商等于相应的固有频率的平方,即

$$R_0(\boldsymbol{\varphi}_n) = \frac{\boldsymbol{\varphi}_n^{\mathrm{T}}\boldsymbol{K}\boldsymbol{\varphi}_n}{\boldsymbol{\varphi}_n^{\mathrm{T}}\boldsymbol{M}\boldsymbol{\varphi}_n} = \frac{\boldsymbol{K}_n}{\boldsymbol{M}_n} = \omega_n^2 \tag{B.12}$$

(2)Rayleigh 商在第一阶固有频率的平方与最高阶固有频率的平方之间是有界的,即

$$\omega_1^2 \leqslant R_0(\boldsymbol{\psi}) \leqslant \omega_N^2 \tag{B.13}$$

证明如下:

设 $\boldsymbol{\psi}$ 为任意向量,根据振型的展开定理,将 $\boldsymbol{\psi}$ 用正则振型 $\boldsymbol{\psi}_n(n=1,\cdots,N)$ 展开为

$$\boldsymbol{\psi} = c_1\boldsymbol{\psi}_1 + \cdots + c_N\boldsymbol{\psi}_N = \sum_{n=1}^{N} c_n\boldsymbol{\psi}_n \tag{B.14}$$

将式(B.14)代入式(B.11)中,注意到 $\boldsymbol{\psi}_n^{\mathrm{T}}\boldsymbol{M}\boldsymbol{\psi}_n = 1$,$\boldsymbol{\psi}_n^{\mathrm{T}}\boldsymbol{M}\boldsymbol{\psi}_n = \omega_n^2$。于是,得到

$$R_0(\boldsymbol{\psi}) = \frac{c_1^2\omega_1^2 + \cdots + c_N^2\omega_N^2}{c_1^2 + \cdots + c_N^2} \tag{B.15}$$

假设 $\omega_1 > 0$,式(B.15)可以写为

$$R_0(\boldsymbol{\psi}) = \omega_1^2\left[\frac{1 + (c_2/c_1)^2(\omega_2/\omega_1)^2 + \cdots + (c_N/c_1)^2(\omega_N/\omega_1)^2}{1 + (c_2/c_1)^2 + \cdots + (c_N/c_1)^2}\right] \tag{B.16}$$

因为 $0 < \omega_1 \leqslant \cdots \leqslant \omega_n$,式(B.16)中分子的每一项都不小于分母中相应的项,则有

$$R_0(\boldsymbol{\psi}) \geqslant \omega_1^2 \tag{B.17}$$

同样地,将式(B.15)写为

$$R_0(\boldsymbol{\psi}) = \omega_n^2\left[\frac{(c_1/c_N)^2(\omega_1/\omega_N)^2 + (c_2/c_N)^2(\omega_2/\omega_N)^2 + \cdots + 1}{(c_1/c_N)^2 + (c_2/c_N)^2 + \cdots + 1}\right] \tag{B.18}$$

因为 $0 < \omega_1 \leqslant \cdots \leqslant \omega_n$,式(B.16)中分子的每一项都不小于分母中相应的项,则有

$$R_0(\boldsymbol{\psi}) \leqslant \omega_N^2 \tag{B.19}$$

由式(B.17)和式(B.19)即可得到式(B.13)。可见,Rayleigh 商在第一阶振型处取极小值,因此应用 Rayleigh 商来估计系统的基频 ω_1,所得到的结果为真实基频的上限。在物理上,这可理解为假设的形状相当于对实际系统增加了约束,使系统的刚度提高了,因此所得到的基频为真实基频的上限。

(3)如果假设的形状向量 $\boldsymbol{\psi}$ 与第 n 阶固有振型 $\boldsymbol{\varphi}_n$ 相差一阶小量,则 Rayleigh 商与第 n 阶固有频率 ω_n 的平方相差二阶小量,亦即 Rayleigh 商在真实 ω_N^2 的邻域内取驻值。

证明如下:

如果假设的形状向量 $\boldsymbol{\psi}$ 接近于第 n 阶固有振型 $\boldsymbol{\varphi}_n$（或正则振型 $\boldsymbol{\psi}_n$），它们相差一阶小量；即在式（B.14）中的系数 $c_m(m \neq n)$ 比 c_n 小很多，它们可表示为

$$c_m = \varepsilon_m c_n (m = 1, \cdots, N; m \neq n) \tag{B.20}$$

其中，$\varepsilon_m \ll 1$。于是，式（B.15）又可写为

$$R_0(\boldsymbol{\psi}) = \frac{\omega_n^2 + \sum\limits_{m=1,m\neq n}^{N} \varepsilon_m^2 \omega_m^2}{1 + \sum\limits_{m=1,m\neq n}^{N} \varepsilon_m^2} \tag{B.21}$$

考虑到 ε_m 为小量，将分母展开成幂级数，并仅保留到二阶小量，则有

$$R_0(\boldsymbol{\psi}) \doteq \left(\omega_N^2 + \sum_{m=1,m\neq n}^{N} \varepsilon_m^2 \omega_m^2\right)\left(1 - \sum_{m=1,m\neq n}^{N} \varepsilon_m^2\right) \doteq \omega_n^2 + \sum_{m=1}^{N} (\omega_m^2 - \omega_n^2)\varepsilon_m^2 \tag{B.22}$$

式（B.22）表明，假设的形状向量与真实振型接近时，用 Rayleigh 商来计算固有频率的误差是二阶小量，也就是说，Rayleigh 商在真实 ω_n^2 的邻域内取驻值。

根据 Rayleigh 商的上述特性，原则上可用 Rayleigh 商计算任意阶的固有频率，但由于高阶振型很难合理假设，因此 Rayleigh 商一般用于计算第一阶固有频率（基频）。

B.2.2　改进的瑞利法

如果已知的是柔度矩阵 $\boldsymbol{F}$，则不必通过求逆变成刚度矩阵 $\boldsymbol{K}$，可直接用柔度矩阵 $\boldsymbol{F}$ 计算基频，而且所得结果比用刚度矩阵 $\boldsymbol{K}$ 的结果更好。用柔度矩阵 $\boldsymbol{F}$ 所建立的无阻尼自由振动方程为

$$\boldsymbol{F}\boldsymbol{M}\ddot{\boldsymbol{u}}(t) + \boldsymbol{u}(t) = 0 \tag{B.23}$$

其自由振动的位移表达式仍为式（B.7）。将式（B.7）代入式（B.23）中，化简可得

$$-\omega^2 \boldsymbol{F}\boldsymbol{M}\boldsymbol{\psi} + \boldsymbol{\psi} = 0 \tag{B.24}$$

将式（B.24）两边左乘 $\boldsymbol{\psi}^{\mathrm{T}}\boldsymbol{M}$，得到

$$-\omega^2 \boldsymbol{\psi}^{\mathrm{T}}\boldsymbol{M}\boldsymbol{F}\boldsymbol{M}\boldsymbol{\psi} + \boldsymbol{\psi}^{\mathrm{T}}\boldsymbol{M}\boldsymbol{\psi} = 0 \tag{B.25}$$

由式（B.25）可解得

$$R_1(\boldsymbol{\psi}) = \omega^2 = \frac{\boldsymbol{\psi}^{\mathrm{T}}\boldsymbol{M}\boldsymbol{\psi}}{\boldsymbol{\psi}^{\mathrm{T}}\boldsymbol{M}\boldsymbol{F}\boldsymbol{M}\boldsymbol{\psi}} \tag{B.26}$$

式（B.26）即为相应于柔度矩阵 $\boldsymbol{F}$ 的 Rayleigh 商，或称为改进的 Rayleigh 商。改进的 Rayleigh 商 $R_1(\boldsymbol{\psi})$ 与 Rayleigh 商 $R_0(\boldsymbol{\psi})$ 一样，具有下述特性。

当假设的形状向量 $\boldsymbol{\psi}$ 恰好就是第 n 阶固有振型 $\boldsymbol{\varphi}_n$ 时，改进的 Rayleigh 商即为第 n 阶固有频率的平方。事实上，由式（B.26）可得

$$R_1(\boldsymbol{\varphi}_n) = \frac{\boldsymbol{\varphi}_n^{\mathrm{T}}\boldsymbol{M}\boldsymbol{\varphi}_n}{\boldsymbol{\varphi}_n^{\mathrm{T}}\boldsymbol{M}(\boldsymbol{F}\boldsymbol{M}\boldsymbol{\varphi}_n)} = \frac{\boldsymbol{\varphi}_n^{\mathrm{T}}\boldsymbol{M}\boldsymbol{\varphi}_n}{\boldsymbol{\varphi}_n^{\mathrm{T}}\boldsymbol{M}\left(\dfrac{1}{\omega_n^2}\boldsymbol{\varphi}_n\right)} = \omega_n^2 \tag{B.27}$$

当假设的形状向量 $\boldsymbol{\psi}$ 为任意的向量时，仍将它按式（B.14）展开，并将式（B.14）代入式（B.26）中，注意到 $\boldsymbol{\psi}^{\mathrm{T}}\boldsymbol{M}\boldsymbol{\psi} = 1$，$\boldsymbol{F}\boldsymbol{M}\boldsymbol{\psi}_n = \dfrac{1}{\omega_n^2}\boldsymbol{\psi}_n$，可得

$$R_1(\boldsymbol{\psi}) = \frac{c_1^2 + \cdots + c_N^2}{\dfrac{c_1^2}{\omega_1^2} + \cdots + \dfrac{c_N^2}{\omega_N^2}} \tag{B. 28}$$

根据式(B. 28)，可用与前面相同的方法证明改进的 Rayleigh 商 $R_1(\boldsymbol{\psi})$ 也具有式(B. 13) 的有界特性机与式(B. 22) 类似的驻值特性，即

$$\omega_1^2 \leqslant R_1(\boldsymbol{\psi}) \leqslant \omega_N^2 \tag{B. 29}$$

$$R_1(\boldsymbol{\psi}) \doteq \omega_n^2 + \sum_{m=1}^{N} (\omega_m^2 - \omega_n^2)\varepsilon_m^2 \frac{\omega_n^2}{\omega_m^2} \tag{B. 30}$$

式(B. 26) 定义的 Rayligh 商 $R_1(\boldsymbol{\psi})$ 用于计算系统的基频时，对于同一个假设的形状向量 $\boldsymbol{\psi}$，$R_1(\boldsymbol{\psi})$ 要比 $R_0(\boldsymbol{\psi})$ 更接近于基频的真实值，即有

$$R_1(\boldsymbol{\psi}) \leqslant R_0(\boldsymbol{\psi}) \tag{B. 31}$$

事实上，$R_1(\boldsymbol{\psi})$ 隐含了一次向量迭代，若记

$$\boldsymbol{\varphi} = (\boldsymbol{FM})\boldsymbol{\psi} \tag{B. 32}$$

因为 $\boldsymbol{KF} = \boldsymbol{I}$(单位阵)，故式(B. 26) 可写为

$$R_1(\boldsymbol{\psi}) = \frac{\boldsymbol{\psi}^{\mathrm{T}}(\boldsymbol{KF})\boldsymbol{M\psi}}{\boldsymbol{\psi}^{\mathrm{T}}\boldsymbol{MFM\psi}} = \frac{\boldsymbol{\psi}^{\mathrm{T}}\boldsymbol{K\varphi}}{\boldsymbol{\psi}^{\mathrm{T}}\boldsymbol{M\varphi}} \tag{B. 33}$$

根据向量迭代法，迭代后的向量 $\boldsymbol{\varphi}$ 比 $\boldsymbol{\psi}$ 更接近于第一阶固有振型，所以式(B. 31) 的结论成立。同样地，若将式(B. 33) 等号右边的向量 $\boldsymbol{\psi}$ 都换为 $\boldsymbol{\varphi}$，而左边将变为 $R_0(\boldsymbol{\varphi})$，则应有如下结论：

$$R_0(\boldsymbol{\varphi}) = R_2(\boldsymbol{\psi}) \leqslant R_1(\boldsymbol{\psi}) \tag{B. 34}$$

其中

$$R_2(\boldsymbol{\psi}) = \frac{\boldsymbol{\psi}^{\mathrm{T}}\boldsymbol{MFM\psi}}{\boldsymbol{\psi}^{\mathrm{T}}\boldsymbol{MFMFM\psi}} \tag{B. 35}$$

式(B. 35) 称为第二改进的 Rayleigh 商，相应地，将 $R_1(\boldsymbol{\psi})$ 称为第一改进的 Rayleigh 商。下面，给出第二改进的 Rayleigh 商 $R_2(\boldsymbol{\psi})$ 的物理解释。

如果将式(B. 7) 看作初始的位移假设，即

$$u^{(0)} = \boldsymbol{\psi}z = \boldsymbol{\psi}z_0 \sin(\omega t + \theta) \tag{B. 36}$$

那么，自由振动所产生的惯性力将是

$$F_{\mathrm{I}} = -\boldsymbol{M}\ddot{\boldsymbol{u}}^{(0)} = \omega^2 \boldsymbol{M\psi}z \tag{B. 37}$$

由该惯性力所引起的位移是

$$u^{(1)} = \boldsymbol{F}F_{\mathrm{I}} = \omega^2 \boldsymbol{FM\psi}z = \omega^2 \boldsymbol{FM\psi}z_0 \sin(\omega t + \theta) \tag{B. 38}$$

它是第一阶固有振型的一个很好近似。因此，当在 Rayleigh 法中采用这个导出的形状时，将产生一个比初始假设更好的结果。将式(B. 38) 代入式(B. 6) 中，并由 Rayleigh 能量原理，即可得到式(B. 35)。

B.2.3　瑞利 - 里兹法

在许多结构中，虽然用 Rayleigh 法能对第一阶振型和频率给出令人满意的近似解。但是在动力分析中，为了获得足够精确的结果，往往需要一个以上的振型和频率。Rayleigh 法

的 Ritz 扩展是计算系统的前几阶振型和频率的最方便的方法之一。

1. 基本理论

对于具有 N 自由度的系统，Rayleigh - Ritz 法允许用一组假设的形状向量 $\boldsymbol{\varphi}_i(i=1,\cdots,n)$ 和幅值 z_i 来表示位移向量，即

$$\boldsymbol{u}(t)=\sum_{i=1}^{n}\boldsymbol{\varphi}_i z_i\sin(\omega t+\theta)=\boldsymbol{DZ}\sin(\omega t+\theta) \tag{B.39}$$

其中

$$\boldsymbol{D}=[\boldsymbol{\varphi}_1\cdots\boldsymbol{\varphi}_n],\quad \boldsymbol{Z}=[z_1\cdots z_n]^{\mathrm{T}} \tag{B.40}$$

显然，$\boldsymbol{D}$ 是 n 阶的矩阵，$\boldsymbol{Z}$ 是 n 维列向量。这里，$\boldsymbol{\varphi}_1,\cdots,\boldsymbol{\varphi}_n$ 是事先选取的 n 个线性独立的假设形状向量，而广义坐标的幅值向量 $\boldsymbol{Z}$ 仍为未知。

若记

$$\boldsymbol{U}=\boldsymbol{DZ} \tag{B.41}$$

将式(B.41)代入 Rayleigh 商的表达式(B.11)中，得到：

$$R_0(\boldsymbol{U})=\hat{\omega}^2=\frac{\boldsymbol{Z}^{\mathrm{T}}\boldsymbol{D}^{\mathrm{T}}\boldsymbol{KDZ}}{\boldsymbol{Z}^{\mathrm{T}}\boldsymbol{D}^{\mathrm{T}}\boldsymbol{MDZ}}=\frac{\boldsymbol{Z}^{\mathrm{T}}\hat{\boldsymbol{K}}\boldsymbol{Z}}{\boldsymbol{Z}^{\mathrm{T}}\hat{\boldsymbol{M}}\boldsymbol{Z}} \tag{B.42}$$

其中，$\hat{\boldsymbol{K}}$ 及 $\hat{\boldsymbol{M}}$ 为 n 阶对称方阵，即

$$\hat{\boldsymbol{K}}=\boldsymbol{D}^{\mathrm{T}}\boldsymbol{KD},\quad \hat{\boldsymbol{M}}=\boldsymbol{D}^{\mathrm{T}}\boldsymbol{MD} \tag{B.43}$$

为了计算式(B.42)，需要利用 Rayleigh 法提供的振动频率总是真实值的上限这一事实。换言之，由任何假设的形状计算所得的频率总比真实的频率要高，所以对形状的最佳逼近，也即对 $\boldsymbol{Z}$ 的最佳选择使频率减到最小。

因此，将 $R_0(\boldsymbol{U})$ 对所有的广义坐标幅值 $z_i(i=1,\cdots,n)$ 求偏导数，并令其为零得到

$$\frac{\partial R_0(\boldsymbol{U})}{\partial z_i}=0,\quad i=1,\cdots,n \tag{B.44}$$

即有

$$\frac{1}{(\boldsymbol{Z}^{\mathrm{T}}\hat{\boldsymbol{M}}\boldsymbol{Z})^2}\left[(\boldsymbol{Z}^{\mathrm{T}}\hat{\boldsymbol{M}}\boldsymbol{Z})\frac{\partial}{\partial z_i}(\boldsymbol{Z}^{\mathrm{T}}\hat{\boldsymbol{K}}\boldsymbol{Z})-(\boldsymbol{Z}^{\mathrm{T}}\hat{\boldsymbol{K}}\boldsymbol{Z})\frac{\partial}{\partial z_i}(\boldsymbol{Z}^{\mathrm{T}}\hat{\boldsymbol{M}}\boldsymbol{Z})\right]=0,\quad i=1,\cdots,n \tag{B.45}$$

从式(B.42)可知，$\boldsymbol{Z}^{\mathrm{T}}\hat{\boldsymbol{K}}\boldsymbol{Z}=\hat{\omega}^2(\boldsymbol{Z}^{\mathrm{T}}\hat{\boldsymbol{M}}\boldsymbol{Z})$。于是，式(B.45)又可写为

$$\frac{\partial}{\partial z_i}\boldsymbol{Z}^{\mathrm{T}}\hat{\boldsymbol{K}}\boldsymbol{Z}-\hat{\omega}^2\frac{\partial}{\partial z_i}\hat{\omega}^2(\boldsymbol{Z}^{\mathrm{T}}\hat{\boldsymbol{M}}\boldsymbol{Z})=0,\quad i=1,\cdots,n \tag{B.46}$$

或合并后写为

$$\frac{\partial}{\partial Z}\boldsymbol{Z}^{\mathrm{T}}\hat{\boldsymbol{K}}\boldsymbol{Z}-\hat{\omega}^2\frac{\partial}{\partial Z}\hat{\omega}^2(\boldsymbol{Z}^{\mathrm{T}}\hat{\boldsymbol{M}}\boldsymbol{Z})=0 \tag{B.47}$$

这里，$\frac{\partial}{\partial \boldsymbol{Z}}$ 表示分别对 $\boldsymbol{Z}$ 中的各个元素依次求偏导数，并排成列向量。

由于

$$\frac{\partial}{\partial z_i}(\boldsymbol{Z}^{\mathrm{T}}\hat{\boldsymbol{K}}\boldsymbol{Z})=\left(\frac{\partial}{\partial z_i}\boldsymbol{Z}\right)^{\mathrm{T}}\hat{\boldsymbol{K}}\boldsymbol{Z}+\boldsymbol{Z}^{\mathrm{T}}\hat{\boldsymbol{K}}\left(\frac{\partial}{\partial z_i}\boldsymbol{Z}\right)=2\left(\frac{\partial}{\partial z_i}\boldsymbol{Z}\right)^{\mathrm{T}}\hat{\boldsymbol{K}}\boldsymbol{Z}=2\boldsymbol{e}_i^{\mathrm{T}}\hat{\boldsymbol{K}}\boldsymbol{Z},\quad i=1,\cdots,n \tag{B.48}$$

其中,向量 $\boldsymbol{e}_i$ 是 n 阶单位阵 $\boldsymbol{I}$ 的第 i 列。将上述 n 个方程合并写为

$$\begin{cases}\dfrac{\partial}{\partial \boldsymbol{Z}}(\boldsymbol{Z}^{\mathrm{T}}\hat{\boldsymbol{K}}\boldsymbol{Z}) = 2\hat{\boldsymbol{K}}\boldsymbol{Z} \\ \dfrac{\partial}{\partial \boldsymbol{Z}}(\boldsymbol{Z}^{\mathrm{T}}\hat{\boldsymbol{M}}\boldsymbol{Z}) = 2\hat{\boldsymbol{M}}\boldsymbol{Z}\end{cases} \tag{B.49}$$

将式(B.49)代入式(B.47)中,得到

$$(\hat{\boldsymbol{K}} - \hat{\omega}^2\hat{\boldsymbol{M}})\hat{\boldsymbol{Z}} = 0 \tag{B.50}$$

式中　$\hat{\boldsymbol{Z}}$—— 满足这个特征值问题的每一个特征向量。

由于矩阵 $\hat{\boldsymbol{K}}$ 及 $\hat{\boldsymbol{M}}$ 的阶数 n 一般远小于原系统的自由度数 N,这样式(B.50)所示的特征值问题要比原系统的特征值问题求解起来容易得多。实际上,Rayleigh - Ritz 法是一种缩减系统自由度数计算振动特性的近似方法,$\hat{\boldsymbol{K}}$ 及 $\hat{\boldsymbol{M}}$ 即为自由度数缩减为 n 的新系统的刚度矩阵与质量矩阵。

通过求解特征值问题[即式(B.50)],得到 n 个特征值 $\hat{\omega}_1^2,\cdots,\hat{\omega}_n^2$ 及相应的特征向量 $\hat{\boldsymbol{Z}}_1,\cdots,\hat{\boldsymbol{Z}}_n$。于是,原系统的前 n 阶固有频率可近似取为

$$\omega_i^2 = \hat{\omega}_i^2,\quad i = 1,\cdots,n \tag{B.51}$$

而相应的前 n 阶固有振型可近似取为

$$\boldsymbol{\varphi}_i = \frac{1}{A_i}\boldsymbol{U}_i = \frac{1}{A_i}\boldsymbol{D}\hat{\boldsymbol{Z}}_i,\quad i = 1,\cdots,n \tag{B.52}$$

式中　A_i—— 某一基准分量而进行的归一化处理。

通常,用 Rayleigh - Ritz 法计算的高阶特征值的精度低于低阶特征值。因此,为了得到 $n/2$ 个高精度的振型和频率,一般应取 n 个假设的形状向量 $\boldsymbol{\varphi}_i(i = 1,2,\cdots,n)$ 和幅值 Z_i。

下面,给出 Rayleigh - Ritz 法的两个基本特性。

(1) 正交性。

由式(B.52)表示的近似振型对原系统的刚度矩阵 $\boldsymbol{K}$ 和质量矩阵 $\boldsymbol{M}$ 是正交的。事实上,由式(B.50)计算的特征向量满足如下正交性:

$$\hat{\boldsymbol{Z}}_i^{\mathrm{T}}\hat{\boldsymbol{K}}\hat{\boldsymbol{Z}}_j = 0,\quad \hat{\boldsymbol{Z}}_i^{\mathrm{T}}\hat{\boldsymbol{M}}\hat{\boldsymbol{Z}}_j = 0,\quad i \neq j \tag{B.53}$$

于是,有

$$\boldsymbol{\varphi}_i^{\mathrm{T}}\boldsymbol{K}\boldsymbol{\varphi}_j = \frac{1}{A_iA_j}\hat{\boldsymbol{Z}}_i^{\mathrm{T}}\boldsymbol{D}^{\mathrm{T}}\boldsymbol{K}\boldsymbol{D}\hat{\boldsymbol{Z}}_j = \frac{1}{A_iA_j}\hat{\boldsymbol{Z}}_i^{\mathrm{T}}\hat{\boldsymbol{K}}\hat{\boldsymbol{Z}}_j = 0,\quad i \neq j \tag{B.54}$$

同样地,有

$$\boldsymbol{\varphi}_i^{\mathrm{T}}\boldsymbol{M}\boldsymbol{\varphi}_j = \frac{1}{A_iA_j}\hat{\boldsymbol{Z}}_i^{\mathrm{T}}\hat{\boldsymbol{M}}\hat{\boldsymbol{Z}}_j = 0,\quad i \neq j \tag{B.55}$$

(2) 完备性。

理论上如果假设的形状向量线性 $\boldsymbol{\varphi}_1,\cdots,\boldsymbol{\varphi}_n$ 独立,并且每一个向量 $\boldsymbol{\varphi}_i(i = 1,\cdots,n)$ 都能够表示为原系统前 n 阶固有振型的线性组合,那么用 Rayleigh - Ritz 法计算的前 n 阶固有振型和频率是精确的。证明如下。

假设的形状矩阵 $\boldsymbol{D}$ 可以表示为

$$D = \boldsymbol{\Phi}_n C \tag{B. 56}$$

式中　$\boldsymbol{\Phi}_n$—— 由原系统振型矩阵 $\boldsymbol{\varphi}$ 的前 n 列构成的矩阵;

C——n 阶系数方阵。

由于 $N \times n$ 阶矩阵 D 及 $\boldsymbol{\Phi}$ 的秩都为 n,根据矩阵乘积的秩不大于各矩阵的秩,因此 n 阶方阵 C 必为满秩,即 C^{-1} 存在。

将式(B. 56) 代入式(B. 43) 中,得到

$$\begin{cases} K = D^{\mathrm{T}} K D = C^{\mathrm{T}} \boldsymbol{\Phi}_n^{\mathrm{T}} K \boldsymbol{\Phi}_n C = C^{\mathrm{T}} \overline{K}_n C \\ M = D^{\mathrm{T}} M D = C^{\mathrm{T}} \boldsymbol{\Phi}_n^{\mathrm{T}} M \boldsymbol{\Phi}_n C = C^{\mathrm{T}} \overline{M}_n C \end{cases} \tag{B. 57}$$

式中　$\overline{K}_n$、$\overline{M}_n$—— 以广义刚度 $K_1, \cdots, K_n$ 和广义质量 $M_1, \cdots, M_n$ 为对角元素的对角阵。

将式(B. 57) 代入特征值问题式(B. 50) 中,得到

$$(C^{\mathrm{T}} \overline{K}_n C - \hat{\omega}^2 C^{\mathrm{T}} \overline{M}_n C) \hat{Z} = 0 \tag{B. 58}$$

因为存在 C^{-1},故 $(C^{\mathrm{T}})^{-1}$ 存在。于是,在式(B. 58) 两边左乘 $(C^{\mathrm{T}})^{-1}$ 得到

$$(\overline{K}_n - \hat{\omega}^2 \overline{M}_n)(C\hat{Z}) = 0 \tag{B. 59}$$

式(B. 59) 表明,特征值问题式(B. 50) 的 n 个特征值即为 $\hat{\omega}_i^2 = K_i / M_i = \omega_i^2\ (i = 1, \cdots, n)$。

在特征值问题式(B. 59) 中,因为 $\overline{K}_n$ 及 $\overline{M}_n$ 都为对角阵,所以与特征值 $\hat{\omega}_i^2 = K_i / M_i$ 对应的特征向量 $C\hat{Z}_i$ 中只有第 i 个元素不为零,其余的元素均为零,不妨取非零元素为 A_i。于是,有

$$C\hat{\boldsymbol{\Phi}} = C[\hat{Z}_1 \cdots \hat{Z}_n] = [C\hat{Z}_1 \cdots C\hat{Z}_n] = \overline{A} \tag{B. 60}$$

其中,$\overline{A}$ 是以 $A_i (i = 1, \cdots, n)$ 为对角元素的对角阵,它是一个可逆矩阵。

式(B. 60) 也可写为

$$C^{-1} = \hat{\boldsymbol{\Phi}} \overline{A}^{-1} \tag{B. 61}$$

于是,由式(B. 56) 可得

$$\boldsymbol{\Phi}_n = D C^{-1} = D \hat{\boldsymbol{\Phi}} \overline{A}^{-1} \tag{B. 62}$$

或写为

$$[\boldsymbol{\varphi}_1 \cdots \boldsymbol{\varphi}_n] = [D\hat{Z}_1 \cdots D\hat{Z}_n] \overline{A}^{-1} = \left[\frac{1}{A_1} D\hat{Z}_1 \cdots \frac{1}{A_n} D\hat{Z}_n \right] \tag{B. 63}$$

此式即为式(B. 52)。

2. 改进的瑞利 - 里茨法

前面介绍的 Rayleigh 法的某些改进类型,同样可以适用于 Rayleigh - Ritz 法。因而,类似于式(B. 50) 的特征值问题为

$$(\hat{K} - \hat{\omega}^2 \hat{M}) \hat{Z} = 0 \tag{B. 64}$$

其中,改进的刚度矩阵和质量矩阵分别为

$$\hat{K} = D^{\mathrm{T}} M F M D, \quad \hat{M} = D^{\mathrm{T}} M F M F M D \tag{B. 65}$$

这类改进的主要优点是它们所依据的惯性力挠度，可以从非常粗糙的初始假设来提供合理的假设形状。在大型复杂结构中，形状的估计往往是十分困难的，而用这类改进方法仅仅需要每个形状的大致特征即可。此外，它还可以避免使用刚度矩阵。

Rayleigh - Ritz 法的这个改进可以看作一种迭代解法的第一次循环，正如改进的 Rayleigh 法相当于基本向量迭代法的一次循环一样。事实上，如果令初始假设的形状为 $\boldsymbol{D}^{(0)}$，由这些形状所对应的惯性力产生的挠度记为 $\boldsymbol{D}^{(1)}$，即

$$\boldsymbol{D}^{(1)} = \boldsymbol{FMD}^{(0)} \tag{B.66}$$

这样，式(B.65)即可写为

$$\hat{\boldsymbol{K}} = (\boldsymbol{D}^{(1)})^{\mathrm{T}}\boldsymbol{MD}^{(0)}, \quad \hat{\boldsymbol{M}} = (\boldsymbol{D}^{(1)})^{\mathrm{T}}\boldsymbol{MD}^{(1)} \tag{B.67}$$

可见，在式(B.67)中的 $\hat{\boldsymbol{K}}$ 及 $\hat{\boldsymbol{M}}$ 都不需要柔度的显式，只需要能够在给定的荷载 $\boldsymbol{MD}^{(0)}$ 下计算出挠度 $\boldsymbol{D}^{(1)}$。

B.2.4 向量迭代法

在求解系统的动力反应时，系统较低的前几阶固有振型及频率往往占有较重要的地位。本部分介绍的向量迭代法是求解这类问题的一种简单而实用的方法。

1. 第一阶振型的计算

将特征值问题(B.1)重新写为

$$\boldsymbol{K\varphi} = \boldsymbol{\lambda M\varphi} \tag{B.68}$$

这里，假设刚度矩阵 $\boldsymbol{K}$ 是正定的，即 $\boldsymbol{K}^{-1}$ 存在，而质量矩阵 $\boldsymbol{M}$ 是带状矩阵或者对角矩阵。

显然，当式(B.68)的左边等于右边时，就得到一个特征值 $\boldsymbol{\lambda}_i$ 及相应的特征向量 $\boldsymbol{\varphi}_i$。由于只是在一个比例因子范围内确定特征向量，换言之，在迭代过程中只需要振动形状，因此特征值 $\boldsymbol{\lambda}$ 的选择不会影响最终的结果，于是可以在式(B.68)中略去 $\boldsymbol{\lambda}$，即令 $\boldsymbol{\lambda}=1$。这样，根据式(B.68)建立的迭代形式为

$$\boldsymbol{Ky}^{(j+1)} = \boldsymbol{Mx}^{(j)} \tag{B.69}$$

或

$$\boldsymbol{y}^{(j+1)} = \boldsymbol{Dx}^{(j)} \tag{B.70}$$

这里，$\boldsymbol{D}$ 是动力矩阵，定义为

$$\boldsymbol{D} = \boldsymbol{K}^{-1}\boldsymbol{M} = \boldsymbol{FM} \tag{B.71}$$

于是，改进的迭代向量 $\boldsymbol{x}^{(j+1)}$ 定义为

$$\boldsymbol{x}^{(j+1)} = \frac{\boldsymbol{y}^{(j+1)}}{\mathrm{ref}[\boldsymbol{y}^{(j+1)}]} \tag{B.72}$$

其中，$\mathrm{ref}[\boldsymbol{y}^{(j+1)}]$ 是一个基准系数或者正则化系数。一般地，可选择 $\mathrm{ref}[\boldsymbol{y}^{(j+1)}]=\max[\boldsymbol{y}^{(j+1)}]$ 使得 $\boldsymbol{x}^{(j+1)}$ 的最大元素等于 +1，或者选择 $\mathrm{ref}[\boldsymbol{y}^{(j+1)}] = [(\boldsymbol{y}^{(j+1)})^{\mathrm{T}}\boldsymbol{My}^{(j+1)}]^{\frac{1}{2}}$ 使得 $[\boldsymbol{x}^{(j+1)}]^{\mathrm{T}}\boldsymbol{Mx}^{(j+1)}=1$。

通过迭代计算得到的每一个 $\boldsymbol{y}^{(j+1)}$，即可应用 Rayleigh 商来估算相应的特征值：

$$\boldsymbol{\lambda}^{(j+1)}=\frac{[\boldsymbol{y}^{(j+1)}]^{\mathrm{T}}\boldsymbol{K}\boldsymbol{y}^{(j+1)}}{[\boldsymbol{y}^{(j+1)}]^{\mathrm{T}}\boldsymbol{M}\boldsymbol{y}^{(j+1)}}=\frac{[\boldsymbol{y}^{(j+1)}]^{\mathrm{T}}\boldsymbol{M}\boldsymbol{x}^{(j)}}{[\boldsymbol{y}^{(j+1)}]^{\mathrm{T}}\boldsymbol{M}\boldsymbol{y}^{(j+1)}} \tag{B.73}$$

当特征值的两个连续估计值足够接近时,迭代可以终止。随着迭代次数的增加,$\boldsymbol{y}^{(j+1)}$接近于特征向量 $\boldsymbol{\varphi}_1$,$\lambda^{(j+1)}$ 接近于特征值。下面,给出实用的向量迭代法的计算步骤。

(1) 选取初始的迭代向量 $\boldsymbol{x}^{(0)}$。

(2) 通过下列代数方程确定 $\boldsymbol{y}^{(j+1)}$:

$$\boldsymbol{y}^{(j+1)}=\boldsymbol{D}\boldsymbol{x}^{(j)} \tag{B.74}$$

(3) 通过计算 Rayleigh 商得到特征值的一个估计值:

$$\boldsymbol{\lambda}^{(j+1)}=\frac{[\boldsymbol{y}^{(j+1)}]^{\mathrm{T}}\boldsymbol{K}\boldsymbol{y}^{(j+1)}}{[\boldsymbol{y}^{(j+1)}]^{\mathrm{T}}\boldsymbol{M}\boldsymbol{y}^{(j+1)}}=\frac{[\boldsymbol{y}^{(j+1)}]^{\mathrm{T}}\boldsymbol{M}\boldsymbol{x}^{(j)}}{[\boldsymbol{y}^{(j+1)}]^{\mathrm{T}}\boldsymbol{M}\boldsymbol{y}^{(j+1)}} \tag{B.75}$$

(4) 通过比较 λ 的两个连续的估计值 $\boldsymbol{\lambda}^{(j+1)}$ 及 $\boldsymbol{\lambda}^{(j)}$,从而检验收敛性:

$$\delta^{(\lambda+1)}=\frac{|\boldsymbol{\lambda}^{(j+1)}-\boldsymbol{\lambda}^{(j)}|}{\boldsymbol{\lambda}^{(j+1)}}\leqslant\delta \tag{B.76}$$

其中,δ 为允许误差。

(5) 如果收敛性要求不满足,则取改进的迭代向量 $\boldsymbol{x}^{(j+1)}$ 为

$$\boldsymbol{x}^{(j+1)}=\frac{\boldsymbol{y}^{(j+1)}}{\max[\boldsymbol{y}^{(j+1)}]}\ \text{或}\ \boldsymbol{x}^{(j+1)}=\frac{\boldsymbol{y}^{(j+1)}}{[(\boldsymbol{y}^{(j+1)})^{\mathrm{T}}\boldsymbol{M}\boldsymbol{y}^{(j+1)}]^{\frac{1}{2}}} \tag{B.77}$$

然后返回到第(2) 步,用下一个 j 来执行新的迭代。重复上述的迭代过程,直到满足收敛性要求。

(6) 如果迭代满足收敛性要求后,则取

$$\boldsymbol{\varphi}_1=\boldsymbol{y}^{(j+1)},\quad \boldsymbol{\lambda}_1=\boldsymbol{\lambda}^{(j+1)} \tag{B.78}$$

上述的向量迭代法称为逆迭代法。

2. 迭代的收敛性

一个任意的向量 $\boldsymbol{x}^{(0)}$ 可以按振型 $\boldsymbol{\varphi}_n$ 展开为

$$\boldsymbol{x}^{(0)}=\sum_{n=1}^{N}\boldsymbol{\eta}_n\boldsymbol{\varphi}_n \tag{B.79}$$

$$\boldsymbol{D}\boldsymbol{\varphi}_n=\frac{1}{\lambda_n}\boldsymbol{\varphi}_n \tag{B.80}$$

于是,由式(B. 79) 和式(B. 80) 可得

$$\boldsymbol{D}\boldsymbol{x}^{(0)}=\sum_{n=1}^{N}\boldsymbol{\eta}_n\boldsymbol{D}\boldsymbol{\varphi}_n=\frac{1}{\lambda_1}\sum_{n=1}^{N}\boldsymbol{\eta}_n\left(\frac{\lambda_1}{\lambda_n}\right)\boldsymbol{\varphi}_n \tag{B.81}$$

由于每一步迭代循环都应用了式(B. 70) 和式(B. 72),其中包含了式(B. 70) 的解和式(B. 72) 的基准化或者正则化处理。同时,因为收敛性不受基准化或者正则化的影响,因此在式(B. 72) 中略去 ref[$\boldsymbol{y}^{(j+1)}$]。这样,迭代过程变为:

第一次迭代循环后:

$$\boldsymbol{y}^{(1)}=\boldsymbol{D}\boldsymbol{x}^{(0)},\quad \boldsymbol{x}^{(1)}=\boldsymbol{y}^{(1)} \tag{B.82}$$

第二次迭代循环后:

$$\boldsymbol{y}^{(2)}=\boldsymbol{D}\boldsymbol{x}^{(1)}=\boldsymbol{D}(\boldsymbol{D}\boldsymbol{x}^{(0)})=\frac{1}{\lambda_1}\sum_{n=1}^{N}\boldsymbol{\eta}_n\left(\frac{\lambda_1}{\lambda_n}\right)\boldsymbol{D}\boldsymbol{\varphi}_n=\frac{1}{\lambda_1^2}\sum_{n=1}^{N}\boldsymbol{\eta}_n\left(\frac{\lambda_1}{\lambda_n}\right)^2\boldsymbol{\varphi}_n,\quad \boldsymbol{x}^{(2)}=\boldsymbol{y}^{(2)} \tag{B.83}$$

类似地,第 j 次迭代循环为

$$\boldsymbol{y}^{(j)}=\frac{1}{\lambda_1^j}\sum_{n=1}^{N}\boldsymbol{\eta}_n\left(\frac{\lambda_1}{\lambda_n}\right)^j\boldsymbol{\varphi}_n \tag{B.84}$$

假设 $n>1$ 有 $\lambda_1<\lambda_2$,因此当 $j\to\infty$ 时,有 $(\lambda_1/\lambda_2)^j\to 0$。这样,在式(B.84)中,只有 $n=1$ 的项是显著的,即:

$$\boldsymbol{y}^{(j)}\to\frac{1}{\lambda_1^j}\boldsymbol{\eta}_1\boldsymbol{\varphi}_1,\quad j\to\infty \tag{B.85}$$

这表明,$\boldsymbol{y}^{(j)}$ 收敛于一个与固有振型 $\boldsymbol{\varphi}_1$ 成比例的向量。顺便指出,式(B.72)所示的向量 $\boldsymbol{x}^{(j+1)}$ 将收敛于 $\boldsymbol{\varphi}_1$。此外,收敛速率取决于式(B.84)中 λ_1/λ_2 的比值,比值越小,收敛越快。

3. 第二阶振型的计算

如上所述,每一次迭代循环后总是扩大迭代向量 $\boldsymbol{y}^{(j)}$ 内第一阶振型 $\boldsymbol{\varphi}_1$ 的比重。如果在每次迭代的 $\boldsymbol{y}^{(j)}$ 中清除 $\boldsymbol{\varphi}_1$ 分量,那么迭代向量就会收敛于第二阶振型 $\boldsymbol{\varphi}_2$。为此,在式(B.79)两边左乘 $\boldsymbol{\varphi}_1^{\mathrm{T}}\boldsymbol{M}$,由振型的正交性可知

$$\boldsymbol{\eta}_1=\frac{\boldsymbol{\varphi}_1^{\mathrm{T}}\boldsymbol{M}\boldsymbol{x}^{(0)}}{\boldsymbol{\varphi}_1^{\mathrm{T}}\boldsymbol{M}\boldsymbol{\varphi}_1}=\frac{1}{\boldsymbol{M}_1}\boldsymbol{\varphi}_1^{\mathrm{T}}\boldsymbol{M}\boldsymbol{x}^{(0)} \tag{B.86}$$

如果取

$$\hat{\boldsymbol{x}}^{(0)}=\boldsymbol{x}^{(0)}-\boldsymbol{\varphi}_1\boldsymbol{\eta}_1=\left(\boldsymbol{I}-\frac{1}{\boldsymbol{M}_1}\boldsymbol{\varphi}_1\boldsymbol{\varphi}_1^{\mathrm{T}}\boldsymbol{M}\right)\boldsymbol{x}^{(0)}\equiv\boldsymbol{S}_1\boldsymbol{x}^{(0)} \tag{B.87}$$

这里,$\boldsymbol{S}_1$ 称为第一振型的清除矩阵,即

$$\boldsymbol{S}_1=\boldsymbol{I}-\frac{1}{\boldsymbol{M}_1}\boldsymbol{\varphi}_1\boldsymbol{\varphi}_1^{\mathrm{T}}\boldsymbol{M} \tag{B.88}$$

那么 $\hat{\boldsymbol{x}}^{(0)}$ 就不包含 $\boldsymbol{\varphi}_1$ 分量,这个净化了的初始向量 $\hat{\boldsymbol{x}}^{(0)}$ 在迭代过程中将向第二振型收敛。然而,由于在数值运算中产生的舍入误差会引起第一振型在迭代向量中再现,因此必须在迭代求解的每一次循环中清除 $\boldsymbol{\varphi}_1$ 以保证收敛到第二振型。

现在,可以用这个清除矩阵列出 $\boldsymbol{S}_1$ 向量迭代法的基本公式,使得它向第二振型收敛。对于第一次迭代,式(B.70)变为

$$\boldsymbol{y}^{(1)}=\boldsymbol{D}\hat{\boldsymbol{x}}^{(0)}=\boldsymbol{D}\boldsymbol{S}_1\boldsymbol{x}^{(0)}\equiv\boldsymbol{D}_2\boldsymbol{x}^{(0)} \tag{B.89}$$

其中,$\boldsymbol{D}_2$ 是一个新的动力矩阵,即

$$\boldsymbol{D}_2=\boldsymbol{D}\boldsymbol{S}_1=\boldsymbol{D}-\frac{1}{\lambda_1\boldsymbol{M}_1}\boldsymbol{\varphi}_1\boldsymbol{\varphi}_1^{\mathrm{T}}\boldsymbol{M} \tag{B.90}$$

改进的迭代向量取为

$$\boldsymbol{x}^{(1)}=\frac{\boldsymbol{y}^{(1)}}{\mathrm{ref}[\boldsymbol{y}^{(1)}]} \tag{B.91}$$

这样,就可以进入第二次迭代循环:

$$\boldsymbol{y}^{(2)} = \boldsymbol{D}_2\boldsymbol{x}^{(1)}, \boldsymbol{x}^{(2)} = \frac{\boldsymbol{y}^{(2)}}{\mathrm{ref}[\boldsymbol{y}^{(2)}]} \tag{B.92}$$

可见,当采用新的动力矩阵 $\boldsymbol{D}_2$ 时,第二振型的分析与前面讨论的第一振型分析完全一样。显然,用这个方法计算第二振型时,必须先确定第一振型和频率。此外,为了得到令人满意的结果,在计算清除矩阵 $\boldsymbol{S}_1$ 时,用到的第一振型必须具有很高的精度。

4. 第三及更高阶振型的计算

同样地,清除过程能够推广到从初始向量中清除第一和第二这两个振型分量,因此,迭代过程将收敛到第三振型。将清除第一和第二振型的初始向量表示为

$$\hat{\boldsymbol{x}}^{(0)} = \boldsymbol{x}^{(0)} - \boldsymbol{\varphi}_1\boldsymbol{\eta}_1 - \boldsymbol{\varphi}_2\boldsymbol{\eta}_2 \tag{B.93}$$

利用 $\hat{\boldsymbol{x}}^{(0)}$ 与 $\boldsymbol{\varphi}_1$ 及 $\boldsymbol{\varphi}_2$ 的正交条件:

$$\boldsymbol{\varphi}_1^{\mathrm{T}}\boldsymbol{M}\hat{\boldsymbol{x}}^{(0)} = \boldsymbol{\varphi}_1^{\mathrm{T}}\boldsymbol{M}\boldsymbol{x}^{(0)} - \boldsymbol{M}_1\boldsymbol{\eta}_1 = 0, \quad \boldsymbol{\varphi}_2^{\mathrm{T}}\boldsymbol{M}\hat{\boldsymbol{x}}^{(0)} = \boldsymbol{\varphi}_2^{\mathrm{T}}\boldsymbol{M}\boldsymbol{x}^{(0)} - \boldsymbol{M}_2\boldsymbol{\eta}_2 = 0 \tag{B.94}$$

可得到初始向量 $\boldsymbol{x}^{(0)}$ 中第一和第二振型系数的表达式为

$$\boldsymbol{\eta}_1 = \frac{1}{\boldsymbol{M}_1}\boldsymbol{\varphi}_1^{\mathrm{T}}\boldsymbol{M}\boldsymbol{x}^{(0)}, \quad \boldsymbol{\eta}_2 = \frac{1}{\boldsymbol{M}_2}\boldsymbol{\varphi}_2^{\mathrm{T}}\boldsymbol{M}\boldsymbol{x}^{(0)} \tag{B.95}$$

于是,式(B.93)变为

$$\hat{\boldsymbol{x}}^{(0)} = \left(\boldsymbol{I} - \frac{1}{\boldsymbol{M}_1}\boldsymbol{\varphi}_1\boldsymbol{\varphi}_1^{\mathrm{T}}M - \frac{1}{\boldsymbol{M}_2}\boldsymbol{\varphi}_2\boldsymbol{\varphi}_2^{\mathrm{T}}M\right)\boldsymbol{x}^{(0)} \equiv \boldsymbol{S}_2\boldsymbol{x}^{(0)} \tag{B.96}$$

其中

$$\boldsymbol{S}_2 = \boldsymbol{I} - \frac{1}{\boldsymbol{M}_1}\boldsymbol{\varphi}_1\boldsymbol{\varphi}_1^{\mathrm{T}}\boldsymbol{M} - \frac{1}{\boldsymbol{M}_2}\boldsymbol{\varphi}_2\boldsymbol{\varphi}_2^{\mathrm{T}}\boldsymbol{M} = \boldsymbol{S}_1 - \frac{1}{\boldsymbol{M}_2}\boldsymbol{\varphi}_2\boldsymbol{\varphi}_2^{\mathrm{T}}\boldsymbol{M} \tag{B.97}$$

式(B.97)表明,只要从第一振型的清除矩阵 $\boldsymbol{S}_1$ 中减去第二振型的项,就能得到从初始向量 $\boldsymbol{x}^{(0)}$ 中同时清除第一和第二振型分量的清除矩阵 $\boldsymbol{S}_2$。

类似于第二振型,第三振型的向量迭代关系式为

$$\boldsymbol{y}^{(j+1)} = \boldsymbol{D}_3\boldsymbol{x}^{(j)}, \quad j = 0,1,2,\cdots \tag{B.98}$$

$$\boldsymbol{x}^{(j+1)} = \frac{\boldsymbol{y}^{(j+1)}}{\mathrm{ref}[\boldsymbol{y}^{(j+1)}]}, \quad j = 0,1,2,\cdots \tag{B.99}$$

其中

$$\boldsymbol{D}_3 = \boldsymbol{D}\boldsymbol{S}_2 = \boldsymbol{D} - \frac{1}{\lambda_1\boldsymbol{M}_1}\boldsymbol{\varphi}_1\boldsymbol{\varphi}_1^{\mathrm{T}}\boldsymbol{M} - \frac{1}{\lambda_2\boldsymbol{M}_2}\boldsymbol{\varphi}_2\boldsymbol{\varphi}_2^{\mathrm{T}}\boldsymbol{M} \tag{B.100}$$

这个修正的动力矩阵 $\boldsymbol{D}_3$ 起到了从初始向量 $\boldsymbol{x}^{(0)}$ 中清除第一和第二振型分量的作用,并向第三振型收敛。

以此类推,如果已求出前 n 阶特征值 $\lambda_1,\cdots,\lambda_n$ 和特征向量 $\boldsymbol{\varphi}_1,\cdots,\boldsymbol{\varphi}_n$,则计算第 $(n+1)$ 阶振型的动力矩阵 $\boldsymbol{D}_{n+1}$ 为

$$\boldsymbol{D}_{n+1} = \boldsymbol{D}\boldsymbol{S}_n = \boldsymbol{D} - \sum_{r=1}^{n}\frac{1}{\lambda_r\boldsymbol{M}_r}\boldsymbol{\varphi}_r\boldsymbol{\varphi}_r^{\mathrm{T}}\boldsymbol{M} \tag{B.101}$$

显然,用这个方法计算高阶振型之前,必须先计算所有的低阶振型,同时为了获得令人满意的结果,还需要精度很高的低阶振型。此外,对于高阶振型,迭代过程的收敛性将连续地变得越来越慢。由于这些原因,这种方法直接用于计算不超过四个或五个振型的情形。

5. 移位向量迭代法

移位向量迭代法是向量迭代法与特征值谱的“移位”概念相结合的一种方法，它不仅有效地提高了迭代过程的收敛速度，而且还可以计算所需要的任意特征对$(\lambda_n, \boldsymbol{\varphi}_n)$。因此，它是一个首选的方法。

现在，将原系统的特征值问题式(B. 1) 改写为

$$(\boldsymbol{K} - \mu\boldsymbol{M})\boldsymbol{\varphi}_n = (\lambda_n - \mu)\boldsymbol{M}\boldsymbol{\varphi}_n \tag{B. 102}$$

或写为

$$\tilde{\boldsymbol{K}}\boldsymbol{\varphi}_n = \tilde{\lambda}_n\boldsymbol{M}\boldsymbol{\varphi}_n \tag{B. 103}$$

其中

$$\tilde{\boldsymbol{K}} = \boldsymbol{K} - \mu\boldsymbol{M}$$

$$\tilde{\lambda}_n = \lambda_n - \mu \tag{B. 104}$$

这里，移位特征值$\tilde{\lambda}_n$定义为从移位的原点观察的特征值，如图 B. 1 所示。

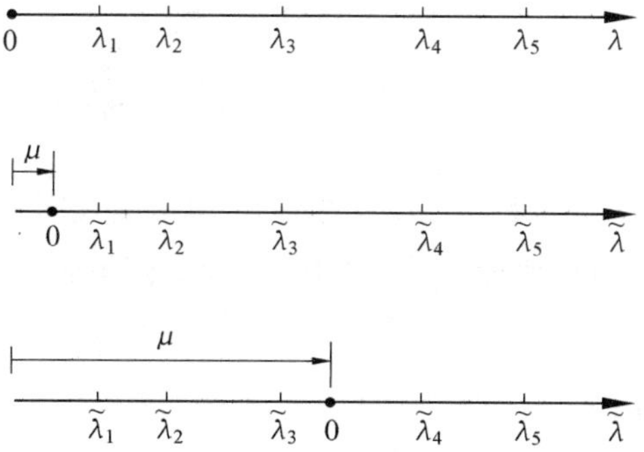

图 B. 1　移位向量迭代法

显然，移位的特征值问题式(B. 103) 与原系统的特征值问题式(B. 1) 具有相同的特征向量。但是，移位的特征值$\tilde{\lambda}_n$与原系统的特征值λ_n相差了一个移位μ，当$\lambda_n < \mu$时，$\tilde{\lambda}_n$将为负值。如果将前面介绍的向量迭代法应用于移位特征值问题式(B. 103)，显然它将收敛于最小的移位特征值$|\tilde{\lambda}_n|$所对应的特征向量$\boldsymbol{\varphi}_n$。例如，如果移位μ按图 B. 1 (b) 所示的大小来选择，则迭代会收敛于第一阶特征向量$\boldsymbol{\varphi}_1$，且收敛速度得到提高，因为移位特征值的比值$\hat{\lambda}_1/\hat{\lambda}_2$小于原系统特征值的比值$\lambda_1/\lambda_2$；如果$\mu$按图 B. 1(c) 所示的大小来选择，则迭代将收敛于第三阶特征向量$\boldsymbol{\varphi}_3$。

对于半正定的系统，由于刚度矩阵$\boldsymbol{K}$是奇异矩阵，式(B. 111) 中的动力矩阵$\boldsymbol{D}$将不存在，这时可采用上述的移位特征值问题式(B. 103)，并选择合适的μ以保证$\tilde{\boldsymbol{K}} = \boldsymbol{K} - \mu\boldsymbol{M}$为正定矩阵。

6. 瑞利商迭代法

移位的向量逆迭代法收敛于与μ最近的特征值λ_n所对应的特征向量$\boldsymbol{\varphi}_n$，而且μ越接近

于 λ_n，收敛越快。但是特征值 λ_n 是未知的，因此在实际应用中很难选取一个合适的移位量 μ。Rayleigh 商是估计特征值的一种有效方法，因此在每一次迭代步中，可以将 Rayleigh 商取为移位量，这种方法称为瑞利商迭代法。

Rayleigh 商迭代法的计算步骤如下。

(1) 选取初始的迭代向量 $\boldsymbol{x}^{(0)}$ 和初始的移位量 $\lambda^{(0)}$。

(2) 求解如下的代数方程组，得到向量 $\boldsymbol{y}^{(j+1)}$：

$$[\boldsymbol{K} - \lambda^{(j)}\boldsymbol{M}]\boldsymbol{y}^{(j+1)} = \boldsymbol{M}\boldsymbol{x}^{(j)}, \quad j = 0,1,2,\cdots \tag{B.105}$$

(3) 计算 Rayleigh 商：

$$\lambda^{(j+1)} = \frac{[\boldsymbol{y}^{(j+1)}]^{\mathrm{T}}\boldsymbol{M}\boldsymbol{x}^{(j)}}{[\boldsymbol{y}^{(j+1)}]^{\mathrm{T}}\boldsymbol{M}\boldsymbol{y}^{(j+1)}} + \lambda^{(j)} \tag{B.106}$$

(4) 对 $\boldsymbol{y}^{(j+1)}$ 进行正则化：

$$\boldsymbol{x}^{(j+1)} = \frac{\boldsymbol{y}^{(j+1)}}{[(\boldsymbol{y}^{(j+1)})^{\mathrm{T}}\boldsymbol{M}\boldsymbol{y}^{(j+1)}]^{1/2}} \tag{B.107}$$

(5) 检查下式是否成立：

$$\frac{|\lambda^{(j+1)} - \lambda^{(j)}|}{\lambda^{(j+1)}} \leqslant \delta \tag{B.108}$$

如果成立，则有 $\lambda_n = \lambda^{(j+1)}$，$\boldsymbol{\varphi}_n = \boldsymbol{x}^{(j+1)}$；如果不成立，则返回步骤(2) 进行新一轮迭代循环，直到成立为止。

Rayleigh 商迭代法的收敛结果(λ_n，$\boldsymbol{\varphi}_n$) 取决于初始迭代向量 $\boldsymbol{x}^{(0)}$ 和初始移位量 $\lambda^{(0)}$。如果初始向量中含有很强的 $\boldsymbol{\varphi}_n$ 成分，且 $\lambda^{(0)}$ 接近于相应的特征值 λ_n，则迭代收敛于特征对(λ_n，$\boldsymbol{\varphi}_n$)。

B.2.5　子空间迭代法

在有限元分析中，一般并不需要求解系统所有的特征对，而只需求解部分低阶特征对，为此已发展了一些高效的求解方法。子空间迭代法是公认的高效求解算法，它是将前面介绍的 Rayleigh - Ritz 法与向量迭代法结合起来的一种新的方法，对求解大型结构系统较低的前若干阶振型及频率非常有效。

1. 基本原理

在向量迭代法中，如果选择 n 个初始的列向量 $\boldsymbol{x}_1^{(0)},\cdots,\boldsymbol{x}_n^{(0)}$ 同步进行迭代，称为同步迭代法，即

$$\boldsymbol{K}\boldsymbol{Y}^{(j+1)} = \boldsymbol{M}\boldsymbol{X}^{(j)}, \quad j = 0,1,2,\cdots \tag{B.109}$$

其中，$N \times n$ 阶的矩阵 $\boldsymbol{X}^{(j)}$ 和 $\boldsymbol{Y}^{(j+1)}$ 分别记为

$$\boldsymbol{X}(j) = [\boldsymbol{x}_1^{(j)} \quad \cdots \quad \boldsymbol{x}_n^{(j)}], \boldsymbol{Y}^{(j+1)} = [\boldsymbol{y}_1^{(j+1)} \quad \cdots \quad \boldsymbol{y}_n^{(j+1)}] \tag{B.110}$$

同时，改进的迭代矩阵 $\boldsymbol{X}(j+1)$ 为

$$\boldsymbol{X}(j+1) = \frac{\boldsymbol{Y}^{(j+1)}}{\mathrm{ref}[\boldsymbol{Y}^{(j+1)}]} = \frac{1}{\mathrm{ref}[\boldsymbol{Y}^{(j+1)}]}[\boldsymbol{y}_1^{(j+1)} \quad \cdots \quad \boldsymbol{y}_n^{(j+1)}] \tag{B.111}$$

与矩阵 $\boldsymbol{X}(j)$ 相比较，矩阵 $\boldsymbol{Y}^{(j+1)}$ 中的每一列的第一阶振型比重加大，如果反复执行式(B.109) 和式(B.111)，那么 $\boldsymbol{Y}^{(j+1)}$ 中的各个列向量将趋于平行，最后都平行于第一阶振型

$\boldsymbol{\varphi}_1$,这表明各列趋于相关。因此,式(B. 109) 中的改进矩阵 $\boldsymbol{Y}^{(j+1)}$ 用于新一轮的迭代循环之前必须用两种方法来修正:一是正交化使得矩阵 $\boldsymbol{Y}^{(j+1)}$ 中的每一个列向量收敛于不同的振型,而不是全部收敛于第一振型;二是基准化或者正则化使得在迭代中计算的数值大小保持合理,正如式(B. 111) 所示的做法。这两种运算可通过执行一次 Ritz 特征值问题的分析来实现。

首先,将 $\boldsymbol{Y}^{(j+1)}$ 修正成满足振型正交条件的向量组。对 $\boldsymbol{Y}^{(j+1)}$ 的任何线性操作都可表示为 $\boldsymbol{Y}^{(j+1)}$ 乘以一个 $n \times n$ 阶的方阵 $\boldsymbol{E}^{(j+1)}$,即

$$\hat{\boldsymbol{Y}}^{(j+1)} = \boldsymbol{Y}^{(j+1)}\boldsymbol{E}^{(j+1)} \tag{B. 112}$$

根据正交化的要求,有

$$[\hat{\boldsymbol{Y}}^{(j+1)}]^{\mathrm{T}}\boldsymbol{K}\hat{\boldsymbol{Y}}^{(j+1)} = \overline{\boldsymbol{K}}^{(j+1)}, \quad [\hat{\boldsymbol{Y}}^{(j+1)}]^{\mathrm{T}}\boldsymbol{M}\hat{\boldsymbol{Y}}^{(j+1)} = \overline{\boldsymbol{M}}^{(j+1)} \tag{B. 113}$$

其中,$n \times n$ 阶的广义刚度矩阵 $\overline{\boldsymbol{K}}^{(j+1)}$ 和广义质量矩阵 $\overline{\boldsymbol{M}}^{(j+1)}$ 均为对角阵。

将式(B. 112) 代入式(B. 113) 中,得到

$$[\boldsymbol{E}^{(j+1)}]^{\mathrm{T}}\hat{\boldsymbol{K}}^{(j+1)}\boldsymbol{E}^{(j+1)} = \overline{\boldsymbol{K}}^{(j+1)}, \quad [\boldsymbol{E}^{(j+1)}]^{\mathrm{T}}\hat{\boldsymbol{M}}^{(j+1)}\boldsymbol{E}^{(j+1)} = \overline{\boldsymbol{M}}^{(j+1)} \tag{B. 114}$$

其中,$n \times n$ 阶的 $\hat{\boldsymbol{K}}^{(j+1)}$ 和 $\hat{\boldsymbol{M}}^{(j+1)}$ 都是已知的对称矩阵,即

$$\hat{\boldsymbol{K}}^{(j+1)} = [\boldsymbol{Y}^{(j+1)}]^{\mathrm{T}}\boldsymbol{K}\boldsymbol{Y}^{(j+1)} = [\boldsymbol{Y}^{(j+1)}]^{\mathrm{T}}\boldsymbol{M}\boldsymbol{X}(j) \tag{B. 115}$$

$$\hat{\boldsymbol{M}}^{(j+1)} = [\boldsymbol{Y}^{(j+1)}]^{\mathrm{T}}\boldsymbol{M}\boldsymbol{Y}^{(j+1)} \tag{B. 116}$$

从式(B. 114) 中求解矩阵本质上等价于求解如下缩减的特征值问题

$$\hat{\boldsymbol{K}}^{(j+1)}\boldsymbol{E}^{(j+1)} = \hat{\boldsymbol{M}}^{(j+1)}\boldsymbol{E}^{(j+1)}\hat{\boldsymbol{\Lambda}}^{(j+1)} \tag{B. 117}$$

其中,$\hat{\boldsymbol{\Lambda}}^{(j+1)} = \overline{\boldsymbol{K}}^{(j+1)}[\overline{\boldsymbol{M}}^{(j+1)}]^{-1}$ 为特征值组成的对角阵。

由于特征值问题式(B. 117) 的方程数为 n,比原系统的 N 阶小得多,即 $n \ll N$。因此,特征值问题式(B. 117) 容易求解。采用任何合适的特征值问题分析方法,得到相应的振型矩阵 $\boldsymbol{E}^{(j+1)}$ 和谱矩阵 $\hat{\boldsymbol{\Lambda}}^{(j+1)}$ 后,即可进行正则化处理。一般比较方便的做法是正则化振型矩阵 $\boldsymbol{E}^{(j+1)}$,使得质量矩阵 $\hat{\boldsymbol{M}}^{(j+1)}$ 具有单位值,即

$$[\boldsymbol{E}^{(j+1)}]^{\mathrm{T}}\hat{\boldsymbol{M}}^{(j+1)}\boldsymbol{E}^{(j+1)} = \boldsymbol{I} \tag{B. 118}$$

其中,$\boldsymbol{I}$ 为 $n \times n$ 阶的单位矩阵。

当使用正则化的振型矩阵 $\boldsymbol{E}^{(j+1)}$ 时,改进的迭代矩阵由下式给出:

$$\boldsymbol{X}(j+1) = \hat{\boldsymbol{Y}}^{(j+1)} = \boldsymbol{Y}^{(j+1)}\boldsymbol{E}^{(j+1)} \tag{B. 119}$$

重复进行迭代,最后向量组 $\boldsymbol{X}(j+1)$ 将收敛于真实的前 n 阶振型。

Rayleigh – Ritz 法将原系统的高阶特征值问题缩减为一个低阶特征值问题,其计算结果的精度在很大程度上依赖于初始假设振型(形状)。但对于大型复杂结构来说,选取一个好的初始假设振型是很困难的。而子空间迭代法则将 Rayleigh – Ritz 法和同步迭代法有机地结合起来,在每一个迭代步中先用同步迭代法对假设振型进行改进,再用 Rayleigh – Ritz 法求解改进后的近似特征值和特征向量。由于各个列向量所张成的子空间连续地趋近于由系统前 n 阶振型构成的 n 维子空间,因此这种方法称为子空间迭代法。

2. 计算步骤

子空间迭代法的计算步骤如下。

(1) 选取初始的 $N\times n$ 阶迭代矩阵 $\boldsymbol{X}^{(0)}$：

$$\boldsymbol{X}^{(0)}=[\boldsymbol{x}_1^{(0)}\quad\cdots\quad\boldsymbol{x}_n^{(0)}]\tag{B.120}$$

(2) 计算 $N\times n$ 阶的矩阵 $\boldsymbol{W}^{(j)}$：

$$\boldsymbol{W}^{(j)}=\boldsymbol{M}\boldsymbol{X}^{(j)},\quad j=0,1,2,\cdots\tag{B.121}$$

(3) 从下列代数方程组中解出 $N\times n$ 阶矩阵 $\boldsymbol{Y}^{(j+1)}$：

$$\boldsymbol{K}\boldsymbol{Y}^{(j+1)}=\boldsymbol{W}^{(j)}\tag{B.122}$$

求解这些方程组的一条途径是通过求刚度矩阵 $\boldsymbol{K}$ 的逆矩阵得到柔度矩阵 $\boldsymbol{F}$，即 $\boldsymbol{Y}^{(j+1)}=\boldsymbol{K}^{-1}\boldsymbol{W}^{(j)}=\boldsymbol{F}\boldsymbol{W}^{(j)}$ 来实现。但是，为了保持刚度矩阵 $\boldsymbol{K}$ 的窄带特性，不需要求逆矩阵得到柔度矩阵 $\boldsymbol{F}$。因为柔度矩阵 $\boldsymbol{F}$ 是满阵，与窄带的刚度矩阵 $\boldsymbol{K}$ 的运算相比会使计算效率降低。为此，可先将刚度矩阵 $\boldsymbol{K}$ 分解为如下的形式：

$$\boldsymbol{K}=\boldsymbol{L}\boldsymbol{d}\boldsymbol{L}^{\mathrm{T}}\equiv\boldsymbol{L}\boldsymbol{U}\tag{B.123}$$

这里，$\boldsymbol{L}$ 为下三角矩阵，$\boldsymbol{d}$ 为对角矩阵。因此，$\boldsymbol{U}\equiv\boldsymbol{d}\boldsymbol{L}^{\mathrm{T}}$ 为上三角矩阵。

将式(B.123) 代入式(B.122) 中，得到

$$\boldsymbol{L}\boldsymbol{U}\boldsymbol{Y}^{(j+1)}=\boldsymbol{W}^{(j)}\tag{B.124}$$

然后，分如下两步进行求解。

① 定义：

$$\boldsymbol{S}^{(j+1)}\equiv\boldsymbol{U}\boldsymbol{Y}^{(j+1)}\tag{B.125}$$

并由下式求解 $\boldsymbol{S}^{(j+1)}$：

$$\boldsymbol{L}\boldsymbol{S}^{(j+1)}=\boldsymbol{W}^{(j)}\tag{B.126}$$

② 再由下式求解 $\boldsymbol{Y}^{(j+1)}$：

$$\boldsymbol{U}\boldsymbol{Y}^{(j+1)}=\boldsymbol{S}^{(j+1)}\tag{B.127}$$

由于三角矩阵 $\boldsymbol{L}$ 和 $\boldsymbol{U}$ 中保留了刚度矩阵 K 的窄带特性，因此与直接使用的柔度矩阵形式相比，上述分析方法可以大大提高计算效率。

(4) 计算 $N\times n$ 阶矩阵 $\boldsymbol{Q}^{(j+1)}$：

$$\boldsymbol{Q}^{(j+1)}=\boldsymbol{M}\boldsymbol{Y}^{(j+1)}\tag{B.128}$$

(5) 计算自由度数缩减后的刚度矩阵 $\hat{\boldsymbol{K}}^{(j+1)}$ 和质量矩阵 $\hat{\boldsymbol{M}}^{(j+1)}$：

$$\hat{\boldsymbol{K}}^{(j+1)}=[\boldsymbol{Y}^{(j+1)}]^{\mathrm{T}}\boldsymbol{W}(j),\quad\hat{\boldsymbol{M}}^{(j+1)}=[\boldsymbol{Y}^{(j+1)}]^{\mathrm{T}}\boldsymbol{Q}^{(j+1)}\tag{B.129}$$

(6) 求解下列特征值问题：

$$\hat{\boldsymbol{K}}^{(j+1)}\boldsymbol{e}^{(j+1)}=\hat{\lambda}^{(j+1)}\hat{\boldsymbol{M}}^{(j+1)}\boldsymbol{e}^{(j+1)}\tag{B.130}$$

得到全部 n 个特征值 $\hat{\lambda}_i^{(j+1)}(i=1,\cdots,n)$ 和相应的特征向量 $\boldsymbol{e}_i^{(j+1)}(i=1,\cdots,n)$。并对特征向量 $\boldsymbol{e}_i^{(j+1)}$ 进行正则化，即使 $\boldsymbol{e}_i^{(j+1)}$ 满足 $[\boldsymbol{e}_i^{(j+1)}]^{\mathrm{T}}\boldsymbol{M}\boldsymbol{e}_i^{(j+1)}=1$。记为

$$\hat{\boldsymbol{\Lambda}}^{(j+1)}=\begin{bmatrix}\hat{\lambda}_1^{(j+1)}&\cdots&0\\\vdots&\ddots&\vdots\\0&\cdots&\hat{\lambda}_n^{(j+1)}\end{bmatrix},\quad\boldsymbol{E}^{(j+1)}=[\boldsymbol{e}_1^{(j+1)}\quad\boldsymbol{e}_2^{(j+1)}\quad\cdots\quad\boldsymbol{e}_n^{(j+1)}]\tag{B.131}$$

显然,$\boldsymbol{E}^{(j+1)}$ 为 $n \times n$ 阶的正则振型矩阵。

(7) 如果各个特征值 $\hat{\lambda}_i^{(j+1)}$ 已满足精度要求,则取为

$$\boldsymbol{\Lambda}_n = \hat{\boldsymbol{\Lambda}}^{(j+1)}, \quad \boldsymbol{\Phi}_n = \boldsymbol{Y}^{(j+1)}\boldsymbol{E}^{(j+1)} \tag{B.132}$$

其中,$\boldsymbol{\Lambda}_n$ 为原系统谱矩阵的左上 $n \times n$ 阶子矩阵,而 $\boldsymbol{\Phi}_n$ 为振型矩阵的前 n 列,即

$$\boldsymbol{\Lambda}_n = \mathrm{diag}[\omega_1^2 \quad \cdots \quad \omega_n^2], \quad \boldsymbol{\Phi}_n = [\boldsymbol{\varphi}_1 \quad \cdots \quad \boldsymbol{\varphi}_n] \tag{B.133}$$

(8) 如果各个特征值 $\hat{\lambda}_i^{(j+1)}$ 不满足精度要求,则计算:

$$\boldsymbol{W}(j+1) = \boldsymbol{Q}^{(j+1)}\boldsymbol{E}^{(j+1)} \tag{B.134}$$

并返回步骤(3),继续计算下去。

事实上,上述计算步骤可分为两部分,其中步骤(2)、(3)、(7) 及(8) 是向量迭代法,而步骤(4)、(5) 及(6) 是 Rayleigh - Ritz 法。不过,这里的向量迭代法不是先形成动力矩阵 $\boldsymbol{D} = \boldsymbol{K}^{-1}\boldsymbol{M}$,然后进行矩阵迭代 $\boldsymbol{Y}^{(j+1)} = \boldsymbol{D}\boldsymbol{X}(j)$。这是因为结构动力分析中的刚度矩阵 $\boldsymbol{K}$ 和质量矩阵 $\boldsymbol{M}$ 一般都是对称、稀疏且带状的矩阵,而通过矩阵相乘得到的动力矩阵将丧失这些有利于计算的特点,所以将向量迭代分成了步骤(2) 和步骤(3)。此外,在步骤(8) 中,并未按 $\boldsymbol{X}^{(j+1)} = \boldsymbol{Y}^{(j+1)}\boldsymbol{E}^{(j+1)}$ 计算新的迭代矩阵 $\boldsymbol{X}^{(j+1)}$,再返回步骤(2);而是按 $\boldsymbol{W}^{(j+1)} = \boldsymbol{Q}^{(j+1)}\boldsymbol{E}^{(j+1)}$ 计算新的矩阵 $\boldsymbol{W}^{(j+1)}$ 后再返回步骤(3),这样就省去了步骤(2) 而直接进入步骤(3)。

对于具有数百个甚至上千个自由度系统的动力分析,所需要的振型也许不超过 40 个,这种子空间迭代法是解决这类大型结构振动问题的最有效的方法之一。由于子空间迭代法在迭代过程中计算的频率都由上限一侧向精确值收敛,越是低阶的频率,收敛得越快。因此,若需要计算前 n 阶振型,那么在初始迭代矩阵 $\boldsymbol{X}_0$ 中选择的向量数目 m 要大些,这些增加的$(m-n)$ 个向量是为了加速前 n 阶振型的收敛,但显然在每一次迭代循环中都需要增加计算量。为此,必须考虑使用的向量数目与收敛所需的循环次数之间的均衡关系。通常,向量数目取 m 是合适的。

附录 C　傅里叶级数及傅里叶变化

结构动力学中,系统对外部激励的响应分析常依赖于对载荷的频谱分解。傅里叶级数和傅里叶变换是分析周期与非周期信号的核心工具,可将时域信号转换到频域,揭示系统的固有频率、阻尼特性及共振现象。本章将系统阐述其原理、系数推导过程,并结合结构动力学案例说明其应用。

C.1　原理表述

傅里叶(Fourier)级数的目标:将任意周期为 T_{P} 的函数 $f(t)$ 分解为一系列简谐函数的叠加。其有两种形式,分别为三角形式和复数形式。

三角形式为

$$f(t) = a_0 + \sum_{n=1}^{\infty} a_n \cos(\overline{\omega}_n t) + \sum_{n=1}^{\infty} b_n \sin(\overline{\omega}_n t) \tag{C.1}$$

复数形式为

$$f(t) = \sum_{-\infty}^{\infty} c_n \mathrm{e}^{\mathrm{i}\overline{\omega}_n t} \tag{C.2}$$

$$\overline{\omega}_n = n\overline{\omega}_1 = n\frac{2\pi}{T_{\mathrm{P}}} \tag{C.3}$$

式中　a_0—— 直流分量;

a_n、b_n 和 c_n—— 傅里叶系数。

C.2　系数推导

C.2.1　直流分量系数的推导

对式(C.1)等号两边进行一个完整周期 T_p 积分,得

$$\int_0^{T_{\mathrm{P}}} f(t)\,\mathrm{d}t = \int_0^{T_{\mathrm{P}}} a_0\,\mathrm{d}t + \int_0^{T_{\mathrm{P}}} \sum_{n=1}^{\infty} a_n \cos(\overline{\omega}_n t)\,\mathrm{d}t + \int_0^{T_{\mathrm{P}}} \sum_{n=1}^{\infty} b_n \sin(\overline{\omega}_n t)\,\mathrm{d}t \tag{C.4}$$

由三角函数的正交性可知,所有余弦项和正弦项的积分均为零。则式(C.4)可写为

$$\frac{1}{T_{\mathrm{P}}}\int_0^{T_{\mathrm{P}}} f(t)\,\mathrm{d}t = a_0 \tag{C.5}$$

求得的 a_0 为信号 $f(t)$ 在周期 T_p 内的平均强度。在结构动力学中,若荷载 $f(t)$ 为周期力,则 a_0 表示荷载中的静力分量。

C.2.2　傅里叶系数的推导(以三角函数形式为例)

由正弦函数与余弦函数具备正交性可知

$$\int_0^{T_P} \cos(\overline{\omega}_n t) \times \sin(\overline{\omega}_m t)\mathrm{d}t = 0 \tag{C.6}$$

1. a_n 的求解

将式(C.1)左右两边乘 $\cos(\overline{\omega}_n t)$ 后,再对等号两边进行一个完整周期 T_P 积分,并利用正交性消去交叉项,得

$$a_n = \frac{2}{T_P}\int_0^{T_P} f(t)\cos(\overline{\omega}_n t)\mathrm{d}t, \quad n = 1,2,3,\cdots \tag{C.7}$$

其中,a_n 为第 n 阶余弦分量的幅值,表示信号中频率为 $\overline{\omega}_n$ 的余弦波的强度。

2. b_n 的求解

将式(C.1)左右两边乘 $\sin(\overline{\omega}_n t)$ 后,再对等号两边进行一个完整周期 T_p 积分,并利用正交性消去交叉项,得

$$b_n = \frac{2}{T_P}\int_0^{T_P} f(t)\sin(\overline{\omega}_n t)\mathrm{d}t, \quad n = 1,2,3,\cdots \tag{C.8}$$

其中,b_n 为第 n 阶正弦分量的幅值,表示信号中频率为 $\overline{\omega}_n$ 的正弦波的强度。

C.3　系统的响应分析

C.3.1　无阻尼系统

正弦荷载响应为

$$u_n^s(t) = \frac{b_n}{k}\left(\frac{1}{1-\beta_n^2}\right)\sin\overline{\omega}_n t \tag{C.9}$$

其中,$\beta_n = \overline{\omega}_n/\omega$。

余弦荷载响应为

$$u_n^c(t) = \frac{a_n}{k}\left(\frac{1}{1-\beta_n^2}\right)\cos\overline{\omega}_n t \tag{C.10}$$

常量荷载响应为

$$u_0 = \frac{a_0}{k} \tag{C.11}$$

荷载响应叠加为

$$u(t) = u_0 + \sum_{n=1}^{\infty}[u_n^s(t) + u_n^c(t)] = \frac{1}{k}\left[a_0 + \sum_{n=1}^{\infty}\left(\frac{1}{1-\beta_n^2}\right)(a_n\cos\overline{\omega}_n t + b_n\sin\overline{\omega}_n t)\right] \tag{C.12}$$

C.3.2 黏滞阻尼系统

正弦荷载响应为

$$u_n^s(t)=\frac{b_n}{k}\left[\frac{1}{(1-\beta^2)^2+(2\xi\beta)^2}\right][(1-\beta^2)\sin\bar{\omega}t-2\xi\beta\cos\bar{\omega}t] \tag{C.13}$$

余弦荷载响应为

$$u_n^c(t)=\frac{a_n}{k}\left[\frac{1}{(1-\beta^2)^2+(2\xi\beta)^2}\right][(1-\beta^2)\cos\bar{\omega}t+2\xi\beta\sin\bar{\omega}t] \tag{C.14}$$

常量荷载响应为

$$u_0=a_0/k \tag{C.15}$$

荷载响应叠加为

$$u(t)=\frac{1}{k}\left\{a_0+\sum_{n=1}^{\infty}\left[\frac{1}{(1-\beta_n^2)^2+(2\xi\beta_n)^2}\right]\times\begin{Bmatrix}[2\xi a_n\beta_n+b_n(1-\beta_n)^2]\sin\bar{\omega}_nt+\\ [a_n(1-\beta_n)^2-2\xi b_n\beta_n]\cos\bar{\omega}_nt]\end{Bmatrix}\right\} \tag{C.16}$$

C.4 频域分析法

C.4.1 原理表述

频域分析法的基本原理是通过将信号从时间域转换到频率域，来研究信号的频谱特性。信号在时间域中可以是一个$f(t)$，但在频率域中，它可以通过傅里叶变换$F(\omega)$表示为不同频率成分的叠加。

C.4.2 数学推导

将欧拉公式代入到式(C.1)可得到傅里叶系数c_n为

$$c_n=\frac{1}{T_P}\int_0^{T_P}f(t)e^{-i\bar{\omega}_nt}dt \tag{C.17}$$

其中，$n=0,\ \pm1,\ \pm2,\cdots$。

令$H(i\bar{\omega})$为单位复数简谐荷载$e^{i\bar{\omega}t}$作用下体系稳态解的振幅值，则

$$u_n(t)=H(i\bar{\omega}_n)e^{i\bar{\omega}_nt} \tag{C.18}$$

将式(C.18)代入运动方程：$m\ddot{u}+c\dot{u}+ku=e^{i\bar{\omega}t}$得

$$H(i\bar{\omega})=\frac{1}{k}\left[\frac{1}{1-\left(\frac{\bar{\omega}}{\omega}\right)^2+i\left[2\xi\left(\frac{\bar{\omega}}{\omega}\right)\right]}\right] \tag{C.19}$$

$H(i\bar{\omega})$为复频函数，也称为传递函数或频响函数。

则周期荷载作用下体系的解为

$$u(t)=\sum_{n=-\infty}^{\infty}c_nu_n(t)=\sum_{n=1}^{\infty}H(i\bar{\omega}_n)c_ne^{i\bar{\omega}_nt} \tag{C.20}$$

无确定表达式的周期荷载的解为

当 $P(t)$ 是任意形式的周期函数时,需采用数值积分方法。

将周期 T_P 离散成 N 个相等的时间间隔:$T_P = N\Delta t$;计算与每一个积分时刻 $t_m = m\Delta t(m = 0,1,2,\cdots,N)$ 相对应的被积纵坐标,记为 $q_0,q_1,\cdots,q_n$;应用积分梯形公式

$$\int_0^{T_P} q(t)\,dt \approx \Delta t\left[\frac{q_0}{2} + \left(\sum_{m=1}^{N-1} q_m\right) + \frac{q_n}{2}\right] \tag{C.21}$$

则直流系数与傅里叶系数为

$$\left.\begin{array}{l} a_0 \\ a_n \\ b_n \end{array}\right\} = \frac{2\Delta t}{T_P}\sum_{m=1}^{N-1} q_m \tag{C.22}$$

$$q_m = \begin{cases} P(t_m)/2 \\ P(t_m)\cos \bar{\omega}_n(m\Delta t) \\ P(t_m)\sin \bar{\omega}_n(m\Delta t) \end{cases} \tag{C.23}$$

C.5　应用案例详解

【例 C.1】　求图 C.1 体系的位移反应。

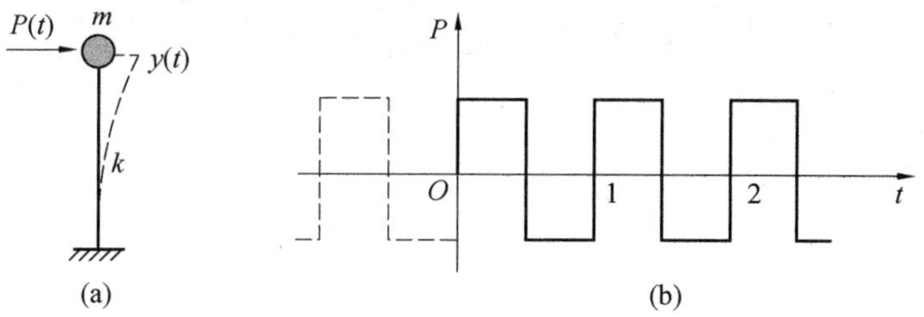

图 C.1

解

$$a_0 = \frac{1}{T_P}\int_0^{T_P} P(t)\,dt = 0$$

$$a_j = \frac{2}{T_P}\int_0^{T_P} P(t)\cos j\theta t dt = 0$$

$$b_j = \frac{2}{T_P}\int_0^{T_P} P(t)\sin j\theta t dt = \begin{cases} \dfrac{4P_0}{j\pi}, & j\text{ 为奇数} \\ 0, & j\text{ 为偶数} \end{cases}$$

$$P(t) = \sum P_j(t) = \frac{4P_0}{\pi}\sum_{j=1,3,5}^{\infty}\frac{1}{j}\sin j\theta t$$

【例 C.2】　不计阻尼求图 C.2 所示体系的稳态位移反应,已知 $T_P = 2T$。

解

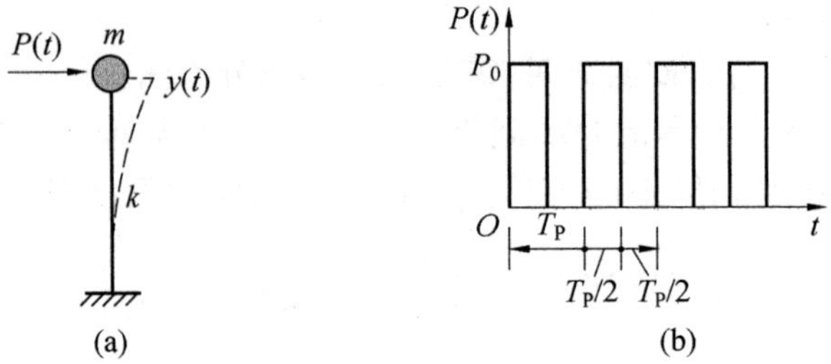

图 C.2

$$c_0 = \frac{1}{T_P}\int_0^{T_P/2} P_0 e^0 \mathrm{d}t = \frac{P_0}{2}$$

$$c_n = \frac{1}{T_P}\int_0^{T_P/2} P_0 e^{-in\theta t} \mathrm{d}t = \frac{iP_0}{n\pi}(\cos n\pi - 1) = \begin{cases} -iP_0/n\pi, & n = \pm 1, \pm 3, \cdots \\ 0, & n = \pm 2, \pm 4, \cdots \end{cases}$$

$$c_n H(n\theta) e^{in\theta t} = -\frac{iP_0}{n\pi}(\cos n\theta t + i\sin n\theta t) H(n\theta)$$

$$\sum_{n=-\infty}^{\infty} -\frac{iP_0}{n\pi}\cos n\theta t \cdot H(n\theta) = 0$$

$$\sum_{n=-\infty}^{\infty} -\frac{iP_0}{n\pi} i\sin n\theta t \cdot H(n\theta) = \sum_{n=1,2,3\cdots}^{\infty} \frac{2P_0}{n\pi}\sin n\theta t H(n\theta)$$

$$y(t) = \frac{1}{k}\left(\frac{P_0}{2} + \sum_{n=1,3,5\cdots}^{+\infty} \frac{2P_0}{n\pi}\frac{1}{1-\beta_n^2}\sin\frac{2n\pi}{T_p}t\right)$$

参考文献

[1] HATCH M. Vibration simulation using MATLAB and ANSYS[M]. New York: Chapman and Hall/CRC, 2000.

[2] FISHER L. Vibration of solids and structures under moving loads [M]. 3rd ed. London: Thomas Telford, 1999.

[3] 夏禾，张楠，郭薇薇. 车桥耦合振动工程[M]. 北京：科学出版社，2014.

[4] 夏禾，张楠. 车辆与结构动力相互作用[M]. 2 版. 北京：科学出版社，2005.

[5] 韩艳，蔡春声，胡朋，等. 基于风－车－桥耦合振动的桥梁和车辆安全性评估[M]. 北京：人民交通出版社，2021.

[6] 李岩. 汽车与桥梁耦合振动理论及工程应用[M]. 北京：知识产权出版社，2021.

[7] 王新敏. ANSYS 工程结构数值分析[M]. 北京：人民交通出版社，2007.

[8] 刘章军，陈建兵. 结构动力学[M]. 北京：中国水利水电出版社，2012.

[9] 李东旭. 高等结构动力学[M]. 2 版. 北京：科学出版社，2010.

[10] 张亚辉，林家浩. 结构动力学基础[M]. 大连：大连理工大学出版社，2007.

[11] 刘晶波. 结构动力学[M]. 2 版. 北京：机械工业出版社，2022.

[12] (美)R. 克拉夫(Ray Clough)，J. 彭津(Joseph Penzien). 结构动力学[M]. 北京：高等教育出版社，2006.

[13] 胡兆同. 结构振动与稳定[M]. 北京：人民交通出版社，2008.

[14] 宋一凡. 公路桥梁动力学[M]. 北京：人民交通出版社，2000.

[15] CRAIG R R. Structural dynamics: An introduction to computer methods[M]. New York: Wiley, 1981.

[16] SHI C P, WANG L G, ZHANG J P, et al. Remote sensing image compression based on direction lifting-based block transform with content-driven quadtree coding adaptively[J]. Remote sensing, 2018, 10(7): 999.

[17] SHI C P, ZHANG J P, ZHANG Y. A novel vision-based adaptive scanning for the compression of remote sensing images[J]. IEEE transactions on geoscience and remote sensing, 2016, 54(3): 1336-1348.

[18] SHI C P, ZHANG J P, ZHANG Y. Content-based onboard compression for remote sensing images[J]. Neurocomputing, 2016, 191(26): 330-340.

[19] OLIVA J, GOICOLEA J M, ANTOLIN P, et al. Relevance of a complete road surface description in vehicle－bridge interaction dynamics[J]. Engineering Structures, 2013, 56: 466-476.

[20] GAO Q F, ZHANG K, WANG T, et al. Numerical investigation of the dynamic

responses of steel-concrete girder bridges subjected to moving vehicular loads[J]. Measurement and control, 2021, 54(3/4): 465-484.

[21] GAO Q F, WANG Z L, KOH C G, et al. Dynamic load allowances corresponding to different responses in various sections of highway bridges to moving vehicular loads[J]. Advances in structural engineering, 2015, 18(10): 1685-1701.

[22] GAO Q F, WU B, WANG R Z, et al. Investigation of the dynamic performance of a large-span suspension bridge influenced by scouring based on vehicle-bridge coupled vibration[J]. Shock and vibration, 2020, 2020(1): 6656247.

[23] GAO Q F, LI Q Y, WANG H R, et al. Investigation of the dynamic performance of high-speed railway bridges in cold regions based on vehicle - bridge coupling vibrations[J]. ASCE-ASME Journal of Risk and Uncertainty in Engineering Systems, Part B: Mechanical Engineering, 2024, 10(2): 021101.

[24] GAO Q F, WANG Z L, GUO B Q, et al. Dynamic responses of simply supported girder bridges to moving vehicular loads based on mathematical methods[J]. Mathematical problems in engineering, 2014, 2014(1): 514872.

[25] 乔普拉，谢礼立，吕大刚. 结构动力学：理论及其在地震工程中的应用[M]. 北京：高等教育出版社，2007.

[26] 陈政清，刘光栋. 人行桥的人致振动理论与动力设计[J]. 工程力学，2009，26(S2)：148-159.

[27] 石翠萍. 光学遥感图像分级压缩方法研究[D]. 哈尔滨：哈尔滨工业大学，2016：1-108.

[28] 谢灵锐. 公路桥梁冲击系数研究综述[J]. 工程与建设，2024，38(4)：752-754.

[29] 林玉森，石君龙，常雄飞，等. 汽车荷载作用下桥梁冲击系数影响规律研究[J]. 河北工程大学学报(自然科学版)，2024，41(3)：86-92.

[30] 高庆飞. 移动车辆荷载作用下梁式桥动力性能设计与评价方法[D]. 哈尔滨：哈尔滨工业大学，2015.

[31] 彭伟康,高庆飞,徐昭若,等. 基于车桥耦合振动的连续梁桥动力响应分析[J]. 森林工程,2022,38(06):146-155.

[32] 王宗林，高庆飞，KOH Chan Ghee，等. 移动车辆荷载作用下大跨径连续梁桥动力响应研究[J]. 桥梁建设，2015，45(2)：46-52.

[33] 成厚松. 车桥振动环境下的行人舒适度评价方法研究[D]. 武汉：华中科技大学，2016.

[34] 裴强. 高墩大跨桥梁车桥耦合振动行车安全性与舒适性评价方法[D]. 西安：长安大学，2011.

[35] 游福贺. 车 - 桥耦合系统的振动分析[D]. 长沙：湖南大学，2010.

[36] 陈飘华. 车桥耦合振动下的结构频率与接触理论研究[D]. 广州：华南理工大学，2022.

名词索引